KB048729

이 사람을 보라
1

국립중앙도서관 출판예정도서목록(CIP)

이 사람을 보라 : 인물로 보는 한국 민주화운동사. 1 / 지은이: 김정남.
-- 개정판. -- 서울 : 두레, 2016
    p. ;   cm

ISBN 978-89-7443-105-1 04910 : ₩22000
ISBN 978-89-7443-107-5 (세트) 04910

민주화 운동[民主化運動]

911.07-KDC6
951.904-DDC23   CIP2016000650

이 사람을 보라

인물로 보는 한국 민주화운동사

1

김정남 지음

두레

인물로 본 한국 민주화운동사

2005년에 나는 '민주화운동 30년의 역정'이라는 부제를 달아 『진실, 광장에 서다』라는 제목의 책을 창비(창작과비평사)에서 펴낸 바 있다. 많이 부족하지만, 이 책을 통해 그런대로 30년 민주화운동의 역정을 그 대강이나마 가늠할 수는 있다고 생각한다. 그러나 고난에 찬 민주화운동 30년의 역정을 한 권의 책 안에 다 담는다는 것은 애초부터 불가능하다.

그래서 나는 어떠한 형태로든 이 책을 보완해 내는 작업을 계속해 와야 했다. 그러나 게으른 탓으로 본격적인 보완 작업을 차일피일 뒤로 미루고 단편적으로만 손을 댈 수밖에 없었다. 그 가운데 하나가 《공동선》이라는 잡지에 「그 사람」을 연재하는 일이었다. 앞서 펴낸 책이 '사건으로 본 한국 민주화운동사'라면 뒤의 작업은 '인물로 본 한국 민주화운동사'라고 할 수 있을 것이다.

이번에 기왕에 쓴 50여 분에 대한 글을 모아 책으로 엮게 되었다. 혹 그분들의 족적을 더듬는다는 것이 자칫 호랑이를 그리려다 고양이를 그려 그분들께 오히려 누가 되지는 않았는지 걱정스럽다. 그러나 우리가 헤쳐 온 민주화 30년의 역정을 헤아리는 데 참고가 될 것으로 믿는다.

2015년 12월 31일

김정남

1983년, 23일에 걸친 김영삼의 단식투쟁이 끝나고 난 뒤, 김대중과 김영삼은 그해 8월 15일, 「민주화투쟁은 민족의 독립과 해방을 위한 투쟁」이라는 제목으로 '8·15 공동성명'을 워싱턴과 서울에서 동시에 발표했다. 그 성명의 초안은 외람되게도 내가 썼다.

그 성명에는 다음과 같은 내용이 있다. "민주투쟁 승리의 날에 우리는 민주투쟁에서 숨지거나 자신의 모든 것을 던진 사람들을 민족의 해방과 독립을 위해 투쟁했던 애국선열의 반열에 올려놓아야 할 것입니다. 앞으로 이룩될 민주주의는 민주주의를 위해 싸웠고, 싸우다 죽어간 모든 사람들의 피나는 고통 위에서 이룩되는 것이 될 것입니다." 이는 그때 내가 그 성명에 꼭 담고 싶은 말이었다.

30여 년에 걸친 군사독재의 어둠을 물리치고 마침내 이 땅에 민주화의 새벽을 연 지 어언 20여 년의 세월이 흘렀다. 그러나 민주화투쟁의 과정에서 숨지거나 싸우다 죽어간 사람들을 애국선열의 반열에 올려놓겠다는 약속은 결과적으로 빈말이 되었다.

내가 《공동선》이라는 잡지에 「그 사람」이라는 글을 연재하기 시작한 것은 길을 내면서 민주화의 도정을 개척해 온 그분들의 삶을 어떠한 형태로든 남겨 놓아야 하겠다는 생각에서였다. 큰 소리 내지 않고 보이지 않게 자신의 길을 걸었던 분들의 숨겨진 이야기도 전하고 싶었다. 어제 민주화의 도정을 함께했던 사람들, 그리고 그 투쟁 과정에서 쓰러져 간 사람들을 결코 잊지 말자는 것이 이러한 글을 쓴 까닭이다. 이와 같은 작업을 할 수만 있다면 앞으로도 계속하고 싶다.

하지만 워낙 배움이 얕고 재주가 없는 사람이라 오히려 그분들의 모습을 훼손하거나 일그러뜨려 놓지나 않았을지 걱정스럽다.

2012년 11월

김정남

차례

| 일러두기 |

책은 『 』, 글이나 성명, 선언문은 「 」, 잡지나 신문은 《 》, 시와 노래, 영화는 〈 〉 등으로 표시
했다.

| 사진 제공 |

지학순: 지학순정의평화기금, 법정: (사)맑고 향기롭게, 이소선과 전태일: 전태일재단,
박재일: 한살림, 장준하: 장준하기념사업회, 그 밖의 사진: 《한겨레》, 도서출판 공동선, 김정남

1

그는 또 하나의 정부였다

김수환

지난 2009년 2월 15일 밤, 평소에 잘 꾸지 않던 꿈을 꾸었다. 무슨 모임이었는지는 모르지만, 내가 어떤 사람들 속에 끼어 있는데, 김수환 추기경이 조용히 웃는 모습으로 나타났다. 별다른 대화도 나누지 않았는데, 그 천진하게 웃던 모습만이 머릿속에 남았다. 아침에 잠에서 깨고 나서 오늘은 필경 좋지 않은 소식을 듣는 것이 아닐까 이상한 예감이 들었다. 그날 밖에 나갔다가 집에 돌아오고 나서 6시 반쯤, 한 언론사로부터 추모사 원고 청탁과 함께 추기경이 방금 돌아가셨다는 소식을 들었다.

2008년 9월 이래, 병석에 누워 지낸 지 여러 날 되는 데다가 간간이 병환이 침중하다는 이야기를 들으면서, 어쩐지 이번에는 일을 당하고

야 말 것 같은 불길한 느낌이 떠나지 않았다. 행여 부담을 드릴까 봐 2009년 그해에는 연하장도 보내 드리지 않았다. 편지를 받으면 꼭 답장을 해 주니까. 그분의 선종 소식을 들으며 나는 하늘이 무너지고 땅이 꺼지는 막막하고 허전한 마음을 어쩔 수가 없었다. 우리를 끌어안아 주던 그 품이 없어져 버리고, 빈 들판에 내던져진 것 같은 삭막한 허허로움을 주체할 수가 없었다. 추모사를 써야 했던 탓도 있지만, 그날 밤은 괜히 안절부절못하고 잠도 거의 자지 못했다.

그것이 비단 나뿐이었을까. 다음 날부터 마음에서 우러나와 찾아온 40만 명에 이르는 조문객의 행렬을 다 이으면 3백 킬로미터가 넘는다고 했다. 그들 대부분은 생전에 추기경을 만나 보지 못했을 것이다. 그런데도 추운 날씨에 꼬리에 꼬리를 무는 줄을 섰다. 단 한 번만이라도 만나 본 사람이라면 추기경과 둘만이 간직한 소중한 인연이 있을 것이요, 만나 보지 못한 사람이라도 나름의 사연이 있어, 몇 시간씩 기다리는 것도 마다하지 않았을 것이다. 어떤 이는 나처럼 엄청난 상실감으로 추기경의 마지막 가는 길을 기어코 보고 싶었을 것이고, 또 어떤 이는 추기경이 생전에 베푼 그늘의 음덕에 감사하는 마음으로 마지막 가는 길을 전송하고자 했을 것이다.

줄을 선 어떤 사람은 "추기경님을 뵈면 마음이 편해지니까 날씨가 추워도 힘들지 않다"고 했고, 어떤 장애인은 "늘 소외된 사람들 편에서 주셨던 그분의 마음을 알기 때문에 이렇게 찾아왔다"고 했다. 김수환 추기경은 살아생전에도 그가 이 땅에 함께 있다는 것만으로도 많은 사람들에게 큰 위안이 되더니, 선종하면서도 이 나라 이 국민의 마

김수환 추기경.

음이 이만큼 따뜻하고 건강하며, 그렇기 때문에 이 나라, 이 공동체는 아직은 희망이 있다는 위안을 남겨 주고 떠난 것이다.

　사람은 죽은 뒤에야 그 진면목을 알 수 있다고 했던가. 살아생전에 느끼지 못했던 것은 아니지만, 김수환 추기경은 돌아가고 나서야 그 참모습을 드러냈다. 사실 온갖 찬사로도 그가 가졌던 인품과 세상에 끼친 따뜻한 음덕을 다 말할 수는 없다. 천주교 주교회의가 "꾸밈없고 소박한 인간다움으로 모두의 마음에 친근하게 와 닿았을 뿐만 아니라, '바보야'를 그릴 정도로 넉넉한 마음의 소유자"라고 추모했는데, 그 말 하나로 김수환 추기경을 제대로 평가했다고는 생각하지 않는다.

　종교 지도자로서의 김수환 추기경이 있고, 인간 김수환 추기경이 있을 것이다. 그러나 가톨릭교회 속의 김수환 추기경에 앞서, 그는 국민 속의 김수환 추기경이었다고 말하고 싶다. 같은 시대를 살았던 국민들에게 과연 김수환 추기경은 무엇이었는가. 나는 김수환 추기경은 1970, 80년대 대한민국 국민에게 또 하나의 정부였다고 말하고 싶다.

카인아! 아벨은 어디 있느냐

제정러시아 말기에 러시아에는 차르가 통치하는 압제기구로서의 정부가 하나 있었고, 레프 톨스토이로 상징되는 또 하나의 정신적 정부가 있었다는 내용의 기록을 어디선가 본 적이 있다. 나는 그에 견주어 대한민국의 1970, 80년대에 박정희와 전두환이 이끄는 권위주의적 군사통치기구로서의 억압적 정부가 있었다면, 김수환 추기경(1922~2009)을 구심점으로 하는 또 하나의 정부가 우리에게도 있었다고 생각한다. 전자가 폭압적, 반민주적, 반인권의 불의한 정부였다면, 후자는 사랑과 정의, 민주와 인간 존엄의 바탕 위에 세워진 인간적인 정부였다. 실제로는 없었지만, 정신적으로는 우리 국민의 마음속에 존재했던 우리들의 정부였던 것이다.

2007년 가톨릭여학생관(지금의 전진상교육관) 50주년 행사 때 추기경이 당신이 무엇 하나 이루어 낸 것 없이 속절없이 늙어 가고 있다고 한탄하는 소리를 듣고, 나는 추기경에게 당신은 우리 국민에게 또 하나의 정부였고, 지금도 국민의 가슴속에는 여전히 우리들의 정부로 각인되어 있다고 말씀드린 적이 있다. 그러기에 갈 길을 몰라 국정이 방황할 때면 어김없이 당신의 입에서 무슨 말이 나올까를 기다리는 것이 아니겠느냐고 했다. 그때 추기경은 그런 표현을 처음 들어 봤는지, 어안이 벙벙한 표정이었다. 그러더니 그 다음번에 만났을 때 추기경은 내게 정부라면 힘이 있어야 하는데, 내게 무슨 힘이 있어서 내가 정부가 될 수 있었느냐면서 말도 되지 않는 소리 하지도 말라고 했다.

그러나 나는 김수환 추기경이야말로 우리 국민이 1970, 80년대 군사독재의 억압 속에 있을 때, 우리 국민들의 마음속에 존재했던 정신적 정부였다고 거듭 말하고 싶다. 김수환 추기경이 또 하나의 정부로 느껴지게 한 결정적인 계기는 1987년의 6월항쟁 기간이었다. 과연 그는 그때 또 하나의 정부였고, 그 역할을 훌륭하게 수행했다. 1987년 1월 14일, 서울대 박종철 군이 경찰의 포악한 고문으로 숨진 뒤 1월 26일에 있었던 명동성당에서의 인권회복미사에서 김수환 추기경은 전두환 군사정권을 향해 이렇게 말했다.

"지금 하느님께서는 우리에게 묻고 계십니다. 네 아들, 네 제자, 네 젊은이, 네 국민의 한 사람인 박종철은 지금 어디 있느냐? 현 정권은 '탕' 하고 책상을 치자 '억' 하고 쓰러졌으니 나는 모릅니다.…… 그것은 고문 경찰 두 사람이 한 일이니 우리는 모르는 일입니다라고 하면서 잡아떼고 있습니다. 바로 카인의 대답입니다.…… 오늘 이 성전에서 우선 박종철 군의 죽음에 책임이 있는 이 정권에 대해 하고 싶은 한마디 말은 '하느님이 두렵지도 않느냐' 하는 것입니다.…… '이 정권의 뿌리에 양심과 도덕이 도대체 있느냐, 아니면 이 정권의 뿌리에는 총칼의 힘뿐이냐' 하는 것입니다. 이 정권의 도덕성에 대한 회의가 근본적으로 야기되지 않을 수 없습니다. 이것은 다시 국민인 우리에게 이런 정권을 따라야 하는지 않는지에 대한 중대한 양심의 문제를 던지고 있습니다."

김수환 추기경은 총칼을 가지고 날뛰는 전두환정권을 향해, 너희에게 과연 양심과 도덕이 있느냐, 이런 정권을 그대로 따라야 하는지, 준엄하고 결연하게 묻고 있는 것이다. 이는 김수환 추기경이 아니면, 그 누구도 할 수 없는 말이었다. 아마도 추기경의 발언 가운데서도 가장 결정적이고 치열했던 말 중의 하나가 이 대목일 것이다. 정부를 향해서만이 아니라, 국민을 향해서도 이렇게 꾸짖고 또 호소했다.

"우리는 박종철 군과 한 겨레요 한 핏줄입니다. 위정자도, 국민도, 여당도, 야당도, 부모도, 교사도, 종교인도 모두 한 젊은이의 참혹한 죽음 앞에 무릎을 꿇고 가슴을 치며 통곡하고 반성해야 합니다.…… 도스토옙스키의 작품 『죄와 벌』에 보면 살인죄를 범한 로디옹 라스콜리니코프에게 그를 사랑하는 창녀 소냐는 '일어나서 곧장 네거리로 가서 네가 더럽힌 땅에 엎드려 입 맞추고, 그리고 사방 온 세상을 향해 절을 하면서, 나는 살인죄를 범했다고 소리쳐야 해! 그러면 신은 너를 다시 살려 주실 거야. 가서 그렇게 하겠니? 그렇게 하겠느냐 말이야!'라고 진정으로 참회할 것을 애타게 호소했습니다. 소냐는 그 죄를 함께 아파하고 뉘우치는 마음으로 이 말을 했습니다. 그래서 '우리

같이 가자. 그리고 함께 고통의 십자가를 짊어지자'고 했습니다. 그 때문에 로디옹은 그 말을 따라 참회함으로써 새사람이 되었고, 소냐는 이 참회와 고행의 길에 줄곧 함께 있어 주었습니다.

오늘날 우리에게 이러한 참회가 필요합니다. 박 군을 고문치사케 한 수사관은 물론이요, 그 밖의 경우에도 고문을 한 모든 수사관들, 그들의 일을 잘 알면서도 승인 내지 묵인한 상급자들, 공권력을 행사하는 모든 이와 위정자들, 그리고 이런 사실이 우리나라 안에 있다는 것을 거듭 들으면서도 지금까지 남의 일처럼 무관심했던 우리 모두가 로디옹과 같이 큰 네거리에 가서 사방 온 세상을 향하여, 곧 모든 것을 아시고 공의로우시면서도 자비로우신 하느님께 '우리는 살인죄를 범했습니다. 우리는 살인죄를 범했습니다'라고 소리치며 진심으로 참회의 눈물을 흘려야 합니다. 오늘 우리 가슴에 이런 참회와 속죄의 눈물이 흐를 때, 그리고 하느님의 용서가 있을 때 우리와 우리 사회는 비로소 구원될 수 있습니다. 우리는 참으로 새사람으로 태어나고, 우리 사회와 나라도 새로 태어날 수 있을 것입니다."

내가 이 강론을 특히 길게 인용하는 것은 정권과 국민을 향해 호소하는 김수환 추기경의 말씀이 하도 절절하기 때문이다. 김수환 추기경의 면모가 약여하기 때문이다. 더 나아가서 추기경의 강론이나 말씀은 어느 한쪽을 일방적으로 단죄하는 것이 아니라, 성심을 다하여 그 뜻(정의와 사랑)을 전하고자 한다. 김수환 추기경의 말씀은 하도 절실하고 곡진해서, 누구라도 그 말을 탓할 수가 없게 하고, 또 거역할 수 없게 한다. 그만큼 듣는 사람의 심금을 울린다. 그렇기 때문에 김수환 추기경의 강론은 언제나, 손수 상당한 시간과 공을 들여서 작성된다.

또 말씀 자체는 '하느님이 두렵지 않느냐', '이 정권의 뿌리에 도대체 양심과 도덕이 있느냐'라고 아프게 묻지만, 추기경의 말씀은 결코 투쟁적으로 들리지 않는 이상한 마력이 있다. 반대편 사람들도 경청하게 하는 힘이 있다. 그리하여 많은 사람들이 추기경의 그늘, 추기경의 날개 밑을 따뜻하고 편하게 느꼈던 것이다.

6월항쟁의 버팀목

「박종철 군의 죽음을 민주제단에 바친다」라는 제목의 이 강론은 박종철 군이 고문에 의해 치안본부 대공분실에서 숨졌다는 사실만이 밝혀진 상태에서 나온 것이었다. 아직 박종철 군 고문치사 사건이 전두환정권에 의해 축소·은폐·조작된 사실이 드러나기 전의 일이었다. 추기경에게는 박종철 군의 죽음 자체만으로도 충격이 컸던 것이다. 그해 5월 18일, 전두환정권이 박종철 군의 죽음을 축소·은폐·조작한 사실이 밝혀졌을 때 세상 사람들은 다시 한번 경악했다. 김수환 추기경의 강론 제목처럼 과연 박종철 군의 죽음은 이 나라 민주제단에 바쳐졌다. 그것이 6월항쟁으로 나타난 것이다.

매우 공교롭게도 1987년 5월 18일 오후 6시 30분에 명동성당에서 열린 '광주민주항쟁 7주기 기념미사'를 집전 강론한 것도 김수환 추기경이었다. 이 미사에서도 김수환 추기경은 "우리가 이처럼 하느님 앞에 함께 서서 억울하게 숨겨간 영혼(광주 희생자)과 허망하게 앗겨 버린 젊음(박종철 군)을 추모하는 것은…… 그같이 엄청난 일이 우리 안에서 있었는데도 눈 감고 귀 막고, 외면한 우리의 죄를 용서하여 주시옵도록 빌고, 아울러 우리 마음에 진실을 추구하되 하느님이 원하시는 것은 원수 갚음이 아니요, 용서와 화해임을 깊이 깨닫게 하여 주시도록 빌기 위해서입니다"라고 했다.

이 미사에 이어 발표된 사제단의 성명, 「박종철 군 고문치사 사건의 진상이 조작되었다」의 내용도 김수환 추기경은 사전에 이미 알고 있었고, 사실이라면 발표하라고 김승훈 신부를 독려했던 것으로 알려졌다. 6·10 국민대회 후 명동성당으로 몰려들어온 학생들의 농성투쟁을 보호한 것도 추기경이었다. 이 명동성당 농성은 6월항쟁을 전국적으로 확산시키는 촉매 역할을 했다. 경찰의 강제진압을 통보하기 위해 6월 13일 새벽에 안기부 간부가 찾아왔을 때 김수환 추기경은 "학생들을 잡아가려거든 먼저 나를 밟고 지나가시오"라고 하여 유혈충돌을 맨몸으로 막아 냈다. 그것이 6월항쟁의 평화적인 마무리, 6·29 선언으로 이어지는 첫 길목이었다.

이와 같은 국민과의 일치를 향한 김수환 추기경의 행보는 일찍이 1971년 성탄 메시지로부터 비롯된다. 박정희가 비상대권을 행사하기 위해 이른바 국가보위특별조치법을 제정하려 했을 때 김수환 추기경은 성탄 메시지를 통해 "정부와 여당, 국회의원 여러분은 과연 이른바 국가보위특별조치법이 국가안보상 시기적으로나 정세적으로나 필요불가결한 것이라고 양심적으로 확신하고 계십니까.…… 보위법은 이 시기에 과연 국민총화를 이룩하는 데 도움이 된다고 믿습니까. 이와 반대로 이 법은 민주국민의 정신을 위축시키고, 정부와 국민의 위화감을 조장할 뿐만 아니라, 국민총화 자체를 오히려 해칠 염려가 크다고 생각해 볼 수는 없습니까"라고 물었다. 이 방송을 지켜보던 박정희가 방송을 중단시킨 것은 유명한 일화로 남아 있다.

1972년 8월 15일에 추기경은 7·4 남북공동성명과 8·3 긴급조치에 대한 입장을 밝히는 메시지를 발표했다. "7·4 성명의 진의는 무엇인가. 참으로 사상과 이념과 제도를 초월하여 한 민족으로서 민족적 대단결을 도모하고, 조국의 자유, 평화, 통일을 모색하기 위한 것인가, 아니면 그것은 허울 좋은 간판이요, 그 저의는 민족의 양단을 영구적으로 동결하는 것인가. 진정 5천만 민족의 염원에 보답하기 위한 진지한 남북대화가 7·4 성명으로 시작될 것인가. 아니면 이 성명은 남북한 집권자들의 정권 연장을 위한 권력정치의 술수인가." 이로 보면 김수환 추기경은 이때 이미 7·4 남북공동성명의 저의와 귀추을 꿰뚫고 있었고, 또 이로부터 두 달 뒤에 있을 영구집권을 위한 유신정변을 예견하고 있었던 것이다.

김수환 추기경은 1980년 정월 초하룻날 찾아온 전두환 보안사사령관에게 12·12 사태에 대해 언급하며, "서부활극 같다. 누가 먼저 총을 빼드느냐에 따라 대권이 왔다 갔다 하는 상황에서 정승화 계엄사령관을 체포한다는 것을 나는 이해하지 못하겠다"라고 면전에서 말

천주교인권위원회 창립대회에서 이돈명(맨 왼쪽), 김형태(맨 오른쪽)
변호사와 함께.

했다. 전두환은 아무 말도 하지 못하고 돌아갔지만, 뒷날 몹시 섭섭했
다는 속내를 주변에 털어놨다고 한다.

　그해 5월, 광주민주항쟁의 와중인 5월 20일, 전두환을 만나서는 "더
이상 피를 흘려서는 안 된다. 광주에 병력을 투입해서는 안 된다"라고
간곡하게 설득했다. 그러나 전두환은 추기경의 말을 들으려고도 하
지 않았다. 김수환 추기경은 군종신부의 인편을 통해 비밀리에 광주
시민을 위로하는 편지와 함께 위로금 1천만 원을 윤공희 대주교에게
전했다. 김수환 추기경은 이때가 제일 괴로웠다고 말한다. 광주에 내
려가 시민들과 함께하는 것이 차라리 낫겠다는 생각이 들 정도였다고
뒷날 술회했다.

　김수환 추기경은 이 나라, 이 공동체를 위해 입에 쓴 소리도 마다하
지 않았다. 이른바 '로마 발언'이 대표적이다. 1986년 10월 20일, 로마

에서 김수환 추기경은 여야 지도자들을 향해 "1988년 초, 전 대통령이 물러난 뒤, 전 대통령과 그의 측근들이 어떤 형태로든 권력에 밀착하려는 욕심을 버려야 하며, 두 야당 인사인 김대중, 김영삼 씨도 대통령이 되겠다는 욕심을 포기해야 국가적 비극을 피할 수 있다"라고 말했다. 추기경의 말이 나오자 양 김씨는 마음을 비웠다고 말했지만, 그것이 빈말이었음은 바로 1년 뒤에 드러났다.

김수환 추기경은 또 1986년 12월 18일, 성탄 메시지를 통해 이른바 386세대들의 친북경향에 대해 우려를 표명하면서, 다른 한편으로는 그 책임이 기성세대에 있음을 분명히 했다. "6·25 전쟁을 체험하지 않은 젊은이들이 설사 사회주의적 이념과 이론에 쉽게 기울었다 하더라도 그 젊은이들은 우리들이 가르치고 키워가야 할 아들·딸이지 결코 우리의 원수가 아니다.…… 그들을 극단적인 노선으로 치닫게 한 책임은 모순 덩어리의 국가 현실과 체제를 조금도 개혁하지 못하고, 그들을 올바로 가르치지 못한 우리 모두에게 있다.…… 진실을 전달해야 할 언론인, 정의 실현의 권한과 의무가 있는 법조인, 정의와 사랑을 증거해야 할 종교인들이 '예'와 '아니오'를 말하지 않고 있다"라고 하여, 386세대의 이념과잉이 가져올 파장을 이미 예견하고 있었고, 그들 앞에서 '아니다'라고 말하지 못하는 기성세대를 꾸짖었다.

말이 있어야 할 때 추기경의 말이 있었으며, 누군가가 말해야 할 때 추기경이 나섰다. 그때마다 그 시기, 그 정황에 꼭 필요한 말만을 꼭 집어서 말했다. 그렇기 때문에 그의 말은 암흑 속의 불빛이었고, 탁류 속의 청수(淸水)였다. 국민에게는 복음이었다. 그러나 그런 발언을 할 때마다 김수환 추기경의 고뇌와 외로운 결단은 개인에게는 엄청난 부담이요 고통이었다.

1971년의 방송미사와 관련해서는, 과연 그 말을 자신이 해야 하느냐를 놓고 성탄 전야를 꼬박 지새우며 고뇌한 끝에, 미사 한 시간 전에 마침내 "내가 아니면 말할 사람이 없다"라고 결론을 내리고 그 문장을 삽입했다고 한다.

대통령은 중앙정보부 등 정보기관의 보고와, 관계기관 대책회의 등을 통해 모든 중요한 문제들을 결정하지만, 김수환 추기경은 언제나 상의하는 사람 없이 외로운 선택과 결단을 해야 했다. 그 혼자가 바로 정부였던 것이다. 김수환 추기경이 의지하거나 의존할 데라고는 하느님과 양심밖에 없었다. 그런 고뇌와 기도가 있었기에 그의 말에는 언제나 진실의 힘이 느껴졌다. 국민도 그때마다 추기경의 말이 갖는 충정을 이해했던 것이다. 그렇지만 김수환 추기경 자신은 얼마나 힘들고 고달팠을 것인가.

너희와 모든 이들을 위하여

김수환 추기경을 가리켜, "하느님의 어린 양, 하느님께서 대한민국을 위해 오래전부터 예비해 두신 선(善)한 목자, 시대의 예언자이자 광야에서 고독하게 진리를 외친 주의 종"이라고 한 것을 추모기사에서 본 적이 있다. 김수환 추기경이야말로 대한민국을 위해 오래전부터 예비

되었던 선한 목자라는 말에 동감한다. 과연 그는 대한민국을 위해, 대한민국의 천주교회를 위해 예비된 목자였다. 그러나 지나고 보니까 그랬다는 것이지, 그 과정이 그렇게 순탄했던 것은 결코 아니다.

그는 순교자의 집안에서 태어났다. 할아버지 김보현(金甫鉉)이 순교자였고 아버지가 순교자의 유복자로 태어났지만, 나는 추기경이 자신이 순교자의 후손임을 내세우는 것을 보지 못했다. 아버지와 어머니가 옹기장수에 행상으로 독실한 가톨릭 집안이었음에도, 김수환 추기경은 학교를 졸업하면 가게에서 장사하는 일을 배워 자영업을 꾸리고, 30살이 되면 어머니에게 인삼을 사 드리겠다는 소박한 꿈을 가진 소년이었다. 그 소년을 신부의 길로 이끈 것은 순교자 집안의 피가 아니라 그 어머니의 정성 어린 뒷받침과 간절한 소망 때문이었다.

김 추기경은 몇 번씩이나 주어진 궤도로부터 일탈해 보려 했지만, 그것들이 신부가 되는 것으로부터 끝내 벗어나게 하지는 못했다. "하늘의 그물은 성기어서 엉성해 보이지만 결코 하나도 놓치지 않는다(天網恢恢 疎而不失)"라는 노자의 말처럼 신부가 되는 것은 하늘의 뜻으로 어쩌면 그의 타고난 숙명이었는지 모른다. 저녁연기 나는 여염집을 동경했던 것은 한때의 센티멘털리즘 또는 로맨티시즘이었을 뿐, 신부로 가는 예정된 길을 방해하진 못했다.

김수환 추기경이 그의 팔순 및 사제서품 50주년 기념사에서 말한 것처럼, "몇 번이고 그만두고 싶을 때가 있었다. 그런데도 하느님께서 발목을 놓아주지 않으신 것을 보면 성직자의 길은 이미 정해진 운명이었고, 결국 하느님 뜻대로 하소서 하고 받아들일 수밖에 없었다."

사제서품을 받은 뒤 어머니와 함께.

법정(法頂) 스님은 기독교인 가운데는 하느님을 말하는 사람과 하
느님을 느끼게 하는 이가 있는데, 추기경은 하느님을 말하는 쪽이기
보다는 하느님을 느끼게 하는 쪽이었다고 말했다. 김수환 추기경을
가까이서 만나 본 사람이라면 법정의 이 말에 공감할 것이다.

1951년 9월, 사제서품을 받은 김수환 추기경은 안동본당에서 사제
의 첫발을 내딛는다. 그는 첫 임지인 안동에서 영혼은 물론 가난까지
구제하겠다는 젊은 신부다운 결의로 미국 주교회의에서 보내오는 구
호금을 타오는 등 사제의 열정을 불태웠다. 김천으로 옮겨서는 사목
과 함께 학교를 운영하는 교육 활동에도 열정적이었다. 김수환 추기
경은 일선에서 사목 활동을 할 수 있었던 이때를 가장 행복했던 시절
로 회고했다. 사제가 될 때 그가 택한 성경 구절은 시편 51편 "주여,
이 죄인을 불쌍히 여기소서"였다.

그러나 그의 사제생활은 독일 유학으로 새로운 전기를 맞는다. 그는 독일 유학 과정에서 회프너 교수신부 밑에 들어가 기독교사회학을 공부했는데, 여기서 인간의 존엄성을 바탕으로 한 인간 이해, 인간 상호 간의 유대, 그리스도교 관점에서 본 인간관, 사회관, 국가관을 정립하게 된다. 이때 그는 우리에게 무엇보다 중요한 것은 인간과 생명 존중의 가치관이라는 것을 깊이 깨닫는다. 하느님은 인간을 직접 만드시고 극진히 사랑해 누구도 침범할 수 없는 인간의 권리와 생명의 존엄을 주었다. 그러기에 인권과 생명의 존엄은 천부적인 것이라는 그리스도적 인간관과 사회관을 확립한다. 이 같은 신념은 그 이후 추기경의 사상과 활동에서 핵심적 중추를 이룬다.

7년 동안 독일에서 유학했지만, 학위는 받지 못했다. 만약 학위를 받았다면 김수환 추기경의 일생은 달라졌을 것이다. 학위를 받지 못한 것은 서구 문물에 대한 광범위한 호기심, 그리고 당시 독일에 나와 있던 광부와 간호사들의 상담에 응하는 등 공부에 전념하지 못한 탓이라는 것이 정설이다. 그러나 그의 독일 유학 기간에 인간 존중의 서구 문화에 대한 체험과 특히 교황 요한 23세가 주도하고 있었던 제2차 바티칸 공의회의 분위기를 가까이에서 접할 수 있었던 것은 그 무엇보다도 큰 소득이었다.

1960년대 중반에 귀국한 김수환 추기경은 가톨릭시보사(현 가톨릭신문사) 사장의 일을 맡아서, 당시 로마에서 열리던 공의회의 소식을 밤새워 열심히 번역해 국내에 알리는 일에 매진했다. 김수환 추기경에게는 이때가 가장 보람찬 기간이었으며, 이때 썼던 글들을 스스로

동료 사제들과 함께(맨 왼쪽이 김수환 추기경).

도 몹시 대견해했다. 당시 공의회는 세계 교회를 쇄신시키는 큰 전기였기에 그는 밥 먹는 시간마저 아까워하며 일했다. 그는 이 과정에서 천주교회가 사회를 찾아가는 자세를 가질 것과 특히 사제들이 사회 속의 현실 문제와 인간 생활의 조건 등을 스스로 피부로 느껴야 한다고 주장했다. 한국에서 누구보다 빨리 제2차 바티칸 공의회를 몸으로 받아들였고, 그것을 한국 교회에 알리는 일에 솔선했던 것이다. 제2차 바티칸 공의회를 떠나서는 김수환 추기경을 이해할 수 없다. 김수환 추기경의 사목 활동은 제2차 바티칸 공의회의 정신과 그 가르침을 철저하게 따르는 것이었다.

1966년 마산교구장이 되어서는 제2차 바티칸 공의회의 정신에 따라 교회 안에서 모든 사람은 사제나 평신도나 품위에 차이가 없이 모두 같다는 전제 위에서 신자강습회를 열고 사제와 평신도의 대화를 모색해 나갔다. 1967년부터는 가톨릭노동청년회(JOC)의 활동에 간여해 총재주교로서 강화도 심도직물 사건(가톨릭노동청년회의 노조 활동을 용공으로 몰아간 사건)에 대해, 주교단이 「사회정의와 권익옹호를 위한 성명」을 발표하는 데 주도적인 역할을 했다. 그 내용은 "교회는 그리스도교적 사회정의를 가르칠 권리와 의무를 가졌으며, 노동조합의 기능은 반공을 국시의 제일로 하는 나라의 힘이요 자랑"이며 "인간의 기본권은 어떤 이유를 막론하고 수호되어야 하기에 주교들은 부당한 노사관계를 개선하는 데 적극 노력할 것" 등 7개항에 걸쳐 교회의 견해를 표명했다. 이는 김수환 추기경 개인으로서는 물론, 한국 천주교회의 자세 변화를 알리는 주목할 만한 사건이라 할 수 있다. 제2차 바티칸 공의회의 영향을 받은 최초의 문건이 바로 이때의 주교단 성명이었다.

1968년 김수환 추기경은 서울대교구의 대주교가 된다. 이때의 사목표어가 '너희와 모든 이를 위하여'였고, 서울대교구장 취임 인사말에서 "교회의 높은 담을 헐고 사회 속에 교회를 심어야 한다"는 회심의 발언을 한다. 세계주교대의원회의에 나가서는 교회는 자신이 관련된 문제에 대해서는 민감하지만, 다른 이웃형제들의 문제들에 대해서는 외면하는 것이 문제라는 발언도 한다. 과연 이때부터 김수환 추기경은 '가난이 제 탓만이 아닌 사람들', '불의에 짓밟히면서도 호소할 데 없는 사람들', '저 짐에 눌려 신음하는 사람들'의 '어머니와 교사'가 되는 길로 나아간 것이다. 그러나 그 길은 곧 엄청난 고뇌와 시련의

김수환 추기경과 지학순 주교.

길이기도 했다.

먼저 정치권력과의 갈등과 대립이 불가피했다. 1974년 7월, 지학순 주교가 연행, 구속되는 사태가 발생했다. 교회의 높은 담을 먼저 뛰어넘어 들어온 것은 국가권력이었다. 김수환 추기경은 한국 천주교회의 수장(首長)으로서 한편으로는 정치권력에 맞서 교회를 보호하면서 다른 한편으로는 제2차 바티칸 공의회 정신에 따라 교회의 쇄신과 화해를 모색해야 했다.

김수환 추기경이 그 무렵 강론이나 강연을 통해 특히 자주 인용했던 성경 구절에는 마태오복음 제5장 진복8단이 있다. "행복하여라 / 마음이 가난한 사람들 / 행복하여라 / 슬퍼하는 사람들 / 행복하여라 / 온유한 사람들 / 행복하여라 / 옳은 일에 주리고 목마른 사람들 /

행복하여라 / 자비를 베푸는 사람들 / 행복하여라 / 옳은 일을 하다가 박해를 받은 사람들 / 나 때문에 모욕을 당하고 박해를 받고 터무니없는 말로 갖은 비난을 받을 때에 여러분은 행복합니다. 기뻐하고 즐거워하십시오."

진복8단 외에도 1970, 80년대 기도회에서 흔히 인용되었던 성경 구절은 루가복음 4장 18-19절의 "주님의 성령이 내게 내리셨다. 주께서 나에게 기름을 부으시어 가난한 이에게 복음을 전하게 하셨다. 주께서 나를 보내시어 묶인 사람들에게는 해방을 알려 주고, 눈먼 사람들을 보게 하고, 억눌린 사람들에게는 자유를 주며, 주님의 은총의 해를 선포케 하셨다" 하는 것과, 역시 루가복음 1장 46-55절의 "주님은 전능하신 팔을 펼치시어 교만한 자들이 꾸민 일을 흩으셨습니다. 권세 있는 자들을 자리에서 내치시고, 보잘것없는 이들을 높이셨으며, 배고픈 사람들은 좋은 것으로 배 불리시고, 부유한 사람은 빈손으로 돌려보내셨습니다" 하는 것이었다. 그러나 김수환 추기경이 가장 좋아했던 구절은 "가장 보잘것없는 형제에게 해 준 것이 곧 나에게 해 준 것이다"(마태오복음 25장 40절)라는 구절이 아니었던가 싶다.

지학순 주교 사건에 대해 김수환 추기경은 교회를 향해서는 "이 사건은 오늘날 우리 교회의 쇄신을 위해 큰 반성의 계기가 되었습니다. 우리가 이웃에 대한 관심과 사회 감각을 정말 가졌는가를 반성하는 계기가 되었습니다. 또한 우리가 사회에 대한 우리의 책임을 다했는가를 반성하고, 우리 주교들과 성직자, 평신자 모두가 이 기회에 자신의 신앙생활을 함께 반성해 보도록 촉구하는 계기가 되었습니다"라고 했다. 정부를 향해서는 "인권 침해는 인간에 대한 모독이요, 이것은 다시 그 모습의 원형이 되시는 그리스도와 하느님께 대한 모독입니다. 인권 회복은 곧 인간 회복이요, 인간 회복은 곧 사랑과 생명의 주이신 하느님의 모습을 인간 안에 회복시키자는 것"이라고 외쳤다.

1978년, 회사와 당국이 합작해 노조집행부가 빨갱이 단체인 신·구교 산업선교회의 마수 아래 있다며 동일방직노조를 파괴·유린하는 과정에서 노동자들에게 똥을 먹이는 사건이 일어났다. 그때 교회로 찾아온 노동자들을 앞에 놓고 열린 '교권수호를 위한 명동성당 기도회'에서 김수환 추기경은 "이 나라의 법은 약한 이들을 벌주기 위해 존재하는가" 물으면서 "이제 제발 어리석은 짓은 그만두어야 합니다. 이런 허위 날조와 조작에는 종지부를 찍기 바랍니다. 우리는 지금까지 자중하고 인내해 왔습니다. 그러나 이런 짓이 계속된다면 더 이상 묵과할 수 없습니다……"라고 경고했다. 그리고 이렇게 호소했다. "여러분들은 이번 사건에 희생이 된 여성 노동자들을 살리십시오. 여러분이 살리지 않으면 그것은 실제로 여러분의 손으로 이들을 죽이는 것과 같습니다. 이들을 살리는 길이 여러분이 또한 사는 길이요, 우리 모두가 사는 길입니다."

1979년, 오원춘 사건 때는 그해 8월 6일에 있었던 기도회 강론에서 "현장 교회의 수난과 아픔을 우리 모두의 것으로 받아들이지 않으면 안 된다. 진실이 거짓이 되고, 거짓이 진실로 둔갑하는 현실이 개탄스럽지만, 교회는 진실을 밝히기 위해 많은 고난을 당해 왔다. 그러나 교회는 언제나 다시 부활한다"면서 교회에 대한 온갖 음해에 의연히 맞섰다. 1982년의 부산 미문화원 방화 사건 때 최기식 신부가 범인은 닉 혐의로 구속된 데 대해 "교회로 찾아온 어린 양을 보호해 주는 것은 사제의 당연한 본분이자 의무"라고 하면서 교회에 대한 박해와 시련을 정면으로 헤쳐 나갔다. 이때의 시련은 아주 혹독했다.

정치권력과 대치하고 갈등하는 것 못지않게 김수환 추기경을 괴롭힌 것은 교회 안의 불일치였다. 1968년 서울대주교로 부임해 왔을 때 이미 교회 안에는 김수환 추기경을 불신·배척하는 기운이 태동하고 있었다. 제2차 바티칸 공의회 정신을 구현하고 교회를 쇄신하려는 움직임을 두려워하는 이들은 김수환 추기경에게 '텃세'를 부리기 시작했던 것이다.

지학순 주교의 구속과 천주교정의구현전국사제단의 결성을 거쳐 1976년 3·1절 명동성당 민주구국선언 사건이 터지면서 공개적으로 교회의 사회에 대한 발언을 반대하는 이른바 '구국사제단'이 나오는 등 분열과 갈등이 현재화되었다. 분열과 갈등은 주교단 안에서도 있었다. 추기경은 주교단 안에서도 교회 쇄신과 보수 사이의 갈등을 조정하는 역할을 해야 했다. 그러나 추기경은 언제나 제2차 바티칸 공의회의 정신에 따르는 방향을 선택했다. 이 과정에서 《조선일보》를 비롯한 군사독재 편에 섰던 언론의 집중포화도 맞아야 했다. 추기경의 말대로 김수환 추기경은 "매 순간 나는 어느 편에 서야 하나, 이대로 간다면 교회를 제대로 이끌어 갈 수 있을까를 고민"했고, 그때마다 김수환 추기경은 십자가 앞에서 "하느님 제가 어떻게 하면 좋겠습니까"라고 물으며 기도했다.

3·1절 명동성당 민주구국선언 사건 때 행한 김수환 추기경의 강론은 당시 교회가 어떻게 분열되었으며, 김수환 추기경의 고뇌가 얼마나 컸는지를 잘 말해 주고 있다. "저는 이번 사건에 관련된 신부님들이 무조건 잘했다고는 말하지 않겠습니다. 그렇다고 그들이 잘못했다고도 생각지 않습니다. 왜냐하면 그들의 행위가 정부를 전복하기 위해서 한 것이 아님이 명백하고, 다만 그들 나름대로 신앙적 소신과 사제적 양심에서, 또한 애국심에서 이 나라와 겨레를 보다 밝고, 의로운 나라로 만드는 데 최선을 다하겠다는 뜻에서 행동했음을 의심하지 않기 때문입니다.…… 그들의 동기는 분명히 좋은 것이었고, 또 신앙에 입각한 것이었다고 믿습니다. 왜냐하면 그들의 근본적 관심사는 정치체제 이전에 사회정의와 인권 옹호에 있었기 때문입니다."

언제나 김수환 추기경을 지배하는 가장 큰 주제는 '하느님 모상대로 창조된 인간'이란 신념이었다. 1970, 80년대 그 험난했던 시절, 어떤 결정을 내려야 할 때마다 김수환 추기경에게 이 신념은 절대적인 기준으로 작용했다. 그리고 가난한 사람들에 대한 우선적인 선택 역시 그가 결정을 내리는 데 중요한 작용을 했다.

나는 명동성당이 민주화의 성지로 국민의 마음속에, 그리고 역사 속에 우뚝 설 수 있었던 것은, 명동성당이 갖는 상징성과 함께 김수환 추기경 그리고 천주교정의구현전국사제단의 활동이 있었기 때문에 가능했다고 믿는다. 명동성당, 김수환 추기경, 그리고 사제단이 삼위일체로 존재하고 또 활동했기 때문에 명동성당이 20세기 대한민국 민주화의 성지가 될 수 있었던 것이다.

명동성당의 성탄절 자정미사는 언제나 만원이었고, 그 미사에서 행하는 김수환 추기경의 강론은 목마름을 저셔 주는 감로수였고, 암흑을 밝혀 주는 불빛이었으며, 어디로 갈 것인가를 가르쳐 주는 복음이었다. 그리하여 200만 명을 밑돌던 천주교 신자는 500만 명을 넘었고, 천주교회가 갖는 위상은 숫자로 드러나는 것보다도 훨씬 더 높아졌다.

만년에 김수환 추기경의 사고와 활동이 시대를 따라가지 못한다는 비판이 있을 때 추기경은 "지금까지 너무 칭찬만 듣고 살아서 나를 우상으로 만들려는가 하고 은근히 걱정했는데, 내가 교만해지지 않도록 하려는 뜻인 것 같아 오히려 고맙다"라고 하여, 자신을 비난하는 사람들을 스스로 부끄럽게 했다. 그러면서 "사랑이란 말을 입에 달고 살았으면서도 사랑을 제대로 실천하지 못한 것이 후회스럽다. 좀 더 몸을 낮추고, 가난한 이들의 눈물을 닦아 주었어야 했는데 그걸 못했다"고 반성하는 모습을 보였다. 그는 특히 가난한 사람들의 까칠한 손을 잡아 줄 때 오히려 자신이 위로를 받는 느낌이었다면서, 그들과 함께 생활하지 못한 것을 자신에게 돌이킬 수 없는 회한(悔恨)으로 생각했다.

그만하면 다 이뤘다

순교자를 할아버지로 두었던 김수환 추기경은 103위 시성을 통해 한국 교회의 진면목을 세계 속에 뚜렷이 부각시켰다. 아마도 한 나라에서, 한꺼번에 103위의 성인을 배출한 것은 교회사상 전무후무한 일일 것이다. 1968년, 로마의 성베드로 성당에서 이미 복자품에 올라 있던 79위에 이어 24위의 병인 순교복자들이 복자품에 오르는 시복식에서 김수환 추기경이 주례를 맡았고, 안동교구의 두봉 주교가 복음을 낭독했다. 그때 낭독된 복음이 진복8단이었다. 시성하려면 기적이 일어나야 하고, 그것이 교황청에 의해 공식적으로 확인되어야 한다. 그러나 그것을 입증할 길이 없었다. 이때 김수환 추기경이 쓴 시성청원서가 결정적인 역할을 했다고 한다.

"목숨을 버리면서까지 신앙을 증거한 신앙 선조들 가운데서 왜 기적이 일어나지 않았겠습니까. 다만 그것을 증명하지 못할 따름입니다. 그러나 순교자들로 인한 기적은 지금도 계속되고 있습니다. 100여 년에 걸친 박해의 잿더미에서 교회가 다시 일어서고, 복음이 퍼져 나가 한 해 영세자가 10만 명에 달하는 그것이 기적이 아니고 무엇이겠습니까." 1984년 5월, 요한 바오로 2세가 서울에서 집전한 103위 시성식은 이러한 김수환 추기경의 노력 끝에 나온 또 하나의 기적이었다.

김수환 추기경은 또 한국 교회를 세계 속의 교회로 키워 냈다. 1973년 상설협의기구로서 아시아 주교회의 연합회를 창설하는 데 주도적인 역할을 했다. 김수환 추기경은 제2차 바티칸 공의회의 정신을 가장 훌륭히 실천한 인물의 한 사람으로 세계적인 평가를 받고 있었다. 1989년에는 제44차 성체대회를 한국에서 개최해 한국 교회의 위상을 크게 높였으며, 이제 한국 교회는 선교사를 세계에 파견할 만큼 '받는 교회'에서 '주는 교회'로 성장했다.

또한 북한 사목에 대한 관심을 높인 것도 김수환 추기경이었다.

1965년 이래, 6·25 다음 주일을 '침묵의 교회를 위한 기도의 날'로 제정해 북한 교회를 단지 기어만 해 올 뿐이었다. 하지만 김수환 추기경은 1970년 북한에 사목방문을 하고 싶다는 의사를 표명해 교회의 전통적인 반공주의를 재검토하는 계기를 마련했다. 서울대교구의 관할구역이 휴전선 너머 황해도까지 포괄하는 데다가 평양교구장서리까지 겸임하던 추기경은 매번 미사집전 끝에 강복을 줄 때 세 번 십자가를 그으면서, 그 가운데 하나를 언제나 의식적으로 북한 동포를 위해 행했다. 그러한 강복을 통해 그리스도 안에서 그 자신을 북한의 형제들과 일치시킬 수 있게 되기를 희망한 것이었다. 1992년에는 '침묵의 교회를 위한 기도의 날'을 '민족의 화해와 일치를 위한 기도의 날'로 바꾸었고, 1995년에는 교회 안에 민족화해위원회, 통일사목위원회, 민족화해특별위원회를 두게 했다. 그해 김수환 추기경은 민족의 화해와 일치를 위한 8·15 메시지를 발표하는데, 남북통일에는 북한동포돕기운동 등과 같은 민족 내부의 화해가 바탕이 되어야 한다는 것이었다.

앞서 말한 것처럼 김수환 추기경이 사제로서 갖는 관심의 초점은 하느님의 모상대로 창조된 인간의 존엄성에 있었다. 따라서 1990년대에 들어오면서 김수환 추기경의 관심은 민주화의 차원을 넘어 인간화로 확대된다. 그것은 1989년 세계성체대회를 준비하면서 시작한 '한마음 한몸 운동'으로 구체적인 실천을 동반하기 시작한다. 장기 기증, 헌혈, 입양, 의지할 곳 없는 노인에 대한 관심 등 신자들이 자기가 놓여 있는 삶의 자리에서 나눔을 실천함으로써 사회의 인간화를 추구하는 쪽으로 전개했다. 이 과정에서 김수환 추기경은 안구기증서약을 한다. 그 사실이 선종과 함께 알려졌다. 이때부터 추기경의 새로운 관심은 에이즈 환자, 정신대 여성, 매춘 여성, 해외 입양아, 외국인 노동자, 조선족, 무료급식소, 탈북 주민, 무주택자, 미전향 장기수로까지 확대된다. 김수환 추기경에 의하면 참다운 자유란 참된 의미의 인간화이며, 정의는 올바른 인간 관계에 바탕을 두는 것이고, 평화 역시 전쟁이 없는 상태만이 아니라 모든 사람이 인간답게 사랑받고 사랑하며 살 수 있는 상태라고 했다.

민주화 이후에도 우리 사회는 김수환 추기경을 너무나도 괴롭히고 또 힘들게 했다. 진정 도움이 필요한 사람들뿐만 아니라 제 몫 찾기를 위해 목소리를 높이는 사람들이 떼로 몰려와서 김수환 추기경을 피곤하게 했다. 어쨌든 김수환 추기경이 서울대교구장직을 떠나면서 "오늘부터 편히 잘 수 있을 것 같다. 시원하기만 하고 섭섭하지는 않다"고 한 말은 아마도 사실일 것이다. 그는 그 자신의 교구장직 30년을 이렇게 술회했다. "내 스스로 교구장직 30년을 점수 매긴다면 60점 이상을 매길 자신이 없다. 그러나 시곗바늘을 30년 전으로 되돌려 다시 한다고 해도, 더 이상 잘할 자신이 없다." 이 말은 그의 거짓 없는 고백일 것이다. 하지만 그는 최선을 다했다. 그의 교회 지도자로서의 길은 십자가를 지고 걷는 일이었다. 때로는 힘들고 지쳐서 그 십자가를 내려놓고 싶을 때가 많았다. 하지만 그때마다 "하느님 당신의 뜻대로 하소서" 하고 하느님께 내맡길 수밖에 없었다. 그러면서도 항상 자신이 앞에 있어 다른 사람이 가려질까 봐 노심초사했고, 정의를 외치면서 그것이 또 다른 독선이 되지 않을까 염려했다. 그는 살아생전에 자신이 하느님 앞에 선다면 "하느님께 충실하겠다고 말했지만 그러지 못했습니다. 이 죄인을 용서해 주십시오 하고 용서를 빌겠노라"고 했다. 그는 자신을 바보라고 생각했다.

그러나 나는 믿는다. 강우일 주교가 고별사에서 말한 것처럼, 하느님께서는 영원한 안식을 찾아온 김수환 추기경을 향해 "어서 오너라. 나의 사랑하는 바보야. 그만하면 다 이뤘다"라고 말하리라는 것을. 나는 김수환 추기경과 함께 한 시대를 살았다는 것은 누구에게나 행운이었다고 말하고 싶다.

우리 옆에 살다간 성자

선종한 지 100일이 훨씬 지난 시점까지도 김수환 추기경의 용인 묘지에는 하루 평균 1,000여 명의 추모객이 다녀갔다고 한다. 추모여행이라는 이름의 새로운 관행도 생겨났다. 이는 김수환 추기경의 삶과 죽음이 긴 울림으로 살아 있는 사람들의 마음속에 남아 있다는 증거다.

김수환 추기경의 선종을 계기로 우리는 김수환 추기경이 뿌린 사랑의 씨앗이 얼마나 넓게, 또 깊이 뿌리내렸는지를 실감한다. 그리고 김수환 추기경에 대해서 미처 알지 못했던 것도 많이 드러났다. 그러나 뭐니 뭐니 해도 거듭 확인되는 것은 김수환 추기경의 인간적인, 너무도 인간적 면모이다.

나는 그분의 애창곡이 그렇게 많은 줄 몰랐다. 〈등대지기〉, 〈애모〉 정도로만 알았는데, 이 밖에도 〈사랑을 위하여〉, 〈사랑으로〉, 〈향수〉, 〈저 별은 나의 별〉 등이 있다는 것을 이참에 알았다. 당신에게 가장 가까운 사람으로 30년 동안 당신의 발이 되어 준 김형태 요한 형제를 들었다는 것도, 그의 영명축일을 해마다 챙겨 주었다는 것도 이번에 밝혀진 사실이다.

1986년 7월, 추기경은 자신을 찾아온 변호인단을 통해 부천서 성고문 사건으로 힘겨운 투쟁을 하고 있던 옥중의 권인숙에게 "무어라고 인사와 위로의 말을 하면 좋을지 모르겠습니다. 양심과 인간성 회복을 위해 용감히 서 있는 권 양을 주님이 은총으로 보살펴 주시리라고 믿고 또 기도합니다"라는 친필 메모를 전했다. 그것은 "누가 뭐래도 나는 너를 믿는다"는 신표였다.

인혁당 사건 가족을 비롯해서 김수환 추기경의 위로와 격려를 받은 사람들은 수도 없이 많다. 또 옥중으로 찾아가 직접 위로의 말을 전한 일도 여러 번 있었다. 불의에 짓밟힌 사람들의 구명운동철 맨 첫머리에는 언제나 김수환 추기경의 친필 서명이 있었다. 구미유학생 간첩단 사건의 양동화와 황대권도 김수환 추기경의 따뜻한 보살핌을 받았다고 한다.

황대권에 따르면, 옥중이라는 캄캄한 바다에서 등댓불을 보듯이 의지하던 분이 김수환 추기경이었고, 힘들 때 답답한 심정을 편지로 보내면 꼬박꼬박 답장을 주었다고 한다. 양동화는 "갖은 분열로 점철된 우리 현대사에서 가혹한 종노릇을 하신 분"으로 "어둠의 시대, 세상 모든 억울한 사람들의 통곡의 벽이었으며, 언로가 막힌 세상에서 추기경은 유일한 소통의 통로였고, 피할 곳 없는 자들에게 유일한 울타리였다"고 말했다. 과연 그랬다. 김수환 추기경이라는 통로가 있고, 울타리가 있고, 그리고 그의 위로가 있어 사람들은 따뜻하고 행복했다.

나는 김수환 추기경의 아호(雅號)가 옹기라는 것도 이번에서야 알았다. 2002년 3월 장학재단의 이름을 정할 때 처음으로 추기경이 밝혔다고 한다. 아버지가 바로 옹기장수였다. 천주교가 박해받던 시절, 신앙의 선조들이 산속으로 들어가 옹기를 굽고, 그것을 내다팔아 생계를 잇고, 복음을 전파하는 수단이었던 것이 옹기인 데다, 좋은 것과 나쁜 것, 심지어 오물까지 담을 수 있는 그릇이기에 당신의 아호로 삼았다는 것이다.

내 조국, 내 어머니

김수환 추기경의 어머니, 그분의 아들에 대한 사랑이 더 깊고 거룩했겠지만, 김수환 추기경의 어머니에 대한 사랑도 각별했다. 그래서 김수환 추기경의 어머니를 회고하는 글은 우리의 가슴을 아리게 한다. 추기경이 쓴 수필 「어머니, 내 어머니」는 이 땅의 그 많은 '어머니 송(頌)' 가운데서도 가장 탁월한 작품이라고 해도 손색이 없다.

"어느 날 가을 들녘이 보고 싶어 시골에 내려갔다. 어느 수도원의 손님 방에서 자고 아침에 일어나 커튼을 젖히고 창문을 여니 가을 하늘 아래 뜰 가득히 피어난 코스모스가 눈에 확 들어왔다.…… 우리 어머니는 코스모스처럼 키가 후리후리하게 크신 데다가 젊었을 때에는 분명히 (코스모스처럼) 그렇게 수려한 분이었을 것이라고 상상해 본다."

다분히 문학적인 필치로 시작되는 이 수필은 순교하신 할아버지의 유복자로 태어난 아버지가 옹기장수가 되어 충남과 경북을 전전하다가 대구 처녀 어머니와 결혼한 내력과 함께 추기경이 초등학교 1학년 때 아버지가 돌아가시고 난 뒤, 어머니가 홀로 자식들을 키우는 과정을 담담히 적고 있다. 어머니는 여장부의 기질과 함께 사회적으로 크게 이바지할 수 있는 소질을 가지고 있었다. 그리고 아들이 '아비 없는 자식'이라는 말을 듣지 않도록 귀하게 잘 자란 부잣집 아들로 키웠다.

추기경의 군위 시절, 어머니가 대구에 다녀오시면서 사제서품의 장엄한 예식을 보고 형과 김수환 추기경에게 '너희는 신부가 되라'고 이른 것이 두 아들에게는 운명이 되었다. 나는 추기경의 군위 생가를 가본 적이 있는데, 그때는 폐가처럼 퇴락해 있었다. 이 집에서 김수환 추기경은 행상 나간 어머니가 산등성이로 기우는 석양을 등지고 돌아올 때면 그렇게 마음이 편해졌다고 한다. 그래서 추기경은 늙어서도 저녁 하늘을 보면 언제나 마음이 편했다고 한다.

김수환 추기경은 또 형님이었던 김동한 신부를 어머니 다음으로 사랑했다. 김동한 신부는 김수환 추기경에게 어머니 다음으로 큰 영향을 미쳤다. 자랄 때는 물론이요 사제가 되어서도 김동한 신부는 추기경의 멘토였다. 김동한 신부는 죽는 날까지 가난한 사람들, 정신박약 지체아, 폐병환자들과 함께 생활했다. 김수환 추기경은 형처럼 그런 사람들과 함께 생활하지 못한 것을 늘 부끄러워했다.

1983년, 로마에서 형님이 돌아가셨다는 이야기를 듣는 순간 김수환 추기경은 "가슴이 푹 패였다"고 한다. 김동한 신부는 당뇨로 고생하면서도, 동생인 추기경에게 폐가 될까 봐 가급적 만나는 것을 피했다. 그렇기 때문에 같은 하늘 아래 살면서도 두 사람은 1년에 한두 번 스쳐 가듯이 만나는 게 고작이었다. 그런 형님이 타계하자 김수환 추기경의 슬픔은 너무도 컸다.

"우리 형님은 참으로 좋은 분이셨다. 나를 이 세상에서 어머니 다음으로 자기 몸처럼 사랑해 주셨던 분이다. 그리고 그분은 많은 사람을 진심으로 사랑하고 위하다가 가셨다. 밀알 하나가 땅에 떨어져 썩으면 많은 열매를 맺는다고 주님은 말씀하셨다. 우리 형님은 진정 그 밀알 하나가 되셨다. 나누면 나눌수록 많아지는 그 사랑의 밀알이 되셨다."

나는 김수환 추기경이 누구보다 이 나라를 사랑했다고 믿는다. 김수환 추기경은 앞서 말한, 어머니를 회상하는 글에서 이렇게 말한 적이 있다. 자신이 독일에 있을 때 신학자 폴 틸리히(Paul Tillich)가 독일 국회에서 연설하는 것을 방송으로 들었는데, 내용은 이러했다.

"독일, 독일, 이 세상 모든 것 위에 뛰어난 독일…… 이라는 우리 독일 국가의 뜻은 결코 객관적으로 다른 나라와 비교해서 우리 독일이 세상에서 제일이라는 것이 아닙니다.…… 우리에게 독일이라는 나라는 어머니 같은 존재라는 뜻입니다. 마치 우리 어머니가 객관적으로 평범한 한 여성에 지나지 않는다 할지라도 나에게는 둘도 없는 세상 제일가는 어머니이듯이 그렇게 우리 독일도 우리에게는 제일이라는 뜻입니다."

김수환 추기경은 말한다. "그렇다, 내게도 우리 조국 대한민국이 제일이고, 우리 어머니 서중화(徐仲和) 여사가 세계에서 제일가는 어머니시다."

그러기에 동성학교 다니던 젊은 시절, 학교에서 황국신민이 된 소감을 말하라고 했을 때 "나는 황국신민이 아님. 따라서 소감이 없음"이라고 써내어 뺨을 맞았다. 일본에 유학 가서도 게페르트 신부가 그의 진로를 물었을 때 "민족이 부른다면 정치가라도 되겠다"고 말했다. 따라서 김수환 추기경이 석굴암 앞에 서서 깊은 종교심에 빠지고, 자신의 안에 불교적인 피가 흐르고 있다고 말한 것이나, 심산상(心山賞)을 탔을 때 그 묘소에 찾아가 참배한 것은 하나도 이상할 것이 없다. 그때 빨갱이 만드는 일에 조력하던 홍지영(洪志英)이라는 사람은 석굴암 앞에서 감동하는 김수환 추기경을 보고 크리스천이 아니라고까지 모략했다.

인간적인, 너무도 인간적인

언젠가 김수환 추기경으로부터, 당신은 외국에 나갔을 때 할 수만 있다면 수도회나 수녀원 같은 데서 묵지 않는다는 이야기를 들은 적이 있다. 당신이 온다는 것을 알면 여기저기 교회 기관에서 당신의 방문을 간절히 바라지만, 새벽미사와 같은 그들의 요구들 들어줘야 하기 때문에 너무 번거롭고 피곤해 가급적이면 피하고 싶다는 것이다. 그러면서 훌륭한 사람이 성인(聖人)이 되는 것은 당연하지만, 그러나 성인과 더불어 생활하는 사람에게 성인을 따라하기란 더없는 고역일 것이라면서 김수환 추기경은 웃었다.

김수환 추기경은 또 시중에서 당신을 알아보는 사람이 "김수환 추기경 아니시냐"고 물으면 "제가 가끔 그런 소리를 듣습니다"라고 답했다. 제주도 가는 비행기표를 예약해 놓았다가 당일 예약을 확인했을 때 항공사 측에서 "김수환 군은 예약이 돼 있지만, 추기경 양은 예약이 안 돼 있습니다"라고 하면 "그러면 나는 누구랑 신혼여행을 가란 말이요?" 하고 받았다. 이처럼 유머와 인간미가 넘치는 김수환 추기경이었다. 그러나 겉으로는 이렇게 여유로워 보였지만 자신에게는 무척이나 엄격했다.

무엇보다 수십 년에 걸친 당신의 불면증이 그것을 말해 준다. 추기경으로 살기 위해 얼마나 자신을 채찍질하고 근신했으면, 또 그 일이 얼마나 고달프고 힘들었으면 그토록 많은 밤을 잠 못 이루며 고뇌했을까. 우리는 너무 쉽게 듣고 또 너무 쉽게 말하지만, "안다고 나대고 대접만 받으려고 한 내가 바로 바보"라고 한 고백은 뼈저린 고뇌와 자기 성찰 없이는 나올 수 없는 말이다. 김수환 추기경은 잘못을 꾸짖으면서도 사람을 단죄하지 않았고 오히려 자신의 허물을 통감하면서, "주님, 죄인 김수환을 용서하소서"라고 기도하는 사람이었다. 신독(愼獨)이 몸에 밴 분이었다.

김수환 추기경이 죽는 날까지 후회하고 자신을 통탄한 것은 소외된 사람들과 진정으로 함께하지 못한 것, 가난하고 소외된 사람들을 위한 우선적 사랑에서 한 걸음 더 나아가 그들과 함께 생활하지 못한 바로 그것이었다. 그것을 회한으로 여겼다. 빈민가에 가서 그들과 악수하고 그들을 위로할 수는 있었지만, 그들과 더불어 먹고 자고, 그들과 더불어 같은 화장실을 쓰는 생활을 할 수 없었던 것을 더없는 부끄러움으로 고백했다. 그처럼 김수환 추기경은 자기 자신에게 철저하고 엄격하려고 노력했다.

김수환 추기경은 당신 방 앞의 복도에 목각 현판을 걸어 놓고 있었다. 거기에는 〈말 한마디〉라는 제목의 시가 새겨져 있었는데, 이는 김수환 추기경이 당신의 말 한 마디에도 얼마나 신경을 썼는지를 말해 준다.

부주의한 말 한마디가 싸움의 불씨가 되고,
잔인한 말 한마디가 삶을 파괴합니다.
쓰디쓴 말 한마디가 증오의 씨를 뿌리고
무례한 말 한마디가 사랑의 불을 끕니다.

은혜스런 말 한마디가 길을 평탄케 하고
즐거운 말 한마디가 하루를 빛나게 합니다.
때에 맞는 말 한마디가 긴장을 풀어주고
사랑의 말 한마디가 축복을 줍니다.

돌이켜 보면 김수환 추기경은 인간적이었기에, 너무도 인간적이었기에 우리가 미처 몰라보았을 뿐 어쩌면 우리 옆에 살다간 성자가 아니었던가 생각한다. 하기는 가장 인간적인 것이 가장 하느님적이라 할 수도 있을 것이다. 이것이 나만의 생각일까.

김수환 추기경을 만났던 행복

내가 김수환 추기경을 처음 만난 것이 언제, 어디서였던가는 내 기억이 분명치 않다. 지학순 주교가 구속되고 천주교정의구현전국사제단이 결성될 무렵인 1974년 가을쯤이 아니었던가 싶다.

지학순 주교가 구속될 무렵의 천주교회는 그때 백낙청 교수가 《사목》(57호)에 "한국 가톨릭 내부에는 아직도 제2차 바티칸 공의회가 없는 것처럼 행동하는 사람이 많다"고 지적한 대로였다.

처음 만난 기억은 분명치 않지만, 그 이후 김수환 추기경과의 만남은 주로 가톨릭여학생관에서 이루어졌다. 나는 어려워 감히 만나 뵙자는 말씀을 드릴 형편이 아니어서, 대부분의 경우 추기경이 나를 불렀다. 내가 먼저 가톨릭여학생관 2층에 가서 기다리고 있으면, 김수환 추기경이 천천히 계성학교 운동장을 가로질러 건너오곤 했다. 때로는 외국에서 온 성직자들로부터 한국 민주화와 관련된 해외 소식을 함께 듣기도 했지만, 대체적으로는 추기경이 나로부터 교회 밖의 민주화 소식을 듣고 싶어 했다.

그때도 물론 김수환 추기경은 교회 안팎으로부터 많은 시련을 받고 있었다. 교황청에는 김수환 추기경을 비난하는 글이 올라가고, 천주교정의구현전국사제단은 너무 세차게 앞서 나가고, 노인 사제들은 교회의 사회 참여를 강력하게 비판하고 있었다. 그러나 나는 추기경한테서 힘들다는 이야기를 들어 보지 못했다.

그때 가톨릭여학생관은 구속자가족협의회 등 구속자 가족들이 남몰래 드나들 수 있는 피난처였고, 해외에서 가져오는 민주화 소식이 전달되는 창구이기도 했다. 내가 김수환 추기경에게 말씀드릴 것이 있을 때는 주로 편지를 썼다. 그때 추기경을 만나 가톨릭여학생관 2층에서 먹던 밥은, 내가 젊고 그때가 배고픈 시절이었던 탓도 있지만, 참으로 맛있었다.

1979년에는 김수환 추기경과 윤보선 전 대통령의 만남을 주선한 일도 있었다. 그때 윤보선 전 대통령은 재야 민주화운동의 상징이었고, 또 중심이었다. 박정희정권에 대해서는 유달리 강경했다. 그는 1년에 한두 번 충남 아산의 선영에 성묘를 다녀왔는데, 다녀오는 길에 수원의 '말씀의 집'에서 두 분이 만난 것이다. 김수환 추기경은 피정 지도를 위해 '말씀의 집'에 먼저 가 있었고, 윤보선 전 대통령은 우연히 들른 것처럼 자연스럽게 만나는 형식이었다. 두 분이 그렇게 만나 오랜 시간 이야기를 나눈 것은 아마도 그때가 처음이었을 것이다.

1981년 마더 테레사 수녀가 한국을 방문했을 때에는 내가 추기경께 간청을 드려, 당시 통혁당 관련으로 무기징역을 살던 청민(淸民) 오병철(嗚炳哲)의 딸, 수강이를 만나게 했다. 수강이가 무척이나 만나보고 싶어 했기 때문이었는데, 수강이는 가지고 갔던 마더 테레사 책에 수녀의 사인을 받아 왔다. 1984년에는 명동성당에서 교황을 알현할 때 재야 인사 명단을 내가 작성했다.

아마도 1980년대 초엽이 아니었던가 싶다. 황인철 변호사 내외가 어렵게 홍제동성당에서 세례를 받았다. 그 사실이 곧 주교관의 김수환 추기경에게 알려졌다. 김수환 추기경이 황 변호사 내외를 불러 축하와 격려를 해 주는 자리에서였다. 황인철 변호사가 교리도 제대로 공부하지 않은 채 세례 받은 것을 몹시 부끄러워하자, 추기경이 이를 받아 "괜찮아, 사실은 추기경인 나도 교리를 잘 몰라" 하더라는 이야기를 뒷날 나는 황인철 변호사로부터 들었다.

1982년 10월에 이돈명 변호사가 회갑을 맞았다. 인권변호사의 맏형격인 이 변호사의 회갑을 그냥 보낼 수 없다 하여 사람들이 힘을 합해 기념문집을 만들어 헌정하는 행사를 가지게 되었다. 물론 그 자리에 김수환 추기경도 함께했다.

10·26 사건으로 남편을 잃은 김재규 장군의 가족을 비롯해 일행들이 소복을 입고 참석했다. 김수환 추기경 앞으로 나가 그들이 인사할 때 나도 그 옆에 있었다. 김수환 추기경은 인사를 받고 한참 동안

1981년 5월 방한한 마더 테레사 수녀와 이야기를 나누고 있는 김수환 추기경.

이나 아무 말이 없었다. 얼마나 시간이 지났을까. 긴 침묵 끝에 김수환 추기경의 입에서 나온 말은 "드릴 말씀이 없습니다"였다. 할 말이 없다는 말이 그토록 깊고도 많은 의미를 가지고 있는 말인 줄은 예전엔 몰랐다.

1980년대 중반, 김수환 추기경의 형님인 김동한 신부의 흉상 제막식에 참석했을 때, 나는 우연치 않게 하루 종일 추기경을 수행할 수 있었다. 고령 어딘가, 사슴 목장에서 점심을 들었는데, 그때 점심을 준비한 사람들은 그 옛날 사제 시절 만난 신자들이었다. 채소와 열무김치를 큰 양푼에 담아 고추장 넣고 비벼먹는 식단이었는데, 나는 그때 김수환 추기경이 파안대소하며 격의 없이 마음 놓고 그처럼 즐거워하는 것을 처음 보았다. 나는 그때 김수환 추기경도 역시 촌사람이구나 생각했다.

1986년 말에 나는 5·3 인천사태로 쫓기던 이부영의 은닉과 도피를 방조했다는 이유로 뒤늦게 수배를 당했다. 1960년대부터 몇 번인가 수배를 당했지만, 나이 들어서 당하는 수배생활은 정말 힘들었다. 수배생활을 더 힘들게 한 것은 이돈명 변호사의 구속이었다. 나는 이돈명 변호사 구속의 전후사정을 김수환 추기경에게 긴 편지로 알렸다.

내 수배생활은 6·29 선언 이후까지 계속되었다. 수배생활에 보태 쓰라고 김수환 추기경이 보내준 돈을 건네받았다. 사실, 수배자에게 돈을 준다는 것이 얼마나 위험한 일인지는 겪어본 사람만이 안다. 나는 차마 추기경이 보내 준 돈을 허투루 쓸 수가 없었다. 나는 그 돈을 고이고이 간직했다가 수배가 해제된 뒤 애들 학비로 썼다. 물론 그 돈이 어떤 돈이라는 것도 애들에게 말해 줬다.

수배생활 중 나는 감옥의 이부영한테 편지 몇 통을 받았는데, 거기에는 박종철 고문치사 사건의 진실이 은폐·조작·축소되었다는 놀라운 사실이 담겨 있었다. 이 편지를 내게 전한 전병용은 당시 수배 중이었는데, 내게 이 편지를 전해 준 며칠 뒤 체포되었다. 이 편지가 그해 5월 18일, 광주민주항쟁 7주기 기념미사에서 김승훈 신부가 세상에 폭로한 「박종철 군 고문치사 사건의 진상이 조작되었다」는 성명의 모태가 되었다. 나는 이부영이 알려온 이 놀라운 사실을 김수환 추기경과 사제단 측에 편지로 전했다. 이것이 1987년 6월항쟁의 도화선이 되었다.

김수환 추기경은 내가 수배에서 해제되고 난 뒤, 그러니까 6월항쟁이 끝나고 난 그해 여름, 불광동 우리 집을 방문해 우리 가족 모두에게 큰 위로와 기쁨을 주었다. 사실 고3이던 맏딸을 비롯해 우리 가족들이 받았던 그동안의 고통은 이만저만이 아니었다. 안기부 직원들의 감시와 통제로 동네 사람들은 우리 집을 이상한 눈으로 보았다. 김수환 추기경의 방문은 우리 집을 축제 분위기로 만들었고, 애들에게 아비 된 체면도 서게 해 주었다. 그날 저녁 김수환 추기경은 〈등대지기〉를 불렀다.

이렇게 나는 김수환 추기경에게서 분에 넘치는 사랑과 배려를 너무 많이 받았다. 공식적으로는 1988년 5월, 《평화신문》 창간 때 김수환 추기경과 창간대담을 했는데, 비록 정의를 위해서라고 하더라도 신문이 "사람들의 가슴을 아프게 하는 일은 없게 하자"고 다짐했던 것이 지금도 기억에 새롭다. 해외에 나가면서 간혹 내게 원고 초안의 대필을 부탁하는 일도 있었다. 그러나 언제나 추기경이 해 달라고 하는 메시지의 뜻이 깊어서, 과연 그 말씀을 글로 소화할 수 있을까 두려워하며 그때마다 애를 먹었다. 몇 년 전에는 언론사들의 요청으로 추기경과 대담을 나누고, 그 대담록을 가지고 각 언론사가 김수환 추기경 인터뷰 기사로 내보낸 적도 있었다. 2005년에는 졸저의 서문도 김수환 추기경이 과분한 칭찬과 함께 몸소 써 주었다. 연말연시에는 연하장에 꼬박꼬박 답장을 주었다.

김수환 추기경의 성탄 및 부활절 메시지는 천주교 신자들에게는 물론 일반 국민에게도, 우리는 지금 어디에 서 있으며 어디로 가고 있는가를 깨우쳐 주는 시대의 징표가 되었으며, 어떻게 살 것인가를 놓고 한 번쯤 고뇌해 보게 했다. 어디 그뿐인가. 초청토론회 강연 내용이나 언론과의 인터뷰 기사 역시, 그 시기 우리네 삶에 지표를 던져주는 것이었다. 국민들은 이때쯤은 김수환 추기경의 말씀이 있어야하는 것이 아닌가 기다리기까지 했다.

돌아가시기 전에, 나는 이 나라, 이 공동체를 위해 국민 앞에 전하고 싶은 추기경의 메시지를 내 손으로 정리하고 싶었다. 그 같은 나의소망을 말씀드린 일도 있다. 그냥 웃으시기만 했는데, 끝내 병석에서일어나지 못하셨으니, 그것은 영원한 불발로 끝났다. 김수환 추기경의 사후에 여러 편의 조시(弔詩)가 있었지만, 나는 정현종 시인의 〈김수환 추기경 영전에〉가 가장 마음에 든다.

    너무 늦게
    말씀드리지요만,
    우리가 모자라
    어려움이 그칠 날이 없었던 그 동안,
    중대한 사안에 대하여
    시의적절 말씀하시는 걸
    우리가 얼마나 반겼으며
    그 말씀 속에 들어 있는
    나라 위한 진정에 눈물겹고
    그 생각의 균형감각과
    그 내용의 더없는 적절함에

우리가 또한 얼마나 든든해했는지

당신은 혹시 알고 계시는지요.

실은 당신의 얼굴이 참 마음에 든다고

저는 늘 말해 왔습니다.

그 얼굴, 그 표정은

천품(天品)의 선의와

천품의 진정과

천품의 겸손의 육화였습니다.

말씀의 힘이 나오는 그 마음―

그 마음

그 말씀

그 얼굴의

움직이는 표정이 없으니

나라가 텅 비었습니다.

김수환 추기경님

당신의 그 드문 미덕들을

추념하는

저희들의 아쉬움과 슬픔 속에

내내 꽃피소서.

2

길을 내면서 간 사람

지학순

"사랑은 유혹하는 사람에 대한 호감도 아니요, 위협하는 사람에 대한 맹종도 아니라고 생각합니다. 사랑은 헐벗고 버림받은 사람을 잊지 못하는 눈물이어야 하고, 정직하고 두려움 없이 양심껏 말하다가 투옥되어 고통 중에 신음하는 사람들을 저버리지 못하는 착한 사마리아인의 행동이어야 한다고 믿습니다.

화해도 마찬가지로 강한 사람에 대한 양보도 아니고, 거짓이나 불의에 대한 침묵도 아니라고 생각합니다. 화해는 진실과의 화해이어야 하고, 공동선과의 화해이어야 하며, 인간성과의 화해이어야 하고, 독선에 반대하고 관용을 베풀 줄 아는 아량이어야 하며, 전제를 일삼아 온 강자가 억압에 찌든 약자에게 먼저 청해 와야 하는 것이라고 믿는 바입니다."

이 글은 1974년 9월, 지학순 주교가 옥중에서 밖에 있는 성직자와 친지 그리고 원주교구의 신자들에게 보낸 '옥중 메시지'의 한 부분이다. 나는 지학순 주교의 '옥중 메시지' 전부를 좋아하지만, 그 가운데서도 특히 이 부분을 즐겨 읽어 이제는 거의 외울 수 있는 정도가 되었다. 마지막 부분을 "화해는 전제를 일삼아 온 강자가 억압에 찌든 약자에게 먼저 청하는 악수여야 한다"고 변형해, 내가 쓴 다른 글에도 여러 차례 인용했다. 나는 가능하다면 지학순 주교의 이 '옥중 메시지'를 병풍으로 만들어 갖고 싶다. 흔히 지학순 주교를 브라질의 돔 헬더 카마라 대주교(1909~99)에 견주는데, 나는 카마라 대주교의 어록 중 "한 사람의 꿈은 꿈으로 끝나고 말지만, 200만의 꿈은 200만의 힘으로 마침내 실현해 낼 수 있다"라는 말을 좋아하고, 또 즐겨 인용한다.

제2차 바티칸 공의회가 낳은 주교

내가 김지하로부터 지학순 주교(1921~93)에 대한 이야기를 처음 들은 것은 아마도 1970년대 초반이었을 것이다. 나라의 정치 현실, 특히 헐벗고 굶주리고 있는 가난한 이웃들에 대해 관심이 많은 천주교 주교가 있다는 이야기를, 나는 다만 귓등으로만 들었다. 나는 천주교 신자

교황청을 방문한 지학순 주교(오른쪽).

도 아니고, 게다가 궁벽한 지역의 주교가 과연 무슨 일을 할 수 있을까 반신반의했다. 그 얼마 뒤, 구차한 서울생활을 끝내고 박재일(朴才一)이 원주로 떠났지만, 나는 별로 기대를 하지 않았다.

생각해 보면 그때가 박정희 독재가 기승을 부리며 유신을 향해 질주하고 있을 때였다. 박정희정권은 자신을 반대하는 학생 시위를 막고자 1971년 10월 8일, 서울 일원에 위수령을 발동하고, 18일에는 시위를 주동한 대학생 174명을 제적시켰다. 12월 6일에는 국가비상사태를 선포하고, 12월 21일에는 사실상 유신의 전주곡이라 할 '국가보위에 관한 특별조치법'을 여당 의원만으로 단독 처리했다. 1인 권력을 무소불위하게 휘두르기로 작심한 것이다.

이렇게 세상이 온통 경직되어 가고 있을 때, 지학순 주교는 1971년 10월 5일 주교좌 원동성당에서 부정부패규탄대회를 열었다. 이때 부정부패 규탄의 대상은 바로 5·16장학회(현 정수장학회의 원래 명칭)였다. "그리스도의 명령에 의해 이 땅에 정의가 살아 있음을 증명하기 위해, 악과 부정의 무리를 무찌르기 위해 총궐기하자"면서, 지학순 주교가 앞장서고, 사제와 수도자, 평신도 등 1,500여 명이 뒤따르는 가두시위까지 전개했다.

물론 원주교구의 부정부패규탄시위는 언론에 거의 보도되지 않았다. 많은 사람들은 그런 일이 있는지조차 알지 못했다. 나도 마찬가지였다. 부정부패규탄시위가 갖는 사회적, 교회사적 의미를 깨닫기 시작한 것은 훨씬 뒤의 일이었다. 어쨌든 그때 지학순 주교는 부정부패규탄대회의 여세를 몰아 대(對)사회발언을 확대하고 있었다. 주교의 이름으로 부정부패와 특권의 원흉을 처단하고, 학원에 대한 휴업령과 위수령의 철회를 요구하는 성명을 발표했는가 하면(1971년 10월 18일), 김지하, 박홍 신부와 함께 64인 지식인 선언(10월 19일)에 참여했다. 그리고 그해 성탄절 때는 "소수 특권층의 끝 모를 부정과 부패, 대중 억압이 인간의 양심과 도덕을 송두리째 앗아 가고 있는 현실을 직시하고, 이러한 위기를 더 이상 좌시할 수 없어 분연히 일어나 사회정의 실현을 위한 사목교서"를 발표했다.

나는 지학순 주교의 이러한 일련의 활동은 제2차 바티칸 공의회와 무관하지 않다고 생각한다. 지학순 주교는 제2차 바티칸 공의회가 마감되기 직전에 주교로 임명되었으며, 공의회 마지막 회기에 주교로 참석했다. 한국에서 원주가 14번째(남한에서 11번째) 교구로 설정되면서 첫 교구장이 된 것을, 바티칸 공의회의 정신과 그 새로운 가르침에 따라 사목하라는 어떤 메시지로 받아들이지 않았을까.

1971년 10월 18일 성명에서 지학순 주교는 "나는 사회정의의 실현을 위해 불의한 세력과 싸우는 데 신명을 걸었다"고 했으며, 1973년 벽두에 발표한 사목교서「생활 속에서 그리스도를 찾자」에서는 "올해 우리 교구의 활동 목표는 새로운 신학의 토대 위에서 사회정의의 구체적 실천을 조직, 전개하고……"라고 하고 있다. 역대 교황의 주요 회칙과 제2차 바티칸 공의회 문헌 등을 취합하고 정리해『복음 간추림』을 만든 것이나,『현실에 도전하는 성서』(분도출판사, 1973), 교황청 정의평화위원회에서 발행한『교회와 인권』이라는 책을 널리 보급시키고 가르치게 한 것에서도 그 집념과 자부심을 읽을 수 있다.

실제로, 지학순 주교는 가톨릭노동청년회의 활동을 앞에서 끌고 뒤에서 후원했고, 한국노동교육협의회를 만들고(1973), 신·구교회와의 협력을 가장 먼저, 가장 열정적으로 모색했다. 1979년에 탄생한 사회선교협의회는 지학순 주교를 빼놓고는 생각할 수조차 없다. 1972년, 강원과 충북 지역에서 14만 5천 명의 수재민을 낸 홍수 재해도 지학순 주교에게는 바티칸 공의회의 정신을 구현할 수 있는 거룩한 현대 세계의 사목 현장이었다. 앰네스티 한국위원회를 맡은 것도 같은 맥락이었다.

유신체제에 대한 정면 도전: 양심선언

지학순 주교가 1974년 7월 6일 오후 4시 50분, CPA 450편으로 분명히 귀국하는 것을 보았는데도, 그 행방이 묘연해지자 원주교구는 발칵 뒤집혔다. 7월 7일 아침에 중정으로부터 지학순 주교가 중앙정보부에 있다는 사실을 통보 받고, 김수환 추기경은 중앙정보부로 가서 지학순 주교를 면담했다. 이 자리에서 지학순 주교는 자신이 민주주의 회복을 위해 투쟁하는 학생들에게 김지하를 통해 얼마간의 자금을 주었는데, 유신 당국이 그것을 문제 삼고 있다면서, 자신은 떳떳하다고 밝혔다. 오후에는 교황대사도 지학순 주교를 면회했다.

시국기도회를 열기로 한 7월 10일 바로 그 시간에 박정희의 요청으로 김수환 추기경은 청와대로 가 그와 면담했고, 그 결과로 지학순 주교는 그날 오후 8시에 풀려나왔다. 그러나 주거는 제한되었고, 주거지가 사르트르 성 바오로 수녀원에서 동생 지학삼 집으로, 다시 성모병원으로 옮겨졌지만, 그 어디서나 중정요원의 감시는 철저했다. 7월 23일, 법정에 출두하라는 통지를 받고, 지학순 주교는 기자회견을 통해 준비해 간 양심선언을 발표한다.

본인은 1974년 7월 23일 오전 형사 피고인으로 소위 비상군법회의에 출두하라는 소환장을 받았다. 그러나 본인은 양심과 하느님의 정의가 허용하지 않으므로 소환에 불응한다. 본인은 분명히 말해 두지만 본인에 대한 소위 비상군법회의의 어떠한 절차가 공포되더라도 그

1974년 7월 23일 중앙정보부로부터 소환장을 받은 뒤 서울 명동 가톨릭회관(옛 성모병원) 앞마당에서 김수환 추기경(가운데) 등이 지켜보는 가운데 '양심선언'을 발표하는 지학순 주교(맨 왼쪽).

것은 본인이 스스로 출두한 것이 아니라 폭력으로 끌려간 것임을 미리 밝혀 둔다.

(1) 소위 유신헌법이라는 것은 1972년 10월 17일에 민주헌정을 배신적으로 파괴하고 국민의 의도와는 아무런 관계 없이 폭력과 공갈과 국민투표라는 사기극에 의하여 조작된 것이기 때문에 무효이고 진리에 반대되는 것이다.

(2) 소위 유신헌법이라는 것은 국민의 최소한도의 양보할 수 없는 기본인권과 기본적인 인간의 품위를 집권자 한 사람이 긴급명령이라는 단순한 형식만 가지고 짓밟은 것이다. 이래서는 인간의 양심이 여지없이 파괴될 것이다.

(3) 본인이 위반했다고 기소된 소위 대통령 긴급조치 제1호, 제4호는 우리나라의 오랜 역사상 가장 참혹한 자연법 유린의 하나이다. 이것들은 소위 유신헌법의 개정을 청원하거나 건의하지 못하게 하고, 그것의 보도까지 금지하며, 소위 대통령 긴급조치는 그 자체에 대한 불만이나 반대의사조차 말하지 못하게 하여 이러한 금지를 위반하면 종신징역 또는 사형에 처할 수 있다는 식이다.

(4) 본인이 범했다고 그들이 기소한 또 하나의 죄목인 내란선동은 본인이 그리스도 정신을 올바로 가졌기 때문에 억압받는 청년에게 그리스도적 정의와 사랑의 운동을 하라고 돈을 준 사실에 대하여 갖다 붙인 조작된 죄목이다.

(5) 본인을 재판하겠다고 하는 소위 비상군법회의라는 것은 스스로 법과 양심에 따라 독립하여 재판할 수 없는 꼭두각시이다. 저들은 지금 수많은 정직한 사람들을 투옥하고 처형하는 데 있어서 비상군법회의라 불리는 형사 절차의 이름을 빌리고 싶은 것이다. 그러나 울부짖는 피고인들의 목소리는 밖으로 알려지지 않는 동안 통제된 신문들, 통제된 방송들, 통제된 텔레비전에서는 소위 검찰관의 증거희박한 주장만이 사실로 나타난다.

이상 기록한 것이 나의 기본적인 주장이며 생각이다. 이외에는 어떠한 말이 나오더라도 나의 진정한 뜻에서 나오는 말이 아니라, 타의에 의한 강박에 의해서 나온 것임을 알아주기 바란다.

_1974년 7월 23일 아침

천주교원주교구장 주교 지학순

지학순 주교는 이보다 앞선 7월 15일에도 성모병원에서 이와 비슷한 성명을 발표한 바 있다. 여기서는 특히 유신정권이 민청학련 사건을 공산주의자의 배후조종에 의한 정부 전복 기도로 몰아가고 있는데 대하여 그것은 상상할 수도, 있을 수도 없는, 말도 안 되는 것이라는 점을 별항으로 밝히고 있다. 지학순 주교는 어떠한 형태로든 자신의 입장을 사전에 분명히 밝혀 놓아야 한다고 생각했던 것 같다. 그 입장을 좀 더 명료히 하기 위해 '양심선언'이라는 표현을 쓴 것이다.

지학순 주교의 '양심선언'은 이 나라 민주화운동사에서 두 가지 커다란 의미를 가진다. 하나는 그것이 박정희 유신통치의 전 기간을 통해 최초의, 그리고 가장 강력한 유신에 대한 정면 부정이었다는 점이다. 그것은 유신정권에게는 더없이 아프고 치명적이었으며, 민주화운동 진영의 입장에서 보면 민주화운동의 진면목과 그 자존심을 드러낸 것이었다고 말할 수 있다.

다른 하나는 지학순 주교의 양심선언이 하나의 전범(典範)이 되어 이후의 민주화운동 과정에서 양심선언이 아주 유효한 투쟁수단의 하나가 되었다는 점이다.

1975년 2월 3일, 민주회복국민회의는 지학순 주교의 양심선언에서 영감을 얻어 범국민적인 양심선언운동을 제창했고, 이어 2월 15일에 있었던 국민투표를 전후해서는 허헌구 교사, 공화당원 김무길, 김진환 등의 양심선언이 나온다. 그리고 그해 8월에는 이미 5월에 옥중에서 작성된 김지하의 양심선언이 영어, 일어, 한국어 등 3개 국어로 일본 도쿄에서 발표되었다. 민주화된 최근에 이르기까지 양심선언은 진실을 지키고 밝히는 최후의 수단과 보루로서 널리 원용되고 있다.

예수의 예루살렘 입성을 연상케 한 원주 귀환

지학순 주교의 구속은 결과적으로 자신이 쌓아 놓은 높은 담 안에서 안주하고 있던 천주교회로 하여금 담 밖으로 나와 세상과 소통하게 했다. 처음에는 갑작스러운 지학순 주교의 구속으로 당황했으나 한국 천주교회는 점차 세상, 특히 한국의 정치 현실에 눈을 뜨기 시작했다. 마침내는 제2차 바티칸 공의회 이후 서품을 받은 사제들을 중심으로 '천주교정의구현전국사제단'이 창립되기에 이른다. 그러나 그 창립에 이르기까지 원주교구 신현봉, 최기식 신부의 헌신과 노고는 실로 눈물겨웠다.

천주교정의구현전국사제단은 천주교회 내에서 유일하게 지학순 주교의 우군, 그것도 아주 강력한 우군이었다. 사제단은 주교회의의 끊임없는 견제 속에서도 시대의 징표를 읽고 복음을 선포하는 일을 지혜롭게 헤쳐 나갔다. 과연 사제단은 1970, 80년대 그 암울했던 시절, 한국 국민에게는 '암흑 속의 횃불'이었다. 가장 보잘것없는 이웃, 저 짐에 눌려 신음하는 사람들, 불의에 짓밟히면서도 어디 호소할 데

1975년 2월, 출감 후 명동성당 제대에서
눈물의 감사 기도를 올리는 지학순 주교.

없는 사람들, 가난이 제 탓만이 아닌 사람들의 벗이 되어 주었고, 그 형제와 '어머니와 교사'가 되어 주었다.

그 엄혹했던 시절, 최종길 교수에 대한 고문치사 사실을 세상에 폭로한 것도 사제단이었으며, 인혁당 사건의 조작음모를 빛 속에 드러낸 것도, 그들의 억울한 죽음을 끝까지 추적한 것도 사제단이었다. 지학순 주교가 1975년 2월, 감옥에서 나왔을 때 명동성당은 어느새 한국 민주화운동의 성지가 되어 있었다. 석방된 지학순 주교는 2월 18일, 자신의 석방미사가 있었던 바로 그 명동성당에서 그 감격을 이렇게 말했다.

"우리 겨레가 교회로 인해서 살아난다는 생각을 했고…… 서울과 한국에서 전체 국민에 대해 명동성당이야말로 '이것이 진리의 성전이다'라는 뚜렷한 등대의 역할을 했다고 나는 봅니다."

그러나 뭐니 뭐니 해도 가장 감격적이었던 장면은 1975년 2월 19일에 있었던 지학순 주교의 원주 귀환이었다. 그것은 1974년 4월, 해외 출장을 위해 원주를 떠난 이래, 감옥을 거쳐 온 10개월 만의 귀환이었다. 어떤 사람은 지학순 주교의 원주 귀환 장면을 예수의 예루살렘 입성에 비유하기까지 했다. 실제로 그것과 방불한 모습이었다. 그가 귀환하던 날, 원주역에서 원동성당에 이르는 1.5킬로미터 거리의 양편에는 태극기를 손에 든 5,000여 명의 신자들과 1만 명이 넘는 시민들이 10개월 만에 돌아오는 지학순 주교를 환영했다. '지학순 주교 만세', '진리와 정의는 기필코 승리한다'고 외치며 그들은 열렬한 환호를 보냈다.

지학순 주교가 탄 차가 이들 인파에 밀려 더 이상 나갈 수 없게 되자 지 주교는 차에서 내려 원동성당까지 걸어서 갔다. 이때 어떤 신자는 자신의 옷을 벗어 지 주교가 가는 발 앞에 깔아 놓아 지 주교로 하여금 그 위로 걸어가게 했다. 지학순 주교에게는 물론 한국 교회사에서도 잊지 못할 한 장면이었다. 원동성당에 도착한 지 주교는 먼저 성당 제단 앞에 무릎을 꿇고 기도를 마친 뒤 마당으로 나와 환영식에 참석했다. 환영식이 끝나고 지 주교는 전국에서 온 60여 명의 성직자와 5,000여 명의 신자가 들어찬 성당 마당에서 장엄했던 그날의 미사를

민청학련 사건의 배후로 수감되었다가 10개월 만에 구속집행 정지로 풀려나 원주시 입구에서 사
제단과 신도들의 대대적인 환영을 받는 지학순 주교(가운데).

집전했다. 그때 지학순 주교는 모든 사람들에게 오직 감사하다는 말
밖에 할 수가 없었다.

그 무거운 짐을 떠맡아 지고

지학순 주교가 석방되고 난 1년 뒤, 이른바 '3·1절 명동성당 민주구
국선언 사건'으로 신부 3명이 구속되고 신부 4명이 불구속 입건되었
다. 물론 그들은 사제단 소속 신부들이었다. 지학순 주교와 사제단의
상황이 뒤바뀐 것이다. 지학순 주교가 구속되었을 때는 마지못한 것

이기는 했지만, 그래도 주교회의가 사제단의 활동을 묵인했으나 이때는 제동이 심했다. 더구나 이때부터는 교회가 더욱 분열된 모습을 보이고 있었다. 더욱이 '구국사제단'이라는 이름으로, 사제들의 사회 참여를 극력 반대·저지하고 나서는 신부들까지 생겨났다. 이런 가운데 지학순 주교는 주교회의에서는 이들 구속 사제들을 옹호해야 했고, 밖에서는 구속 사제들을 위한 구명운동에 앞장서야 했다. 신·구교회와의 연대, 민주화운동과의 연계 활동에서도 그 중심에 서야 했다.

1976년 8월 9일, 명동성당에서 있었던 구속 사제를 위한 특별기도회에서 지학순 주교는 '한국 교회의 위기와 그 극복'이라는 주제를 가지고 강론을 했다. 여기서 지학순 주교는 "교도소에 성경 차입이 금지되고, 밖에서는 교회의 산업선교 활동이 용공으로 매도되는 현실은 분명 한국 교회의 위기이다. 이 위기를 슬기롭게 극복하기 위해서는 '사랑의 연합'이 그 어느 때보다 절실하다. 자기 전부를 바치는 뜨거운 이웃 사랑을 통해, 그리스도 속에 연합하고, 하느님 속으로 연합하자는 것이며, 그것은 민중과의 일치, 전 세계 인류와의 일치를 위한 첫 걸음"이라고 역설했다. 1976년 12월 13일에 있었던 명동성당에서의 인권주간 기념미사에서는 '인간의 존엄과 교회'라는 제목의 강론을 통해 구속된 사제들에 대한 석방과 교회의 지속적인 관심을 촉구하면서, 교회를 향해 한국 천주교회의 인권장전(人權章典)을 만들 것과, 교회 내 인권위원회 구성, 그리고 크리스천 인권기금을 설치할 것을 주장했다.

3·1 민주구국선언 사건의 상고심 재판이 끝나는 날이었던 1977년

3월 22일, 지학순 주교는 윤보선 전 대통령 등과 연락해 이른바 '민주구국헌장'을 발표했다. 이는 어떠한 형태로든 민주화운동의 계속성을 유지하기 위한 몸부림이었다. 신·구교회의 중심 인물들이 구속되어 있는 상황 속에서, 윤보선 전 대통령과 지학순 주교는 민주 진영을 지키는 쌍두마차였다. 지학순 주교는 1975년 2월, 석방된 이후 매년 추석과 설날, 구속자가족협의회 어머니들을 통해 옥중에 있는 정치범들에게 영치금 또는 내복을 사서 넣어 주었다. 지학순 주교가 해외 여행 등 부재중일 때는 윤보선 전 대통령의 글씨를 받아다가 내가 그것을 팔아서 영치시키기도 했다.

1977년 8월 19일에는 인천교구사제단 주최로 '정의구현을 위한 대기도회'가 열렸다. 지학순 주교는 여기서 '교회의 사명과 쇄신'이라는 주제로 강론을 하면서 "이 땅의 인간 회복, 인권 회복, 민주 회복을 위해 기도하고 실천하는 일이야말로 진리의 길이요, 가르침의 길"이라고 역설하면서 구속 사제들에 대한 관심을 고조시켰다. 이날의 기도회에서는 함세웅 신부의 상고이유서가 낭독되었고, 이어 지학순 주교의 강론 원고와 함 신부의 상고이유서가 함께 배포되었다. 이 기도회와 관련해서 김병상 신부와 황상근 신부가 구속되는 등 교회는 상당한 고초를 겪었다. 이렇게 지학순 주교는 구속된 사제를 대신해서, 또 구속 사제들을 위해 혼신의 힘으로 1970년대 후반의 독재적 억압을 온몸으로 막아 냈다. 그러한 고난은 1980년대에 이르기까지 계속되었다.

길을 내면서 혼자 외롭게 간 사람

나는 지학순 주교에 대한 이야기를 앞서 말한 것처럼 김지하, 박재일한테서 일찍부터 들어왔다. 그때 우리는 지학순 주교를 지칭할 때 백두(白頭)라는 은어를 썼다. 뒤에 확인한 일이지만, 지학순 주교는 일찍부터 머리가 백발이었다.

1974년 8월 12일, 명동성당 기도회 때는 원주교구에서 「지하순 주교는 어떤 분이신가」 하는 유인물을 돌렸다. 그 무렵 지학순 주교가 철창 안에 갇혀 있는 사진이 원주교구 최규택에 의해 만들어져 기도회 때 뿌려지기 시작하더니, 연말에는 크리스마스 카드로도 만들어져 나왔다.

지학순 주교가 구속되었을 때, 교회 쪽은 어떻게 뒷바라지를 해야 하는지를 몰라 몹시도 허둥댔다. 감옥 생활에 대해서 아는 사람이 없었던 것이다. 내가 좀 알은체했더니, 대책을 논의하는 자리에 끼워 주었다. 그때 성모병원 1층 X선과 박영자(삐엘마리) 수녀의 방은 지학순 주교의 옥중수발을 준비하는 장소였다. 감옥에 가서 접견을 하고 책이나 물건을 영치시키는 일은 동생 지학삼 씨가 맡았다. 박 수녀는 얼굴만큼 마음도 고와서, 매일 곰국을 보온병에 담아 와 우리들에게 주었다. 그때 그 방에 자주 드나들었던 이들은 군종단에서 일하던 박의근(야고보), 원주교구의 양대석 신부와 이창복, 동생 지학삼, 그리고 나, 더러는 정금성(김지하의 어머니)과 신현봉, 최기식 신부 등이었다.

나는 다른 한편으로는 당시 현직 교도관이었던 전병용을 통해 지학순 주교와 편지로 연락을 주고받고 있었다. 전병용은 비번 날 나에게서 받은 편지를 당번 날 지 주교의 방에 찾아가 성경 속에 찔러 넣고 나오곤 했다. 지학순 주교는 내게 질문도 많이 했고 주문도 많이 했다. 내게서 편지가 오지 않으면 몹시도 궁금해했다. 당시 지학순 주교의 감방에는 겨울에 연탄불을 피워 줄 만큼 특별한 예우를 했다. 서울구치소 역사상 그때까지 최고의 대우를 받은 셈이다.

하지만 정작 내가 지학순 주교를 실제로 만난 것은 지 주교가 석방된 이후의 일이었다. 정확한 시점은 이제 기억이 잘 나지 않는다. 기억이 나는 것은 1974년 여름, 지학순 주교가 황인철, 홍성우, 하경철 변호사와 함께 나를 삼척해수욕장으로 초대했던 일이다. 그때 나는 처음으로 해수욕이라는 걸 해 봤다. 지학순 주교가 국내에 있을 때면 나는 한 달에 한 번, 또는 늦어도 두 달에 한 번 꼴로 이분을 만났다. 미리 연락을 받고, 장충동 인성회(仁成會) 사무실에 가 기다리다가 지학순 주교를 만나고 돌아오곤 했다. 지학순 주교에게는 언제나 미행·동행하는 기관원이 있었기 때문에 약속된 장소에 내가 먼저 가 기다리고, 또 지학순 주교가 떠난 한참 뒤에 나와야 했다. 당시 인성회는 사실상 최재선 씨 혼자 모든 일을 도맡아서 했는데, 그는 조용하고 성실했으며, 누구보다 제2차 바티칸 공의회를 깊이 터득하고 있었다. 지학순 주교에게 나는 교회 밖의 동향과 해외 관련 소식 등을 말씀드렸고, 때로 지학순 주교는 내게 이런저런 심부름을 시켰다.

민주화운동 과정에서 내가 미스터리로 생각하는 것이 몇 가지 있다. 그 가운데 하나가 1982년 부산 미문화원 방화 사건 때, 왜 저들이 최기식 신부를 구속했을까 하는 것이다. 최기식 신부는 그들이 그렇게도 심하게 찾던 방화 사건의 주범들을 자수까지 시켰고, 교회는 대통령으로부터 고맙다는 인사까지 받았다. 그런데도 그들은 최기식 신부를, 그것도 부활주간에 구속했다. 상(賞)을 주지는 못하더라도 이렇게까지 나올 줄은 정말 몰랐다. 나는 그것이 지학순 주교에 대한 정부 당국의 보복이 아니었을까 생각한다. 그때 원주교구는 정부 당국과 그 사주를 받고 있던 언론의 집중포화를 받았다. 교육원은 마치 범죄의 소굴인 것처럼 연일 세상에 비쳐졌다. 그러니 원주교구에 대한 보복이었던 것만은 분명하다.

1984년에 나는 당시 형성사라는 출판사를 운영하던 이호웅과 이부영의 간곡한 요청에 따라 지학순 주교의 강론집 『정의가 강물처럼』을 펴내는 데 참여했다. 주교관 창고의 상자 속에 쌓여 있던 원고들을 끄집어내서 정리한 것을, 〈10장의 역사연구〉라는 시를 써서 옥고를 치렀던 김명식 수사가 각주를 달았다. 지학순 주교의 사상과 정신이 배어 있는 그때까지의 문건은 거의 다 수록했다. 지금 생각해 보면 그때 그렇게라도 강론집을 낸 것이 천만다행이었다. 우리는 그때 그 책을 조마조마하며 펴냈다.

지학순 주교를 이야기할 때 빼놓을 수 없는 것이 그의 고향에 대한 그리움과 그가 겪은 공산주의에 대한 체험이다. 그는 《경향잡지》에 2년 동안 「내가 겪은 공산주의」를 연재했다. 그러면서도 그는 고향에 돌아가 사목하는 꿈을 처음부터 꾸었고, 끝까지 버리지 못했다. 그의 북한 탈출기를 보면 그의 심정을 충분히 이해할 수가 있다. 그는 그의

1985년, 36년 만에 북의 누이동생을 만난 지학순 주교가 평양에서 재이별을 슬퍼하며 누이와 껴 안고 작별인사를 하는 모습.

사제서품 때를 이렇게 회고했다.

"나는 옷도 없이 신발도 군화를 신고 쓸쓸히 서품을 받았다. 그러나 내 온 가족을 대표한 동생과 침묵의 북한 교회를 대표하던 안 주교님의 참석으로 나는 외롭지 않았다. 그때 나는 침묵 속에 있는 북한 교회에서 사목할 수 있기를 기도했다."

지학순 주교는 1985년, 고향방문단의 일원으로 북한을 방문해 동생 용화를 만나면서 고향에 대한 그리움이 더욱 짙어져 다시 돌아올 때는 '눈물의 주교'가 되어 있었다. 어려서 함께 손잡고 성당 다니던 동생의 늙고 달라진 모습은 그를 더욱 눈물 짓게 했다. 지학순 주교의 고향 방문은 지학순 주교의 그 이후의 건강에 적지 않은 나쁜 영향을 끼치지 않았나 싶다. 고향을 다녀온 뒤, 그는 언제 어디서나 그 이야기를 할 때면 눈물을 펑펑 흘렸다. 나는 지학순 주교가 돌아가시기에 앞서, 자신의 시신을 고향에 묻어 달라고 유언을 했다면 어떻게 되었을까를 가끔 생각해 본다.

지학순 주교는 만년에 당신이 이 세상에 있을 시간이 얼마 남아 있지 않다는 것을 예감했던지, 몇 번이나 나를 원주의 주교관으로 불렀다. 살아서 자신의 일생을 정리하고 싶다는 것이었다. 육성을 녹음테이프에 담기도 했지만, 건강 때문에 자주 끊어졌고, 병환이 위중해지면서는 아예 엄두를 낼 수조차 없었다. 나는 그분이 그렇게 남기고 싶어 했던 일을 끝내 이루어 드리지 못한 것을 아주 원통하고, 죄송스럽게 생각하고 있다.

지학순 주교가 어떤 분이었는지에 대해서는 누구보다 윤공희 대주교가 평전의 서문에서 잘 표현했다.

"아직 오지 않은 미래에 대해서, 우리 교회가 주저하고 있을 때, 지 주교는 먼저 행하고 나서 평가를 기다렸다.…… 세상의 불의 앞에서 교회는 무엇이라 답변해야 하는지 온몸으로 보여 줌으로써 하느님의 정의를 증거하였다.…… 세상과 교회 사이의 담을 허무는 일, 그래서 만인이 하느님의 품안에 있음을 보여 주는 것이 그분의 사명이었다."

그 글의 맨 앞에서 윤공희 대주교가 당신과 지학순 주교의 관계를 말한 부분은 우리의 가슴을 쩡하게 울린다. "그분은 내 인생의 고비마다 항상 옆에서 운명을 나누었다. 그리고 언제나 나보다 한 걸음 앞서 나갔고, 나는 늘 그분의 그림자를 밟듯이 세상에 직면하였다." 김수환 추기경과 지학순 주교, 그리고 윤공희 대주교는 그 어려웠던 시대, 한국 교회와 사회를 이끌었던 존경스러운 지도자였다. 하지만 성품과 역할은 달랐다. 지학순 주교가 일을 저지르면 두 분은 수습하는 쪽이었다. 수습하되 지 주교가 앞서 간 길, 앞으로 나아가는 쪽으로 언제나 두 분은 이끌었다. 세 분의 존재는 그대로 기막힌 조화였으며 한국의 교회와 사회로서는 더없는 행복이었다.

지학순 주교에 대해 무엇을 더 말할 수 있으랴. 루쉰이 말했다던가. 길이 따로 있는 것이 아니라 사람이 다니면 그것이 바로 길이 된다고. 그러나 맨 처음 길을 내면서 가는 사람이 있다. 바로 지학순 주교가 그런 사람이었다. 그가 앞장서 혼자 헤치며 갔던 그 길이 이제는 우리들의 길, 한국 교회의 길, 누구나 갈 수 있는 길이 되었다. 그러나 맨 먼저 길을 내면서 갔던 지학순 주교는 얼마나 힘들었을까.

3

환하게 웃는 무애(無碍)의 얼굴

박형규

박형규 목사를 생각할 때면 연상되는 얼굴이 하나 있다. 흔히 '백제의 미소'라고 불리는, 충남 서산에 있는 마애삼존불상이다. 그 가운데서도 한가운데 서 있는 여래입상이 특히 그렇다. 왼쪽에 서 있는 반가사유상이나 오른쪽에 서 있는 보살입상도 그 표정이 좋지만, 아무래도 가장 크고 또 대표적인 것은 여래입상이다. 환하게 웃고 있는 그 얼굴은 곧 무애(無碍)의 얼굴이다. 기쁨도 슬픔도, 미움도 사랑도 모두 다 그 안에서 녹아 내려 허허한 웃음으로 남아 있는 얼굴, 엄숙하지 않고 소탈하면서도 범상이나 속기(俗氣)를 뛰어넘는다. 그 여래입상이 풍기는 분위기와 표정을 보면 그 얼굴에서 박형규 목사를 연상하는 내가 결코 엉뚱하지 않다는 것을 함께 느낄 수 있을 것이다.

1995년 7월 초순에 박형규 목사를 우연히 청와대 영빈관에서 만났다. 그 무렵 한국을 방문한 남아프리카공화국의 만델라 대통령을 위한 만찬장에서였다. 마침 부인 조정하 여사도 동행했는데, 언제나 그렇듯이 내외분 모두 환하게 밝은 얼굴로, 전혀 어색하지 않게 사람들을 만나고, 또 환담하고 있었다. 나는 그때 저런 박 목사를 놓고 한마디로 표현한다면 뭐라고 할 수 있을까 하는 생각을 했다.

왜냐하면 그 얼마 전에 이런 일이 있었던 까닭이다. 몇몇 사람이 모여앉아 이런저런 이야기를 하던 중에 국내의 어떤 정치인과 만델라 대통령을 비교하는 이야기가 나왔다고 한다. 1970, 80년대 이래 이 나라 민주화운동의 중요한 일각을 이끌었고, 그 옛날 한때 불문(佛門)에 몸담았던 어느 시인이 "만델라의 얼굴은 바로 도인(道人)의 얼굴"이라고 했다는 것이다. 그 이야기를 들은 뒤, 나는 우연한 기회에 그의 방한을 계기로 국내의 텔레비전에 방영된 그의 일대기를 보면서, 그 시인의 지적은 참으로 적절한 것이었다는 생각을 하게 되었다. 젊은 시절의 만델라는 총을 들고 싸우는 가열찬 투사였지만, 27년에 걸친 옥고를 치르면서 그는 서서히 위대한 변화를 일으켜 갔던 것이다. 그는 남아공의 대통령이 된 뒤 한 줌밖에 안 되는 백인을 남아공에서 추방하는 대신, 흑과 백이 다 같이 승리하는 길을 걸었다. 증오와 저주를 사랑과 화해로 바꾸었다. 과격한 투사에서 인류의 스승으로 변모한 것이다. 그는 자신의 고난에 찬 투쟁을 인류의 승리, 인간의 승리로 승화시켰다. 실제로 나는 그날 만찬장에서 만델라에게서 그런 도인의 모습을 확인할 수 있었다.

박형규 목사.

우리들의 박 목사는 뭐라고 표현할 수 있을까 하는 의문이 자연스럽게 떠올랐고, 그래서 연상해 낸 것이 서산의 마애삼존불상이었다. 또 그것을 한마디 말로 표현한다면 "우리 시대의 달인(達人)"이라고 할 수 있지 않을까 생각하기에 이르렀다.

분당에 살 때 몇몇 친구와 선배들을 집으로 초청한 적이 있었다. 이때 아주 우연스럽게 박 목사께서 우리 집을 방문하게 되었다. 이 자리에서 홍성우 변호사가 말하기를, "내가 이미 박 목사님을 가리켜 달인이라고 썼으니, 달인이라는 표현은 쓰지 말라"는 것이었다. 나뿐만이 아니라 홍성우 변호사도 박 목사를 달인이라고 보고 있는 것은 실로 우연의, 그러나 기막힌 일치라 하지 않을 수 없었다. 이 말을 듣던 박 목사는, "나를 두고 달인이라고 할 만한 구석이 하나는 있지. 내가 춤만은 달인의 경지야" 하는 것이었다. 홍 변호사는 어떤 뜻으로 박 목사를 가리켜 달이이라고 했는지 모르지만, 적어도 내가 말하는 달인이라는 뜻은 박 목사가 말씀하는 그런 뜻의 달인은 아니다. 내가 말하는 달인이란, 한 가지 일에 통달한 달인이 아니라, 세상의 모든 경계를 뛰어넘어 모든 것을 끌어안고, 그러면서도 넉넉하게 웃으면서 당신 방식으로 세상을 살아가는 그런 뜻의 달인이다. 달인에 대한 사전(辭典)의 정의는 어떨지 모르지만, 내가 생각하는 달인은 바로 이런 경지에 이른 분을 가리킨다고 말할 수 있다.

내가 박형규 목사를 언제 처음 뵈었는지는 기억이 없다. 1970, 80년대를 통틀어 박 목사는 전면에서 가장 자주, 그리고 가장 치열하게 고난을 겪어 온 분이었고, 나는 뒷전에서만 얼씬거렸으니까, 전면의 박 목사와 뒷전의 나의 만남은 늦을 수밖에 없었을 것이다.

그러나 1974년 민청학련 사건으로 박 목사가 투옥되면서부터 박 목사와 나는 교신을 나누었다. 사실 나는 신·구교회를 막론하고 교회를 잘 몰랐고, 그쪽 사람들을 어쩌면 우리하고는 전혀 다른 동네의 사람들로 치부하고 있었는지도 모른다. 민청학련 사건이 긴급조치 4호와 함께 우리 앞에 엄청난 크기로 다가왔을 때, 그 시대의 교회도 우리 앞에 비로소 다가왔던 것이다. 그 이전에 있었다는 남산 야외음악당 사건 역시 교회 안에서 있었던 먼 옛날의 교회 사건으로 듣고 있었을 뿐이다.

천주교회 역시 우리가 쌓아 놓은 담장 밖으로 우리도 나가지 않을 테니까 사회도 우리가 쌓아 놓은 담장 안으로 들어오지 말라는 표정으로 서 있다고 생각했다. 그래서 교회는 우리하고는 다른 세계로 비쳐졌고, 또 그렇게 이해했다. 그러나 지학순 주교가 구속되면서 담장은 무너지고, 세상에 대한 교회의 참여와 발언은 세지기 시작했다. 한꺼번에 200명이 넘는 사람들이 투옥되고, 군법회의에서 사형·무기징역이 겁 없이 선고되는 상황 속에서, 그때 교회가 있었다는 것은 커다란 위안이었고 다행이었다.

이 무렵 같은 사건으로 시인 김지하도 구속되었다. 구속되기 얼마 전에 영화 만드는 친구 집에 김지하를 잠시 숨어 있게 했는데, 그 영화판 사람들과 어울려 영화 찍는 데 동행했다가 섬에서 잡혔던 것이다. 당연히 그렇듯이, 구속되면 밖의 소식이 궁금하고, 밖에서 계속 자신들의 뒤를 이어 주기를 바라기 마련인데, 그때 김지하도 예외는 아니어서 남아 있는 사람들이 더욱 격렬하게 민주화투쟁에 나서 줄 것을 소망하고 있었다. 그러면서 밖의 문제와 관련해서는 구속된 박 목사와 상의하라는 것이었다. 다행히 밖에 있는 나와, 안에 갇혀 있는 박 목사와 김지하의 삼각대화에는 별 어려움이 없었다. 하지만 밖에서의 민주화투쟁은 처음에는 구명운동 차원이거나 수배 중인 사람들을 도와주는 것 이상이 될 수 없었다.

물론 1974년 가을부터 전개되었던 동아·조선 기자들의 자유언론수호투쟁이나, 연말에 아주 조심스럽게, 그 삼엄한 경계를 뚫고 당시로서는 재야 민주세력의 총결집체라 할 민주회복국민회의를 결성할수 있었던 것은 시간이 조금 지난 뒤의 일이었다. 어쨌든 어렵게 박목사와의 관계는 야사(野史)로 시작되었다. 1975년 5월에 박 목사가 석방된 뒤에도, 수도권 특수지역 선교자금 사건 등으로 또다시 구속되는 등, 당시로서는 박 목사만큼 혹독한 시련을 몸으로 당하는 분이 없었다. 그렇기 때문에 만나 뵌 것은 그보다도 뒤의 일일 것이다.

독재권력의 가혹한 탄압으로 구속되더라도, 사건에 따라 또는 담당하는 기관이 어디냐에 따라서 대접이나 처우는 엄청난 차이가 있었다. 인혁당 사건 관련자들이 겪어야 했던 아픔과 고통은 훨씬 처절했다. 반면에 명사들로만 사건이 엮어진 3·1 민주구국선언 사건 같은 것은, 고난도 있었지만 어떻게 보면 그 당시로서는 화려한 사건이었다. 본인은 물론 그 가족도 누구 앞에서나 당당하고 떳떳했다. 그러나 사건을 조작하거나, 일방적으로 음해해 발표해 버리는 음모적인 사건의 당사자가 될 때 받아야 하는 수모와 고통은 매우 크다. 그 가족도 마찬가지다. 아마도 박 목사는 이런 유형의 사건에 제일 많이 휘둘린 분일 것이다. 희생과 고통은 누구보다 컸으되, 그 고통이 밖으로 알려지지 않은 그런 사건의 당사자였다. 용공 누명을 누구보다 많이 썼고, 거기에 따른 고난도 생각할 수 없을 만큼 크고 많았다. 어쩌면 그것은 선구자가 겪어야 할 필연적인 과정일 수도 있다. 그러나 박 목사와 같은 뿌리 깊은 종교인을 용공으로 몬 것은 김지하의 말처럼 '뜨거운 얼음'이라는 말과 같은 억지임을 새삼 말할 필요가 없다.

어쨌든 박 목사는 유신시대 이래 민주화의 과정에 이르기까지 가장 치열하게 살았고, 그것 때문에 가장 혹독한 시련과 박해를 받았던 분이다. 그러나 그렇게 치열한 삶을 살았지만, 박 목사한테서 긴장과 적의로 눈에 핏기가 서리는 것을 누가 본 적이 있는가. 불의한 시대를 살아가는 한 사람의 지식인, 한 사람의 목사로서 당신의 몫만을 했을 뿐이라고 잔잔한 미소만 보였을, 언제 내가 이렇게 큰일을 했고, 이러 이러한 엄청난 고생을 했노라고 자신을 내세우는 것을 보았는가. 내가 박 목사를 우리 시대의 달인이라고 감히 부르는 것은 박 목사의 이와 같은 걸음걸이를 존경하기 때문이다.

1974년 민청학련 사건 때, 주교, 목사, 교수 들이 구속되었을 적의 이야기다. 구속자 가족들이 이리 몰리고 저리 몰리고 하면서 이른바 구속자가족협의회라는 것을 만들게 되었다. 이때 아주 자연스럽게 박 목사의 부인인 조정하 여사가 처음 구속자 가족의 대표 격을 맡아 구속자가족협의회를 결성했고, 그 조직이 자리를 잡은 다음에도, 김한림 선생, 김지하 시인의 어머니, 유인태 의원의 어머니, 이현배 씨의 어머니, 지금은 의사가 된 서광태의 어머니 등과 더불어 구속자가족협의회의 중추를 이루었다. 이 어머니들의 역할이 당시로서는 엄청나게 컸다.

주눅들어 있는 구속자 가족들에게 우리들의 아들이 실상은 아주 장한 일을 했다는 것을 깨우쳐 가족협의회에 합류하게 하는 한편, 재판 때마다 모여 방청함으로써 구속된 사람들에게 새로운 힘과 용기를 주었으며, 양심에 따라 판결하지 못하는 법관들에게는 도덕적 위압이 되기도 했다. 그뿐인가. 구속자 가족, 어머니임을 내세워 당당하게 해위 윤보선 선생 댁이나, 민주인사들을 방문하면서 민주화운동과 관련된 서명운동, 운동단체의 결성 등에도 크게 기여했다. 실제로 김한림 선생 같은 분은 아주 달필이고, 주변에 아는 사람들이 많아, 이 나라 민주화운동에 헌신적으로 기여했는데, 쟁쟁한 이름을 가진 사람보다 그 활동이 몇 배나 더 컸다.

이들 덕택에 목요기도회, 금요기도회도 날로 커졌고, 명동성당과 각 교회와 성당의 기도회도 성황을 이룰 수 있었다. 이들은 또 영치금이나 옷, 책 같은 것을 함께 모으거나 나누어 가족들이 서로를 의지할 수 있게 했다. 그리고 무엇보다 기도회가 끝나고 나거나 일정한 모임 또는 회식 때, 신나게 노래도 부름으로써 스스로를 달래 위안을 받는 것은 물론, 슬픔 속에서도 신명을 내는 우리 민족 특유의 정서를 과시함으로써, 외국인들의 부러움을 사기도 했다. 싸우면서도 참 즐겁게 싸웠다고나 할까. 한때 이러한 일단의 어머니부대를 가리켜 일명 '깡패'라고 부르기도 했는데, 이런 깡패는 마땅히 있어야 할, 존경받는 깡패라고 할 수 있다. 조정하 여사는 항상 그 한가운데 있었다. 언젠가 박 목사가 술회하는 걸 들으니까, 박 목사가 감옥에 드나들기 전까지는 시어머니께서 하도 엄격하셔서 시집살이로 꼼짝 못하다가, 남편이 구속되니까 옥바라지를 핑계로 비로소 집안 살림의 굴레를 벗어났다고 한다. 뒤늦게 어머니 '노라'(「인형의 집」의 주인공)가 된 것이다. 박 목사의 구속은 안타까운 일이지만, 분명 조 여사의 해방은 잘된 일이라 하지 않을 수 없다. 어차피 인생은 박 목사의 말처럼, 개종과 해방에의 끊임없는 순례이니까……

사실 나는 조정하 여사에게 큰 빚이 있다. 문민정부 출범 이후, 조 여사와 그 일행은 나에게 청와대를 한번 방문해서 칼국수도 먹고, 본관도 구경하고 싶다는 뜻을 여러 번 전해 왔다. 마땅히 그래야 된다고 생각하면서도 끝내 그 작은 소원을 들어 드리지 못했다. 그것 하나마저도 못 해 드려서 송구스럽기 짝이 없는 터였는데, 만델라 만찬 자리에서 뵈었던 것이다. 물론 조 여사가 바라던 청와대 방문은 그 같은 것이 결코 아니었다. 그러나 그날 조 여사가 나를 보고 또 한번 꾸중할 줄 알았는데, 내가 그때는 이미 나온 뒤여서 그랬는지 그냥 지나가 주었다.

앞서, 박 목사가 스스로 춤의 달인이라고 한 것처럼, 박 목사는 남들이 생각하는 것보다는 훨씬 잘 논다. 아마도 1970년대 말이라고 생각되는데, 우연한 기회에 박 목사가 아주 신나게 노는 걸 본 적이 있다. 성냥개비인지, 이쑤시개인지를 구부려서 눈을 사팔뜨기처럼 만들고, 곱사처럼 몸을 굽혀 추는 곱사춤은 가히 일품이었다. 어디 곱사춤뿐이랴. 노래도 잘 넘어가고, 한국 춤도 사뿐사뿐 너훌너훌 꺾인 데 없이 돌아간다. 아마도 1970, 80년대 민주화운동의 과정에서 그 고난과 슬픔의 한가운데서도 신명나게 노래 부를 수 있고, 한바탕 놀 수 있었던 데는 박 목사한테 한 수 배운 바 적지 않으리라는 것이 나의 추론이다. 저 거친 세상을 살아가면서도, 춤과 노래로 마음 놓고 즐길 수 있는 여유와 그 유연성이 바로 박 목사한테는 있다. 박 목사가 살아온 족적을 더듬어 보면, 언제 달리 익혔는지도 알 수 없고, 그렇게 놀 처지에 있지도 못했는데, 저렇듯 누구보다 한국적인 멋을 잘 알고, 또 스스로 스스럼없이 보여 준다. 내가 박 목사를 달인이라고 하는 또 하나의 까닭이 여기에 있다.

박 목사한테는 또 하나의 아주 훌륭한 점이 있다. 나 같은 사람은 뒷전에서 일한다는 핑계로 위험이 따르는 일, 손해 가는 일은 핑계를 대서 가급적 피해 왔다. 그러나 박 목사는, 당신이 필요하다고 하면 거기에 당신을 내어 주는 데 인색하지 않았다. 따지고 보면 1970, 80년대에 그렇듯 심하게 고생한 것도, 그렇게 스스로 고생을 떠맡아 진 것도 적지 않을 것이다. 젊은이들이 필요하다고 하면, 그 이름을 빌려 주는 데 망설임이 없다. 한때 정치개혁시민연합의 공동대표도 맡았는데, 사실 정치는 안 할 사람으로 치면 박 목사가 맨 처음이다. 그런데도 동원되어 준다. 자신의 명예에는 결코 도움이 되지 않는다 하더라도, 그것이 대의에 맞고, 나를 더럽혀서라도 도움이 될 수 있는 것이라면 기꺼이 그 짐을 지는 것이다.

그뿐만 아니라 남이 저지른 일의 책임을 자신이 한 것처럼 곧잘 뒤집어쓰기도 한다. 이러한 박 목사의 어리석음(?)을 가리켜 현영학 교수는 "그리스도를 위한 어리석은 자"라고 표현한 적이 있다. 아마도 박 목사는 생을 마감하는 날까지 그와 그의 이름을 필요로 하는 사람에게 끊임없이 자신을 내어 주는 삶을 살 것이다. 그렇게 해서 실상은 항상 당하면서도 항상 웃고 있는 것이다. 박 목사가 한 사람의 목사님으로 특정한 교회에 얽매인 것이 아니라, 우리 시대, 우리의 목사가 된 까닭도 여기에 있다. 우리 모두가 무엇인가 실험하고 이루고자 하는 현장에 박 목사는 늘 있으며, 그를 필요로 하는 곳에 웃음으로 나타나곤 한다. 이것이야말로, 박 목사가 우리 시대의 달인일 수밖에 없는 위대한 덕목이다.

박 목사의 얼굴 표정이나 웃음을 보면, 그분이 지난날 저 엄혹했던

1981년, 원주에서 도시농어촌선교 정책세미나에 참석한 뒤에 지학순 주교(가운데)와 함께(왼쪽에서 두 번째가 박형규 목사).

시절, 독재의 칼날 아래 맨 먼저 가장 혹독하게 시달렸던 분이라고는 믿기지 않는다. 특수기관의 공작에 의해 교회를 빼앗기고, 거리에서 예배를 보아야 했던 처절하고도 기구한 운명을 겪어 온 목사로 연상되지 않는다. 박 목사는 정체불명의 사람들로부터 구타를 당해 입원해 있으면서도 웃음을 잃지 않았으며, 치떨리는 분노나 미움의 마음으로 그가 당한 것을 말하지 않았다. 나는 박 목사로부터 미움이나 증오의 표정을 본 적이 없다. 그렇기 때문에 나는 박 목사의 미소나 그 표정을 서산의 여래입상에 오버랩(overlap)시켜 보는 것이다. 달관한 부처의 모습이, 달인의 모습이 아마도 저랬고, 저 얼굴은 바로 박 목사의 얼굴일 것이다.

링컨이 마흔이 넘은 사람은 자신의 얼굴에 책임이 있다고 말했다던가. 그렇다면 박 목사의 오늘의 얼굴은 분명, 그분이 살아온 삶의 역정을 담고 있을 것이다. 그의 말처럼 해방을 향한 개종의 역정 속에서 형성된 얼굴이다. 목사에게 개종은 그 이전의 것을 버리고 배신하는 것이 아니라, 그것의 장점을 끌어안은 채로 새로운 삶의 방식으로 나아가는 것이라고 한다. 일상적인 그리스도 신앙에서 고난받는 민중 속에 살고 있는 그리스도에게로, 교회로부터 세상으로, 한국으로부터 세계로, 위로부터 아래로, 힘 있는 자나 가진 자로부터 힘 없고 가지 못한 자에게로, 현상 유지에서 변혁으로 끊임없는 해방과 개종의 순례를 거듭해 왔고, 또한 사는 날까지 그와 같은 순례는 계속될 것이다. 그렇게 살아온 삶이 만들어 준 얼굴, 한편으로는 어떻게 저런 얼굴이 가능한지 불가사의한 얼굴, 그러나 우리 시대, 한 달인의 모습을 그분한테서 발견한다. 아무쪼록 그 웃음 띤 얼굴이 우리 모두와 계속 같이할 수 있는 날이 가능하다면 오래오래, 그것이 어렵다면 천수를 다 누리는 날까지 이어지기를 간절히 소망해 마지 않는다.

기묘하게 일하시는 하나님을 따라

"저 이름 없는 / 풀포기 아래 / 돌멩이 밑에 / 잠 못 이루며 / 흐느끼는 / 귀뚜라미 울음"(민영, 「수유리 2」). 시인 민영(閔暎)이 4·19 혁명을 읊었던 노래다. 4·19 혁명을 노래한 시 가운데 내가 가장 좋아해서 외우고 있는 시다. 거창하거나 큰 목소리가 아니어서 좋고, 아는 척 아니해서 좋다. 4 · 19 혁명을 이렇게 간결한 시어로 정리했다는 것이 놀랍다.

박형규 목사의 회고록 『나의 믿음은 길 위에 있다』(신홍범 정리)를 읽으면서 언뜻 이 시가 떠올랐다. 우리는 흔히 드러난 사건만을 기억한다. 사람도 지금 우리 앞에 서 있는 모습만이 전부인 것처럼 생각한다. 그러나 하나의 사건이 생기고, 그것이 모여 역사가 되기까지는 우리가 몰랐던 일들이 그 뒤에 켜켜이 쌓여 있게 마련이다. 한 사람이 그 이름으로 우리 앞에 서기까지 얼마나 많은 사연과 곡절이 있었는지 우리는 모른다.

한국 기독교회가 여기까지 오는 데에는, 박형규 목사가 우리 앞에 저렇게 '백제의 미소'로 서 있기까지에는 얼마나 '잠 못 이루며 흐느끼는 귀뚜라미 울음'이 '저 이름 없는 풀포기 아래 돌멩이 밑에' 있었는지를 이 책은 낮은 목소리로 찬찬히 들려주고 있다. 박형규 목사가 살아온 역정을 나름대로 잘 알고 있노라 생각해 왔던 나한테도 이 책은 '아, 그랬었구나!' 하는 감탄을 거듭 자아내게 했다.

신 · 구교회를 막론하고, 1970년대 초반에 한국 기독교회가 민주화 투쟁이라는 현실 역사 한가운데 그 모습을 드러냈을 때, 그것은 분명 천군만마의 구원이었지만, 그러나 많은 사람들에게는 뜻밖이었다. 거기에 박형규 목사가 있었지만, 우리에겐 생소했다. 이 책은 그때 왜 박형규 목사가 거기 있었는지, 그 이후 그의 삶이 어떻게 전개되었는지를 보여 준다.

어쩌면 그에게 성직자의 길은 피할 수 없는 운명이었던 것 같다. 어머니가 그를 낳았을 때의 이적(異蹟)이 그로 하여금 목사의 길을 예정케 했다. 목사 안수를 받을 때도 그렇게 기쁘지만은 않았던 그에게 1년 뒤에 일어난 4·19 혁명은 삶의 진로를 바꾸어 놓았다. 그때까지의 자신의 삶을 그는 "강도 만난 사람을 외면하고 지나갔던 위선자"였다고 고백한다. 4·19는 과연 "암운을 뚫고 터진 눈부신 전광(電光)"(김재준 목사의 말)이었다. 일제의 문화정책 이후 초창기 한국 기독교의 민족주의적·현실참여적 모습을 버린 채 기복신앙에 안주해 온 교계에서 그는 "교회를 교회 되게 하는 일"에 자신을 바치기로 결심한다.

이로부터 그의 고난에 찬 행진은 계속된다. 1964년 한일회담반대 투쟁에 참여한 뒤 교회갱신운동을 벌이는가 하면, 한국기독학생회 총무를 맡아서는 이제까지의 '한국의 복음화'라는 구호와 목표를 '기독교의 한국화'로 바꾸는 일대 작업을 실험해 나간다. 도시 문제에 발을 들여놓고서는 '교회의 선교'에서 '하나님의 선교'로 나아갔다. 지금까지의 선교가 개인의 구원을 중심으로 하는 교회의 선교였다면, 이제부터는 그 주체가 하나님 자신이 되고 하나님의 피조물인 사회 전체의 구원, 즉 정치·사회·경제 등 총체적 구원을 목적으로 하는 선교로 나아간다.

그가 가는 곳, 그가 맡은 모든 직분에서 그는 하나님의 선교를 위해 합당한 조직을 만들거나 확대하고, 새로운 일을 시작한다. 한국기독교교회협의회(NCCK) 인권위원장이 되어서는 《인권소식》을 만들어 언론이 없던 그 시절, 교회가 언론의 역할까지 담당했다. 그가 일련의 선교활동에서 최종적으로 확인하고 깨달은 것은 "선교와 정치가 분리될 수 없다는 것," "자유가 없는 곳에서는 선교의 자유도 없고, 이웃사랑도 할 수 없다는 것," "정치적 투쟁 없이는 자유를 얻을 수 없다는 확신"이었다.

일찍이 카를 바르트, 본회퍼, 불트만, 니묄러를 만나면서 사회와 역사에 대해 고민하는 크리스천의 길을 걷게 되었다면, 이제 박형규 목사는 대한민국의 정치적 · 경제적 현실을 끌어안고 몸부림치게 되었다. 그러한 고뇌는 엄청난 박해와 수난으로 되돌아왔다. 그는 여섯 차례나 투옥되었다. 이미 지나가 버린 사건이 어느 날 갑자기 국가변란 사건으로 둔갑되어 그를 옭아 넣기도 하고, 학생들과 함께 휩쓸려 구속되기도 했다. '내가 나의 돈을 횡령했다'는 황당한 죄목으로 형사소추를 당하는 기상천외의 일도 있었다. 그러나 그는 "기독교 목사로서 감옥에 가는 것은 성경으로 보면 당연하다. 구약시대부터 예언자들은 항상 감옥 출입하는 것을 당연한 일로 보아 왔다. 원래 한국에 들어온 기독교도 역사에 참여하는 종교였다"고 말하면서, 그 수난과 박해를 감수했다. 감옥생활도 "나가면 더 좋고, 못 나가도 좋고"라는 마음가짐으로 잘도 버텨 냈다.

그러나 뭐니 뭐니 해도 그가 받은 시련 가운데 가장 혹독했던 것은 1983년의 예배방해로부터 시작해 장장 6년간의 노상예배로 이어진 제일교회 박해 사건이었다. 박형규 목사는 이 과정에서 60여 시간에 걸친 감금과 살해 위협을 겪었으며, 백주의 테러로 생명이 위태롭게 된 일도 있었다. 1972년 11월 26일, 제일교회에서 열린 박형규 목

중부경찰서 앞에서 노상예배를 하는 박형규 목사(맨 왼쪽).

사의 임직식에 온 김재준 목사는 "목사는 강단에서 죽을 각오를 해야 한다, 순교를 각오해야 한다, 죽음을 각오하고 진리와 교회를 지켜야 한다"고 설교했다. 예감이 있어서 그런 말을 했는지 아니면 말이 씨가 되었는지 아무튼 어려운 시련을 너무나 오래 겪었다.

제일교회 근처에서 신자들과 함께 모여 중부경찰서 앞으로 예배드리러 가는 '정의와 평화를 위한 십자가 행진'을 하면서도 노상예배는 끈질기게 계속되었다. 어느 독일 목사의 말대로 제일교회는 하늘이 천장이고, 벽이 없어 온 세계로 열려 있는, 과연 세계에서 제일 큰 교회가 되었다. 그곳은 하나의 교회를 넘어 시대의 아픔을 함께 나누고자 하는 사람들의 광장이었으며 민주화운동의 현장이었다. 박해를 받으면서도 그것이 기쁨이 되는 신앙의 신비가 박형규 목사와 그를 따르는 신자들로 하여금 그 고통을 견뎌 낼 수 있게 했다. 마침내 비폭력이 폭력을 이긴 것이다.

그는 한 번도 자신을 내세운 일이 없었지만, 남이 자신을 끌어들인 것 또한 원망하지 않았다. 억울한 일로 감옥에 갇혀도 가시밭에 걸린 양 떼와 함께 있으니 보람된 일로 여겼고, 민청학련 사건 때는 "학생들보다 가벼운 죄가 아닌 더 무거운 죄를 내려 주기 바란다"고 최후 진술을 했다. '내가 그들을 감옥에 데려간 것이 아니라, 그들이 나를 끌고 갔다.…… 학생들, 즉 어린 양들이 좁은 문으로 들어갑시다 하고 우리를 불렀지만 목자나 큰 양들은 같이 가려고 하지 않았다. 그래도 어린 양들이 가겠다고 하기 때문에 목자는 주저하면서 그들의 뒤를 따른 것뿐'(1975. 2. 23. 출옥환영예배에서)이라고 겸손해했다. 박형규 목사는 자신을 '질그릇'에 비유하곤 하는데, 이는 김수환 추기경이 '옹기'라는 아호를 가진 것에 견줄 만한 일이다. 그는 또한 그 자신이 "하나님의 발길에 차인 사람"이라는 말을 좋아하는데, 하나님의 발길에 차여서, 떠밀려서 무슨 일을 했을 뿐, 자신의 의지로 한 일은 아무 것도 없다는 겸양의 말이다. 크리스천이 아니더라도 이 책을 읽는 독자들은 1973년의 남산 야외음악당 부활절예배 사건을 비롯, 박형규 목사가 얽혀 든 사건들을 보면서 '기묘하게 일하시는 하나님'을 실감할 것이다.

『나의 믿음은 길 위에 있다』는 박형규 목사가 서문에서 밝힌 것처럼 그 자신이 원해서 씌어진 것이 아니다. 어느 의미에서 이 책은 일생을 하나님의 선교와 한국 민주화투쟁에 바친 박형규 목사에게 우리 사회가 바치는 경의(敬意)의 표현이자 작은 보답이라 할 수 있다. 이 책은 '정리'라는 말로는 부족한, 처음부터 끝까지 한 사람에 의해 씌어진 '저작'으로, 몇 년에 걸친 작업 끝에 완성되었다. 읽으면서 그 정성과 노고를 확인할 수 있을 것이다.

마지막으로 박형규 목사가 1983년 8월, 캐나다 밴쿠버에서 열린 세계교회협의회(WCC) 제6차 총회에서 주제강연한 육성을 인용하고 싶다.

"영원한 생명은 죽음을 통해 온다. 축복은 가난을 통해 오고 부활은 죽음에서부터 온다. 힘없는 사람만이 죽음의 세력을 극복한다.…… 이것이 생명의 역설이다."

4

무소유의 삶

법정

"나는 가난한 탁발승이오. 내가 가진 거라곤 물레와 교도소에서 쓰던 밥그릇과 염소젖 한 깡통, 허름한 담요 여섯 장, 수건 그리고 대단치도 않은 평판, 이것뿐이오."

마하트마 간디가 1931년 9월 런던에서 열린 제2차 원탁회의에 참석하기 위해 가던 도중 마르세유 세관원에게 소지품을 펼쳐 보이면서 한 말이다. K. 크리팔라니가 엮은 『간디어록』을 읽다가 이 구절을 보고 나는 몹시 부끄러웠다. 내가 가진 것이 너무 많다고 생각되었기 때문이다. 적어도 지금의 내 분수로는 그렇다.

법정(法頂, 1932~2010)의 「무소유」라는 글은 이렇게 시작된다. 그가 이 글을 쓴 것은 그의 나이 40살 때인 1971년이었고, 『무소유』라는 이름의 책이 출간된 것은 그의 나이 45살 때인 1976년이었다. 이 글과 책 하나로 그는 '무소유의 사람'이 되었다.

내가 그의 「무소유」를 언제 처음 읽었는지는 확실치 않지만, 그가 이 글에서 소개한 난초 이야기는 나에게도 그대로 들어맞는 말이었다. 법정은 어떤 스님이 보내 준 난초 두 분을 정성스레 길렀다. 여름철이면 서늘한 그늘을 찾아 자리를 옮겨 주어야 했고, 겨울에는 난초를 위해 실내온도를 내리곤 했다. 장마철 어느 날 외출했다가 햇볕이 눈부시게 쏟아져 내리는 것을 보고 난초를 뜰에 내어놓고 온 사실을 깨달았다. 허둥지둥 그 길로 돌아왔을 때 아니나 다를까, 잎이 축 늘어져 있었다.

법정은 그때 온몸으로, 그리고 마음속으로 절절이 느끼게 되었다. 집착이 괴로움인 것을. 난을 가꾸면서부터 과연 그는 산철에도 나그네 길을 떠나지 못한 채 꼼짝을 못했다. 밖에 볼일이 있어 집을 잠시 비울 때도 환기가 되도록 들창문을 조금 열어 놓아야 했고, 분을 내놓은 채 나갔다가 뒤미처 생각하고는 되돌아와 들여놓고 나간 적도 한두 번이 아니었다. 며칠 후 그는 놀러온 친구의 품에 선뜻 난을 안겨 주었다. 그리고 비로소 얽매임에서 벗어났다. 날아갈 듯 홀가분한 해방감. 3년 가까이 함께 지낸 유정(有情)을 떠나보냈는데도 서운하고 허전함보다 홀가분한 마음이 앞섰다. 이때부터 그는 하루 한 가지씩 버려야겠다고 스스로 다짐했다.

법정은 이처럼 난을 통해 무소유의 의미 같은 걸 터득하게 되었다

법정 스님.

지만 나는 그 글을 읽을 무렵, 난 때문에 무척 애를 먹고 있었다. 난정(蘭情)을 알아야 난을 기르고 칠 수 있다는데, 나는 난을 기를 줄도 칠 줄도 모르면서 꽤 많은 난분을 가지고 있었다. 남에게 주자니 아깝고, 기르자니 주체하기 힘들고, 어디 나다니기도 어려우니 그야말로 진퇴 양난이었다. 그때 법정의 글을 읽었다. 그의 말이 내게는 실감으로 와 닿았고, 그의 '무소유'를 내 나름대로 어렴풋하게 이해할 수 있었다. 그의 무소유는 '아무것도 갖지 않는다는 것이 아니라 불필요한 것을 갖지 않는 것'이며, 그에 의하면 무엇을 갖는다는 것은 무엇에 얽매인다는 것이다.

어떻게 보면 법정은 '무소유의 달인(達人)' 같다. 봉은사 다래헌(茶來軒)에 살다가 어느 날 훌쩍 거기를 떠났고, 20년 가까이 송광사 불일암에 살더니, 강원도 이름 없는 오두막으로 홀홀히 떠났다. 그는 소유를 정리하는 일에 익숙했다. 가진 것이래야 책밖에 없으니 쌓였다 싶으면 그 책을 볼 만한 친구들에게 흩어 버렸다. 세상과의 연(緣)이라 할 편지 같은 것도 모아서 태워 없애는 일도 자기 삶의 정돈을 위해서는 반드시 필요한 일이었다. 그는 무소유를 말로만 외친 게 아니라 일생 동안 그것을 실천했다. 그리고 이런 말도 남겼다.

"언젠가 우리가 지녔던 모든 것을 놓아 버릴 때가 온다. 반드시 온다. 그때 가서 아까워 못 버린다면 그는 잘못 살아온 것이다. 본래 내 것이 어디 있었던가, 한때 맡아 가지고 있었을 뿐인데, 그러니 시시로 큰마음 먹고 놓아 버리는 연습을 미리부터 익혀 두어야 한다. 그래야 지혜로운 자유인이 될 수 있다."

민주화운동에 대한 애정과 관심

법정이 민주화운동에 참여했던 최초의 선승(禪僧)이었음을 기억하는 사람은 많지 않다. 법정은 1970년대 초, 재야 민주화운동의 구심점으로 출범한 민주수호국민협의회에 처음부터 참여했다. 민주수호국민협의회는 3선개헌이 끝난 뒤 박정희 영구집권의 출발점이 될 대통령 선거를 앞두고 1971년 4월 19일 발족된 단체로, 민주적 질서가 파괴되는 현실을 직시하고, 이를 회복하기 위한 국민적 궐기를 호소하면

1970년, 불일암에서 함석헌(오른쪽)과 함께.

서 출범했다. 법정은 이 단체에서 운영위원으로 활동했는데, 이는 불교계에서 첫 번째로 재야 민주화투쟁에 참여한 기록이 된다.

그때 법정은 한강 건너 봉은사의 다래헌이라는 암자에 기거하면서 서울 나들이를 했다. 그가 《씨알의 소리》 편집위원을 했던 점 등에 비추어 재야 민주화투쟁에 참여한 것은 함석헌의 권유로 비롯되었을 것이다. 그가 1975년 가을, 송광사 불일암으로 떠나고 난 뒤에도 함석헌과는 직접 또는 간접적으로 편지와 책을 계속 주고받은 걸 보면 두 사람의 친교가 퍽 두터웠음을 알 수 있다. 하기는 두 사람 다 종교는 달랐지만, 진리를 탐구하는 수행자라는 점에서는 상당히 닮은 점이 있었다.

법정의 재야 민주화 활동은 그 이후에도 상당 기간 활발히 전개되었다. 10월 유신 이후, 박정희의 독재가 점점 기승을 부리기 시작한 1973년 11월 5일, 민주수호국민협의회를 중심으로 한 재야 지식인 15인 선언이 있었다. 이는 유신 이후 최초로 나온 재야의 반유신투쟁의 선언이었다. 이 선언에도 법정은 참여했다. 그리고 그해 12월 24일, 장준하와 백기완이 중심이 되어 벌였던 헌법개정 1백만인 청원운동본부의 구성 때도 법정은 운동본부 30명 중의 일원으로 참여했다.

나는 이보다 앞선 11월 26일 밤, 민족학교 주최로 서울의 대성빌딩 강당에서 열렸던 '항일문학의 밤' 행사에서도 그를 보았다. '항일문학의 밤'은 그때 민족학교에서 펴낸 『항일민족시집』을 평계 삼아 사실상 재야 인사와 문인들을 중심으로 벌인 '저항문학의 밤' 행사였다. 법정은 그의 글에서 "거기 와 본 사람은 다 알겠지만, 복도건 연단이건 입추의 여지없이 꽉 들어찬 청중들, 거기 하나같이 타오르던 그 눈매들, 그것은 증오의 눈이 아니라, 사랑의 눈이었다. 조국애에 뜨겁게 달아오른 사랑의 눈이었던 것이다"라고 회고했다.

앞서 말한 1973년 11월 5일, 유신에 반대하는 재야 지식인 15인 선언이 있은 뒤 법정은 함석헌 등 8명과 함께 종로경찰서로 연행되었다. 피의자 신문조서를 작성한 뒤, 하루 종일 경찰서에 갇혀 있었다. '반성문' 한 장을 요구했지만 이들은 한사코 거절했다. 실랑이 끝에 그들이 준비한 서면에 손도장을 찍고 풀려났는데, 나이가 비슷한 법정과 이호철이 안국로터리까지 같이 걸어왔다. 로터리 초입에 이르자 법정은 "오늘을 기념하기 위해 문고본이라도 한 권 사야겠소"라며 책방 쪽으로 가면서 둘은 헤어졌다. 이는 이호철의 글에 나오는 삽화인

데, 이처럼 법정한테는 문학청년 같은 '순수끼'가 있었다.

1974년 11월 27일, 서울의 종로5가에 있는 기독교회관 2층 소회의실에서 재야 인사 71명의 이름으로 '민주회복국민선언'이 있었고, 이어서 12월 25일 종로2가 YMCA 회관에서 '민주회복국민회의' 창립총회가 있었다. 이날 참석한 인사들은 16명이었는데, 그 가운데 법정도 끼어 있었다. 내가 알기로 이것이 법정이 재야 민주화투쟁의 현장에 공식적으로 얼굴을 드러낸 마지막 자리였다.

그러나 법정의 민주화투쟁에 대한 애정과 관심은 그 뒤에도 여전했다. 시국에 대한 걱정과 민주화 동료들에 대한 염려가 그가 그 무렵 썼던 글 여기저기에 남아 있다. 그는 1974년 한결같은 잿빛 속에서도 가장 주목할 만한 빛이 있었다면 그것은 안양에선가 가정주부들이 연탄집게를 들고 가두데모를 벌인 사건과 도하 각 언론사에 번졌던 '자유언론실천선언'이었다고 말한다.

그는 본회퍼의 표현을 빌려 종교의 사명과 자신의 고뇌를 말했다. 술 취한, 혹은 미친 운전사가 차를 몰고 간다. 운전이 위태위태해 어디로 어떻게 몰고 갈지 함께 타고 가는 승객들은 불안해 견딜 수가 없다. 그뿐만 아니라 어린이고 노인이고 부녀자고 할 것 없이 무고한 목숨들이 그 차에 치여 죽어간다. 이런 때 종교인이 할 일은 무엇일까. 죽은 시체나 뒤치다꺼리하여 제사나 지내 주면 그것으로 일이 끝나는 것일까. 아니다. 아니고말고. 우선 미친 운전수를 차에서 끌어내려야 한다. 두려워 떠는 승객들을 공포와 불안으로부터 건져 내야 하고, 정신이 멀쩡한 운전사에게 차를 맡겨 예정된 길을 달리게 하는 일이 곧 살아 있는 종교의 사명이라는 것이다.

그는 이러한 고뇌 속에서 서울을 떠날까 말까를 놓고 무척 고심했던 것 같다. 1975년 가을, 그는 마침내 떠나면서 이렇게 썼다. "마치한 마리 산짐승이 들에 나가 이리저리 기웃거리다가 지친 몸으로 옛보금자리를 찾아 돌아온 그런 느낌이었다. 물론 뜻을 같이하는 동료들 곁을 떠나온 미안함의 무게는 결코 작은 것이 아니었지만, 건강과 빛을 잃어버린 내 처지로서는 다른 도리가 없었다."

법정은 두고 온 동료들을 결코 잊을 수가 없었다. 그리하여 어디에 나가 남 앞에서 강연하거나 글쓰는 일은 애써 삼갔다. 무엇이 두려워서가 아니라, 뜻을 같이한 수많은 동료들이 고생하고 있는데 무슨 면목으로 얼굴을 들고 다니며 또 글을 쓰냐는 것이었다. 썰렁한 겨울날, 혼자 부엌바닥에서 떨면서 먹이를 챙기면서도, 감옥의 독방에서 오들오들 떨고 있을 동료들의 모습을 생각했다. 추위에 얼어 죽지 않으려고 끊임없이 움직이고 있을 그 강인한 모습을 연상하면서 자신도 추위와 허기를 이겨 냈다.

출가와 수행

법정은 1932년 10월 8일, 전남 해남의 바닷가 마을에서 태어났다. 홀어머니 아래서 가난하게 자란 그는 총명했고 또 글재주도 있었다. 그러나 그에게는 원고지를 살 돈이 없었다. 어느 해 소풍 때 보물찾기를

불가에 입문하기 전의 모습(1953).

잘해서 상으로 원고지를 탔다. 그 원고지에 난생처음으로 글쓰기를
하며 즐거워했다.

그의 속세 나이 23살 전후 그는 그 어디에도 얽매이지 않는 자유인
이 되고 싶었다. 그때는 1953년 휴전이 되어 포로송환이 있을 때였다.
그때 남쪽도, 북쪽도 마다하고 제3국을 선택해서 떠나간 사람들이 있
었다. 법정 또한 그들처럼 되고 싶었다. 한국전쟁을 겪으면서 법정은
인간존재에 대한 의문을 가지게 되었고, 그것이 어느 날 그로 하여금
출가를 결심하게 했다.

오대산으로 가던 중 서울에 내린 그는 안국동 선학원에서 효봉 스
님(1888~1966)을 만나 그의 법문에 감화를 받고 그 자리에서 삭발을
했다. 싸락눈이 내리던 겨울날이었다. 그의 말대로 그는 전생에 중이

었던지, 삭발하고 먹물옷으로 갈아입고 보니 훨훨 날아갈 것 같았다. 어찌나 기분이 좋던지 그 길로 종로통을 한 바퀴 돌았다고 한다. 다음 날 그는 효봉선사가 주석하던 통영의 미래사로 내려갔다. 절이라고 해야 해우소까지 합쳐 세 채밖에 안 되는 조그만 암자였다. 뒤에는 암벽으로 된 미륵산 봉우리가 솟아 있고 둘레는 청청한 편백나무가 울창한 숲을 이루었다. 그리고 멀리 수평선을 띤 바다가 내다보이는 곳이었다. 여름 장마철에는 지척을 분간할 수 없도록 안개가 짙게 내리고, 아궁이는 연방 물을 퍼내야 불을 지필 수 있었다. 법정은 거기서 부목(負木)의 소임을 받았다. 하루 석 짐씩 꼬박꼬박 나무를 하고 아궁이마다 불을 지폈다.

같이 지낸 사람 가운데는 뒷날 시인이 된 고은(高銀)도 있었고, 불교신도회장을 지낸 박완일(朴完一)도 있었다. 고생이 많았고 늘 배가 고팠다. 선원(禪院)이던 그곳은 아침으로는 멀건 죽 한 그릇, 저녁에는 낮에 남은 식은 밥 한술이 고작이었다, 국수를 씻다가 흘린 걸 주워 먹기도 했다. 몸에 배지 않은 일에 지쳐 코피를 쏟고, 앓고 있을 때 탈진한 몸으로 정랑에 갔다가 기운이 빠져 걸어오지 못하고 엉금엉금 기어온 적도 있었다. 그러나 법정은 고생은 했지만 스승 효봉과 함께 했던 '삭발불사' 시절을 더없는 그리움으로 기억하곤 했다.

1956년에 법정은 효봉선사를 은사로 사미계를 수계하고, 1959년에는 통도사 금강계단에서 자운 율사를 계사로 비구계를 받는다. 같은 해에 해인사의 전문 강원에서 명봉 화상을 강주로 대교과를 졸업하고, 법정은 이제 본격적인 승려의 길을 걷기 시작한다. 그는 어느 책에선가 말했다.

"너는 어째서 출가했는가, 부처님이 이 자리에서 묻는다 할지라도 나는 다음과 같이 간단명료하게 대답할 것이다. 나답게 살기 위해서, 내 식대로 살기 위해서 집을 떠났노라고⋯⋯. 세상이 무상해서라거나 불교의 진리에 매혹되어서라거나 혹은 중생을 구제하기 위해서라고는 말할 수 없다. 그것은 뭐라 말하기 어려운 내 생명의 요구였을 것이다. 시절인연이 다가서자 그 길로 찾아 나서지 않을 수 없었다. 다생(多生)에 길들인 인연의 끄나풀 같은 것이 나를 그 길로 이끌었을 것이다."

그는 또 이렇게 말했다.

"우리가 적정처로 가는 것은 사람들을 피하기 위해서가 아니라 그들을 발견하는 길을 찾기 위해서다. 우리가 세속을 떠난 것은 그들과의 관계를 끊기 위해서가 아니라 그들을 위해 최선을 다할 수 있는 방법을 발견하기 위해서다. 내가 먼저 깨닫고 나서야 남을 제도할 수 있다는 것은 절대로, 절대로 아니다."

그의 삶은 언제나 간소했다. 그 자신이 고백했듯이 그는 마하트마 간디와 헨리 데이비드 소로의 간소한 삶에 크게 영향을 받았다. 그가 남긴 유서는 소로가 남긴 유서와 그 형식과 내용 면에서 유사한 점이 많다. 그의 소원은 '보다 단순하고 간단하게 사는 것'이었다. 불일암의 부엌에는 '먹이는 간단명료하게'라고 쓴 그의 글씨가 붙어 있었다.

그가 불일암에서 17년을 보내고 강원도의 산골 오두막으로 떠난 것은 그동안의 인연이 그의 수행을 방해했기 때문이었다. 그는 해가 떨어진 뒤에는 어떤 손님도 암자로 받아들이지 않을 만큼 수행에 철저했다. 늘 되지도 않은 잡문들 나부랑이를 써서 헛이름만 세상에 떨침으로써 번거로운 삶을 스스로 불러들였다고 자신을 질책했다. 불가에 내려오는 선시(禪詩)로 그는 자신의 심경을 노래했다.

산이야 나를 좋아할 리 없건만
내가 좋아서 산에서 살지
한 산중에 오래 머물다 보니
쓸데없는 인연들이 나를 귀찮게 한다.

그는 옛 스님의 예를 들어 그가 혼자 사는 결벽증을 은근히 내비친 적이 있다. 예전 스님들도 개성이 강하고, 자기 빛깔이 선명한 분들은 대개가 독거를 좋아했고, 성격이 원만하고 남들과 섞이기를 잘하는 사람들은 여럿이 함께 어울려 살았다는 것이다. 홀로 있기를 좋아한 사람들은 대개가 성격이 괴벽스러웠다. 홀로 있고자 하기 때문에 사람 대하기를 몹시 싫어한다.

글의 향기

속세에 있을 때부터 그에게는 문학청년의 기질이 있었다. 1973년 경찰서에 연행되었다 나온 기념으로 문고본을 산 것도 그러하려니와, 그의 감수성은 매우 섬세하고 아름다웠다. 그의 글 가운데서 아무것이나 뽑아 들어도 그 글은 모두가 아름답다.

"같은 새지만 꾀꼬리는 노래하는 것처럼 들리고, 두견새는 운다고밖에 표현할 수 없다. 울어도 그저 울지 않고 피를 토하리만큼 애타게 애타게 운다."

"나도 바람소리에 흔들려 털고 일어나 더 올라갈 데가 없는 데까지 올라왔다. 살아도 살아도 철이 안 드는 풋풋한 머시매들의 기질, 바람결에 민감한 영원한 나그네들, 해마다 이맘때면 연중행사처럼 나는 혼자서 불쑥 산 위에 올라와 며칠씩 지내다가 내려가곤 한다.…… 수십 리 밖으로 첩첩이 쌓인 아득한 산 너머로 기우는 일몰을 지켜보면서, 우주는 그 자체가 살아 있는 장엄한 빛깔이라는 생각이 들었다.…… 저 아래 저 불빛이 빛나고 있다면 그 지붕 밑에 웃음꽃이 피어 있을 것이고, 희미하게 떨고 있다면 누군가 근심 걱정에 잠겨 있을 것이다."

그의 문학청년 같은 기질은 생텍쥐페리의 『인간의 대지』에서 다음

이해인 수녀와 법정 스님.

과 같은 구절을 좋아하는 것으로도 알 수 있다. "한 아이가 벽에 기대어 소리 없이 울고 있다. 그 아이의 울음을 달래서 이지러진 그 얼굴에 다시 웃음을 피어나게 하지 못한다면 그 아이는 평생을 두고 내 기억 속에서 울음을 그치지 않을 것이다."

그러한 기질을 나타내는 글을 두 개만 들어 보자.

"가을은 떠돌이의 계절인가, 나뭇잎이 서걱서걱 스치고 지나가는 마른 바람소리를 듣노라면 문득문득 먼 길을 떠나고 싶다. 바람이란 그 바탕이 떠돌이라서 그런지 그 소리를 듣기만 해도 함께 떠돌고 싶어진다."

"끝없이 펼쳐진 들녘 너머로 뉘엿뉘엿 잠겨 드는 해를 보면서, 사람의 죽음도 저처럼 고요하고 맑은 적멸이라면 조금도 두려울 것이 없겠다는 생각이 들었다."

그가 글, 글쓰기에 대해서 생각하게 된 것은 해인사에서였다고 한다. 그와 관련해서는 이런 일화가 전해 온다. 법정이 장경각에 올라가 참배하고 내려오는데 시골 아주머니 한 분이 법정을 붙들고 "팔만대장경이 어디 있느냐"라고 묻더라는 것이다. 법정이 "아주머니, 방금 보고 오지 않았느냐"라고 되물으니, 그 아주머니 말이 "아, 그 빨래판 같이 생긴 것 말이에요?" 하더라는 것이다. 이때 법정은 절실히 깨달았다. 불교가 옛것만 답습하고 제도권 안에만 머물러 있으면 팔만대장경의 말씀도 한낱 빨래판 같은 것에 불과하다는 것을⋯⋯.

그의 글쓰기는 자신의 메시지를 전하거나, 문학적 감수성을 표현하기 위해서가 아니라, 부처님의 말씀을 대중의 언어로 사부대중과 소통하기 위한 것으로 시작되었다. 실제로 그는 동국대 역경원에서 불경을 번역하는 일에 참여했으며, 불교의 명언집인 『말과 침묵』, 『숫타니파타』, 『그물에 걸리지 않는 바람처럼』을 엮고 쓰거나, 서산대사의 『선가귀감』, 『불타 석가모니』 같은 책을 번역하기도 했다. 1972년에 『영혼의 모음』이라는 첫 수상집을 출간하면서부터는, 이제 자신의 이름으로 대중과 소통하기 시작했다. 그의 책은 나오기만 하면 베스트셀러, 또는 스테디셀러가 되었으며, 『무소유』가 나온 뒤로는 법정의 독자군(讀者群)이 형성되었다.

법정의 책은 읽어도 읽어도 싫증이 나지 않는다. 일견 건조한 문장이지만, 씹을수록 깊이를 느끼게 된다. 길상사에 성모 마리아를 닮은 관음상을 조각한 최종태 교수는 그의 글은 "설명이 적고, 깔끔하고 직관적이어서 무게감이 있다"고 했고, 이해인 수녀는 "시원한 동치미" 같다고 했다. 나는 헌책방 같은 데 법정의 책이 나와 있으면 권수를 헤아리지 않고 산다. 그걸 이 사람 저 사람, 내가 좋아하는 사람들에게 전하길 여러 번 했다. 법정은 유언에서 자신의 책을 절판하라 했지만 법정의 책을 가지고 있는 사람들은 한사코 그 책을 쥐고 놓지 않을 것이다.

성철과 법정

법정은 성철 스님과의 인연도 상당히 깊었다. 그는 1950년대 말부터 60년대 후반까지 젊은 시절 10여 년을 해인사에서 보냈다. 이때 성철 스님을 만났고, 성철 스님의 기상과 철저한 수행자세에 깊은 감명을 받았다. 아마 성철 스님도 멀리 떠나 있지만 거기서 자신의 수행을 게을리하지 않는 법정을 상당한 법기(法器)로 보았던 것 같다. 성철 스님이 돌아가고 난 뒤, 그의 저서 『본지 풍광』과 『선문정로』를 윤문하고 교정해서 출판할 수 있는 원고로 만든 이는 법정이었다. 법정은 살아생전에 수시로 성철 스님을 찾았다.

법정의 책 『물소리 바람소리』에 성철 스님과 문답한 다음과 같은

성철 스님(왼쪽)과 함께.

내용이 나온다.

"며칠 전 해인사 백련암으로 성철 종정스님을 뵈러 갔었다. 올해 73세(글은 1984년에 썼다)인데도 수행자로서의 기상은 전이나 다름없이 팔팔하시다. 스님과 마주하고 있으면 기운이 솟는다. 그때 무슨 이야기 끝에 스승과 제자 사이의 신의에 대해서 이런 말씀을 하셨다.

스님이 행각(行脚)하던 젊은 시절, 만공(滿空) 스님에게 스승인 경허(鏡虛) 스님을 어느 정도로 믿느냐고 물었다. 경허 스님은 1849년에서 1912년까지 생존한 근세 한국 선불교를 크게 중흥시킨 선사로, 그 문하에서 만공, 혜월(慧月), 한암(漢岩) 같은 뛰어난 선승들이 많이 배출됐다.

그때 만공 스님의 대답은 다음과 같았다고 한다. 가령 둘이서 깊은

종교를 뛰어넘어 교분을 나눈 법정 스님과 김수환 추기경.

산중에서 길을 잃고 헤매다가 허기에 지쳐서 쓰러져 마침내 죽게 되었을 때, '스님(경허선사를 가리킴)은 더 사시면서 많은 중생을 제도해야 할 것이니 저를 잡아 사시고 기운을 차리십시오' 하고 기꺼이 내던지겠다고. 스승을 위해서라면 목숨까지도 아낌없이 다 바치겠다는 말을 듣고 더 할 말이 없더라고 했다. 그러면서 종정스님은 이런 말을 덧붙이셨다. 그 스승은 능히 잡아먹을 사람이고, 그 제자는 능히 잡아먹힐 사람이라고…….”

법정은 이 말씀을 들으면서, 그 비유가 좀 거칠기는 하지만, 스승과 제자 간의 신의가 전 생명력을 기울인 그것이기에 전해 듣기에도 숙연했다고 한다. 아마도 법정은 이때 자신과 효봉 스님의 관계는 어떤 것일까를 돌아보았을 것이다.

원철 스님에 따르면 성철 스님은 법정이 자신의 책을 윤문하고 교정해 준 데 대하여 "따로 인사를 해야겠다"고 할 만큼 고마워했다고 한다. 성철 스님이 입적한 몇 년 뒤, 사진을 모은 책 『포영집』이 간행되었는데, 법정은 서문을 쓰면서 "당신(성철)이 입으려고 챙겨 둔 무명옷 한 벌을 주면서 내(법정) 성미에 맞게 행전까지 챙겨 주었다. 그 옷을 기워 가면서 오랫동안 잘 입었다"고 했다. 서로가 서로를 알아보았다고나 할까.

성철 스님이 그 청정한 수행과 '산은 산, 물은 물'이라는 선사다운 법문으로 대중에게 널리 알려졌다면, 법정은 글을 통해 대중과 소통했다. 두 사람은 선풍(禪風)을 일으키는 방법은 달랐으나 불교를 대중 속에 더욱 가깝게 접근시킨 사람으로 기억될 것이다.

5

어느 민족주의자의 길

장준하

내가 장준하 선생(이하 장준하, 1918~75)을 가까이서 뵐 수 있었던 것은 돌아가시기 전 5년가량의 기간이었다. 충무로 입구, 신영건물 2층에 백기완이 '백범사상연구소'를 차릴 무렵부터였을 것이다. 그때 백범사상연구소에서는 해방공간의 자료를 뒤져 『백범어록』을 내고, 민족학교운동을 전개하고 있었다. '항일 민족문학의 밤'을 가졌던 것도이 무렵의 일이다. 백범사상연구소에 드나들던 사람들은, 만나기만하면 애국애족의 고담준론으로 피가 튀었다. 박정희 유신정권에 대한저항의 몸짓으로 몸을 떨었다.

사무실로, 혹은 선술집으로 조용히 나타나곤 하던 장준하의 모습이지금도 눈에 선하다. 단정한 용모에, 엷은 미소를 언제나 머금고 있었

1973년 12월 24일, 서울 YMCA에서
'개헌청원 1백만인 서명운동'을 발표하
는 장준하.

다. 검정색 한복 두루마기가 특히 인상적이었다. 손아랫사람에게도
늘 경어를 쓸 만큼 그는 겸손했고, 말은 조용조용히 했다. 한번은 민
주통일당에서 발표할 문건을 내게 부탁한 일도 있었다. 설악산의 중
청과 대청 어중간에서 만난 적도 있었다. 그때는 산에서 취사를 할 수
있을 때였는데, 그는 라면만을 끓여 먹으며 산행을 한다는 소문이 돌
았다. 남에게 결코 궁색한 내색을 보이지 않던 개결한 성품과 일생에
걸친 그의 청빈에 비추어, 그것은 사실이었을 것이다. 나는 한 번도
그의 흐트러진 모습을 본 적이 없었다.

　그는 남에게는 관대했지만, 자신에게는 엄격했다. 그는 독립군 출
신으로서 결코 일본군 장교 출신의 박정희에게 인간적으로 뒤질 수
없다면서 매일 아침 냉수마찰을 하고, 자신을 가다듬는 수기와 명상

을 게을리하지 않았다고 한다. 독립군은 일제 앞잡이 출신하고는 달라야 한다는 신념과 자부심을 가지고 살았다. 그렇지만 김도현의 백부가 써 준 휘호 '일주명창(一柱明窓, 한 줄기 빛이 창을 밝힌다)'을 받고서는 몹시 부담스러워할 만큼 겸양의 덕도 갖추고 있었다. 박정희정권 내내 장준하를 사찰하던 정보원들도 내심으로는 그를 존경했다. 부인 김희숙의 회고가 지금도 우리를 숙연하게 한다.

"상봉동 골목길에서 큰길로 꺾어 나가던 영구차를 향해 경찰관이 깍듯이 경례를 붙였다. 뒤따르던 내게 울컥 북받치는 게 있었다. 그 순간 닷새 동안이나 참아 왔던 가슴속의 둑이 더 이상 지탱하지 못하고 울음으로 터졌다. 내가 대한민국 경찰관에게 이런 예(禮)를 받아 보기란 생전 처음이어서 그랬을까. 그래서 서울운동장에 이르도록 흐느꼈다. 무엇인가 순수한 것을 대할 때 걷잡을 수 없이 허물어지는 마음 벽의 무너짐이었으리라."

광복군이 일본군에 질 수 없다

1972년 10월, 박정희는 이른바 유신정변을 단행한다. 박정희 한 사람에 의한, 한 사람을 위한, 한 사람의 정권을 영구하게 보장하는 유신체제가 출범한 것이다. 유신정변을 전후한 시기, 정보정치의 그 무서웠던 탄압 때문에, 거의 1년 동안은 유신체제에 대해 도전하거나 저

항한다는 것을 엄두도 내지 못했다. 그래도 반유신의 기치를 맨 먼저
내건 것은 학생들이었다. 1973년 10월 2일, 서울대학교 문리대에서
유신반대시위가 일어난 것을 비롯, 서울대학교 법대, 상대, 사범대를
거쳐 유신반대투쟁은 전국의 대학으로 확산되었다.

이를 기폭제로 하여 1973년 11월 5일에는, YMCA 1층 식당에서
지난날 민주수호국민협의회 관계 인사 등 재야 지식인 15인의 시국
선언이 발표된다. 김재준이 낭독한 이 선언은 "민주주의의 철저한 회
복을 위해 우리 모든 국민이 각자의 처소에서 전력을 다하여 궐기 투
쟁할 것임을 굳게 기약한다"고 했다. 장준하는 이와는 별도로 자기 나
름대로 반유신투쟁을 준비하고 있었다. 그는 그 무렵, 혼자서 분주하
게 움직이고 있었다. 한 사람씩 직접 만나서 그의 구상을 구체화시켜
나가고 있었다. 이렇게 하여 그해 12월 24일, 개헌청원 1백만인 서명
운동이 일어나기에 이른다.

YMCA 회관에서 모임을 갖고 장준하는 개헌청원국민운동본부를
발족해, 서명운동의 시작을 선포했다. 장준하가 낭독한 서명운동선언
은 "오늘의 모든 사태는 궁극적으로 민주주의를 완전히 회복하는 문
제로 귀착된다. 경제의 파탄, 민심의 혼란, 남북긴장의 재현이란 상황
에서 학원과 교회, 언론계와 가두에서 울부짖는 자유화의 요구 등, 모
든 것을 종합하면 오늘의 헌법하에서는 살 수가 없다는 것으로 요약
된다"고 하고 있다.

발기인으로 서명한 30명이 각각 하나의 서명운동본부가 되어 각계
에서 서명운동을 전개하는 것으로 되어 있는데, 이는 앞서 재야 지식

인 15인 선언보다는 투쟁 방법을 구체화했다는 점에서 진일보한 것이었다. 운동본부는 1974년 1월 1일에 5만 명, 8일에 10만 명 육박 등으로 발표했는데, 이는 다소 과장된 것이었다. 그러나 1월 7일에 문학인 61인이 개헌청원운동에 지지를 선언하는가 하면 광주 지역 성직자 41명이, 1월 8일에는 제1야당인 신민당이 당론으로 개헌운동에 전력하겠다는 입장을 밝히는 등, 그 파장은 급속히 확대되어 갔다.

발기인 30명의 면면은 장준하, 함석헌, 법정, 김동길, 김재준, 유진오, 이희승, 김수환, 백낙준, 김관석, 안병무, 천관우, 지학순, 김지하, 문동환, 박두진, 김정준, 김찬국, 백기완, 이병린, 계훈제, 김홍일, 이인, 이상은, 이호철, 이정규, 김윤수, 김숭경, 홍남순 등 제씨였다. 개헌청원운동이 일어나자 이틀 뒤인 26일에는 총리였던 김종필이 성명을, 29일에는 박정희가 직접 "나는 이들의 황당무계한 행동이 자칫 국가 안위에까지 누를 끼칠까 염려하여……" 소위 개헌청원 1백만인 서명운동을 즉각 중지할 것을 엄중히 경고하는 담화를 발표하기에 이른다.

유신정권은 그것도 모자라 1월 8일에는 개헌 논의 자체를 금지하는 긴급조치 1, 2호를 발동하고 장준하와 백기완을 구속해 군사재판에 회부한다. 1974년 1월 31일 결심공판에 이어 2월 1일, 장준하와 백기완에게 징역 15년이 선고된다. 백기완은 요식행위에 지나지 않는 상소는 하지 않겠다고 버텼지만 장준하는 역사에 기록을 남긴다는 뜻에서 상소를 하자고 설득했다.

1974년 12월, 복역 중이던 장준하는 협심증과 간경화 등 건강 악화에 따른 형집행정지 결정으로 석방되었다. 이 무렵에는 민청학련 사건 등으로 200여 명이 긴급조치 1·4호 위반으로 구속되어 있었으며, 민주화운동 역량은 가까스로 민주회복국민회의를 결성해 활동하고 있었다. 석방된 장준하는 《씨알의 소리》 1975년 1·2월 합본호에 박정희에게 보내는 단독의 공개서한을 발표한다. 여기서 그는 "민주주의만이 북한과 대결할 수 있는 우리의 정신적 지주요 도덕적 바탕"이라고 전제하고, "① 파괴된 민주헌정의 회복을 위해 대통령 자신이 개헌을 발의하되 민주통일의 기초가 될 수 있는 완전한 민주헌법으로 하라, ② 긴급조치로 구속된 학생들을 전원, 무조건 석방하라, ③ 학원·종교·언론에 대한 사찰의 중지와 정보정치 종식, ④ 자유언론에 대한 탄압 중지, ⑤ 민생 문제와 사회정의 구현을 위한 획기적인 경제정책 마련, ⑥ 긴장 완화와 평화통일을 위한 통일정책 추구" 등을 요구하면서, "많은 사람들이 내가 죽으면 내 집이 어찌 되겠는가 걱정하면서 갔다. 그러나 인간 사회는 발전하여 왔다. 우리도 예외가 될 수 없다"는 의미심장한 말로 끝을 맺었다.

1975년 2월 12일, 유신헌법에 대한 형식적인 찬반 국민투표를 거쳐 2월 15일과 17일에 긴급조치 위반으로 복역 중인 민주인사들이 구속 또는 형집행정지 처분으로 석방되는 등 잠시나마 유화국면이 전개되었다. 그러나 그해 4월 월남의 패망을 보면서 정권 유지에 불안을 느낀 박정희정권은 5월 23일, 긴급조치 9호를 발동하면서 긴급조치시대를 본격적으로 열어 나갔다. 이러한 '긴조시대'는 박정희가 죽을 때까지 계속되는데, 민주회복국민회의와 학생운동에 대한 탄압은 이때부터 절정에 이른다. 감옥은 또다시 긴급조치 9호 위반 학생들로 넘쳐 나고, 이제 막 퍼져 나가던 서울과 지방의 민주회복운동은 된서리를 맞는다.

이러한 사태가 장기화하자 장준하는 무엇인가 새로운 촉매제가 필요하다고 생각했던 것 같다. 그리고 자신이 그 일을 맡아야 한다고 다짐했던 것으로 보인다. 8월 9일에 평소 담수지교(淡水之交)를 하던 광주의 홍남순과 만나 1박 2일의 무등산 산행을 하면서, 그가 홍남순에게 했다는 말이 그것을 시사한다. 원래는 8월 8일에 광주에 오기로 되어 있었는데 딸의 등록금 마련이 늦어져 약속이 하루 늦춰졌다. 이때 장준하는 "상해 임정 당시 백범 김구 선생이 가지고 있던 태극기를 이화여대 박물관에 기증했다. 8·15 경축절에 즈음하여 10명 정도의 인원으로 유신체제를 정면으로 부정하는 성명을 준비 중인데, 제대로 진행되지 않아 20일쯤 발표 예정이다. 당신은 그동안 너무 많은 고초를 겪었으니 이번에는 빠지는 것이 좋겠고, 나는 가는 길에 전주에 들러 은명기 목사를 만나고 갈 작정이다"라는 등의 이야기를 했다. 그러면서 이번에 올라가면 자기는 어쩌면 죽을지도 모른다는 이야기도 했다. 왜 그런 불길한 말을 하느냐고 물었더니 약 한 알을 입에 넣으면서 감옥에 들어가면 이 약을 넣어 주지 않기 때문에 죽을 것이라고 하더라는 것이다. 두 사람은 광주 증심사 뒤 규목(槻木) 아래서 막걸리를 마시고 헤어졌다. 그것이 이 세상에서 두 사람이 나눈 마지막 교유였다.

그로부터 며칠이 지나지 않은 8월 17일, 장준하는 포천의 약사봉에 올랐다가 의문의 죽음을 당한다. 최초의 목격자 김용환은 당시의 장

1975년 10월, 49제를 맞이해 열린 장준하 추모의 밤. 오른쪽부터 김대중, 이휘호, 함석헌.

준하 주검에 대해 이렇게 말했었다. "장준하는 두 손을 가슴에 나란히 얹고, 편안한 자세로 자는 듯 누워 있었다. 등산모는 바위 중간쯤 나무등걸에 걸려 있었고, (손목)시계는 1시 40분을 가리킨 채 멈춰 있었다. 왼쪽 귀밑이 찢어진 것 외에는 상처 하나 없었다." 초상은 5일장으로 자택의 상봉동 골목길에 포장을 치고 문상객을 받았다. 명동성당에서 있었던 영결미사에서 김수환 추기경은 "장준하 선생의 죽음은 별이 떨어진 것이 아니라, 더 새로운 빛이 되어, 앞길을 밝혀 주기 위해 잠시 숨는 것뿐"이라고 말했다. 그리고 그 얼마 뒤 3·1 민주구국선언을 썼던 문익환은 법정에서 자신은 장준하의 대타(代打)로 이 자리에 섰다고 말했다. 이렇게 지조, 헌신, 겸손, 검소, 고결, 인내, 결단의 사람이었던 장준하는 갔다.

그 의문의 죽음이 오늘 다시 문제가 되고 있다. 묘소를 37년 만에 이장하면서 처음 세상 밖으로 나온 장준하의 유골이 진실을 다시 밝혀 달라고 외치고 있다. 오른쪽 귀 뒤의 원형 함몰이 단순 추락으로 생긴 상처로 보기 어려워 타살의 의혹을 짙게 해 주고 있기 때문이다. 2004년 대통령 소속 의문사진상규명위원회는 사건을 다시 조사한 뒤 '진상규명 불능'이라는 판정을 내리면서도 과거 수사 결과는 대단히 신뢰하기 어렵다고 발표했었다. 새로운 증거가 나올 경우 재조사에 들어갈 수 있다는 것이 의문사위원회의 견해인 것으로 알려져 있다. 유골이 보여 준 원형 함몰은 새로운 증거로 보기에 충분하다는 것이 국민 다수의 여론이라 본다. 재조사를 하지 않아야 할 이유를 어디서 찾을 것인가?

모든 통일은 다 좋은가, 그렇다

내가 한때 문민정부에 몸담고 있을 때, 나를 조직적으로 음해하는 세력이 있었다. 나는 그들을 향해 내 조국의 현실을 끌어안고 한 번쯤 울어 보지 않은 사람은 조국을 사랑하는 사람이 아니라고 그래서 그들과는 상대하고 싶지 않다고 말한 적이 있다. 그리고 대한민국의 현대정치사는 민족·민주·통일의 편에 선 사람과 반민족·반민주·반통일의 편에 선 사람 간의 투쟁사로 볼 수 있는데, 후자에 의한 전자의 탄압이 주조(主潮)를 이루어 왔다고 말한 바 있다. 이런 관점에서 볼 때 장준하야말로 민족·민주·통일의 편에 서서 그 큰 흐름을 치열하게 개척하고 선도해 온 사람이었다. 일생을 그 길로 일이관지(一以貫之)한 사람이었다.

나는 1972년 7월 4일, 이른바 7·4 남북공동성명이 발표되었을 때의 장준하를 지금도 기억한다. 천만뜻밖의 이 발표를 보고 많은 사람들이 자신의 귀를 의심하고, 박정희정권의 진의를 헤아려 보지 않을 수 없었다. 그러나 장준하는 그것이 누구에 의하여 이루어졌건, 그것은 지극히 잘된 일이요, 환영할 일이라고 기뻐했다. 그것을 '대범'하다고 해야 할까, 순진하다고 해야 할까. 그가 기뻐하던 모습은 가히 어린아이의 그것이었다. 그는 그해 9월호《씨알의 소리》에 「민족주의자의 길」이라는 제목 아래 이렇게 썼다.

"······모든 통일은 다 좋은가. 그렇다. 통일 이상의 지상명령은 없다. 통일이란 게 갈라진 민족이 하나가 되는 것이며, 민족사의 정진이라면 당연히 모든 가치 있는 것들은 그 속에 실현될 것이다. 공산주의는 물론 민주주의, 평등, 자유, 번영, 복지, 이 모든 것에 이르기까지 통일과 대립하는 개념인 동안은 진정한 실체를 회복할 수 없다. 모든 진리, 모든 도덕, 모든 선(善)이 통일과 대립하는 것일 때는 그것은 거짓 명분이지 진실이 아니다."

그러나 남과 북에서 7·4 남북공동선언은 각기의 체제를 강화하는 수단으로 이용되었을 뿐이었다. 박정희는 대화 없는 대결에서, 대화 있는 대결로 가기 위해서는 체제의 강화와 정비가 필요하다는 허울 좋은 명분을 내세우며 불과 3개월 뒤 종신집권을 위한 유신정변을 단행한 것이다. 천진한 것인지 통일 소리에 다른 것들은 들리지도 보이지도 않았던지, 장준하는 유신 이후인 1973년 11월 《씨알의 소리》에 또 이렇게 쓴다.

"7·4 공동성명은 파기되어서는 안 될 뿐만 아니라, 그 성명의 정신이 조금이라도 후퇴하거나 사실상의 휴지로 화해서는 안 된다."

장준하는 유신정변을 보면서도 이런 잠꼬대 같은 소리를 했다. 그러나 그것은 박정희의 계산된 술수요 배신이었다. 장준하는 앞서 인용한 「민족주의자의 길」에서 이렇게 간절하게 썼다.

"백범 김구 선생이 민족통일의 혈로(血路)를 뚫기 위해 몸을 던질 때 이제 내가 가는 길은 뒷사람의 이정표가 될 것이라고 말했던 그 길을 이제 우리는 다시 가야 한다. 지금 우리가 가는 길도 다시 뒷사람의 이정표가 될 것이다. 이 길이 민족적 양심에 살려는 사람이 가는 길이기 때문이다."

과연 장준하는 고색창연한 지사(志士)였다. 이런 장준하를 박정희는 보기 좋게 배신한 것이다. 그에게는 처음부터 민족적 양심 같은 건 아예 없었다.

장준하의 「민족주의자의 길」은 1944년 7월 7일, 학병으로 끌려가 배속되었던 중국 장쑤 성(江蘇省) 쉬저우(徐州)의 쓰카다부대를 탈출하면서, 그 험로가 이미 예정되어 있었다. 결혼한 지 2주일 만에, 일군에 입대한 지 6개월 만의 일이었다. 그때를 그는 이렇게 감격스럽게 말한다.

"1944년 7월 7일, 이날은 광활한 대지에 나의 운명을 맡기던 날이다. 중경(충칭)을 찾아가는 대륙 횡단을 위해 중국 벌판의 황토 속으로 그 뜨거운 지열과 엄청난 비바람과 매서운 눈보라의 길, 6천 리를 헤매기 시작한 날이다. 풍전등화의 촛불처럼, 나의 의지에 불을 붙이고, 나의 신념으로 기름을 부어 나의 길을 찾아 떠난 날이다."

그리고 일본군을 탈출하는 데 성공한 것을 아내에게 알린다.

"창세기 28장 10-15절에 나오는 야곱의 돌베개 이야기는 내가 결혼 2주일 만에 남기고 떠난 내 아내에게 일군 탈출의 경우 그 암호로 약속하였던 말이다. 마침내 나는 그 암호를 사용하였다. 앞이 보이지 않는 대륙에 발을 옮기며, 내가 벨 돌베개를 찾는다고 하였다. 어느 지점에 내가 베어야 할 돌베개가 나를 기다리겠는가라고 썼다. 그 후 나는 돌베개를 하고, 베고 중원 6천 리를 걸으며 잠을 잤고, 지새웠고, 꿈을 꾸기도 했다"(돌베개 발문).

중국군 유격대에서 평생의 지우가 될 김준엽을 만나 그와 함께 6천 리 장정길을 하루 120~150리씩, 8월의 뙤약볕 아래에서 나무 한 그루 없는 길을 걸었다. 두 달 만에 중간 귀착지 중국중앙군관학교 분교가 있던 안후이 성(安徽省) 린취안(臨泉)에 도착했다. 여기에는 대한민국 광복군 간부훈련반[한광반(韓光班)]이 특설되어 있었고, 장준하 일행은 한광반에 입소했다. 여기서 교육받으며, 장준하는 필사본으로 《등불》이라는 잡지를 펴낸다. 이것이 잡지와 맺은 첫 인연이었다.

　한광반의 과정을 마친 장준하는 1945년 1월, 일행 50여 명과 함께 임시정부가 있는 충칭(重慶)을 향해 떠난다. 제비도 넘지 못한다는 파촉령과 삼국지에 나오는 파촉잔도(巴蜀棧道)를 지나 설원을 답파해 1월 31일 마침내 충칭에 도착한다. 2층과 단층의 건물 두세 채, 그래도 청사 옥상에는 태극기가 펄럭였다. 그 청사의 앞 계단에 백범 김구 주석이 두루마기 차림으로 나와 있었다. 그들은 태극기에 먼저 감격했다. 그것은 고국에서는 한 번도 보지 못한 것이었다. 애국가도 마찬가지였다.

　1945년 4월 29일, 장준하는 충칭을 떠나 시안(西安)에 있던 광복군 제2지대(지대장 이범석)에 편입하고, 이어서 미국의 OSS(Office of Strategic Services) 대원이 되는 고도의 훈련을 받는다. 제2지대 시절, 그는 《제단(祭壇)》이라는 제목의 잡지를 두 권 발간한다. 그는 8·15 광복 후 《등불》 다섯 권, 《제단》 두 권을 가지고 입국했지만, 6·25 전란 통에 잃어버렸다. 1945년 7월 말, 3개월간의 정규교육을 마친 50여 명은 광복군 소속 국내 잠입반으로 편성되는데, 그 이름은 정진대

1945년 8월 19일, 산둥 성(山東省) 유현(維懸) 비행장에 불시착하여 중국군과 함께.

(挺進隊)였다. 이때 그는 부모와 아내에게 잡지·일기 등을 묶어 소포로 보내면서 소포 안에 이런 시구를 썼다.

  "내 영혼, 저 노을처럼 번지리
  겨레의 가슴마다 핏빛으로
  내 영혼 영원히 헤엄치리
  조국의 역사 속에 핏빛으로"

  8월 15일, 일본의 항복에 백범이 탄식했다는 유명한 일화는 이때 나온다. 광복군으로 조국을 탈환하지 못한 데 대한 탄식이었다. 그것은 장준하도 마찬가지였다. 8월 14일, 장준하는 이범석 정진대 사령관과 함께, 서울로 향하는 미군기에 편승하지만, 서해 상공만 비행하다가 한국 진입 중지 명령을 받고 회항한다. 이어 8월 18일에는 재진입 결정으로 여의도에 착륙하지만 이번에는 일본군의 제지로 회항, 시안으로 회귀한다. 광복군의 군사작전이 모두 수포로 돌아가고 만 것이다. 우리 힘으로 조국을 찾자는 꿈은 영원히 사라진 것이다. 1945년 11월 23일, 장준하는 임정요인 1진으로, 그러나 개인 자격으로 귀국한다. 그리고 경교장에서 백범 김구의 비서 역할이 시작된다. 하지만 1949년 6월, 백범 김구 선생이 암살당하면서, 이제 그 나름의 일생이 다시 시작된다.

《사상계》 수난사, 그 이후

피란 수도 부산에서 장준하와 잡지의 인연이 시공을 넘어 다시 계속되었다. 1952년 장준하는 잡지《사상》을 당시 문교부장관이었던 백낙준의 도움으로 창간한다. 그는 이 잡지의 편집 후기에서 "시대적 고민과 과제를 해결하고, 새로운 활력을 개척하기 위해서는 폭넓은 세계사적 안목이 필요하며,《사상》은 그러한 역사적 사명을 띠고 발행되었다"고 적고 있다. 그러나 사실상 문교부 산하 국민사상연구원의 기관지였던《사상》은 단명으로 끝나고, 장준하는 1953년 4월,《사상계》를 창간한다. 제호는 오기석이 한문으로 썼다. 청탁에서 교정, 제작, 배포에 이르기까지 모든 일을 혼자서 다 해냈다. 창간호는 매진이었고, 그래서 2호부터는 제작 부수를 늘렸다. 11월부터는 환도한 서울에서 발행하기 시작했다.

함석헌을 만난 것도 《사상계》를 통해서였다. 함석헌은 1956년 1월호에 「한국 기독교는 무엇을 하고 있는가」라는 제목으로 글을 쓴 것을 비롯해, 필자로서, 선배로서 또는 동지로서 장준하와 교류하기 시작한다. 해방 14주년 기념호가 되는 1958년 8월호에 함석헌은 저 유명한 「생각하는 백성이라야 산다」라는 글은 싣는다. 그는 여기서 통렬하게 묻는다.

"우리가 얻은 해방은 한낱 주인을 바꾸어 섬기는 것이요, 형태를 달리한 노예생활이라고는 생각하지 않는가. 생각하는 방향은 일본인이 가르쳐준 바요, 조직된 제도는 첨단적인 미국류의 모방이요, 운영방식은 이민족(異民族)을 통치함에 사용한 일제의 방식이니, 우리의 문화를 어디서 찾겠는가. 그러고도 해방된 민족이라고 하겠는가."

이 글로 장준하와 함석헌은 연행되어, 함석헌은 구속까지 되었지만, 사회적 여론에 밀려 기소까지는 하지 못했다. 20일 동안의 구속을 함석헌은 "이십 일 동안의 참선"이라고 표현했다. 당국이 책을 압류하려 했지만 책을 감춰 놓고 다 팔았다. 매진이었다. 《사상계》의 명성은 더욱 높아졌다. 이 무렵부터 "《사상계》를 읽지 않는 대학생은 대학생이 아니다," "《사상계》를 읽지 않는 지성인은 지성인이 아니다"라는 말이 나돌기 시작했다. 1958년 12월 26일, 이승만정권이 무술

1962년 8월, 막사이사이상을 받고 귀국하는 모습.

경위 300여 명을 동원해 야당 의원을 끌어내고 국가보안법을 날치기 통과시켰을 때, 장준하는 「무엇을 말하랴―인권을 짓밟는 횡포를 보고」라는 제목만 있는 두 쪽짜리 백지 권두언을 냈다. "이승만정권을 무너뜨린 것은 《사상계》"라는 말은 결코 우연히 생긴 말이 아니었다. 4·19 당시 종로2가 한청빌딩에 걸린 《사상계》 깃발을 보고 청년학생들은 환호했다. 1962년 8월에는 라몬 막사이사이상 언론 부분을 수상했다. 《사상계》는 그만큼 이 나라 민주화와 자유언론의 선구요 기지였다. 발행부수도 엄청났다. 당시 《동아일보》·《조선일보》의 발행부수는 8만 부 선이었지만 《사상계》는 9만 7천 부를 찍었다.

　《사상계》의 비판정신은 5·16 군사쿠데타 이후에도 유감없이 발휘되었다. 장준하는 기명의 권두언을 통해 군정 종식과 민정 이양을 계속 촉구했고, 함석헌은 1961년 7월호의 「5·16을 어떻게 볼까」라는 글에서 "4·19 때는 민중의 감격이 있었지만, 5·16 때는 그것이 없었고, 4·19는 대낮에 했지만, 5·16은 밤중에 했고, 혁명은 민중이 하는 것이지 군인이 하는 것이 아니다"라고 바른말을 서슴없이 했다. 장준하는 군정에 맞서는 강연도 여러 차례 했다. 김종필이 부르짖는 민족주의는 귀한 외화를 써 가면서 사치한 외국 호텔(워커힐) 창가에서 향수에 젖어 흘리는 눈물 같은 것이라면, 자신의 민족주의는 춥고 배고프고 발톱이 빠지도록 조국을 찾아 헤매는 가운데 뱃속으로 체험한 것이라고 주장했다.

이러면 이럴수록 《사상계》에 대한 탄압은 더욱 거세졌다. 이승만 정권의 탄압은 차라리 순진한 것이었다. 1964년부터 《사상계》가 한일굴욕외교반대투쟁의 전진기지 역할을 하는 데 대한 보복으로 박정희 군사정권은 세금포탈에 추징금, 벌과금의 올가미까지 씌워서 자금난 때문에 두 달 동안이나 《사상계》가 나오지 못하게 했다. 납본용 《사상계》를 내서 근근이 연명하는 형편에 이르렀다. 탄압하는 방법도 악랄했다. 경찰이나 정보부 요원을 풀어 일선 서적상들을 위협해 배포된 책을 전부 창고에 쌓아 두게 했다가 뒤에 전량 반품하도록 하는가 하면, 심지어 서점들에 매진을 가장하게 해, 재판, 삼판을 찍게 했다가 다음 호가 발간되면 트럭에 가득 실어 반품케 하기도 했다. 인쇄소, 동판제작실, 그리고 일선 서적상들을 협박, 《사상계》의 발행과 판매에 협조하지 못하게 하고, 이를 어기는 곳은 세무사찰을 하는 악랄한 방법도 동원되었다.

사태가 이에 이르자 장준하는 더욱 열심히 본격적인 강연운동에
나섰다.

"이런 쓰라림을 참아 가며, 나는 안간힘으로 《사상계》의 명맥을 이
어가는 한편, 각 대학 또는 사회단체와 정당 등에서 주재하는 학술,
사상 및 시국 강연의 연사가 되어 정부의 비정을 연설로 대중 앞에 폭
로 규탄하는 데 여력을 기울였다"(사상계 수난사).

그는 과연 함석헌의 말대로 무서운 것이 없는 사람이었다. 개발독
재로 박정희의 권세가 충천할 즈음인 1966년 9월, 대구 수성천변에서
민중당이 주최한 시국강연에서 장준하는 "박정희란 사람이 우리나라
밀수 왕초"라고 공언했다. 그는 이어 존슨 미국 대통령의 방한에 대해
"박정희가 잘났다고 보러 오는 것이 아니라, 한국 청년의 피가 더 필
요해서 오는 것"이라고 일갈했다가 구속되었다. 그는 또 1967년 대통
령 선거 기간 중 신민당 유세 찬조연설에 연사로 나서서 "우리 청년을
월남에 팔아먹은 박정희 씨는 과거 공산주의 조직책으로 임명되어
활동한 사람"이라고 발언했다가 또다시 구속되었다. 광복군 출신인
장준하는 평소 독립군을 토벌한 일본군 출신(박정희는 일본 육사 졸업)
이 대통령이 된 것은 민족적 수치라고 주장했다. 실제로 장준하는 그
것을 더없는 치욕으로 여겼다. 장준하는 언제나 박정희와 팽팽한 대
척점에 섰다. 그는 언젠가 박정희를 만난 자리에서 "일제가 그냥 계속
되었다면 당신은 만주군 장교로서 독립투사들에 대한 살육을 계속했

을 것 아닌가"라고 면박을 준 일도 있는 것으로 알려져 있다.

구속된 장준하는 《사상계》 역사상 두 번째로 백지 권두언을 낸다. 1966년 11월호였다. 제목은 「이 난을 매울 수 있는 자유를 못 가져서 미안합니다」였고, "서울교도소에서 장준하"라고 썼다. 그는 그만큼 끝까지 언론인이고자 했다. 그러나 세상이 그를 언론인으로 머물러 있지 못하게 했다. 그가 1958년 1월호(통권 54호) 권두언으로 쓴 뒤 1961년 11월, 100호 기념호에 "우리는 못난 조상이 되지 않기 위하여 후손들에게 이런 고생을 시키지 않게 하기 위하여, 새롭고도 과감한 전진을 약속한다"는 후기를 첨부해 함께 재록한 그 말이 장준하의 《사상계》를 통한 자신의 사명감을 여실히 말해 주고 있다.

"……지중한 시기에 처하여 현재를 해결하고 미래를 개척할 민족의 동량은 탁고기명의 청년이요, 학생이요, 새로운 세대임을 확신하는 까닭에 본지는 순정무구한 이 대열의 등불이 되고 지표가 됨을 지상의 과업으로 삼는 동시에 종(縱)으로 5천 년의 역사를 밝혀 우리의 전통을 바로잡고, 횡(橫)으로 만방의 지적 소산을 매개하는 공기(公器)로서 자유, 평등, 평화 번영의 민주사회 건설에 미력을 바치고자 하는 바이다. 오직 강호의 편달을 바랄 뿐이다."

장준하를 떠나 《사상계》를 생각할 수 없고, 《사상계》 없이 장준하를 연상할 수 없다. 장준하는 끝까지 《사상계》를 지키고 싶었다. 백기완의 회고에 따르면 1966년 말경 《사상계》가 빈사의 상태에 빠졌을 때, 장준하는 슬픈 어조로 자신에게 이렇게 말했다고 한다. "나의 실패는 이미 20대 때 격분의 총을 들고, 군산 앞바다에 상륙하여 왜놈을 우리 손으로 몰아내려다가 실패한 그때부터의 연속이다."《사상계》를 지키지 못하는 것이 얼마나 안타까웠으면, 이렇게 자조했을까. 옥중 국회의원에 출마해 당선된 뒤 국회의원의 겸업 금지 규정에 따라 그는《사상계》를 다른 사람의 손에 넘겼다. 그리고 자신은 민족·민주·통일의 길로 뛰어든다. 1971년에 그는 '사상사'라는 출판사를 설립해 직접 『돌베개』를 출간하고, 이어 또한 잡지의 역할에 준하는 단행본을 이른바 무크 형태의 책을 이미 그때 구상하고 있었다. 출판사 이름으로도《사상》,《사상계》에 대한 그의 집념을 볼 수 있다. 그때 사상사에서 준비했던 글들이 경영난을 겪고 있던《창작과비평》에 넘겨져 실리기 시작했고, 그것이《창작과비평》이 단순한 문학 잡지를 넘어 이 시대의 아픔을 함께하는 종합지로 발돋움하는 데 밑거름이 되었다.

시대의 촛불

리영희

내가 리영희 선생(1929~2010)을 마지막으로 만난 것은 2010년 여름, 박형규 목사의 자서전이자 평전이라 할『나의 믿음은 길 위에 있다』의 출판기념회날이었다. 나는 거기서 그 책의 서평을 맡기로 되어 있었는데, 기념회장으로 가는 길에 백병원에 입원해 있는 그를 방문했다. 복수로 배가 불러 있었는데도 그의 얼굴은 화기로 온화했으며, "병원에 들어올 때는 마음이 약했으나, 내 이제 반드시 이 병을 이겨 내고 말겠노라"며 투병에 대한 의지도 강해서 어쩌면 저분이라면 그 병환을 마침내 이겨 낼 수도 있을 것이라는 믿음과 기대를 가지고 돌아섰다.

아마도 12월 2일이 그의 81회 생일이었을 것이다. 이미 그 몇 주 전부터 병환이 위독하다는 이야기를 듣고 12월 2일을 넘길 수 있을까 조마조마했는데, 다행히 그날을 넘기고 12월 5일 새벽에 운명했다는 소식을 들었다. 그의 말대로 운명은 재천(在天)이요, 회자정리(會者定離)요, 생자필멸(生者必滅)은 어쩔 수가 없는 것인가 보다. 그러나 우리보다 앞서 길을 밝히거나, 고난의 시기에 그 고난의 십자가를 스스로 졌던 선배들이 하나둘 우리들 곁을 떠나는 것을 지켜보아야 하는 것은 남아 있는 사람들에게는 참으로 안타까운 일이다.

유홍준이 말한 것처럼 리영희는 그의 책을 통해 사람들에게 사물을 바라보고, 세계를 인식하는 방법에 대해 많은 것을 가르쳐 주었다. 유홍준은 감옥에서 『전환시대의 논리』를 읽었다. 교도소 안의 독서가 진지할 수밖에 없다는 것을 생각한다면, 그 책이 그에게 얼마나 큰 영향을 주었을지는 미루어 짐작하기 어렵지 않다. 그보다 앞서 리영희는 《창작과비평》에 실린 「베트남전쟁」을 통해 많은 사람들에게 세상을 보는 눈을 열어 주었다. 눈앞에 씌어 있던 모든 편견의 장막을 걷어 내 주었다.

어느 청년이 리영희에게 보내 주었다는 편지는 그 시기에 리영희의 책이 한 사람의 영혼에 어떤 영향을 끼치고 있는지를 잘 보여 준다.

"선생님의 『전환시대의 논리』와 『우상과 이성』을 읽다 말고 너무도 두려워서 이불을 뒤집어쓴 채 괴로움에 떨면서 꼬박 밤을 새웠습니다. 고등학교까지의 주입식 학교교육으로 구축된 신념체계가 저의 내면세계에서 소리를 내며 무너져 내리는 것을 경험했습니다. 그것은

리영희.

저에게 코페르니쿠스적 대전환이었습니다. 하지만 여태까지 거꾸로
서 있던 온갖 사물과 관계와 색깔들을 제 모습, 제 색깔대로 볼 수 있
다는 것은 차라리 두려움과 형벌이라는 사실도 알게 되었습니다."

많은 사람이 그랬다. 부음 소식을 들은 바로 다음 날 만난 먹정(覓
丁) 여익구(呂益九)는 리영희의 책을 읽고 세상에 눈뜨고 사물을 제대
로 보게 되고, 여기 이 땅의 진실을 알았기 때문에 신세를 망친 사람
도 많았다고 했다. 차라리 모르고 바보처럼 살았더라면 그냥 지나칠
수도 있었던 것을, 그의 책이 우리로 하여금 생각하게 했기 때문에 인
생의 행로가 달라진 사람들이 많았다는 것이다. 그 가운데는 노무현

도 있다.

리영희는 스스로 말한다. "내가 글을 쓰는 유일한 목적은 진실을 추구하는 오직 그것에서 시작되고 그것에서 그친다. 진실은 한 사람의 소유일 수 없고, 이웃과 나눠 가져야 할 생명인 까닭에 그것을 알리기 위해서 (나는) 글을 쓴다." 진실을 알리는 사람과, 그것을 통해 진실을 깨닫고 생각하는 사람 사이에 '사상의 은사' 관계가 성립되었다. 그것 때문에 리영희는 다른 쪽의 사람들에게는 '의식화의 원흉'으로 비쳐졌다. 과연 그의 책은 1970, 80년대에 의식화의 교과서였다.

언젠가 리영희는 비록 루쉰에게만큼은 아니지만, 장 폴 사르트르한테 지식인의 사상 또는 지성인의 삶의 자세 같은 면에서 적지 않은 영향을 받았다고 고백하면서 「침묵의 공화국」이라는 짧은 글을 소개한 적이 있다.

"우리는 독일의 점령하에 있을 때처럼 자유였던 예가 없다. 우리는 일체의 권리를, 무엇보다도 말을 할 수 있는 권리를 박탈당했었다. 우리는 매일 정면으로 모욕을 당했고, 그러면서도 입을 다물고 있어야 했다.…… 우리들은 담벽에서, 신문에서, 스크린에서 우리 자신의 그 추하고 풀죽은 얼굴을 보도록 강요당했다. 그것들은 탄압자가 우리에게 그렇게 되기를 강요하고 있는 바로 그 얼굴들이었다. 바로 그렇기 때문에 우리는 자유였던 것이다. 나치의 독(毒)이 우리의 사고에 속속들이 스며들었기 때문에 올바른 사고는 그 하나하나가 전리품이었다. 무소불위한 경찰이 우리를 강제로 침묵시키려 하고 있는 바로 그 까닭으로 어떤 낱말이건 그 하나하나가 하나의 신조로서의 선언처럼 귀중했다. 우리는 막다른 골목에 쫓겨 있었던 까닭에 우리의 거동 하나하나가 앙가주망(engagement)의 무게를 지니고 있었다.…… 저항만이 진정한 민주주의였다. 시민 한 사람 한 사람이 모두 다른 사람에게 의무가 있다는 것, 그러면서도 자기 자신밖에 기댈 것이 없다는 것을 알고 있었다.…… 한 사람 한 사람이 억압자에 저항하는 속에서 분명한 구제를 기대하지 못하면서도 자기 자신이고자 했고, 자신의 자유 속에서 자기를 선택함으로써 모든 사람의 자유를 선택했다."

리영희는 이 짧은 글의 정신에서 당시 한국 사회와 그 속에서의 자신과 한국인들의 존재양식을 찾았고, 자신이 해야 할 일을 확신하게 되었다. 적어도 그와 같은 확신에 대한 힘을 얻었다. 그러저러한 지적, 사상적 자극으로 1960년대에 들어오면서부터 글을 쓰기 시작했다. 1970년대에 들어서는 밤을 새워 가며 책을 읽고 글을 썼다. "긴 시간에 걸친 나의 삶을 이끌어 준 이념은 '자유'와 '책임'이었다. 인간은 누구나, 더욱이 진정한 '지식인'은 본질적으로 '자유인'인 까닭에 자기의 삶을 스스로 선택하고, 그 결정에 대해서 '책임'이 있을 뿐만 아니라 자신이 존재하는 '사회'에 대해서 책임이 있다는 믿음이었다."

1974년 6월 『전환시대의 논리』가, 1977년에는 『우상과 이성』과 『8억인과의 대화』가 출간되었다. 『전환시대의 논리』가 발행되자마자 지식인 사회, 특히 대학가에 대대적인 반향을 일으키면서, 젊은 지식인들과 대학생들의 의식을 전환시키는 교과서가 되었다. 법정에 선 대학생들은 『전환시대의 논리』를 읽고 세상을, 여기 이 땅의 진실을 알게 되었노라고 말했다. 리영희의 진실을 추구하는 작업들의 연장선 위에서 나온 『우상과 이성』, 『8억인과의 대화』도 세계, 특히 중국에 대해 무지몽매했던 한국인들에게는 충격적이었다.

리영희의 책이 대학가에서 필독서로 읽히고, 의식화된 학생들의 책가방에서 어김없이 발견되면서부터 리영희의 수난은 예정된 것이나 다름없었다. 저들은 어떻게 하면 리영희를 얽어 넣을 수 있을까 하는 공안적 차원의 음모를 꾀하지 않을 수 없었고, 그들은 마침내 『우상과 이성』, 『8억인과의 대화』에서 그 빌미를 찾았다. 1977년 11월 23일, 리영희는 수사관이라 자칭하는 괴한들에 의해 연행되고 가택은 수색당했다. 26일에는 『8억인과의 대화』의 발행인 백낙청이 연행되었다. 11월 30일, 리영희와 백낙청은 반공법 위반 혐의로 기소되었다. 연행에서 기소까지의 과정이 그토록 신속했던 것은 그만큼 철저히 준비해 왔다는 이야기였다.

예고된 수난

어떻게든 리영희를 얽어 넣겠다는 것이 당국과 검찰의 의도였기 때문에 검찰은 관계된 책 가운데 몇 가지 글을 집중적으로 문제 삼았다. 검찰은 특히 『우상과 이성』 속에 있는 「농사꾼 임군에게 보내는 편지」를 문제 삼았다. 검찰은 리영희 교수가 그 글에서 농촌문화는 서울

문화의 식민문화이고, 서울문화는 쓰레기 양키문화의 소비장이니까 결국 농촌문화는 양키문화의 시궁창이라고 한 것이 아니냐, 그래서 다른 책『마오쩌둥의 교육사상』에서 마오쩌둥이 중국 농민과 노동자의 낡은 의식을 개조해서 기존의 지식인, 유산자 위주의 제도를 뒤엎은 것을 본따 힘을 모아 일어서야 한다고 한 것이 아니고 뭐냐고 몰아갔다. 검찰에 의하면 그 편지에서 양키문화의 영향을 받은 인텔리가 제도를 움직이는 한 진정으로 농민이나 노동자를 위한 정책이 나올 수 없다고 한 것은 곧『마오쩌둥의 교육사상』에서 말한 것처럼 농민의 의식을 개조해 권리를 되찾도록 해야 한다는 것과 맥락이 같다는 것이었다. 그러므로 그것은 해외 공산주의자 마오쩌둥을 고무 찬양하고, 한국 농민에게 마오쩌둥식 혁명을 교사, 선동한 것이라는 것이다.

리영희는 검찰의 이런 논법에 대해 초등학교 글짓기대회 때 쓴 김(金)자와 중학교 때 일기에 쓴 일(日)자, 그리고 대학교 때 연애편지에 쓴 성(成)자를 모아서 김일성(金日成)이라는 이름을 조립하는 것과 무엇이 다르냐고 맞섰다. 도대체 공산주의자를 만들려는 것이 반공법이냐, 아니면 예방하려는 것이 반공법이냐고 반문했지만 검찰은 막무가내였다. 검찰은 심지어 학교 교과서에서 가르치고 있는 교과서의 내용과 다르면 그것 자체로 반공법 위반이라고 몰아세웠다.

즉 우리나라 국정교과서는 공산주의 사회에서는 인민이 굶주리고 헐벗고, 일체의 권리를 빼앗기고, 지도자들은 억압과 탐욕으로 호화스러운 생활을 하는, 지옥과 같은 사회로 기술되어 있는데, 리영희의 책에서는 지옥 같은 사회가 아니라 '사람이 사는 사회'로 기술되어 있

으니 그것이 바로 공산주의 사회에 대한 고무·찬양이 아니고 무엇이
냐는 것이었다.

리영희는 "반공국가인 우리로서는 공산국가 사회가 진실로 지옥
같기를 바라지만, 사실은 반드시 그렇지 않다. 가난하지만 먹을 것은
먹고, 사치스럽지는 못하지만 입을 것은 입고 있다. 병이 나면 치료도
받고 있는 것이 객관적인 사실이다. 사실을 사실대로 묘사하여 우리
나라 사람들의 허위의식과 편견과 인식착오를 바로잡으려는 의도로
쓴 글이 고무·찬양이 될 수는 없다. 오히려 공산주의 사회의 진실을
30년 전의 이데올로기적 고정관념과 냉전의식을 토대로 해서 신앙처
럼 믿고 있는 인식착오는 자기기만일 뿐이다. 진실을 진실대로 볼 수
있게 하려는 것이 『우상과 이성』, 『8억인과의 대화』에 실린 글들의 참
뜻"이라고 항변했지만 검찰은 들은 척도 안 했다.

검찰의 의도가 분명해진 이상, 그에 대한 반론을 철저하게 준비해
야겠다고 생각했던지, 구속 기소된 리영희는 「농사꾼 임군에게 보내
는 편지」를 검찰의 일방적 공세로부터 방어하기 위해 농업 관련 자료
와 책자를 감옥에 넣어 달라고 내게 연락해 왔다. 나는 교도소의 창구
를 통해 들어갈 수 있는 책자는 가족의 이름으로 영치시켰고, 긴급하
거나 기타의 필요한 자료는 인편(전병용)을 통해 감옥 안의 리영희에
게 전달했다. 리영희는 열심히 공부했다. 자신이 그걸 가지고 쓴 글의
정당성을 입증하기 위해 통계자료를 외우고 뒤늦게 필요한 농업이론
을 학습했다. 그렇게 열심히 재판을 준비했다.

마침 재판장은 유경희였고, 검사는 황상구였다. 판사인 유경희는

글자 하나 틀리지 않고 똑같은 공소장(왼쪽)과 판결문(오른쪽)의 일부.

소설가 김승옥의 고등학교 동기동창이었는데 나하고도 그 전부터 안면이 있었다. 이 사건에 관심이 많았던 김승옥도 나름대로 열심히 재판부에 들락거렸고, 그런 탓이었는지 재판과정은 비교적 순조로웠다. 그때는 재판진행 자체가 피고인 측에 불리하게 전개되기 마련이었는데도 피고인의 진술을 끝까지 들어 준다거나, 변호인 측 증인을 채택해 주는 등 호의적이었다. 그래서 어쩌면 이 재판의 결과가 상당히 좋을지도 모른다는 기대를 갖게 했다. 그러나 결과는 좋지 않았다. 그러고 보면 재판절차상의 정의를 지켜 준 것은 그로서는 이것밖에 해 줄 수 있는 것이 없다고 고백한 것이나 다름없었다.

징역 3년을 선고받았는데(2심에서 2년), 리영희에 의하면 판결문에서의 범죄사실이 공소장에 있는 공소사실과 글자 하나 틀리지 않고 똑같이 8,600자였다고 한다. 공소장을 그냥 베껴서 판결문을 만들었다는 것이다. 그토록 열심히 했던 리영희의 감옥 안에서의 변론준비는 무위로 끝났다. 송건호를 비롯한 증인들의 증언과 언론계와 학계, 예술계의 '리영희 구속에 관한 진정' 그리고 피고인과 변호인들의 열정적인 변호도 공소장의 글자 한 자를 바꾸지 못한 것이다.

그런데 얼마 전 서울대학교 법과대학의 한인섭 교수와 『인권변론 한 시대』(홍성우 변호사의 증언)를 놓고 논의하던 중, 공소사실과 범죄사실은 글자 하나 틀리지 않았지만 판결문과 공소장의 모두사실(冒頭事實)에서는 딱 한 군데, 백낙청에 관한 부분 중 공소장의 '하버드 대학원' 졸업이 판결문에서는 '브라운 대학'으로 고쳐져 있는 것이 확인되었다. 그리고 판결문과 공소장에 수기(手記)로 쓴 영문 글자가 동일인에 의해 씌어진 것으로, 결국 판결문의 타이핑은 검찰에서 이루어진 것으로 보인다고 했다. 만약 이것이 사실이라면, 판결문은 공소장을 베낀 정도가 아니라, 검찰에서 타이핑한 것을 법원에 보냈다는 이야기가 된다. 이는 1970년대 긴조시대(긴급조치시대)의 재판사례를 연구하는 데 중요한 자료가 아닐 수 없다.

아름답고 쉽고 정확한 글

글과 관련된 가장 오래된 리영희의 기억은 초등학교 5학년으로 거슬러 올라간다. 교실에서 지은 작문이 도청소재지 신의주에서 발행되는 일간지에 실려 어른들 사이에 화제가 된 적이 있었다. 그러나 소년·청년기에 리영희가 읽은 책은 거의 대부분이 문학작품이었다. 외국

문학의 경우는 원서로 읽었다. 그것이 외국어 실력의 향상에는 물론 그의 인문학적 소양에 큰 보탬이 되었다.

리영희의 저작집에서 그가 누구로부터 감명을 받았다고 고백한 사람은 루쉰(魯迅)이었다. 말하자면 리영희의 '사상적 은사'는 루쉰인 셈이다. 1960년대, 중국어 사전을 찾아 가며 읽어 가던 중 그의 가슴에 와 닿는 구절을 만났다.

"가령 말일세, 강철로 된 방이 있다고 하자. 창문은 하나도 없고 여간해서 부술 수도 없는 거야. 안에는 많은 사람이 숨이 막히고 깊이 잠들어 있어. 오래잖아 괴로워하며 죽을 것이다. 그런데도 그들은 혼수상태이기 때문에 죽음으로 이르는 과정에 놓여 있으면서도 죽음의 비애를 느끼지 못한다.

이때 자네가 큰 소리를 질러서, 그들 중에서 다소 의식이 또렷한 사람을 깨워 일으킨다고 하자. 그러면 불행한 이 몇 사람에게 살아날 가망도 없는 임종의 고통만을 주게 될 것인데, 그래도 자네는 미안하다고 생각하지 않는가. 그래도 몇 사람이 정신을 차린다면 그 쇠로 된 방을 부술 수 있는 희망이 전혀 없다고는 말할 수 없지 않은가?"

대담 형식의 이 구절은 두말할 필요도 없이 중국의 군벌통치와 장제스 총통 시대의 중국 사회를 풍자한 글이다. 그리고 루쉰의 글 중에서 뒷날 가장 많이 인용되는 구절 가운데 하나이기도 하다. 이 구절을 읽는 순간 그 구절은 무덤에서 루쉰이 리영희를 타이르는 소리같이

들렸다. 그는 눈을 뜨고 정신을 번쩍 차렸다. 그가 해야 할 일이 무엇인가를 비로소 깨달았다. 그리고 결심했다. 그 순간 그의 삶의 내용과 방향과 목적이 결정되었다. 한국 민중을 잠에서 깨어나게 하여 의식을 바로잡아 주는 일이 그의 삶의 전부가 되었다.

이렇게 루쉰은 그의 삶의 방향과 목적에 영향을 주었을 뿐만 아니라, 그의 글쓰기에도 거의 절대적인 영향을 끼쳤다. 루쉰의 글은 전혀 현학적이 아니다. 루쉰의 사상과 글은 오직 민중에 대한 사랑에서 비롯되고 거기서 끝난다. 글은 민중에게 환원되어야 한다는 사명감을 가지고 쉽게, 그러나 자기 과시가 아니라 하나하나에서 민중의 가슴에서 효과가 있어야 한다는 전제를 가지고 썼다. 민중과 함께, 민중 속에, 민중에 대한 깊은 사랑을 가지고 썼기 때문에 그의 글은 평이하고 이해하기 쉬웠다. 민중과 함께 생각해 보자는 진정성과 친절함이 루쉰이 쓴 모든 글의 정신이었다. 리영희는 그런 루쉰을 배우고자 했다.

그는 『우상과 이성』의 첫머리에서 "빛도 공기도 들어오지 않는 단단한 방 속에 갇혀서 죽음의 시간을 기다리는 사람에게, 벽에 구멍을 뚫어 밝은 빛과 맑은 공기를 넣어 주는 것이 옳은 일인지 아닌지를 궁리하는" 루쉰의 고민을 인용하며 그에 대한 헌사를 대신했다.

리영희의 글은 결코 쉽게 씌어지지 않았다. 그는 글을 다 써 놓고는 루쉰의 마음이 되어 자신의 글을 음미하곤 했다. 원고를 읽고 또 읽고, 고치는 일을 수도 없이 반복했다. 겨울 한밤중에도 팬티 바람으로 뛰어가서 한 줄 고쳐 놓고, 또 아침에 고치는 식을 거듭했다. 읽는 사람에게 쉽게 쓴다는 것은 본인으로서는 매우 어렵게 썼다는 이야기가 된다. "예를 들어 원고지 9매의 짧은 '한겨레 논단' 같은 글에서도 그 주제에서부터 소재, 내용, 문체, 낱말, 글줄의 길이, 자료통계 수집, 그 앞뒤 배열 따위에 세밀한 신경을 쓴다. 다 쓴 뒤에도 몇 번을 고쳐 쓰는지 모른다."

2005년 3월 20일, 《프레시안》과의 인터뷰 기사는 그가 글 한 편을 쓰는 데 얼마만한 주의와 정성을 기울였는지를 잘 말해 준다. 그는 이처럼 아름답고 쉽고 명징한 글을 쓰기 위해 엄청난 노력을 기울였다.

"나는 내 글이 문학은 아니지만, 글을 쓸 때 아름답고 정확한 문장을 쓰도록 노력해 왔다. 그래서 200자 원고지에 혹 같은 낱말이 들어 있으면 다른 낱말로 대체하고, 한 문장의 길이가 200자 원고지 세 줄 정도를 넘지 않도록 신경을 써 왔다. 문장은 가능하면 짧게 하고, 긴 문장이 나온 뒤에는 짧은 문장이 두세 개쯤 나와서 독자가 한숨 돌릴 수 있도록 구성을 하고, 별로 중요하지 않은 내용은 좀 긴 문장을 쓰고, 핵심을 담고 있는 문장은 짧게 끊어서 쓰곤 했다. 문장이 길면 사람의 호흡이 가쁘고, 앞뒤 의미의 연결에 혼란이 올 수 있다는 생각에서다."

새 장(章)을 열고 싶었다

루쉰이 "왔다"라고 한 것이 모두 건전한 상식이었듯이 리영희의 동굴

속의 외침도 그 모두가 사실로 드러났다. 1970년대와 80년대, 그 엄혹했던 시대에 리영희는 지식인으로서의 자신에 대한 책임으로서, 그리고 인간답게 살 수 있는 권리를 위해 싸우는 고결한 사람들을 돕기 위해서 많은 글을 썼고 많은 발언을 했다. 그로 말미암아서 그에게 가해지는 고통과 불이익은 말할 수 없이 혹독했다. 그 긴 기간에 한쪽으로부터는 인간답게 살 수 있는 사회를 실현하기 위해서 싸운, 착하지만 힘없는 사람들의 뜨거운 사랑과 존경을 받았다. 그럴수록 다른 한쪽으로부터는 지배권력을 놓지 않으려는 사람들이 잔인하게 이를 가는 증오와 저주의 대상이 되었다. 그는 이렇게 말한다.

"나는 내 이름을 붙여서 책을 내놓을 때마다 부끄러움과 두려움을 금할 수가 없었다. 부끄러운 까닭은 그 어느 것이건 남처럼 각고한 흔적이 역력한 학문적 결정도 아니고 시대적 상황과 배경의 변화와는 상관없이 언제나 독자의 심금을 울리는 그런 글도 되지 못하는 목숨 짧은 글이라고 생각되기 때문이다. 두려운 까닭은 이 같은 하찮은 내용의 글인데도 불구하고 적지 않은 독자들이 공감의 성원을 보내준 데서 느끼는 무거운 짐을 먼저 생각하게 되기 때문이다. 또한 그처럼 숨이 짧고 시한적인 내용의 글인데도, 무슨 대단한 것이나 들어 있는 양 비난의 소리를 높이는 쪽의 존재를 의식해서이다"(『분단을 넘어서』, 서문).

그러나 이는 겸양의 말이다. 그는 책을 내면서 그때마다 비장했다.

더러는 그 비장함을 서문에 기록하기도 했다. 리영희는 짧은 글이나 긴 글이나 활자화시켜 놓고는 그때마다 밤에 옷을 입고 잠을 잤다. 그의 책에는 체제의 공식여론이나 정책에 합치된 것이 하나도 없었으므로, 혹시 자신을 잡으러 방에 들어온 사람들한테 벌거벗은 상태에서 끌려간다는 것이 싫었기 때문이다. 그 긴 세월, 글 쓰는 것이 얼마나 큰 짐이고 고역이었을까. 시대의 진실을 밝히고 드러내기 위해, 그는 그 자신이 먼저 몸을 태우는 촛불이 되었던 것이다.

그는 『전환시대의 논리』 서문에서 "여기에서 씌어진 글들이 하루빨리 구문(旧聞)이 되기를 바란다"고 했다. 세월이 흘러 그 책들에서 들어오는 인세가 줄어들었을 때 리영희는 이제 자신의 역할이 끝났음을 느낀다. 거기서 어떤 섭섭함을 느끼는 것이 아니라, 후학들에 의해 자신이 초극되는 것에 대한 기쁨을 맛본다. 자신의 한 시기의 애씀이 결코 무위로 끝나지 않았음을 보여 주는 증거라고 생각하고 출람지예(出藍之譽)를 느끼는 것이다.

1980년대에 들어와 그의 관심은 이제 감추어진 진실을 빛 속에 드러내는 작업으로부터 벗어나 일본의 식민통치에서 벗어나 해방된 지 40여 년을 경과하는 시점에서의 한·일관계의 참모습에 대한 연구와 변화하는 동북아 정세 속에서의 한국과 한반도의 장래에 대한 두려움 섞인 고뇌로 이어진다. 그리고 자신에 대해 편견을 가지고 박해를 가했던 집단과 그 추종자들을 향해서 어른스럽게 말한다. 『새는 좌·우의 날개로 난다』라는 책을 내면서다.

"진실은 균형 잡힌 감각과 시각으로만 인식될 수 있다. 균형은 새의 두 날개처럼 좌와 우의 날개가 같은 기능을 다할 때의 상태이다. 그것은 자연의 법칙에 맞고 인간사유의 가장 건전한 상태이다.

진보의 날개만으로는 안정이 없고, 보수의 날개만으로는 앞으로 갈 수가 없다. 좌와 우, 진보와 보수의 균형 잡힌 인식으로만 안정과 발전이 가능하다. 인식능력과 지식, 사상과 판단력에서 좌우 균형 잡힌 이상적 인간과 사회를 목표로 삼고 염원하는 마음으로『새는 좌·우의 날개로 난다』를 낸다."

1990년 가을 무렵, 리영희는 "이제 나는 지나온 삶의 한 장(章)을 접고, 새 장을 열기에 앞서 잠시 자신을 성찰해야 할 건널목에 서 있다"라고 하면서 한때 글쓰기를 접었다. 그 이유로 그는 30여 년을 넘게 1인 작업을 해 오다 보니 너무 힘들다는 점과, 둘째로는 1980년 북방교류 이후 이제까지 침묵하던 사람들이 갑자기 중국 관계 등의 전문가로 행세하는 그런 풍토에서 그런 사람들과 섞이기 싫다는 것이고, 그리고 무엇보다 리영희 자신의 차원 높은 자기 연마와 지적인 자기 확장을 위해서라는 것 등을 들었다. 이제 인간과 세계, 그리고 역사에 대한 철학적이고 기본적인 사고가 자기에게 필요하다고 했다. 철학적인 고뇌를 겪어야 내일의 새 생활을 설계할 수 있기 때문이라는 것이다.

그런 그가 2000년 말, 느닷없이 뇌출혈을 겪으면서 몸이 무너지기 시작했다. 70살을 막 넘기고 있는 순간이었다. 뇌중추신경 타격으로 신체의 우반신이 마비되고, 사고도 혼미해지고 언어의 장애도 겪어야 했다. 그러나 리영희의 의지는 그것을 극복해 나갔다. 4년이 지나는 사이에 신체와 정신의 마비가 서서히, 그러나 착실하게 회복되어 갔다. 하지만 오른손의 떨림과 손가락의 마비는 그로 하여금 더 이상 글을 못 쓰게 만들었다. 그러나 점차 구술로 하는 저술은 어느 만큼 가능해졌다. 운명의 신은 그에게 마지막으로 구술을 통한 저술을 허락한 것이다. 이렇게 해서 나온 책이 『대화』(한길사, 2005)이다.

아마 그에게 직접 손으로 쓰는 글을 허락했다면 그는 목숨 짧은 글이 아니라, 시대적 상황이나 배경의 변화와는 상관없이 언제나 독자의 심금을 울리는 그런 글을 썼을 것이다. 그가 겪어 나온 신산(辛酸)이 응축된 더 깊은 목소리를 냈을 것이다. 이것이 나만의 생각일까.

유년 및 소년 시절, 그리고 군대생활

리영희는 1929년 12월 2일 평안북도 운산군 북진면에서, 아버지 이근국(李根國)과 어머니 최희저(崔晞姐) 사이에서 3남 2녀, 5남매의 넷째로 태어났다. 아버지는 초산(楚山) 지방의 평창(平昌) 이씨 선비 집안의 아들로 구학문과 신학문을 겸했다. 어머니 최씨는 억세고 미련한 소의 대명사가 된 벽창호[벽동(壁潼)과 창성(昌成)의 소라는 뜻]로 이름난 벽동군 천석꾼의 딸이었지만 일자무식이었다. 아버지가 온화한 성격의 선비였던 것과는 반대로 어머니는 자식에 대해서는 맹목적인 사랑을 퍼붓는 고집이 센 여인이었다.

영림서 직원이던 아버지가 전근되면서 이웃 삭주군 외남면 대관동으로 옮긴 것이 5살 때. 초등학교를 졸업하고 서울의 중학교로 유학을 떠날 때까지 유년과 소년 시절을 보낸 대관(大館)을 그는 늘 '마음의 고향'으로 간직하고 살았다. 대관은 시인 김소월이 낙향하여 살다가 고달픈 인생을 마감한 남시(南市)에서 십오 리밖에 떨어지지 아니한 곳이요, 장준하의 고향이기도 하다. 리영희는 장준하의 아버지 장인석 목사가 운영하는 유치원에 다녔다. 생전에 장준하와 리영희는 서로 고향이 같은 것을 알고는 있었지만, 같은 고향 사람으로서의 특별한 친교는 없었다.

리영희는 늘 자신의 고향 대관에 대해 매우 아름답고 긍지 어린 추억을 자랑했다. '거시기 산우회'에서 박현채 등이 압록강변 북방사람이라 하여 '말갈(靺鞨)'이라는 별명을 그에게 붙였는데, 리영희는 그것을 내심으로는 못마땅해했다. 그의 고향을 문명이 발달되지 않은 두메산골로 비하하는 것으로 그는 받아들였다. 대관은 1938년 철도가 부설되고, 그 이듬해에는 전기에 이어 전화까지 들어온 개명된 마을이었다. 게다가 평안북도는 기독교를 남한보다 먼저 받아들여 일찍 개명했기 때문에 남한의 시골보다 최소 30년 내지 40년은 앞서 있었다. 또 그 일대가 그 옛날 고려시대 때 강감찬 장군이 압록강을 건너 쳐들어왔던 거란장수 배압(排押)의 군사 10만을 맞아 대파시킨 역사적인 고장이라는 것도, 그의 고향에 대한 긍지를 보태 주었다.

태평양전쟁이 일어난 이듬해(1942) 14살 때의 봄, 그는 경성공립공

업학교에 입학해 서울로 올라왔다. '갑종 5학년제'의 이 학교에서 리영희가 실제로 학교를 다닌 기간은 3년밖에 되지 않는다. 3학년에 올라갔을 때 전시 인적자원 동원계획으로 5년제가 4년제로 바뀌었고, 몇 달 뒤에는 4학년도 단기졸업제도로 4년을 다 채우지 않고 졸업했다. 그가 중학교에서 배운 것이라곤 사실 아무것도 없다고 해도 과언이 아니다. 그러나 그는 공부벌레였다. 근로동원에 시달리던 그는 그의 각본에 따른 '부친위독'이라는 전보를 받고 고향에 갔다가 거기서 해방을 맞는다.

1946년에 상경한 리영희는 국비로 입혀 주고 먹여 주고 공부까지 시켜 준다는 해양대학 신입생 모집광고를 보고 해양대학 1기생으로 항해과를 선택, 인천에서 입학해 1947년 봄에 군산으로 학교가 이전하자 따라 이동했다. 1947년 초에는 부모님이 동생 명희를 데리고 월남해 충북 단양군 장림리에서 피난생활을 시작하면서, 가족과 재회한다. 그에게 대학 4년간의 시간은 낭비된 것과 다름이 없었다. 그러나 이 기간 중에도 독서와 외국어 공부는 열심히 했다.

동족상잔의 전쟁이 터진 1950년의 초여름은 리영희가 경상북도 안동의 안동공립중학교의 영어교사로 부임해서 미처 석 달이 안 된 때였다. 학교가 22살의 그에게 5학년 영어를 맡겨 주어 리영희는 열성껏 가르쳤고, 게다가 월남해 오신 부모님을 학교 사택에 모실 수 있어서 행복했다. 그러나 안동 근처까지 내려닥친 전쟁은 그들을 피란길로 내몰았고, 피란지 대구에서 리영희는 육군 통역장교(유엔군 연락장교)의 길을 걷기 시작하면서 7년에 걸친 군대생활에 들어간다.

리영희가 갔더라면 반드시 적의 잠복기습에 목숨을 잃었을 그 자리에 동료 장교가 대신 들어가 죽는 비애를 경험하면서 그는 인명재천(人命在天)과 인간만사 새옹지마를 실감할 수 있었다. 진주의 이름 없는 기생과 건봉사의 어느 스님에게서는 어떤 인간에게는 감히 범하기 어려운 위엄이 있다는 것을 깨달았다. 그는 군에서 국민방위군의 참상과 함께 전쟁의 와중에도 창궐하는 군의 부정부패를 눈으로 목격했다. 1951년 2월 10일과 11일 사이의 밤에 리영희가 속해 있던 부대는 거창군 신원면에서 719명의 양민을 학살했다. 리영희는 그 사실을 사건 발생 훨씬 뒤에야 알았다. 거창양민학살 사건이 자신의 부대에서 일어난 것이다. 대한민국과 대한민국의 군인이 전쟁의 와중에서 보여 준 그 참모습에 그는 절망해 가고 있었다.

그나마 그가 그의 군대생활을 통해 위안받을 수 있었던 보람 있는 일이 있다면, 설악산 신흥사 불경판을 보존시킨 일이다. 1951년, 리영희의 부대는 북위 38도선을 돌파해 동해안을 따라 파죽지세로 제2차 북진을 하고 있었다. 신흥사에 도착한 본부중대의 병사들은 몸을 녹이려고 불경판을 태우고 있었다. 리영희는 연대 전방지휘관인 부연대장에게 달려가 상황을 보고하고, 즉시 불을 끄고 모든 경판을 회수하도록 명령을 내리게 했다. 타다 남은 모든 경판은 조각까지 주워서 불당 좌측에 있는 판고(板庫)에 차근차근 도로 꽂아 놓도록 했다.

그 당시 군인에게는 38선 이북은 오직 점령지일 뿐이었으며, 모든 것이 파괴와 노획의 대상이 되고 있던 상황이었다. 그들에게 그것이 조상들이 남기고 물려준, 그리고 전쟁이 끝나면 언젠가는 다시 한겨

1952년, 보병 11사단에서 군복무하던 시절 모습(왼쪽).

레로서 함께 소유하고 향유해야 할 유산이라는 생각은 전혀 없었다. 그렇게 해서 남겨진 경판의 각별한 가치를 안 것은 훨씬 뒤의 일이었다. 그 경판들은 은중경, 법화경, 다라니경, 그 밖에 경명을 알 수 없는 몇 가지로서, 은중경은 다행히 온전히 보존되었고, 법화경과 다라니경은 많은 경판이 소각되고 일부만 남았다.

　그보다도 더 중요한 사실은 그 경판들이 한자, 한글, 범어(산스크리트 어)의 세 언어로 된 것들이라는 것이었다. 이처럼 세 언어로 된 경판이 남아 있는 것은 우리나라에서뿐만 아니라 세계 불교권 내에서도 신흥사가 유일했다. 제판연대는 조선조 효종 연간인 1650년대에서 1659년 사이이고, 남아 있는 판의 수효는 277판임이 확인되었다. 이것은 리영희가 애쓴 결과였다. 이야기를 전해 들은 독실한 불자는 "그것은 그때 부처님이 어린 육군 중위 리영희의 모습을 빌려 나타나서 불구덩이에서 경판을 건져 낸 것이다"라고 했다.

1951년 6월, 높이 1,296미터의 전술적 요충인 향로봉 전투가 끝난 뒤, 제11사단 통역장교 약 40명 중에서 사단 창설 이후 가장 공로가 많은 두 사람에게 화랑은성 공로훈장이 수여될 때, 그 하나를 리영희가 받았다. 그는 너무 많은 군의 부정부패를 보았기 때문에 아무런 감흥이 없었다. 1970년대와 80년대 감옥을 들락거릴 때, 혹시 훈장이 정상참작에 도움이 될까 해서 부인이 국방부 상훈국을 찾아갔으나 그 기록은 확인되지 않았다.

그가 군대에 있는 동안, 그의 동생 명희가 병으로 죽었다. 유엔군 사령관 벤프리트 장군의 부산지역 방문 때 작업복을 입고 그의 통역을 맡았던 일은 지금도 많은 사람들의 입에 오르내리고 있다. 그리고 1956년 11월 13일, 지금의 아내 윤영자와 결혼했다. 이처럼 고난과 괴로움으로 점철된 만 7년간의 군대생활은 1957년 8월 16일, 육군 소령으로의 진급명령과 제대비 8천 원이 덧붙여진 223848 군번의 예편 통지서를 받는 것으로 막을 내렸다. 그러나 1950년 8월 16일, 입대했을 때 22살이던 철부지 젊은이는 28살의 고민하는 청년으로 변해 있었다. 이제는 거의 모든 것을 회의하고 질문하고, 허위와 가식으로 가려진 진실된 가치를 밝혀내어 진실 이외의 그 무엇에 대해서도 충성을 거부하려는 종교 같은 신념이 자리를 잡아 가고 있었다.

인텔리의 삶

리영희가 부대장에게 보고도 하지 않고 상경해 합동통신사 신입사원 시험을 치른 것은 1957년 7월, 그의 나이 28살 때였다. 시험을 치르고 10일 후 합격통지서를 받은 그는 예편통지서도 받기 전에 합동통신 외신부 기자로 일하기 시작했다. 언론인으로서 그의 출발은 비교적 화려했다. 풀브라이트 계획으로 미국 노스웨스턴 대학에서 신문학 연수를 하는가 하면, 5·16 쿠데타 후 박정희의 미국 방문에 수행기자로 동행하기도 하고, 한때는《워싱턴포스트》의 통신원으로 익명의 기고를 하기도 했으며, 미국의 진보적 평론지《뉴 리퍼블릭》에 한국사태(5·16 쿠데타)를 기고하기도 했다. 이 시기에 부친은 고혈압으로 별세하고(1959), 장남 건일과 장녀 미정이 태어난다.

《조선일보》정치부로 옮긴 1964년 11월, 그에게 첫 시련이 닥친다. 마침 알제리의 수도 알제에서 열린 아시아·아프리카 연대기구(AA기구) 외상회의에서 그해의 유엔총회에 남북한 대표의 동시초청과 가능하면 유엔 동시가입도 제안하기로 했다는 기사를 신문 제1판에 보도했다. 그러나 북한 대표를 유엔에 초청케 한다든가, 북한과 남한을 동격으로 가입시키려 하는 국제회의의 제안은 당시로서는 "국시에 어긋나는" 것이었다. 그날 밤 리영희는 영문도 모른 채 중앙정보부로 끌려갔고, 검찰에 넘겨진 며칠 후에 서대문형무소로 옮겨졌다. 이것이 리영희 제1차 투옥이다.

구속된 기간은 1개월 남짓이었고, 1심에서는 집행유예, 2심에서는 선고유예를 선고받았으나, 석방 후 그는 외신부, 조사부 등 신문사의 주변부에서 맴돌았다. 그러나 외신부에서 국제정세를 관찰할 수 있었던 것은 커다란 보람이었다. 이 무렵, 그는《창작과비평》,《정경연구》등에 국제논평을 기고하기 시작한다.

리영희가 외신부장으로 있을 때 정부는 두 차례나 베트남 파병군의 현지 상황 시찰여행을 주선했다. 그는 두 번 다 거절했다. 게다가 베트남전쟁과 중국혁명, 제3세계 등에 대한 그의 외신기사 취급은 정부는 물론 회사의 심기를 크게 건드렸다. 리영희의 해설이 정부의 반공정책과 어긋나는 것은 물론 회사의 입장과도 다르다는 이유로 사표를 강요받고《조선일보》를 떠날 수밖에 없었다.

조선일보사를 나온 리영희는 과연 양심을 저버리면서까지 인텔리의 삶을 살아야 하는가를 놓고 심각하게 고민했다. 그리하여 이병주가 하던 출판사에 나가 책도 팔아 보고, 양계장을 운영하는 문제도 심각하게 검토했다. 실제로 양계장에 나가 일도 했다. 군대에서 생활할 때 배운 운전기술로 택시기사를 해 볼 생각도 했다. 어머니는 펄펄 뛰었고, 그 자신도 인텔리가 노동자가 되는 것은 혁명가적 신념과 결의가 있어야 한다는 것을 깨닫게 되었다. 어쩌면 그것이 지식인의 한계이기도 했다.

그는 외신부장이 되어 다시 합동통신사에 들어갔다. 출근하는 첫날 자신에게 이렇게 다짐했다. "나는 오늘부터 인텔리에게 부과된 삶을 성실하게 살자. 그와 같은 삶 속에서 나는 노동자로서 실패한 보상을 찾을 것이다." 하지만 합동통신사의 일은 오래가지 않았다. 이승만의 운명에서 교훈을 얻지 못한 왜소한 군인 독재자 박정희가 종신대통령의 야심을 채우려고 유신체제로 달려가던 1971년 말, 박정희는 국가비상사태 선포, 서울지역 위수령 발동, 언론 검열, 군대의 대학 점령과 휴교, 청년 학생들에 대한 무차별적인 체포 등의 폭거를 감행했다. 리영희는 군대의 만행을 규탄하고 그 백지화를 요구하는 '64인 지식인 선언'에 참여했다. 군사정권의 보복은 신속했다. 2년 전 조선일보사에서 추방한 것과 똑같은 과정을 거쳐 그는 끝내 해직됐다.

그러나 인간만사 새옹지마라고 언론계 재직 중 여러 해 동안 강사로 나갔던 한양대학교가 리영희에게 전임의 자리를 제공한다. 그리하여 그는 '리영희 교수'가 되었고, 이때부터 그의 글쓰기는 본격화되었다. 그리고 그에 따른 수난도 본격화한다. 1977년 겨울, 날씨도 첫 번째와 마찬가지로 영하 10도를 밑돌았던 11월 23일 아침, 첫 번째 구속이 이루어졌던 바로 그날, 그는 이때도 영문도 모른 채 남영동 대공분실로 끌려갔다. 검찰취조도 다 끝나고 기소가 확정된 12월 27일 그는 면회 온 아내한테서 그날 새벽에 있었던 어머니의 별세 소식을 들었다. 리영희가 끌려갈 때 어머니는 병석에 누워 계셨고, 그는 어머니와 하직인사도 하지 못한 채 끌려갔던 것이다. 어머니는 "아들이 어디로 갔느냐?" "왜 돌아오지 않느냐"는 말만 되뇌시다가 돌아가셨다. 그때 어머니는 86살이었다.

집에서 장례식이 거행되는 시간에 맞추어 그는 먹지 않고 남겨 둔 시커먼 아침 가다밥과 오경찬(감옥에서 나오는 반찬), 그리고 다 식은 멀건 콩나물 국그릇을 서울구치소 3사(舍)상 4호 감방의 마룻바닥에 휴지를 찢어 마련한 제상 위에 모셨다. 그리고 그날 저녁 김지하가 몰래 보내온 알사탕 한 봉지를 그 옆에 바쳤다. 집이 있는 동쪽으로 방향을 잡아 제상을 차리고, 영원한 불효자, 죄인으로서의 제사를 지냈다.

어머니의 발인 전에 배달되기를 염원하면서 써 보낸 엽서는 2년 뒤 출옥해서 보니 발인 뒤인 30일자 광화문 우체국 소인이 찍혀 있었다. 그 편지는 이렇게 되어 있다.

어머님 영전에 바칩니다.

평소에 불효자식이더니 끝내 어머니가 세상을 떠나는 자리에서 임종도 못 한 죄인이 되었으니 한(恨)만이 앞섭니다. 어디로 간다고 말씀도 드리지 못한 채 집을 나와, 지금 이곳 몸의 자유를 잃고 있는 그동안, 늘 어머니가 아들을 찾는 소리를 듣고, 몸부림을 치고만 있습니다.

좁은 (감)방 안에 지금, 주어진 음식과 과일을 괴어 놓고, 멀리서 하루 세 번 어머니의 명복을 비오니, 부디 극락 가셔서 먼저 가신 아버지를 만나 영원히 행복하옵소서.

죄 많은 불효자 영희 드림

이 밖에도 리영희는 1980년 5월 17일 광주항쟁 배후조종자의 한 사람으로, 그리고 1984년에는 기독사회문제연구소 주관 '각급학교 교과서 반통일적 내용 시정 연구회' 지도 사건으로 구속되어 각각 2개월간 고생했으며, 1989년에는 한겨레신문 창간기념 북한 취재기자단 방북 기획건으로 구속 기소되어 1심에서 징역 1년 6월, 자격정지 1년, 집행

1989년 8월 《한겨레》 방북 취재 계획을 이유로 구속되어 옥고를 치르다가 집행유예로 풀려나,
부인(윤영자)에게 두부를 받아먹고 있는 리영희.

유예 2년을 선고받고 160일 만에 석방되었다. 그는 언론사에서 두 번
퇴직당하고, 교수직에서 두 번 해직되고, 아홉 번 연행에 다섯 번 감
옥에 가고, 세 번이나 형사재판을 받는 수난을 겪었다. 고난도 고난이
었지만, 그는 늘 가족들에게 미안했다. 특히 아내에게 그랬다. 신문사
와 대학에서 쫓겨나기를 거듭할 때 아내는 말했다. "여보, 당장에 먹
고살 문제도 그렇거니와 아이들 교육문제를 생각해서라도 제발 평범
하게 삽시다. 이렇게 쪼들려서야 지조고 양심이고 다 뭐하는 거요?
식구가 살고 나서 국가도 민주주의도 있는 거지, 이렇게 시달리면서
민족이니 사회정의니 해 본들 무슨 소용이 있소?…… 당신의 고집 때
문에 식구들이 끝내 햇빛을 못 보고 살게 될 게요. 알아서 하세요."

　그러던 아내 윤영자는 1977년 그가 감옥에 들어갔다 1980년에 나

왔을 때는 완전히 다른 사람이 되어 있었다. 어느새 이 나라 정치의 폭력화, 이 사회의 민주주의 위기, 인권탄압, 억눌린 자의 권익 같은 문제에까지 인식을 넓히고 또 싸움도 마다하지 않는 투사가 되었다. 유신체제와 긴급조치가 기승을 부리던 시기에 그의 아내는 이 나라의 인권탄압을 방조하는 미국의 대통령 카터의 내한에 반대해 미국 대사관 앞에서 항의시위를 벌이기도 했다. 형사들이 따라 붙는 요시찰 대상이 되었고, 한번은 20일간의 구류도 살았다.

윤영자의 오른손 새끼손가락 끝매듭은 경찰의 우악스러운 손에 의해 부러진 채 지금도 구부러져 있다. 폭력에 의한 국가권력이 아내의 신체에 남겨 놓은, 민주주의를 위한 투쟁의 흔적이다. 남편에 대한 존경과 사랑이 그를 투사로 만들었던 것이다.

그는 그런 아내가 한 켠으로 대견하기도 하지만 언제나 안쓰러웠다. 그에게는 온통 아내에게 미안한 것뿐이었다. 1989년, 마지막으로 구속되어 재판을 받을 때, 그는 재판정에서 아내를 향해 "정말, 당신에게 미안하오"라는 말을 공개적으로 했다. 그 말의 진정성이 방청객은 물론 그 이야기를 보고 들은 많은 사람들의 심금을 울렸다.

리영희는 한편의 사람들로부터는 지극한 사랑과 존경을 받았고, 다른 또 한편의 사람들로부터는 지독한 미움과 배척을 받았다. 그것은 그가 죽는 날까지 그랬다. 리영희라는 이름만 해도 그렇다. 어린 시절 고향에서 불린 이름이 '리영희'였기 때문에 '이영희'라고 부르면 자신의 이름같이 느껴지지 않아서 그렇게 쓸 뿐이라고 했다. 그러나 그를 미워하는 사람들은, 그 이름을 쓰는 것마저 그것이 북한식 발음을 굳이 고집하는 것이라는 편견을 가지고 있었다. 그를 놓고 좋아하는 사람과 싫어하는 사람 사이의 양극화가 너무나 심했다. 그러다 보니 때로 '인간 리영희'는 실종되기 일쑤였다.

인간 리영희

내가 리영희를 처음 만난 것은 1964년 겨울, 서대문구치소에서였다. 그때 나는 이른바 6·3 사태(한일협정반대투쟁) 배후조종자로 몰려 그 해 여름부터 구속되어 있었고, 리영희는 그해 겨울에 구속되어 들어 왔다. 그가 30대 중반의 나이였고, 내 나이 20대 초반이었다. 그때 서울구치소에는 또 한 사람의 기자가 구속되어 있었다. 그해 여름, 논바닥이 거북이 등처럼 쩍쩍 갈라지고, 모든 작물이 가뭄에 타들어 가고, 우물마저 말라 가는 삼남지방의 가뭄을 보다 못해 북한이 준다는 식량지원이라도 받고 싶은 심정이라는 취재기사를 쓴 《경향신문》의 추영현이 바로 그였다.

나는 그때 8사(舍)상 36방에 독거수로 있었는데, 몇 방 건너 리영희가 들어왔다. 운동 나갈 때 그 방을 들여다보면 그는 이불을 뒤집어쓴 채, 언제나 공부에 열중하고 있었다. 서울대 불문과 교수 이휘영이 편찬한 빨간 표지의 불어사전이 손때로 새까맣게 닳아 있는 것이 보였다. 그는 한 달 남짓 있다가 나갔다. 출감 이후 나는 조선일보사에 찾아가 그를 만났고, 때로는 추영현과 함께 만났다. 더러는 사직동 대머

리집에 가서 술도 마셨다. 그 얼마 뒤에는 신흥범, 백기범, 박범진 등이 《조선일보》에 입사해, 그들로부터 리영희의 소식을 듣기도 했다. 그들은 리영희를 무척 어려워했다. 외신부장 리영희는 텔레타이프로 들어오는 외신을 우선순위를 매겨서 열한 개씩 뽑아 오라고 훈련시킨다고 들었다. 그가 외신부장으로 뉴스를 취급하는 자세는 매우 준엄하고 치밀하며 섬세했다고 한다.

신흥범에 따르면, 베트남전쟁을 보는 그의 시각이 이미 다른 사람과 달랐다고 한다. 미국은 산술적으로 전비를 얼마 투입하면 전쟁을 승리로 이끌 것이라고 계산했는지 모르지만, 이 전쟁은 총탄이나 물량이 결정하는 전쟁이 아니라 인간이 하는 전쟁이라고 리영희는 일찍부터 간파하고 있었다는 것이다. 뒷날 그가 베트남전쟁을 집중적으로 파고들고, 또 그것을 글로 쓴 것은 결코 우연이 아니었다.

그때의 리영희는 얼굴에 늘 시니시즘의 표정을 띠고 있었다. 말투도 항상 시니컬했다. 아마도 세상이 요구하는 시각과 자신이 보고 생각하는 시각의 차이가 그로 하여금 그런 냉소적인 표정을 짓게 하지 않았을까 짐작할 뿐이었다. 어쨌거나 그는 그 시기에 가장 우수한 외신기자였다. 같은 무렵 공개시험을 통해 언론계에 투신한 리영희, 이완수, 고명식 등이 이 나라 외신(국제평론)의 선두주자였다. 나는 그때 안인학(安仁鶴)이 편집책임을 맡고 있던 《정경연구》, 순수문예지에서 이제 막 사회과학 논문을 싣기 시작한 《창작과비평》에 그를 소개했다. 이들 잡지에 리영희가 쓴 글들은 대개가 독자들이 접한 최초의 본격적인 국제논평이었고, 그것은 독자들의 시야를 넓혀 주었다. 리영

1987년 6월, 1심 공판에서 풀려난 보도지침 사건의 주인공들과 함께. 왼쪽부터 정태기, 신홍범, 송건호, 리영희, 김태홍, 최장학.

희의 글쓰기는 이렇게 시작되었고, 이렇게 그는 그의 독자들을 만나기 시작했다.

조선일보사를 그만두고, 책 외판원, 양계장, 택시운전사 등을 놓고 '인텔리의 길'을 고민할 때도 나는 그를 가까이서 볼 수 있었다. 그는 자신의 권총사격술과 운전실력을 자랑하곤 했는데, 그 기술로 택시운전사를 하겠다고 했다. 그러나 그는 타고난 지식인이었다. 그가 인텔리의 길을 다시 걷기 시작한 것은 적어도 그에게 그보다 더 좋은 다른 길은 없었기 때문이었다. 합동통신사가 그를 다시 불러들인 것이 그의 고민을 끝나게 해 준 셈이다.

그 무렵, 리영희의 어머니는 위궤양에 신경통을 앓고 있었다. 제기동에 있는 한옥집 한쪽 방에는 늘 어머니가 누워 계셨다. 그때 마침, 장준하를 따르는 이들이 신경통에 좋다고 개미술을 만들어 온 것을 내가 가로채 리영희의 어머니에게 갖다 드린 일이 있었다. 불개미를 잡아 술을 담그면 개미한테서 하얀 분비물이 나오는데, 그것을 오래 두면 개미술이 된다. 어머니가 그것으로 상당한 효험을 보았다고 한다. 또 한번은 벌꿀 로열젤리가 위궤양에 좋다고 해서 전해 드렸더니 그걸 먹고 가끔 있던 위경련이 없어졌다고, 모자가 그렇게 좋아했다. 내가 찾아가면 어머니는 그 약을 해 준 사람이냐고 반가워하셨다.

『전환시대의 논리』를 출판할 때는 책 이름을 짓는 데 애를 먹었다. 신남철(申南澈)이라는 역사학자가 해방공간에 쓴 『전환기의 이론』이라는 책을 읽고 그의 '사대주의론' 같은 것에 공감되는 바가 있어 그 이야기를 나눈 기억이 있다. 그것에 영향을 받았는지는 알 수 없다. 어쨌든 『전환시대의 논리』라는 제목으로 책이 되어 나왔다. 1974년 6월 책 출판기념회 때, 안내표지를 여기저기 붙이고 다녔던 기억이 새롭다. 그 책이 그렇게 유명한 책이 되리라고는 그때는 아무도 예측하지 못했다.

1980년대 이래 리영희는 '거시기 산우회'의 일원으로 매주 북한산에 올랐다. 그가 기억력이 비상하고 다른 모든 것에 정확한 것에 비추어 보면 그는 산에 대해서는 다소 무심한 편이었다. 한 번 갔던 봉우리인지 아닌지조차 분간하지 못했다. 그는 또 해마다 엽서에 쓴 연하장을 보냈는데, 불편한 몸으로 쓴 글씨가 역력했지만 그의 연하장은 언제나 반가웠다.

젊은 시절의 리영희 부부.

리영희는 1970년대 초반 국제앰네스티 한국지부 발기인으로 참여한 것을 시발로 하여 초창기 재야 민주화운동에 관여했다. 민주수호국민협의회 운영위원으로 활동하기도 했으며, 1974년 말에는 '민주회복국민선언'에 서명하고 민주회복국민회의의 몇 안 되는 언론계 쪽발기인 중의 한 사람이 되었다. 해직교수협의회의 일원으로 활동하기도 했다. 그러나 그가 민주회복운동, 민주화투쟁에 기여한 것은 단체에 참여하는 것보다는 저술을 통한 저변 확대에 그 누구도 따를 수 없는 업적을 남겼다.

리영희의 좌우명은 'simple life, high thinking'이었다. 단순하게 살고 생각은 높고 깊이 하자는 것이다. 그는 물질과 격식은 갖추면 갖출

수록 그것을 유지해 나가기가 힘들다고 했다. 과연 그는 그렇게 살았다. 그는 감옥에 갔다온 후 오경찬을 즐겨 만들어 먹었고, 또한 신김치를 좋아했다.

앞서도 말했지만, 나이 들어서, 특히 만년에 그의 아내에 대한 존경과 사랑은 지극했다. 그의 마지막 저술이라고 할(그것도 구술로 한) 『대화』의 첫머리에 쓴 아내에 바치는 헌사는 이렇게 되어 있다.

긴 세월에 걸쳐 문필가로서의

나의 인생의 마지막 저술이 될 이 자서전을

결혼 이후 50년 동안 자신을 희생하며

오로지 사랑하는 자식들과

못난 남편을 위해서 온갖 어려움을 힘겹게 극복하고

굳건한 의지로 헤쳐 온

존경하는 아내 윤영자에게 바친다.

7

패륜인가, 혁명인가

김재규

대통령 박정희가 살해된 10·26 사건이 난 이튿날, 정부는 오전 4시 10분에는 유고(有故)로, 그리고 7시 20분에는 대통령 서거로 발표했다. 서거로 발표되면서 처음으로 김재규(1926~80) 정보부장에게 총격을 당해 살해된 것이 세상에 알려지게 되었다. 왜 그와 같은 사건(사고)이 일어났는지 추측만 난무할 뿐, 상당 기간 밝혀지지 않았다. 사건의 전모가 비교적 자세히 밝혀진 것은 1979년 11월 7일, 계엄사 합동수사본부장 전두환에 의해서였다.

이때 발표된 사건 전모는 대략 다음과 같다. "김재규가 과대망상에 사로잡혀 대통령이 되겠다는 어처구니없는 허욕으로 빚은 내란목적의 살인 사건"으로서 "거사 후 즉각 각의를 소집, 계엄을 선포하여 국

김재규.

민이 애도하는 정도에 따라 시해 사실을 밝히거나 은폐하고, 군부는 국가방위 임무를, 중앙정보부는 정국 수습과 정책수립 업무를 전담케 한 후, 현 체제하에서 집권할 것인지, 헌법을 개정하여 대통령에 출마할 것인지를 따로 결정할 계획이었다."

김재규의 범행 동기는 "평소 이권개입이 많다는 개인적 비위로 대통령의 경고 친서를 받았고, 정국 수습책의 거듭된 실패로 무능이 노정된 데다 군 후배이며 연하인 차지철 경호실장이 업무에 간섭하는 방자한 월권으로 수모를 당하고 있음에도 대통령이 차 실장만을 편애한다는 생각에서 불만이 누적되었으며, 특히 요직 개편설과 함께 부산과 마산의 소요사태와 관련, 자신에 대한 인책 해임설이 파다해 불안하던 차에 대통령으로는 현 정계 인물 중에서 자기가 가장 적임자라는 망상에 사로잡혀 주요 인사와 군 지휘관이 자기 영향권 아래 있다는 오판으로" 비롯되었다는 것이다. 그러나 재판 과정에서 차지철의 월권 같은 것은 적어도 김재규 앞에서는 없었고, 개인 비리나 경고친서 또는 인책 해임설은 전혀 있지도 않았음이 밝혀졌다.

많은 사람들이 집권세력 내부의 권력투쟁이거나, 아니면 우발적인 사건일 것이라고 생각하고 있었던 것에 비하면, 김재규가 대통령이 되겠다는 과대망상에 사로잡혀 10·26 사건을 일으켰다는 전두환의 발표는 의외였다. 그렇기 때문에 10·26 사건의 진실은 더욱 궁금할 수밖에 없었다. 그로부터 얼마 뒤 나는 변호인이 되겠다고 찾아가 김재규와 접견한 어느 변호사의 접견 녹음을 들을 수 있었다. 그 녹음의 내용은 충격적이었다. 그 변호사와 범행 동기, 범행 현장의 실체적 진실을 놓고 대화한 것이었는데, 묻는 변호사보다 김재규의 답변이 논리정연했다. 최근에 그 녹음을 27년 만에 찾아내 다시 들어 보았다.

잘 씌어진 글이 시공(時空)을 뛰어넘어 사람들의 심금을 울릴 수 있다는 것을 우리는 잘 안다. 그렇지만 적어도 그때 나는 글이 말의 위력을 뛰어넘지 못한다는 것을 실감했다. 침묵이 금이라고 하지만, 침묵만 가지고는 진실을 밝힐 수 없다. 한 사람의 진실을 전하는 데는 바로 그 당사자의 말만큼 호소력이 있는 것은 없어 보였다. 녹음에서 흘러나오는 김재규의 말이 바로 진실이라는 것을, 진실일 수밖에 없다는 것을 나는 확신하지 않을 수 없었다. 마찬가지로 법정에서 김재규의 육성을 들었던 사람들도 김재규의 진술이 진실이라는 것을 확신하게 되었으리라 믿는다.

김재규의 민주회복 국민혁명론

나는 어느 글에서 10·26 사건을 "김재규의 고독한 혁명"이라고 했다. 그것은 그 혼자서 한 혁명이라는 뜻과 함께, 아무도 그의 혁명을 이해하거나 알아주지 않는 혁명이라는 의미로 썼다. 그러나 그가 혁명가적 의지와 결단으로 10·26 사건을 벌였다는 것을 믿어 의심하지 않는다. 김재규의 거사를 민주화운동으로 인정해 달라는 것과는 또 다른 차원에서, 10·26 사건을 적어도 김재규에게는 혁명이었다고 감히 말하고 싶다. 혁명을 결단하기까지 그는 몇 개의 단계를 거친다. 유신 초기에는 박정희를 감금해 녹음으로 하야를 요구할 생각도 했고, 건설부장관 때는 박정희를 죽이고 자기도 자결하는 길을 모색하기도 했고, 중정부장 초기에는 설득으로 민주화를 이룰 것을 기대해 보기도 했다. 그의 이야기를 들어 보자.

"이 나라에 있어서, 자유민주주의 혁명은 필연적인 것이고, 그것이 바로 '10·26 민주국민혁명'인 것입니다. 박정희 대통령 각하와 3,700만 국민의 자유민주주의와는 숙명적인 관계에 놓여 있었습니다. 둘 중 어느 하나를 선택할 수밖에 없는 절박한 지경에까지 이르렀던 것입니다. 실제로 정보를 책임졌던 사람으로서 이제는 도리가 없다, 모든 방법이 끊어졌다, 이런 결론에 도달했기 때문에 이 혁명을 결정한 것입니다.…… 작년의 부산과 마산 사태는 그러한 국민적 항거의 표본이었고, 삽시간에 전국의 5대 도시로 확산될 것으로 확인되었습니다.

　이승만 대통령은 마지막 순간에 국민의 희생을 염려하여 물러설
줄 알았습니다. 그러나 박정희 대통령은 군인 출신이고 또 모든 면에
서 완벽한 분입니다. 어떠한 저항이 있더라도 기어이 방어해서 권력
을 유지하려 했을 것입니다. 이 과정에서 많은 사람이 희생될 것은 불
을 보듯 뻔합니다. 내가 부마사태의 본질과 그것이 전국으로 확산될
조짐을 보고 드렸더니 각하께서 이렇게 말씀하셨습니다. '앞으로 만
일 서울에서 이런 사태가 발생하면 내가 직접 발포명령을 하겠다.' 간
담이 서늘했습니다. 4·19의 불행을 우리는 겪었습니다. 그러나 완벽
한 성격의 이 분이 위에서 방어를 할 때 어떤 결과가 올지 상상해 보
십시오. 급기야는 국기(國基)를 흔들어 놓을 것입니다. 미국도 우리와
등집니다. 국가방위에 문제가 생깁니다. 그래서 더 이상 늦출 길이 없
다, 방법이 없다고 생각했습니다.

　개인적으로 대통령과의 관계는 친형제간 이상이지만, 개인적인 정
분을 야수의 마음으로 돌렸습니다. 그래서 처음부터 나는 내 목숨을
이 혁명과 바꾼다는 것을 각오하고 한 일입니다. 보다 많은 희생을 막
은 것입니다. 대통령 한 분을 희생시켰다는 것은 매우 마음 아픈 일이
고, 역사적으로도 엄청난 일이 되기는 했습니다만, 민주혁명 과정에
서 희생은 불가피한 것이고, 그 희생을 줄이는 것이 나의 대의(大義)
였습니다. 민주주의 국가에서 국민 한 사람의 생명은 고귀한 것이며
똑같은 것입니다. 그렇기 때문에 많은 사람을 희생시키는 것보다는
한 사람의 생명을 희생시킬 수밖에 없었습니다.…… 제가 목숨 걸고

하지 않으면 대한민국에 할 사람이 아무도 없습니다. 그렇지 않으면 우리는 결국 20~25년 동안 자유의 맛을 못 보고 그냥 가게 되어 있습니다"(2심 최후진술).

그는 그 자신의 10 · 26 민주회복 국민혁명에 대해서 상당한 자부심을 갖고 있었다. 그는 혁명이란 "기존의 체제를 무너뜨리고 새로운 질서를 세우는 것"이라고 말했는데, 여기서 말하는 기존의 체제는 유신체제요, 새로운 질서란 자유민주주의의 질서를 말한다. 온 국민이 자유민주주의를 갈망하고 있기 때문에 자신은 혁명의 지도자요, 온 국민이 혁명의 주체라는 것이다. 주도세력이 따로 있을 수 없다는 것이다. 그 자신이 혁명의 처음이요 끝이며 전부이기 때문에 책임은 오직 자신에게만 있다는 것이다. 정승화 총장도 다만 자신이 불러들였을 뿐이며, 김계원 비서실장도 아무런 책임이 없다는 것이다. 차지철은 그 과정에서 덤으로 희생되었다는 것이다. 혁명의 목적은 다섯 가지였다. 첫째가 자유민주주의의 회복이요, 둘째는 더 많은 국민의 희생을 막는 것이며, 셋째는 민주주의로서만 공산주의를 막을 수 있는데, 적화방지가 그 목적의 하나라는 것이다. 넷째는 한미 간의 건강한 선진 우호관계를 회복하기 위함이요, 다섯째는 국제사회에서 독재국가라는 오명을 씻고, 민주한국으로의 명예를 되찾기 위함이라는 것이다.

혁명의 방법으로, 그는 일정 기간 보안을 유지하면서 우선 국무회의를 소집해 비상계엄을 의결, 선포하고, 적절한 시기에 계엄사령부를 군사혁명위원회(자신이 의장, 계엄사령관이 부의장)로 전환해 혁명과업을 수행하게 한다는 것이다. 혁명과업이란 5·16 이후 쌓이고 쌓인 쓰레기를 청소, 청산하는 일이며, 궁극적으로는 국민의 뜻에 따라 자유민주적 정권과 질서를 수립하는 일이다. 혁명과업의 수행은 3~5개월이면 충분하고, 군은 오직 자유민주주의 정권을 안전하게 출범시키고 보호하는 역할만 하게 하겠다는 것이다.

그 자신이 대통령이 되겠다는 망상을 가지고 있었다는 전두환의 주장에 대해 "저는 군인이고 오늘 현재는 혁명가입니다. 제가 집권하게 되면 저도 틀림없이 독재합니다. 독재가 싫다고 혁명한 사람이 다시 독재할 요인을 만들 턱이 없습니다. 혁명 목적을 달성하기 위하여 제가 비록 대통령 각하를 희생시켰습니다만, 제가 대통령 각하의 무덤 위에 올라설 정도로 도덕관이 타락되어 있지는 않습니다"라고 말한다.

김재규는 자신이 유신의 원천을 두드려, 긴급조치 9호가 해제되고, 구속된 사람이 석방되며, 정치권에서 자유민주체제로의 헌법개정 논의가 이루어질 수 있게 된 것을 놓고 이렇게 말한다. "전쟁에서는 승리한 장군이 적에게 포로가 된 기분입니다. 저는 혁명을 성공시켜 놓고 심판받고 있습니다. 재판은 유신의 배경을 가지고 하고 있고, 저는 자유민주주의 배경을 가지고 여기에 서 있습니다. 이 결과는 4~5개월 후 다시 심판을 받으리라, 국민의 심판을 받으리라고 봅니다"(1979년 12월 15일, 제7차 공판).

김재규와 전두환

박정희를 살해한 김재규의 이런 진실을 국민은 알지 못했다. 전두환 신군부가 그것을 철저히 차단하고 봉쇄했기 때문이다. 국군서울지구 병원을 통해 박정희의 서거 사실을 맨 먼저 탐지한 것도 보안사의 전두환이었다. 육군본부(육본) 벙커에서, 그리고 국방부에서 이 나라 정부가 우왕좌왕하고 있을 때 전두환은 이미 그의 참모들과 더불어 비상대책회의를 하고 있었다. 10·26 사건 후 바로 이때부터 김재규와 전두환은 숙명적인 관계가 된다.

김재규의 진실을 보도통제를 통해서 차단하는 것뿐만이 아니라, 합동수사본부라는 막강한 권한을 이용, 전두환은 김재규를 음해하기 시작한다. 법정에서 김재규의 범행동기가 진술되는 12월 8일, 계엄사의 이름으로 전두환은 "김재규의 파렴치한 사생활"이란 제목의 음해모략을 감행한다. 당시의 신문은 "김재규의 공금 10억 횡령, 재직 당시 땅 2만 평 매입, 5억 비밀 예치, 축첩 탕진, 억대 주택 구입" 등의 제목을 붙여 "값비싼 자기류, 고서화가 1백여 점에 달하여 진열이 곤란하자 그대로 창고에 방치해 둔 상태였고, 주방 냉동실 등에는 각종 고기류가 즐비하게 쌓여 있음에도, 신변보호차 평소 한 집에서 근무하는 경비요원들이나 운전수들에게는 먹이지 않고, 고기가 남아 썩어서 내다 버리면서도 먹다 남은 음식이나마 어쩌다 이들 요원이 먹는 것을 보면 힐책하는 등, 너무나 비인간적인 처사에 주위 사람들의 빈축이 그칠 날이 없었다"라고 보도했다. 참으로 저열한 음해성 인신공격이었다. 물론 그 모든 내용은 거짓이었다.

《조선일보》(1979년 12월 11일자 만물상)도 한몫 거든다. "그런 자는 재판할 필요조차 없지 않을까.…… 그는 은혜를 원수로 갚고, 신뢰를 배반으로 보답했을 뿐이다. 그 한 가지로서 그는 인간 이하로 떨어진 것이며, 개만도 못한 인간이 된 것이다. 왜냐하면 개도 주인은 물지 않는 법이니까.……" 전두환이 책임자로 있었던 계엄사 합수부는 김재규를 1979년 새벽 연행하자마자 군 작업복으로 갈아입히고 전신을 각목으로 구타하는가 하면, 심지어 EES 전화선을 손가락에 감고, 전기고문을 감행한다. 물론 김재규는 여러 차례 졸도했다. 간경변을 앓고 있었기 때문에 지혈이 안 돼, 출혈로 온몸이 시뻘겋게 되었으며, 그런 가운데 그들은 재산 포기와 헌납을 강요했다. 뒤에 김재규는 변호인을 통해 "거기 포함된 피아노는 내가 하나밖에 없는 자식인 외동딸에게 오래전에 사준 것이니, 나의 모든 재산을 빼앗아도 좋지만, 그 피아노만은 제발 환수조치에서 면하게 해 달라"라고 눈물로 호소했다고 한다.

그 무렵, 나는 김재규의 구명운동에 전념하고 있었는데, 10·26 사건 당시 김재규로 하여금 총을 쏘는 계기를 마련해 줬던 화제의 주인공인 김영삼이나, 1979년 12월 김재규를 교도소에서 서울대병원으로 옮겨 놓고 "어머니, 추운 감방에서 고생하는 한 분을 따뜻한 방으로 옮겨 모셨습니다" 하며 좋아했다는 김대중 등 정치권은 구명운동을 외면했다. 벌써 대권경쟁에 빠져든 데다, 전두환 등의 신군부에 잘못 보이지 않기 위해서였다.

박정희 저격 사건에 대한 현장검증 모습.

1980년 4월 29일, 이제는 명실공히 실력자로 등장한 전두환은 김 재규에 대해서, 공개적인 기자회견에서 "대법원 심리에서 시간이 걸려 오는 5월 중순께나 매듭지어질 것으로 본다. 대법원 심리는 법 적용만 다루는 것이어서 형량의 변동은 없는 것이다"라고 말해 대법원의 최종판결이 사형이라는 것을 기정사실화했다. 이어서 그는 김재규의 구명운동에 대해 이렇게 말한다. "대단히 유감스러운 일이다. 본인은 구명운동에 극소수 종교인이 관련되어 있다는 것을 알고, 우리 사회의 기본적 도덕심의 마비를 보는 것 같아서 마음 아프게 여기는 바이다. 김재규가 한 일이 무엇인가. 아비를 죽인 자식과 다를 바 없는 패륜아다. 일신의 영달을 위해 인륜을 짓밟은 패륜아를 한때의 정치적 계산으로 의사(義士) 운운하며 구명운동을 전개한다면, 이런 윤리도덕적 패륜이 우리들 조상 전래의 충효라는 미덕을 여지없이 말살

하고, 후손들에게 윤리도덕의 부재라는 유산을 남겨 줄까 지극히 우려된다."

총리였던 신현확은 1980년 4월 10일자로 보도된 《뉴욕타임스》와 한 회견에서 "계엄령은 박 대통령 암살범 김재규에 대한 상고심이 완료되기 전에는 해제할 수 없을 것"이라고 해 김재규를 계엄을 해제하기 전에 사형에 처한다는 전두환 군부의 결의를 내외에 천명한다. 과연 김재규에 대한 형식상의 재판은 5월 20일에 끝났고, 그로부터 나흘 뒤 그는 서대문구치소에서 교수형으로 이 세상을 하직했다. 그리고 전두환 군부는 이미 12·12, 5·17, 5·18을 거쳐 군부독재 집권의 길을 걷기 시작했다. 김재규의 10·26 민주회복 국민혁명이 실패의 길을 걷는 것과, 그것을 이용한 전두환 군부의 등장 과정은 궤적을 같이한다. 전두환의 집권 과정에 등장하는 국가보위입법회의와 그 안의 상임위원회는 김재규의 군사혁명위원회를 모방한 것은 아니었을까 하는 생각은 나만이 하는 것일까?

국민 여러분! 민주주의를 만끽하십시오

김재규의 법정진술에 대해 안동일 변호사는 이렇게 말한다. "차분하고 겸손하면서도 무척 당당, 모든 진술에 있어 한 치의 빈틈도 없이 논리적이고 장내를 압도하는 힘이 있었다. 부당한 심문을 받아도, 자세 하나 흩트리지 않고 용어 하나하나에 신경을 쓰면서 준비된 설교처럼 대응했다. 범행동기 등 그의 입에서 쏟아지는 말들은 그 어느 것이나 우리를 경악시키기에 충분했다." 실제로, 법정진술에서는 물론 변호인 접견에서조차 김재규는 "대통령 각하께서는…… 하셨다"고 하는 등 박정희에 대한 극도의 존칭과 예의를 다하고 있었다. 한 달에 열 번씩이나 벌어지는 대연(大宴)과 소연(小宴), 200명 가까이 불러들인 유명 연예인의 이야기를 못 하도록 그는 법정에서 박선호의 입을 한사코 막았다. 자신은 대의를 위해 그를 희생시킬 수밖에 없었지만 박정희의 인간적, 인격적 파탄이 세상에 알려져 그가 폄하되는 것을 결코 원치 않았다. 그런 그가 항소이유보충서에서 박근혜 문제를 제기한 것은 이례적인 일이다.

"구국여성봉사단이라는 단체는 총재에 최태민, 명예총재에 박근혜 양이었는바, 이 단체가 얼마나 많은 부정을 저질러 왔고, 따라서 국민 특히 여성단체들의 원성의 대상이 되어 왔는지는 잘 알려져 있지 아니합니다. 그럼에도 불구하고 큰 영애가 관여하고 있다는 한 가지 이유 때문에 아무도 문제 삼는 사람이 없었고, 심지어 민정수석 박승규 비서관조차도 말도 못 꺼내고 중정부장인 본인에게 호소할 정도였습니다.

본인은 중정의 당시 안전국장을 시켜 자세한 조사를 시킨 뒤, 그 결과를 대통령에게 보고하였던 것이나, 박 대통령은 근혜 양의 말과 다른 이 보고를 믿지 않고, 직접 친국까지 시행하였고, 그 결과 최태민의 부정행위를 더 정확하게 파악하였으면서도, 근혜 양을 그 단체에서 손 떼게 하기는커녕 오히려 근혜 양을 총재로 하고, 최태민을 명예

총재로 올려놓아 결과적으로 개악을 시킨 일이 있습니다."

김재규가 자유민주주의를 20~25년 앞당겼다고 말하는 것은 박정희는 자연수명이 다할 때까지 결코 정권을 내놓을 사람이 아니라는 이야기다. 박정희가 국민의 저항과 희생 끝에 물러났다면 어떻게 되었을까. 오늘날 박정희에 대한 향수가 되살아나고, 그가 마치 아주 영명했던 지도자처럼 입에 오르내리는 것이 가능했을까. 필경 가장 영악한 독재자로 역사에 기록되고 또 기억될 것이다. 오늘날 박정희의 부활은 역설적으로 김재규의 덕일지도 모른다. 박정희의 딸, 박근혜가 정계에서 오늘날 뜨는 것도, 그쯤해서 김재규의 혁명으로, 그때 죽었기 때문에 비로소 가능한 일이 되었지 않나 싶다.

김재규는 2심 최후진술에서 "나를 제거하려면, 그 책임을 이 정부가 지지 말고, 나로 하여금 자결케 하라. 유서를 써 놓고 떳떳이 명예롭게 가게 해 달라. 내 나이 56세, 나는 죽음을 두려워할 만큼 어리석지 않다"라고 말한다. 일찍부터 이미 죽음을 초월해 있었던 것으로 보인다. 그는 어렴풋하게, 자신이 1980년 1월 9일(음력 11월 22일) 낮, 헌병이 감방 문고리를 만지는 우연한 순간에 견성(見性)한 것 같다고 말했다고 한다. 그래서인지 죽을 때까지 그의 얼굴은 온화하고 또 평화스러웠다. 그는 자신이 5월 24일 죽을 것을 예감하고 있었다. 그리하여 5월 23일 국민에게 마지막 유언을 남긴다.

"이 사건으로 나는 1심에서 3심까지 재판을 받았지만, 또 한 차례의 재판이 남아 있습니다. 그것은 하늘이 하는 심판입니다.······ 하늘의 심판인 역사의 4심에서는 나는 이미 승리자입니다.······ 나는 기쁘게 갑니다. 국민 여러분 자유민주주의를 꽃 피우고 편안히 사십시오. 국민 여러분, 자유민주주의를 만끽하십시오."

5월 24일, 김재규는 사형장에서 두 마디, 이 세상에서의 마지막 말을 남겼다. "나는 국민을 위해 할 일은 하고 갑니다. 나의 부하들은 아무런 죄가 없습니다."

인연과 의리

1988년 봄이었을 것이다. 나는 행당동 산꼭대기 박흥주 대령의 집을 찾아가고 있었다. 단지 군인 신분이었던 탓으로 그는 3심에 올라가 보지도 못한 채, 1980년 3월 6일, 시흥시 소래의 야산에서 총살형으로 생을 마감했다. 그때 그에게는 아내와 어린 두 딸이 있었다. 큰딸이 초등학교 4학년생이었던 것으로 기억한다.

당시 김재규 구명운동을 주도했던 사제단에서는 박흥주의 큰딸이 대학에 갈 때에 등록금으로 쓸 수 있도록 산업은행에 돈을 예탁해 놓은 것이 있었다. 그 돈을 전해 주러 가는 길이었다. 현역 육군 대령에, 나는 새도 떨어뜨린다는 중앙정보부장의 비서관이 달동네 13평짜리 집에 살고 있었던 그의 청빈은 재판 과정에서도 화제가 된 바 있었다.

손님이 왔다는 소식을 듣고 일하다 말고 달려온 그 부인은 한사코 그 돈을 받지 않으려 했다. 가지고 갔던 예탁증서를 던지듯 그 부인의 손에 쥐어 주고, 그 산동네 골목길을 내려왔다. 나와 박흥주 대령의 인연은 이것이었지만, 내가 박흥주 대령을 위해 나름대로 좋은 일을 했다는 그런 생각을 가지고 상당 기간 살아왔다. 그런데 그런 내 자신이 그렇게 부끄러울 수 없는 일을 겪어야 했다. 10·26 사건과 관련한 자료를 뒤지다가, 우연히 박흥주가 그 가족에게 보낸 유언을 보게 된 것이다. 사실상 그의 사형이 확정된 뒤인 1980년 2월 2일자로, 그가 그의 아내와 두 딸에게 보낸 편지는 내 얼굴을 화끈거리게 했다.

두 딸에게 보낸 편지에서 그는 "아빠는 조금도 부끄러움이 없는 사람이다. 주일을 잘 지키고 건실하게 신앙생활을 하여라"라고 했고, 아내에게는 "아이들에게 이 아빠가 당연한 일을 했으며, 그때 조건도 그러했다는 점을 잘 이해시켜 열등감에 빠지지 않도록 긍지를 불어넣어 주시오.…… 우리 사회가 죽지 않았다면 우리 가정을 그대로 놔두지 않을 거요.…… 의연하고 떳떳하게 살아가면 되지 않겠소?"라고 말을 남긴 것이다. 그 가운데 특히 "우리 사회가 죽지 않았다면 우리 가정을 그대로 놔두지 않을 거요"라고 한 바로 이 대목이 내 가슴을 쳤다. 그 가족을 위해 과연 우리 사회가 해 준 것이 무엇이 있는가. 내가 해 준 것이 또 무엇이 있던가. 나는 그동안의 자기 위안이 그렇게 부끄러울 수가 없었다. 어디 쥐구멍에라도 들어가고 싶은 심정이었다. 우리는 그렇게 그 일을, 그리고 그 사람들을 까맣게 잊고 있었다.

10월 26일, 운명의 날

1979년 10월 26일, 오후 4시 10분경, 김재규는 차지철한테 그날 저녁 만찬이 있다는 연락을 받는다. 박흥주는 김재규와 함께 남산분청을 출발해서 30분경 궁정동에 도착해 부장의 이발 준비를 하다가 만찬 때문에 안 되겠다고 판단, 이발을 다음 날로 미룬다. 그리고 부장 공관에 연락해 새 양복을 가져오게 하고, 광화문에 나가 미뤄 왔던 구두를 사 가지고 돌아온다(이 구두를 그날 저녁 차 안에서 김재규가 신는다).

박선호는 그날 오후 4시 25분경, 청와대 경호실 정인형 경호처장으로부터 "오늘 대행사가 있다. 장소는 나동(棟)이다"라는 연락을 받고, 나동 관리인 남효주 사무관에게 행사 준비를 시키고, 30분경 막 도착한 김재규 부장에게 행사 관계를 보고하고 나서 프라자 호텔로 만찬에 참석할 여자를 만나러 갔다가 6시 30분경 두 여인(신재순과 심민경)을 데리고 온다. 그리고 만찬이 시작되었다. 저녁 7시경, 김재규는 만찬장을 나와 집무실에 가서 권총을 바지 라이터 주머니에 넣고 나오면서, 박선호와 박흥주를 불러 놓고 이렇게 말한다. "자네들 어떻게 생각하나. 나라가 잘못되면 자네들이나 나나 다 죽는 거야. 오늘 내가 해치울 테니 자네들은 경호원들을 처치하라." 그는 바지 주머니에 들어 있는 권총을 툭툭 쳐 보이면서 "자네들도 각오가 되어 있겠지?"라고 다짐하듯 말했다.

박선호는 얼떨결에 "각오가 되어 있습니다"라고 대답했고, 박흥주는 아무 말 없이 고개만 끄덕였다. 박선호가 정신을 차리고 "각하까지

김재규(왼쪽)와 박흥주의 현장검증 모습.

입니까"라고 물었을 때 김재규는 "음"이라고 대답했다. 어떤 예감이 들었는지 박선호는 그날 청와대에서 나온 경호원이 실제로는 4명뿐이었는데도 "오늘 경호원이 7명이나 되니 다음 기회에 하는 것이 어떻습니까"라고 물었고, 김재규는 대뜸 "안 돼, 오늘 안 하면 보안이 어렵다. 똑똑한 놈으로 셋을 골라서 나를 지원하라"라고 말했다. 박선호는 하는 수 없이 30분간의 여유를 달라고 호소했다. 김재규가 만찬장으로 다시 들어가면서 "자유민주주의를 위하여"라고 나지막하게 외치는 소리를 박흥주는 들었다.

한편 만찬장에서는 7시 뉴스를 보면서 정치 이야기를 시작한 박정희가 텔레비전을 끄고도 그 이야기를 한참 동안 계속했다. 이어 노래를 부르는 순서가 되었다. 심민경이 처음에는 자신의 히트곡 〈그때 그 사람〉을, 이어 〈눈물 젖은 두만강〉을 불렀다. 다음 노래 부를 사람으로 심민경이 차지철을 지명해 차지철은 〈도라지〉와 〈나그네 설움〉

을 불렀다. 다음번 가수로 차지철이 신재순을 지명해서 신재순은 〈사랑해, 당신을〉을 불렀다. 이때쯤 남효주를 통해 김재규를 불러낸 박선호는 준비가 완료됐다는 보고를 한다.

7시 40분경, 만찬장에서 2발의 총소리가 나자, 대기실에서 경호처장과 부처장인 정인형, 안재송과 함께 있던 박선호는 먼저 총을 뽑아 들고 "꼼짝 마, 움직이면 쏜다"라고 소리쳤다. 거의 같은 순간 이들의 손도 권총으로 가고 있었다. 그들이 잠시 멈칫거리는 사이 박선호는 "우리 같이 살자"고 애원조로 둘을 향해 호소했다. 정인형은 그의 해병대 동기생이었고, 안재송은 속사권총 국가대표 선수 출신이었다. 그러나 안재송의 총이 박선호를 향하는 순간 박선호의 권총이 먼저 불을 뿜었다. 정인형 역시 권총을 뽑아 들고 박선호를 겨누자 박선호는 두어 걸음 물러서면서 총을 발사했다.

박흥주는 이기주, 유성옥과 함께 제미니 차에서 대기하고 있다가 7시 40분경 총소리가 나자, 차에 있던 두 사람이 뛰쳐나가는 것을 본 뒤, 총을 빼들고 주방의 오른쪽 출입문 쪽으로 가서 "일어나면 죽어, 일어서지 마!"라고 소리치며 주방 안을 향해서 산발적으로 사격했다. 이기주는 안에서 총소리가 나자, 차에서 뛰어나와 주방 뒤 낮은 블록담으로 올라가 창문으로 "꼼짝 마, 손들어" 하는데 벌써 총소리가 들려 몸을 낮추었다. 그때 전깃불이 꺼져서 어두운 데다 대고 창문 안으로 4발을 쏘았다. 유성옥은 주방 후문으로 가 박흥주 옆에서 멋모르고 덩달아 같이 사격했다. 총을 쏘고 난 후 경호원들의 총을 회수하고 있는데, 김계원이 차를 대라고 소리쳐서 엉겁결에 대통령 차에 시동을 걸고, 뒤에 업혀 나온 박정희와 김계원을 태우고 병원으로 갔다.

김태원은 8시 5분경, 이기주한테 "저기 있는 사람들은 다 죽었는데, 일단 들어가서 한번 쏘고 오시오. 과장님(박선호) 지시입니다"라는 이야기를 듣고, 식당 대기실에 가서 문 앞에 있는 사람(안재송)에게 1발, 안에 있는 사람(정인형)에게 2발을 쏘았다. 그다음 방마다 확인하라고 해서 만찬장으로 가 입구에 쓰러져 있는 사람(차지철)에게 2발을 발사하고, 마루를 따라 주방으로 가서 쓰러져 있는 사람(김용섭)에게 1발을 쏘았다.

박선호, 박흥주, 그리고 경비원들

1934년생인 박선호는 경북 청도 출신으로 대구 대륜중고등학교(여기서 체육교사로 근무했던 김재규를 만난다)를 졸업하고, 해병 간부후보 16기생으로 임관한 뒤 1973년 10월에 해병 대령으로 예편했다. 그 후 중앙정보부 총무과장, 부산분실 정보과장, 현대건설 안전부장 등을 거쳐 중앙상사라는 개인회사를 경영하던 중, 1978년 8월부터 김재규의 권유와 추천으로 중앙정보부 비서실 의전과장으로 근무했다.

박흥주는 1939년 원적지인 평남 평원군에서 태어나 서울고등학교를 거쳐 육군사관학교를 18기로 졸업하고 임관된 이래, 1964년 8월 제6사단장 김재규의 전속부관으로 김재규와 인연을 맺기 시작했다. 육군 대령으로 진급한 뒤인 1978년 4월부터는 중앙정보부장 수행비

법정에서 진술하고 있는 박선호(오른쪽)와 이를 듣고 있는 김재규(맨 왼쪽).

서관으로 임명되어 근무 중이었다.

이기주는 1948년 경기도 부천에서 태어나 1972년 해병대 하사로 제대한 뒤 중앙정보부 경비원으로 채용되어 1975년 11월부터 궁정동 식당 경비원으로 근무 중이었다. 30여 명의 경비원 중 유일한 해병 출신으로 박선호의 신임을 받고 있었다. 노령의 어머니와 아내, 4살 된 딸, 8개월 된 아들과 함께 1백30만 원짜리 전셋집에 살고 있었다.

유성옥은 1943년생으로 경기도 고양 출신이며, 8년의 군대 생활 끝에 중사로 제대한 뒤, 1971년에 중앙정보부 운전기사로 채용된 후 1978년 8월부터 궁정동 식당 행정차량 운전사로 일하고 있었다. 그가 주로 하는 일은 식당의 부식 수령이었다. 이전에 박선호와 두 번이나 같이 근무한 일이 있어 박선호가 의전과장으로 올 때 데리고 왔다. 아내와 2살, 4살 된 아들과 전세방에서 살고 있었다. 그동안 생활고로 아내와 결혼식을 올리지 못한 채 살아오다 그해 11월 13일 예식을 올리기로 하고 예식장까지 예약한 상태였다.

　김태원은 1947년생으로 강문고등학교를 졸업하고, 육군 병장으로 제대한 후 1974년 중앙정보부 경비원으로 채용되어 1976년부터 궁정동 식당에서 근무하고 있었다. 그는 10월 25일 야근을 했기 때문에 26일은 비번이었지만, 행사가 있다고 해서 그날 오후 5시경에 출근했다. 그에게는 아내와 4살 된 아들과 9개월 된 딸이 있었다. 그 밖에 경비원 유석술은 증거은닉죄로 징역 3년을 선고받았다.

대행사와 소행사, 그리고 여인들

중앙정보부 비서실 의전과장이 하는 일이란, 중앙정보부의 궁정동 본관 및 부장 집무실과 대통령이 사용하는 구관의 가동, 나동, 다동의 관리와 특히 대통령의 저녁 대소연 행사를 지원하는 것이었다. 박선호는 의전과장이 된 이래 사건 당일까지 단 하루도 쉬는 날이 없었다. 설날이나 추석날조차도 대통령의 대소연 행사가 있을지 몰라 쉬지 못했다.

　1974년 8월, 부인 육영수 여사가 문세광의 흉탄에 쓰러지고 난 얼마 뒤부터 박정희는 황음(荒淫)에 빠지기 시작했다. 외부와는 완전히 차단된 안가(특수정보기관 따위가 비밀 유지를 위해 이용하는 일반 집)에서 벌이는 주연에, 주흥을 돋우기 위해 젊은 여자들을 불러들인 것이다. 이런 술자리 행사는 한 달에 열 번, 사흘 걸러 한 번씩 벌어졌다. 그 자리에 왔다 간 여자들의 수가 200명을 헤아렸다. 이름만 대면 금방 알 만한 탤런트, 배우, 가수 등 일류스타들이 다녀갔다. 이런 술판은 소행사와 대행사로 구분되는데, 소행사는 대통령 혼자서 한 여자만을 불러 즐기는 것을 말하고, 대행사는 두 명 이상의 여인과 비서실장, 경호실장, 정보부장 등 권력자들 3~4명이 함께 참석하는 자리를 말한다.

대행사에 여인을 데려오는 일이 의전과장의 몫이었다. 대행사 때 초대되었던 여인 중 대통령의 낙점을 받은 여자가 소행사에 초청된다. 초대된 여인 가운데 참석을 거부하는 여인은 없었다. 그러나 또 불러 달라고 청탁하는 여인은 많았다. 박선호는 요정 마담을 통해 여인을 조달했는데, 차지철이 더 좋은 여자를 구해 오라고 트집을 잡은 게 여러 번이었다. 박선호는 화가 나서 경호처장인 정인형에게 "당신들이 고르라"고 한 적도 있었다. 정인형이 "청와대에서 고르는 것이 알려지면 큰일 난다"고 해서 "그렇다면 골라 오는 사람을 놓고 트집은 잡지 말아야 할 것 아니냐"고 했더니, 그 이후에는 차지철도 잔소리가 줄어들었다.

여인을 조달하고 부르는 일을 맡고 있는 박선호와 남효주가 언젠가는 "대통령이지만 너무 심하다"는 말을 나눈 일도 있었다. 특히 박선호는 자식을 키우고 있는 아버지로서 그런 일을 하고 있다는 것이 인간적으로 너무 괴로워 김재규에게 수차 "도저히 이 일을 계속할 수가 없습니다"라고 하소연하면서 그만두게 해 달라고 졸랐다. 그러나 김재규가 "자네가 없으면 궁정동 일을 어떻게 하느냐"면서 만류했기 때문에 끝내 그만두지 못했다.

박정희의 타락해 가는 모습이 박선호는 못마땅했다. 재판정에서 박선호는 변호사의 심문 때 그 타락상을 밝히려 했지만, 김재규는 박선호의 입을 그때마다 한사코 막았다. 그리고 당시 재판에 관여했던 군검찰과 재판부도 박정희의 인간적 타락이 폭로되는 것을 저지하기에 혈안이 되어 있었다.

의리란 무엇인가

국어사전에 의리(義理)란 '사람으로서 마땅히 지켜야 할 바른 도리', 또는 '사람과의 관계에서 지켜야 할 바른 도리'라고 되어 있다. 요컨대 사람으로서, 또는 사람 관계에서 지켜야 할 바른 도리가 곧 의리이다. 그렇다면 이들이야말로 참된 의리를 지킨 사람들이라 할 수 있다.

박선호와 박흥주는 일찍부터 김재규의 심경과 고뇌를 가까이에서 지켜보아 왔다. 김재규가 부마사태의 현장을 직접 돌아보고 난 뒤, 유신체제가 이대로 계속된다면 4·19와 같은 사태가 불가피하고, 그렇게 되면 국민의 희생이 그때보다 훨씬 클 수밖에 없다는 사실을 놓고 고민하는 것을 그들은 잘 알고 있었다. 그렇기 때문에 이들은 김재규의 지시를 금방 알아들었고, 차마 거역할 수 없었다.

"부장님께서 직접 민주회복을 건의하시다 안 되고, 마지막으로 부산까지 가셔서 실제 현장을 목격하고 오셨고, 또한 부산 같은 상황이 서울에서 일어날지도 모르는데 그것을 막지 못할 때는 옛날의 4·19는 어린애 장난과 같은 것에 불과하다고 부장님께서 그렇게 판단하심으로써 이번 일을 행하신 것으로 압니다. 이로 인해서 최소한 대한민국의 모든 국민이 갈망했던 민주회복은 10년 내지 20년은 앞당겨 놓으신 것으로 저는 알고 있습니다"(박선호, '1심 최후진술').

"일국의 정보 책임자로서 남들이 취급하지 못하는 각종 정보와 국내외의 움직임을 누구보다 예민하게 감지하고 있다고 생각했었고, 심지어 부마사태 때 부장님을 수행하여 현장에 내려가 그 심각성을 보고 돌아온 사람입니다.…… 부장님께서 '나라가 잘못되면 자네들이나 나나 다 죽는 거야'라고 말씀하시고, '자유민주주의를 위하여'라고 외치며 돌아가실 때 부장님의 평소 인격과 판단력과 본인 스스로 갖고 있던 부산소요사태에 대한 책임 문제 등 이런 것들을 생각하고 실제 행동에 옮겼던 것입니다"(박흥주, '2심 최후진술').

이들이 이렇듯 정보책임자이자 상관으로서 김재규를 존경하고 신뢰한 근저에는 '인간 김재규'에 대한 존경과 신뢰가 그 밑에 깔려 있었다. 이들은 이렇게 말한다.

"김 부장님을 모셨다는 것을 첫째 영광으로 생각하고,…… 저로 하여금 항상 인간으로 일깨워 주시고, 국가의 앞날을 버러지의 눈이 아니라 창공을 나는 새의 눈으로 볼 수 있게, 똑바른 눈이 될 수 있도록 길러 주신 데 항상 영광으로 생각했습니다. 지금 또 그와 같은 상황에 처해도 저는 그 길밖에 취할 수 없다는 것을 분명히 말씀드립니다"(박선호, '2심 최후진술').

"청와대에 갈 때마다 온몸을 깨끗이 하고, 보고서를 정성들여 챙겨 가시는 것을 보고 나도 배워야겠구나 생각했습니다. 한번은 청와대에서 차를 타고 나오시면서 많은 사람이 연구해 보고 드리는 건의사항을 안 받아들이시니 장차 이 나라를 어찌할까 탄식하시는 소리를 듣고 더 열심히 모셔야겠다고 생각했습니다"(박흥주, '공판진술').

이기주는 재판정에서 "상관(박선호)이 저를 신임했다는 것을 위로로 삼고 있습니다. 부장님, 과장님 말씀을 (법정에서) 듣고 보니 더 잘 모시지 못한 것이 죄송스럽습니다"라고 말했다. 김태원은 확인사살을 마친 뒤 독백처럼 "이제 루비콘 강을 건넜다"고 말한 것과, 찾아간 변호사에게 '와전옥쇄(瓦全玉碎)'라는 말을 남긴 것이 전부다. 기와로 온전히 남아 있기보다는 차라리 옥이 되어 깨지겠다는 그의 의기를 보여 주는 말이었다. 이들은 의리란 과연 어떤 것인가를 죽음으로 보여 준 사람들이었다.

사랑과 연민, 신뢰와 존경

김재규의 이들에 대한 사랑과 연민 역시 눈물겹고 거룩하기까지 하다.

"이번 혁명의 실제 주역은 명령을 하고 주도한 오직 한 사람, 바로 본인입니다. 일본에서도 5·15 사건*이나, 2·26 사건**이 있었을 때, 근위사단 병력이 내각의 대신을 쏴 죽인 사건으로, 이 경우에도 주모자인 장교에게만 책임을 묻고, 그 외 하사관과 병졸은 무죄가 되었습니다. 군대에서는 명령이 결코 선택적으로 받아들여져서는 안 됩니다. 정보부는 군대 이상의 임무와 기능을 가지고 있습니다. 나는 박선호, 박홍주, 두 사람에게 의도적으로 선택하고 판단할 여유를 주지 않고, 강하게 명령했습니다. 특수 조직의 생리를 감안하여 각별히 정상을 참작해 주기 바랍니다"(1심, '7차 공판진술').

"나의 부하들은 착하고 양같이 순한 사람들입니다. 너무 착하기 때문에 저와 같은 사람의 명령에 무조건 철두철미하게 복종했으며, 또 나는 그들에게 선택의 여유나 기회를 주지 않았습니다. 그들 입장에서 볼 때 죄를 지었고, 저의 입장에서는 혁명을 했습니다만, 그러나

---

* 5·15 사건: 1932년 5월 15일, 일본의 해군 청년 장교 야마가시 히로시, 미카미 다쿠, 구로이와 이사무 등이 중심이 되어 일으킨 쿠데타 기도. 총리 관저와 경시청 등을 습격해 이누카이 쓰요시 총리 등을 암살했다.
** 2·62 사건: 1936년 2월 26일, 일본 황도파 청년 장교 22명이 1,500여 명의 병력을 이끌고 일으킨 군사 쿠데타.

모든 원천이 저에게 책임이 있습니다.…… 저에게 극형을 내려 주시고 나머지 사람들에게는 극형만은 면해 주시기 바랍니다. 특히 박 대령은 단심이라 가슴이 아픕니다. 매우 착실한 사람이었고 가정적으로도 매우 모범적이고 결백했던 사람입니다. 청운의 꿈을 안고 사관학교에 지망했던, 지금 선두로 올라오는 대령입니다"(1심, '최후진술').

"나는 10·26 혁명의 처음이요, 끝이요, 전부입니다. 오직 나의 책임인 것입니다. 재판부 여러분께서는 이 사건의 성격 자체와 역사적 관점에서 심판해 주십시오. 아무쪼록 법률조항에 매달리지 마시고, 내 부하와 불쌍한 가족들을 각별히 처리해 주시기 바랍니다"(2심, '최후진술').

그 상관에 그 부하라고 할까. 박선호 역시 그의 부하들을 이렇게 변호한다.

"여기에 제 부하였던 이기주, 유성옥, 김태원, 유석술이 있습니다. 이들은 아무 뜻도 모르고 나왔고, 제가 지시한 대로 내용도 모르고 따라 하다가 이 법정에 서게 되어 가슴이 아픕니다. 아무쪼록 이 부하들에 대해서만은 관대하게 처리해 주실 것을 말씀드립니다"(2심, '최후진술').

이들은 항소심 선고가 끝나던 날(1980년 1월 28일) 이승에서 마지막으로 만났다가 헤어졌다. 선고가 끝나자 김재규는 자리에서 일어나 박선호 등 5명의 부하들과 일일이 생전에 마지막이 될지도 모르는 악수를 나누었다. 김재규는 입술에 경련을 일으키며, 나지막한 목소리로 "모두들 건강해라"라는 말을 남기고 법정을 떠났다. 또한 그가 죽기 하루 전인 1980년 5월 23일, 그는 죽음을 예감하면서 이런 유언을 남긴다.

"나는 내 동지, 나를 포함해서 7명이 됩니다만, 이 동지들은 나와 이념을 같이하고, 이 혁명에 가담했던 나의 동지들입니다. 이 동지들은 지금도 자기의 죽음을 조금도 두려워하지 않을 뿐 아니라, 나 이상으로 확고부동한 신념을 가졌다는 것을 들어 알고 있습니다. 김태원이라고 하는 동지는 와전옥쇄라, 기왓장으로 온전한 것보다는 옥이되어서 차라리 깨지겠다고 하니, 얼마나 숭고한 이야기입니까. 이러한 이야기를 할 수 있는 동지들, 참 귀중하고, 참 자랑스럽고, 사랑스러운 나의 부하들입니다."

5월 24일 새벽 7시, 김재규는 사형을 집행당하면서 "나는 국민을 위해 할 일을 하고 갑니다. 나의 부하들은 아무런 죄가 없습니다"라고 말하면서, "부하들이 죽게 되면 언젠가는 함께 묻어 달라"는 마지막 유언을 남겼다. 결국 이들 경비원들조차 내란주요임무 종사자로 몰려 전두환 군부에 의해 서둘러 처형되었다.

지금 김재규의 무덤은 경기도 광주, 박선호는 고양, 박흥주는 포천, 이기주는 양주에 있다. 언젠가는 과연 김재규의 소원대로 그들이 함께 묻힐 수 있을까?

우리는 큰 빚을 지고 있다

이소선과 전태일

그날은 당신이 모든 것을 잃은 날이지만

천지보다 더 소중한 아드님을 잃은 날이지만

한 아들의 착하고 어진 어머니에서

천만 노동자의 어머니로 된 날이다

우리들 모두의 어머니가 된 날이다

포근히 끌어안는 큰 가슴이 된 날이다

빛줄기가 되고 외침이 되어서 엎어지고

쓰러진 천만 노동자를 일으켜 세우고 다시

보듬어 안는 우리들의 큰 어머니가 된 날이다.

시인 신경림이 이소선 어머니(1929~2011)의 회갑을 기념하는 문집
에 쓴 송시(頌詩)의 마지막 부분이다. 여기서 말하는 '그날'은 1970년
11월 13일, 오후 1시 30분경, 전태일(1948~70)이 "우리는 기계가 아니
다," "근로기준법 준수하라"라고 외치면서 평화시장에서 분신자살한
바로 그날을 말한다.

'그날'은 기원전과 기원후가 다르듯이 '그날 이전'과 '그날 이후'를
다르게 만든 날이다. 어찌 이소선 어머니 하나뿐이랴. 청계천 평화시
장 인근에서 전태일과 같이 일했던 그 친구들이 달라지게 만든 날이
었고, 전태일을 아는 모든 사람들이 다시 태어나게 만든 날이었다. 죽
어서나마 전태일의 대학생 친구가 되었던 장기표가 그랬고, 『전태일
평전』을 쓴 조영래가 그랬다. 그날 숯검댕이 되어 있으면서 전태일이
남긴 마지막 말이 어머니를 바꾸고, 청계피복노조 친구들을 바꾸어
놓았다. 그날 태일이는 혼신의 힘을 다해 자신이 못다 이룬 일을 어머
니가 이루어 달라면서 어머니에게 이렇게 말했다.

"나는 왜 죽는고 하면, 나는 더 이상 볼 수 없어요. 가냘픈 생명체가
계속 병들어 가니까, 하루하루 병들어 가는 것을 그냥 볼 수가 없어
서, 안 보이는 벽살이 우리를 가두고 옥죄고 있어서, 그 단단한 벽을
허물기 위해 나는 작은, 아주 작은 바늘구멍이라도 내기 위해 죽는 것
입니다. 그 작은 구멍을 자꾸 키워 가난한 사람, 근로자를 어두운 곳
에 가두고 옭아매는 벽을 허물어야 합니다. 그래야 없는 사람도 살고,
근로자도 살 수 있는 것입니다. 그렇기 때문에 내 죽음을 서러워하거

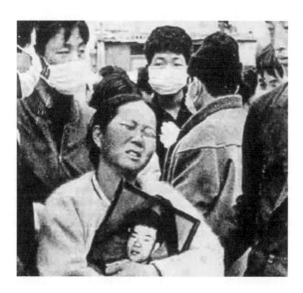
전태일의 장례식 때 아들의 영정을 안고 슬퍼하는 이소선 어머니.

나 원망을 해서는 안 됩니다. 나는 어머니보다 조금 일찍 죽는 것뿐이니까요. 나를 낳아서 키워 준 우리 어머니는 우리 친구들하고 같이하면 슬프지도 않고, 외롭지도 않을 거예요.”

태일이는 이어서 자기 친구들을 불러 달라고 하더니 그들에게 이렇게 말했다.

“우리 어머니께도 날 대신해서 효도해 주게……. 우리가 하려던 일, 내가 죽고 나서라도 꼭 이루어 주게. 아무리 어렵더라도 절대로 포기해서는 안 되네. 쉽다면 누군들 안 하겠나. 어려울 때 어려운 일하는 것이 진짜 사람일세. 내 말 분명히 듣고 잊지 말게. 내 죽음을 헛되이 말라."

전태일의 이 마지막 말에 전태일의 모든 것, 살아남은 사람에게 하는 간곡한 당부, 그의 일생에 걸친 사상과 정신이 모두 담겨 있다. 그리고 전태일의 이 말은 한국 노동운동사의 새로운 장을 열었다. 어머니는 바로 노동조합 설립을 비롯한 8개항 요구조건을 내세우며 시신의 인수를 거부했다. 그 사이에 대학생 친구들이 달려왔고, 대학생 친구를 갖고 싶다던 전태일의 절규가 알려지자 그 말이 다시 한번 대학생들의 심금을 울렸다. 어머니는 돈의 유혹도, 그 어떤 회유와 압력도 뿌리쳤다. 태일이가 그렇게도 원하던 노동조합을 설립할 수 있었던 힘도 전태일의 그 말에서 나왔고, 곧 이어진 그 엄청난 탄압에 맞서 불굴의 투지로 싸워 이겨 낸 힘도 거기서 비롯되었다. 어머니와 그 친구들은 과연 전태일이 못다 이룬 일을 이루었고, 전태일의 죽음을 헛되이 하지 않았다.

1970년대와 80년대를 통해 청계피복노조는 단순히 노동조합의 역할만을 한 것이 아니라, 노학연대를 맨 먼저 실행해 한국 노동운동의 선구자로 재야 민주세력의 전폭적인 지지와 지원을 받아 노동운동의 중심이자 상징으로 자리매김하게 되었다. 청계노조가 그렇게 되기까지에는 역설적으로 당국의 탄압이 큰 역할을 했다. "민주화란 인간이 그 자신의 운명의 주인공이 되는 것"이라고 말할 수 있는데, 이로부터 노동운동은 민주화운동의 중요한 일익(一翼)이 되는 것이다. 그런 점

1968년경 중부시장에서 일할 때의 전태일.

에서 청계피복노조는 민주화투쟁의 전 과정에서도 중요한 위치를 차
지한다.

창동어머니

전태일이 죽어가면서 마지막 있는 힘을 다해 어머니에게는 "어머니,
내가 못다 이룬 일을 어머니가 꼭 이루어 주십시오"라고, 그리고 친구
들에게는 "나의 죽음을 헛되이 말라"고 한 말은 어머니와 그 친구들에
게 영원히 잊힐 수 없는 말로 뼛속 깊이 각인되었다. 그날, 그 자리에
서 한국 노동운동의 새로운 역사가 시작된 것이다. 그때 친구들은 "어

머니, 우리 친구들이 있으니 우리들을 믿고 태일이의 뜻을 살립시다"라고 말했고, 어머니는 "그래, 너희들이 다 내 아들이다"라고 말했다. 이렇게 전태일의 어머니는 모든 노동자의 어머니로 첫발을 내디뎠다.

살아생전 전태일이 조금씩 넓힌 집, 쌍문동 208번지 전태일의 집은 언제나 이들 노동자들로 북적댔다. 점차 찾아오는 사람들이 청계피복노조 관계자들을 넘어, 이 땅의 모든 노동운동가들로 확대되고, 많은 대학생들도 드나들었다. 집을 넓히면서 전태일이 "나중에 우리 친구들이 많이 와서 밤새 노동운동을 이야기하려면 넓어야 한다"고 했던 그의 예언은 기가 막히게 들어맞았다. 장기표와 조영래 같은 수배자들도 깊은 밤이나 이른 새벽을 틈타 어머니를 만나고 갔다. 『전태일 평전』도 이 같은 만남을 통해 빛을 보게 되었다.

반찬 없는 밥이지만 그들을 거두어 먹이기 위해 어머니는 중부시장에 가서 헌옷가지를 사다가 이곳저곳에 다니면서 팔아 생계비와 노동운동 자금을 마련했다. 전태일의 동생들인 순옥이와 순덕, 태삼도 아무런 불평 없이 그 모든 수발을 다 들었다. 그리하여 어머니는 이 집에 드나드는 모든 사람들로부터 '창동어머니'로 통했다. '창동어머니'는 그 당시 노동운동하는 모든 사람들의 어머니였고, 그래서 찾아가 기댈 언덕이었다.

나는 그 무렵, 이화여대의 이효재 교수가 자신의 봉급을 쪼개 어머니를 돕는다는 이야기를 듣고 크게 감격한 적이 있다. 그래서 내로라하는 민주화운동 지도자들을 찾아가 어머니를 돕자고 호소했지만, 별다른 성과를 얻지는 못했다. 당시는 그만큼 경제적으로 어려웠고, 정치적으로도 너무나 엄혹했다. 그러나 해위 윤보선 선생을 비롯해서 민주화운동 관련 인사들이 청계피복노조와 어머니에 대한 관심과 애정을 보이기 시작한 것은 그나마 다행이었다. 어머니는 그때 구속자 가족협의회에도 나오셨다.

어머니에게는 아들을 먼저 저세상에 보낸 어머니로서의 회한(悔恨)이 있었다. 우리의 속담에 "남편은 죽으면 산에다 묻지만, 자식이 죽으면 가슴에 묻는다"는 말이 있다. 어머니는 가난 때문에 태일에게 살아생전에 다하지 못한 '어머니 노릇'이 언제나 마음에 걸렸다. 해마다 전태일이 죽은 11월이 되면, 어머니 몸에서는 신열이 나고 가슴은 답답하고 마음은 죄책감으로 몸을 가누지 못할 지경이 된다.

어머니는 살아생전에 전태일이 근로기준법과 씨름하는 것을 몹시 불길하게 생각했다. 11월 12일, 그가 집을 나가면서 근로기준법 책을 찾을 때 사흘 동안이나 감추어 두었던 그 책을 마지못해 솥단지에서 꺼내 주었다. 또 어머니에게 근로기준법에 대해서 공부하자는 걸 불길한 예감 때문에 들어 주지 않았다. 집을 나서면서 13일 오후 1시에 국민은행 앞으로 나와서 자신이 하는 일을 구경하라고 간곡히 말하는 것도 듣지 않았다. 그러고 보면 전태일이 11월 12일 집을 나가면서 한 행동들은 평소와 달리 이상했다. 동생들에게도 마치 작별을 고하는 것같이 말했고, 옷차림에도 그날따라 유난히 신경을 썼다. 어머니는 그것을 눈치 채지 못하고, 끝내 전태일을 죽음에 이르게 한 것을 돌이킬 수 없는 후회와 한으로 생각하지 않을 수 없었다.

어머니는 전태일의 유언과, 전태일이 평소 근로기준법에 대해 한 말들을 되씹으면서 당신보다는 태일이가 한참 먼저 세상을 알고, 노동운동을 깨우쳤다는 것을 알았다. 이제 전태일이 못다 이룬 것을 이루는 것이 당신에게 남겨진 '어머니 노릇'이라는 걸 깨달았다. 이제 어머니의 삶은 전태일의 못다 이룬 꿈을 이루는 것, 그 한 가지로 모아졌다. 그러나 어머니는 어떠한 일이 있어도 분신만은 안 된다는 신념을 가지고 있었다.

어머니는 분노에 못 이겨 분신으로 저항한 사람들의 머리맡에 달려가 "내가 전태일의 어머니다. 죽을 결심을 할 바에야 살아서도 얼마든지 큰일을 할 수 있는데 왜 스스로 죽느냐"고 나무랐고, 죽음이 이미 돌이킬 수 없는 것이 되었을 때는 "다시는 이런 일이 발생하지 않도록 싸워야 한다"면서 당신이 먼저 앞장섰다. 어머니는 죽어가는 전태일을 놓고서도 "나하고 살지, 왜 죽냐. 살아서 함께하지" 했다.

어머니는 분신 그 자체도 안타까운 일이지만, 그 부모의 아픔을 누구보다 잘 알기 때문에 분신만은 극구 말렸다. "죽고 싶어도 절대로 죽지 말고, 제발 그 힘과 그 마음으로 힘차게 싸우라"고 역설했다. 분신에 한이 맺혔기 때문이다.

전태일의 사상

전태일이 분신자살한 것이 1970년의 일이었고, 그 이후는 유신정변과 5, 6공화국을 거치면서 군사독재가 날로 혹독해지는 시절이었다. 전태

평화시장에서 시다로 갓 취직했을 때 동료
시다, 미싱보조들과 함께(뒷줄 가운데가
전태일).

일은 어떤 의미에서 죽음의 역사를 열어 놓고 갔다. 그 자신이 하나의 밀알이 된 것이다. 이어 30여 년에 걸친 군사독재 기간에 수십 명이 분신 또는 자살의 길을 선택했다. 전태일은 너무도 선명한 모습으로 그리고 최초로 독재적 억압과 수탈에 분신으로 저항했기 때문에 가장 강경한 투사로 역사 속에 기억되고 비쳐진 것이 사실이다.

그러나 죽어가면서 어머니에게 말했듯이 전태일은 노동자를 옥죄고 있는 벽이 너무 두꺼워 그 벽에 작은 구멍을 내기 위해 자신의 몸을 던졌다. 그 작은 구멍을 키울 책무는 어머니와 친구들에게 맡기고 갔다. 그는 그 작은 구멍을 통해 열악한 환경 속에서 일하는 노동자들에게도 한 줄기 햇빛과 시원한 공기가 들어오게 하려고 했다. 전태일은 나이 어린 시다공들에게 풀빵을 사 주고 자신은 버스비가 없어서 청계천에서 창동까지 걸어서 가기를 수도 없이 반복했다. 그가 남긴 일기는 지금은 상상할 수도 없는 저임금과 열악한 환경 속에서 혹사당하는 어린 여공들에 대한 연민으로 가득 차 있다. 전태일은 진실로 인간적인, 너무도 인간적인 사람이었다.

전태일은 분신자결에 앞서 "우리는 기계가 아니다. 노동자도 인간이다"라고 절규한다. 바로 이 말은 1970년대 노동운동을 상징하고 있다. 전태일은 너무도 오랫동안 노동자가 인간다운 대우를 받는 세상을 갈망해 왔고, 또 이를 이루기 위해 자기의 생명까지 불살랐다. 전태일은 서로 간에 사랑을 느끼며 살 수 있는 사회를 간절히 바랐다. '금전대의 부피'로 인간을 평가하는 사회가 아니라 인간의 가치와 희망과 윤리를 생각하는 인간 사회를 동경했다.

그의 주장은 한마디로 인간주의, 인간 해방의 사상에 입각한 것이지 결코 누구를 증오하거나 타도하는 것이 아니었다. 그가 원하는 것은 다만 인간의 존엄과 가치가 동등하게 보장되며, 인간이 서로 사랑하고 인간적인 정을 느끼면서 살 수 있는 사회였다. 전태일은 죽어가면서 어머니한테도 "나는 더 이상 볼 수가 없어요. 가냘픈 생명체가 계속 병들어 가니까, 하루하루 병들어 가는 것을 볼 수가 없어서" 단단한 벽에 작은 구멍을 내기 위해 목숨을 버린다고 했다. 그의 전기를 읽어 보면 그가 얼마나 어린 시다 여공들을 사랑하고 연민했는지를 알 수 있다. 『전태일사상 연구』의 저자 오경환이 말한 것처럼, 전태일의 사상은 "인간 정신의 지순한 총회일 뿐 아니라, 인간 사랑의 정수"이다.

평화시장 화장실 옆에서 재단보조와 함께
(왼쪽이 전태일).

　전태일은 항상 자기를 "전체의 일부인 나"로 파악했고, "나를 아는
모든 나여! 나를 모르는 모든 나여!"라고 하며 이 세상 모든 사람을
자신과 동일시했다. 이소선 어머니는 전태일의 죽음 뒤에야 비로소
그 뜻을 깨달았다. 이소선 어머니는 1990년 11월, 3만여 명이 모인 전
태일 20주기 추모 노동자대회에서 "여기 모인 노동자 여러분, 모두가
전태일이다. 아니 전태일보다 훨씬 더 뛰어나다"면서 그들을 격려했
다. "우리는 승리했다"면서 노동운동의 성장을 확인했다.

　1970, 80년대 노동운동 현장에서는 "전태일을 계승하자"는 것이 일
관된 하나의 구호였다. 특히 강경투쟁을 부르짖을 때 그와 같은 구호
는 더욱 크게 외쳐졌다. 분신한 전태일을 계승하는 것이 가장 올바
르고 확실한 투쟁인 것처럼 인식되었다. 그리하여 분신과 자살이 이

어졌다. 적어도 인간 선언이 절실하게 요청되던 1970년대와 80년대
는 그런 외침이 나올 수 있는 환경이요, 시대였다고 말할 수 있다. 그
러나 과연 전태일을 올바로 계승하는 방법이 어떤 것이어야 하는지
에 대한 진지한 성찰은 없었다. 진정 전태일이 외치고 바란 것이 무엇
인지, 그 뜻을 계승하는 것이 어떤 것인지, 지금부터라도 다시 고뇌할
문제다.

그 어머니에 그 아들

거듭 말하지만, 한 젊은 노동자가 자신의 처지를 비관 자살한 것쯤으
로 넘어갈 뻔한 전태일의 죽음을 헛되지 않게 한 것은 어머니와 청계
천 노동자들이었다. 어머니의 그런 힘과 지혜는 어디서 나오는 것일
까. 물론 '그 어머니에 그 아들, 그 아들에 그 어머니'이기에 그렇다고
말할 수 있다. 그러나 나는 장기표의 "어머니의 고난에 찬 삶, 그리고
고난에 찬 삶을 살고 있는 이웃을 지극히 사랑하는 데서 얻은 것"이라
는 말에 공감한다. 과연 어머니에게 일찍이 꿈 많은 처녀 시절이 당신
에게는 저항의 시절이었고, 결혼 이후에도 어려운 살림, 사업 실패, 남
편의 횡포, 아들의 가출, 무작정 상경, 화재 등을 겪었고, 전태일의 죽
음 이후에도 수많은 투쟁, 연행, 폭행, 구속의 연속이었지만, 아픈 몸
을 이끌고 이를 다 이겨 냈다. 그것도 아주 대담하고, 당당한 걸음걸
이로······.

전태일이 세 살 때의 가족사진(앞줄 오른쪽
이 전태일, 뒷줄 왼쪽부터 큰아버지, 아버
지, 어머니, 동생 태삼).

어머니에게는 많은 일화가 있다. 어머니를 새삼스럽게 다시 쳐다
보게 하는 일을 어머니는 아무렇지도 않게 해냈다. 1984년 11월, 만경
택시기사 박종만 씨가 분신자살했을 때, 민주화운동 진영 사람들이
시체를 빼앗기지 않기 위해 병원에서 농성하고 있을 때였다. 밖에는
경찰이 철통같이 에워싸고 있어 일촉즉발의 상황이었다. 이때 당시의
야당 의원이 나서서 자신이 시신을 탈취해 가는 일이 없도록 노력할
테니, 농성을 푸는 것이 어떻겠느냐고 설득해 왔을 때 어머니가 나서
서 이렇게 말했다고 한다. 그 야당 의원은 물론 더 이상 말 한마디 못
하고 돌아갔다.

"기본적으로 당신은 누구의 편에 서서 그러한 말을 하느냐. 당신은

전태일기념관 개관식에서 문익환 목사와 함께.

국회의원으로서 이처럼 노동자가 억울하게 죽도록 만든 기업주나 당
국에 항의하고자 하는 우리의 뜻에 동조해서 여기에 왔는가, 아니면
우리를 설득해서 해산시키려고 왔는가. 지금 경찰이 시신을 포위하고
서 문상마저 하지 못하게 하고 있는데, 거기에는 항의도 하지 않다가
지금 나타난 이유가 무엇인가. 결국 당신은 권력의 앞잡이가 아니고
무엇인가."

어느 해던가. '4월혁명연구소'에서 처음으로 제정한 '4월혁명상'을
어머니가 수상할 때, 어머니는 결코 당신 혼자 받으실 수 없는 상이
라면서 단 아래에 와 있던 유가족협의회 식구들을 전부 단상으로 끌
어 올려 함께 상을 받았다. 이 얼마나 멋지고 가슴 뿌듯한 이야기인

가. 그런 일을 어머니는 아무렇지도 않게 해냈다. 기지와 대범을 두루 갖추었다. 어머니는 무뚝뚝한 것처럼 보이면서도 뛰어난 통찰력, 예리한 기지, 범접할 수 없는 대담성 그리고 모든 사람을 감싸는 따스함이 있다. 특히 어머니의 즉흥연설은 문익환 목사도, 장기표조차도 감탄을 금치 못할 지경이다. 또 기억력도 뛰어나서 마석 모란공원에 가면 민주열사 묘소를 하나하나 돌면서, 이것은 누구, 저것은 누구를 정확하게 가려내면서 누구는 죽기 전에 어떤 일을 했고, 누구는 어떤 말을 했으며, 아무개는 어떻게 살해되었으며, 아무개는 가족들이 돌보지 않아 외롭다는 것까지 소상히 꿰고 있다.

나는 어머니를 남들처럼 가까이 모시지도, 자주 만나 뵙지도 못했다. 그러나 나는 김지하 어머니, 정금성 여사를 통해서 1970년대부터 어머니와 청계피복노조의 근황을 늘 듣고 있었고, 어머니의 투쟁이 곧 범국민적인 민주화투쟁이 되게 하고, 그 투쟁소식을 해외에 알리는 데 나름의 역할을 했다고 자부한다. 또 누구보다도 어머니와 가까운 장기표를 통해서 어머니의 타고난 인품과 무용담 같은 투쟁소식을 접했다. 1978년, 민청학련 사건으로 쫓기던 조영래가 전태일 평전을 썼을 때, 나는 그 원고를 일본에 보내 『불꽃이여, 나를 태워라 ─ 어느 한국 청년노동자의 삶과 죽음』이라는 제목으로 일본어로 출판케 했다. 이 책을 토대로 일본에서는 〈어머니〉라는 제목의 전태일 영화가 제작, 상영되었는데, 어머니의 자식을 잃은 고통과 그 이후의 역할을 크게 드러낸 작품이었다. 책도 영화도 일본에서 최초로 출판되고 제작되었다. 전태일과 그 어머니의 이야기는 일본에서도 널리 알려졌

아들 전태일의 동상을 쓰다듬는 이소선 어머니.

다. 그 과정에서 나는 『전태일 평전』의 최초의 독자였다.

나는 이소선 어머니가 일찍부터 구속자가족협의회에 나오셔서 특히 인혁당 사건 가족들에 대해 각별한 관심과 애정을 쏟으셨다는 걸 들어서 알고 있었다. 어머니의 따뜻한 보살핌은 실제로 그때 인혁당 사건 가족들에게 커다란 위안과 힘이 되었다. 그와 같은 관심과 애정 표시는 당시로서는 아무나 할 수 있는 일이 아니었다. 어머니처럼 당당하고 담대한 사람만이 그런 행동을 거침없이 할 수 있었다. 민주화 운동의 과정에서 희생된 사람들의 가족을 하나하나 찾아가 위로하고 일으켜 세우며, 유가협을 결성하고 이끌어 온 것도 어머니였다. 어머니 없는 유가협은 상상조차 할 수가 없다.

지난 2008년은 이소선 어머니의 팔순이자, 살아 있다면 전태일이

환갑을 맞는 해였다. 전태일의 환갑과 어머니의 팔순을 함께 잔치로 벌일 수 있었다면 얼마나 좋았을까. 전태일이 살아 있다면 그 효심에 어머니의 팔순을 얼마나 걸팡지게 차려 드렸을까.

2006년이던가, YTN에서 〈민주화 30년〉을 다큐멘터리로 제작할 때, 첫 번째로 '전태일편'을 다루었는데, 그때까지도 어머니는 전태일에게 다하지 못한 '어머니 노릇'에 대한 회한을 갖고 있었던 것을 기억한다. 전태일과 이소선 어머니를 빼놓고 어떻게 한국 노동운동사를 말할 수 있는가. 한국의 노동운동과 민주화는 어머니와 아들, 두 분에게 큰 빚을 지고 있다. 그리고 지금부터라도 "전태일을 계승한다"고 아무나 너무 쉽게, 또 함부로 말하지 않았으면 좋겠다. 전태일처럼 나보다 더 어리고 가냘픈 노동자를 진정으로 사랑하고 있는지를 먼저 생각하고 나서 그렇게 말할 일이다.

9

아직도 못다 한 이야기

박종철

〈우리는 결코 너를 빼앗길 수 없다〉

오늘 우리는 뜨거운 눈물을 삼키며
솟아오르는 분노의 주먹을 쥔다

차가운 날 한 뼘의 무덤조차 없이
언강 눈바람 속으로 날려진
너의 죽음을 마주하고
죽지 않고 살아남아 우리 곁에 맴돌
빼앗긴 형제의 넋을 앞에 하고

우리는 입술을 깨문다

누가 너를 앗아 갔는가
감히 누가 너를 죽였는가

눈물조차 흘릴 수 없는 우리
그러나 모두가 알고 있다
너는 밟힌 자가 될 수 없음을
끝까지 살아남아 목청 터지도록 해방을 외칠
그리하여 이 땅의 사슬을 끊고 앞서 나아갈 너는
결코 묶인 몸이 될 수 없음을

너를 삼킨 자들이
아직도 그 구역질나는 삶을 영위해 가고 있는
이 땅 이 반도에
지금도 생생하게 생생하게 살아 있는 너

철아
살아서 보지 못한 것 살아서 얻지 못한 것
인간, 자유, 해방
죽어서 꿈꾸어 기다릴 너를 생각하며
찢어진 가슴으로 네게 약속한다

거짓으로 점철된 이 땅

너의 죽음까지 거짓으로 묻히게 할 수는 없다

그리고 말하리라

빼앗긴 너를 으스러지게 껴안으며 일어서서 말하리라

오늘의 분노, 오늘의 증오를 모아

이 땅의 착취

끝날 줄 모르는 억압

숨쉬는 것조차 틀어막는 모순 덩어리들

그 모든 찌꺼기들을

이제는 끝내 주리라

이제는 끝장 내리라

철아

결코 누구에게도 빼앗길 수 없는 우리의 동지여

마침내 그날

우리 모두가 해방춤을 추게 될 그날

척박한 이 땅 마른 줄기에서 피어나는

눈물뿐인 이 나라의 꽃이 되어라

그리하여 무진벌에서 북만주에서 그리고 무등에서 배어난

너의 목소리를 듣는 우리는

그날

비로소 그날에야

뜨거운 눈물을 네게 보내 주리라

이 시는 1987년 1월 20일, 서울대학교 학생회관 2층에서 거행되었던 박종철 군 추모제에서 박종철이 과회장으로 있던 서울대학교 인문대학 언어학과 학생들이 바친 추모시이다. 언어학과의 한 여학생이 이 추모시를 읽을 때, 그 자리에 참석했던 1,500여 명의 학생들은 다같이 눈물을 흘렸다.

나는 박종철(1964~87)과 관련한 하고 많은 시 중에서도 이 시를 가장 좋아한다. 눈물로 박종철을 보내는 동료 학우들의 애틋하고 침통하지만 결연한 심경이 절절이 배어 있는 탓도 있지만, 박종철 군의 죽음 이후 한국 민주화운동의 전개 과정이 이 시에서 예언하고 있는 바대로 진행되고, 또 이루어졌다는 점에서 더욱 그렇다. 이 시를 통해 살아남은 사람들은 박종철에게 "너의 죽음까지 거짓으로 묻히게 할 수는 없다"고 약속했고, 그리고 그 약속은 지켜졌다. '끝날 줄 모르는 억압', 곧 군사독재를 '끝내 주고 또 끝장냈다'. 그리하여 박종철로 하여금 '눈물뿐인 이 나라의 꽃'이 되게 했다. 그래서 나는 2007년 1월 민주화운동기념사업회에서 간행한 '1987년 1월에서 6월까지의 기록'의 제목을 『우리는 결코 너를 빼앗길 수 없다』로 정했다.

우리가 잘 알고 있는 바와 같이 1987년 6월항쟁은 박종철의 죽음으로부터 시작되었다. 박종철이 죽은 1월 14일에서 이한열의 장례가 치러진 7월 9일까지의 기간이 바로 6월항쟁의 기간이었다. 박종철의 죽음이 그 기점이 되고, 그 죽음의 진실이 하나씩 하나씩 밝혀지면서

박종철.

그에 분노한 국민이 떨쳐 일어나 그 강폭했던 군사독재정권으로부터 항복을 받아 내는 일련의 과정이 곧 6월항쟁이었다. 박종철은 그 자신의 죽음의 진실을 세상에 드러내면서, 국민으로 하여금 민주화투쟁의 의지를 확대, 고양시켜 나가게 했고, 마침내 6월항쟁을 '민주주의의 승리'로 마감하게 했다.

박종철이 치안본부 대공분실에서 물고문을 받다 숨진 지 벌써 30여 년이 되었다. 한국 민주화운동사에서 가장 역동적이었던 6개월, 6월항쟁도 그만큼의 세월이 흘렀다. 지난 2006년 '민주화 20년'을 앞두고, 민주화운동기념사업회가 1987년 1월에서 6월까지의 기록을 정리하는 일을 내게 맡겼다. 시간이 촉박한 데다 그것을 정리하는 일이 내게는 너무도 벅찬 일이었지만, 박종철과 관련해서는 몇 가지 세상에 고백해야 할 일이 남았다고 생각해 그 일을 맡았다.

이제야 밝히는 몇 가지 사실

내가 고백하는 이야기 중의 몇 가지는 당시로서는 세상에 알리기가
아직은 때가 아니라고 판단했기 때문에 주저할 수밖에 없었던 것이
요, 어떤 것은 뒤늦게 알게 된 사실인 탓에 미처 세상에 알릴 기회가
없었다. 또 어떤 것은 미처 생각이 거기에 미치지 못했던 것도 있다.
　천주교정의구현전국사제단이 1987년 5월 18일 6시 30분에 시작
된, '광주민주항쟁 7주기 기념미사'에서 김승훈 신부를 통해 발표한
「박종철 군 고문치사 사건의 진상이 조작되었다」라는 성명은 이렇게
시작된다.

　"박종철 군을 직접 고문하여 죽게 한 하수인은 따로 있다. 박종철
　군을 죽음에 이르게 한 범인으로 구속 기소되어 재판 계류 중에 있는
　전 치안본부 대공수사 2단5과2계 학원분과 1반장 조한경 경위와 5반
　반원 강진규 경사는 진짜 하수인이 아니다. 박종철 군을 직접 고문하
　여 죽음에 이르게 한 진짜 범인은 학원분과 1반 소속 경위 황정웅, 경
　사 방근곤, 경장 이정오로서 이들 진범들은 현재도 경찰관 신분을 그
　대로 유지하고 있다."

이부영이 김정남에게 보낸 편지의 일부.

사제단이 당시에 발표한 성명은 이미 역사적인 문건이 되어 있다. 이 문건에는 한결같이 방근곤, 이정오로 적혀 있고, 이어 '방근곤'은 '반금곤'의, '이정오'는 '이정호'의 오기(誤記)라는 편집자 주가 따로 붙어 있다. 왜 그렇게 되었을까. 한때 경찰 내부에서는 정권 당국이 과연 진실을 밝힐 것인가를 떠보기 위해 사제단이 '의도적인 오기'를 했다는 견해도 있었다고 들었다. 그러나 그런 것은 아니었다.

그때 나는 이부영이 보내온 편지와 1월 14일 이후 언론에 보도된 정보를 토대로, 사제단에서 발표할 성명을 준비했다. 그러나 고문 경관들의 이름을 정확히 확인한다는 건 불가능한 일이었다. 더구나 당시 나는 수배 중인 몸이었다. 고문 경관의 이름은 이부영의 편지에 의존할 수밖에 없었다. 이부영 역시 그들 고문 경관의 이름을, 오직 교도관들의 전언(傳言)에 의존할 수밖에 없었다. 교도관들은 또 이미 고문 경관으로 낙점되어 들어와 있던 조한경 경위와 강진규 경사로부터 고문에 참가한 3명의 경관 이름을 구두로 들었다. 결국 구두로 듣고 전하는 과정에서 반금곤이 방근곤으로, 이정호가 이정오로 된 것이다.

다음으로, 아마도 이 일은 이부영이 말하는 것이 더 바람직하다고 생각하지만, 박종철 고문치사 사건의 조작 사실을 세상에 알리는 데 상당히 중요한 역할을 한 또 한 사람의 교도관 이름을 밝히지 않을 수 없다. 전직 교도관 한재동이다. 이제까지 그 이름을 밝힐 수 없었던 것은 바로 얼마 전까지 그가 현직 교도관으로 근무했기 때문이다. 그의 이름을 밝히는 것이 현직 교도관인 그에게 어떠한 형태로든 불이익을 줄지 모른다는 것을 생각하지 않을 수 없었고, 적어도 현직 교도관인 그가 세상의 구설수에 오르는 것이 결코 그에게는 유익하지 않다고 판단했기 때문이다. 그는 조한경, 강진규로부터 직·간접적으로 들은 정보를 이부영에게 낱낱이 알려 주었고, 또 이부영이 내게 편지를 쓸 수 있도록 필기도구를 제공했으며, 그 편지를 전병용에게 전달하는 일까지 도맡았다. 그는 그전에 서대문구치소에서 근무할 때부터, 나나 이부영과는 이미 교분이 있었다. 그가 그때 영등포교도소에 근무하고 있었던 것 역시 지금 돌이켜 보면 기적 같은 일이 아닐 수 없었다. 박종철 사건에서 6월항쟁의 승리에 이르기까지의 과정은 우연이 모여 필연으로 이어지는 과정의 연속이었다. 특히 박종철 죽음의 진실이 밝혀지는 과정은 더욱 그렇다.

그리고 박종철 고문치사 사건 또는 6월항쟁과 관련해 이번 기회에 꼭 말하고 싶은 것이 있다. 1987년 5월 18일 오후 6시 30분에 명동성당에서 열린 '광주민주항쟁 7주기 기념미사'는 오직 「박종철 군 고문치사 사건의 진상이 조작되었다」라는 사제단의 성명을 발표하기 위해 기획되고 마련된 미사였다는 것이 나의 확신이다. 그런 생각을 하면서도, 한 번도 사실이 어떤 것인지 물어보지는 못했다. 그러나 아마도 내 추측이 맞을 것이다. 그 기념미사의 기획과 진행 과정, 김승훈 신부가 발표한 성명을 처음부터 끝까지 기획하고 연출한 이는 함세웅 신부였다. 6월의 명동성당투쟁을 슬기롭게 승리로 이끈 사람도 그였다. 그는 6월항쟁의 중요한 국면을 이끌어 간 훌륭한 연출가였다.

1월 14일, 11시 20분

"14일 상호 11시 20분쯤, 서울 남영동 치안본부 수사실에서 조사 받던 서울대생 박종철 군(21세, 언어학과 3년)이 조사 도중 갑자기 쓰러져 숨졌다. 경찰은 박 군의 사인을 쇼크사라고 발표했으나, 검찰은 박 군이 수사관의 가혹 행위로 인해 숨졌을 가능성에 대해 수사 중이다."

이 보도가 나가자 경찰로서는 어떠한 형태로든 해명을 하지 않을 수 없게 되었다. 16일 오전에 강민창 치안본부장이 다음과 같이 발표한다.

"1월 14일 오전 8시 10분경, 서울 관악구 신림동 하숙방에서 연행하여 오전 9시 16분경 밥과 콩나물국을 주니까 조금 먹다가 어젯밤 술을 많이 먹어서 밥맛이 없다고 냉수나 달라고 하여 냉수를 몇 컵 마신 후, 10시 51분경부터 신문을 시작, 박종운 군의 소재를 묻던 중 갑자기 '억' 소리를 지르면서 쓰러져 중앙대 부속병원으로 옮겼으나 12시경 사망하였음."

이때 경찰이 배포한 보도 자료의 "책상을 '탁' 치니 '억' 하고 죽었다"는 말은 한때 세간의 비웃음과 더불어 분노를 자아내게 하는 유행어가 되었다. 어쨌든 이 같은 과정을 거쳐 박 군의 죽음은 세상에 알려지게 되었다.

이보다 앞선 1월 14일 오전 11시 40분, 중앙대 부속병원 의사 오연상은 간호사와 함께 남영동 치안본부 대공분실에 불려 갔다. 동행한 수사관은 꼭 살려야 한다는 말만 되풀이했다. 이들이 도착한 곳은 5층 9호 조사실이었는데, 바닥에는 물이 흥건하게 고여 있었다. 7~8명 되는 수사관은 초조한 기색으로 서성대는가 하면 어떤 이는 누워 있는 한 청년에게 열심히 인공호흡을 하고 있었다. 그러나 오연상의 눈에 그 청년은 이미 숨져 있었다. 그들은 "살려 낼 길이 없겠느냐"며 계속 허둥댔다. 그들의 요청에 따라 의사는 심장 쇼크 요법을 시행했다. 기관지에 튜브를 집어넣어 인공호흡을 시킨 데 이어 캠플 주사를 놓고 30분 동안이나 심장 마사지를 했다. 그러나 이미 죽은 청년을 되살려 낼 수는 없었다. 수사관들의 요청으로 그 청년은 중앙대학교 용산

병원 응급실로 후송되었다. 그곳에 가면 혹시 살려 낼 수 있지 않을까 하는 기대로 병원 응급실까지는 갔지만, 죽은 사람은 받을 수 없다는 병원의 규정에 따라 시신은 경찰병원 영안실에 안치되었다.

1월 17일자 《동아일보》에는 "의사 오연상이 대공분실 조사실에 들어갔을 때 청년은 이미 죽어 있었고, 방 안에는 7~8명의 수사관이 서성이고 있었으며, 바닥에는 물기가 흥건하게 고여 있었다"는 그의 증언이 실려 있었다. 박 군은 복부팽만이 심했으며, 폐에서는 수포음이 들렸다는 내용도 들어 있었다. 수포음이란 물고문과는 직접적인 관계가 없지만, 오연상의 이런 증언은 물고문을 연상케 하기에 충분했다. 이 보도를 보고 많은 사람들은 직감적으로 물고문이 있었다고 믿게 되었다. 그러면 그럴수록 경찰은 이 사실을 숨기기 위해 안간힘을 썼다.

1월 14일 저녁 19시 40분경, 남영동의 치안본부 대공분실 경찰 간부 두 명이 박종철의 시체를 유족에게 넘겨주도록 지휘해 달라는 관련 서류를 만들어 서울지검 공안부장 최환을 찾아왔다. 이날 낮 박종철의 죽음이 확인되자 경찰은 부산으로 내려가 영도경찰서 서장을 대동하고 박종철의 아버지 박정기 씨를 만나 박 군의 죽음을 '쇼크사'로 설명하고 장례 절차를 협의하기 시작했다. 검찰만 묵인해 준다면 장례 절차는 자신들의 뜻대로 치를 수 있다고 믿는 눈치였다.

수사 중 사람이 죽었을 때 일반적인 절차는 관할 경찰서가 '변사 사건'으로 분류, 사망 경위에 대한 진술 및 현장에 대한 확인을 거쳐 관할 검찰청의 형사부 검사(야간에는 당직 검사)의 지휘를 받아 타살 협의가 있으면 부검이나 검시를 거쳐 시체를 통한 증거를 확보한 다음 장례를 치르도록 한다. 타살 혐의가 없으면 검사가 검시를 하거나, 또는 검시 없이 바로 장례를 치르도록 유족에게 시체를 건네주게 된다.

이 사건의 경우, '조사 중 쇼크사'라는 경찰의 주장을 받아들여 "시체를 유족에게 인도하라"고 지휘하게 되면 십중팔구 경찰은 가족을 협박, 회유해 시체를 화장해 처리함으로써 아무런 물증을 남기지 않게 된다. 사망 사건에서 시체에 대한 부검이 없으면 아무런 물증이 없게 되는 것이다.

원칙적으로 경찰은 이 서류를 공안부로 가져올 것이 아니라 서울지검 당직실로 가서 접수하는 것이 정상적인 절차였다. 그러나 검찰 공안부는 자기들과 한통속으로 자신들을 봐줄 것으로 믿었다. 공교롭게 그날 공안부에는 부장검사 최환 이외엔 검사들이 모두 퇴근한 상태였다. 최환은 우선 기록상 쇼크사라는 것을 도저히 믿을 수 없었고, 또 권인숙 양 성고문 사건, 김근태 사건 등 일련의 고문 사건들이 사회적 물의를 일으켰던 점을 고려, "관할 용산경찰서를 통해 변사 사건 발생보고를 올리라"고 지휘했다. 경찰은 "공안부장이 안 봐주면 대공 경찰을 누가 봐주냐"면서 떼를 썼다. 그래도 안 되니까 경찰 고위층은 물론 안기부 등으로부터 압력과 회유성 전화가 빗발쳤다. 밤에도 상부로부터 최환의 집으로 계속 전화가 왔다.

이튿날 검찰은 당일(14일) 형사 2부 소속 당직 검사인 안상수를 차출해 최환 공안부장의 지휘를 받아 변사 사건을 처리하도록 조치해, 최환이 안상수로 하여금 사체에 대한 압수수색영장을 발부받아 처리토록 지시했다. 그러나 사체 부검을 위한 압수수색영장에도 불구하고 경찰은 사체를 내놓지 않으려고 버텼다. 최환의 설득으로 가까스로 사체의 인도에는 동의했지만, 이제는 '사체부검을 경찰병원에서 하자'고 버텼다. 최환이 경찰에서 수사 중 변사한 사체를 경찰병원에서 부검하면 그 결과를 언론과 국민이 믿겠느냐며 설득해 경찰병원에서 가까운 한양대부속병원으로 옮겨 부검하는 데 가까스로 합의했다. 이렇게 해서 국립과학수사연구소 법의학 과장 황적준 박사를 중심으로 부검팀이 꾸려지고, 검사 안상수, 한양대병원 의사 박동호가 배석한 가운데 부검을 하게 된다. 가족으로는 박종철 군의 삼촌 박월길 씨가 입회했다.

서울지검 공안부장 최환의 결정과, 그에 따른 부검이 박종철의 사인을 밝히는 데 결정적인 역할을 했다. 특히 부검의 황적준 박사와 박동호 한양대 교수의 증언이 박종철은 '쇼크사'한 것이 아니라 물고문으로 죽었다는 것을 만천하에 밝혀지게 하는 데 중대한 분수령이 되었다. 부검의인 황적준 박사는 물고문 도중 질식사한 것으로 보인다는 의견을 피력했다. 그러나 경찰 측은 부검감정서에 사인을 심장마비로 해 달라는 회유와 협박을 거듭했다. 그리하여 같은 날 발표된 검찰의 발표와 경찰의 발표가 서로 다른 촌극까지 벌어졌다. 그러나 진실은 잠시 감추어질 수는 있으나 영원히 가릴 수는 없다. 경찰 역시 물고문 도중 질식사한 것을 더 이상 숨기거나 감출 수 없었다. 그것은 특히 황적준 박사의 양심적 증언이 있었기에 가능한 일이었다. 그의 일기는 1년 뒤인 1988년 1월에 공개되었는데, 허위로 감정 의견을 제출할 것을 강요한 직권남용과 사인을 은폐한 직무유기 혐의로 박종철 사건 축소조작은폐의 최종 책임자인 치안본부장 강민창을 구속하게 만들었다. 황적준 박사의 일기장은 그가 양심과 얼마나 치열하게 싸웠는지를 잘 보여 준다.

1월 15일 오후 4시 40분

이기찬 경정으로부터 "치안본부장 지시이니 사체부검팀을 구성하라"라는 연락을 받음. 모두 4명으로 부검팀을 구성, 오후 6시 20분경 치안본부에 도착, 바로 본부장 방으로 갔다가 5차장 박처원 치안감실로 안내됨. 이때 박 치안감은 "박 군의 사체에 외상이 없고, 3~4회 욕조에 담갔으니 익사일 것"이라고 설명.

밤 8시 30분경

한양대 영안실에 변사체 도착. 밤 9시경 사체가 부검대에 올려지고 안상수 검사, 한양대 박동호 교수, 박 군 삼촌만 참가한 가운데 부검 시작.

밤 10시 25분

부검 끝내고 영안실 사무실에서 안 검사에게 약 40분간 외상부위와 사인에 대해 "경부압박에 의한 질식사임을 배제할 수 없다"라고 설명.

밤 11시 30분경

5차장 승용차로 치안본부에 도착. 본부장 소집무실에서 와이셔츠

차림의 강민창 본부장과 차장 등 간부들을 만나 부검 소견을 설명.

16일 새벽 2시

"아침에 있을 급한 불(본부장의 기자회견)부터 끄자"라는 간부들의 설득에 따라 착잡한 심정으로 '외표검사상 사인이 될 만한 특이 소견 보지 못함', '내경 소견은 오른쪽 폐하엽 하면에서 출혈반 소견'으로 발표용 부검 소견 작성에 동의.

아침 7시 40분경

본부장실로 직행, 잠옷 차림의 강 본부장 만남. 가슴 부위와 목 부위의 압박에 의한 피하 출혈 사진을 제외한 나머지 부검 사진 13장을 본 강 본부장은 만족한 표정.

오후 3시경

부검에 입회한 한양대 박 교수와 박 군 삼촌의 목격담이 동아일보에 비교적 상세히 보도된 것을 읽고 "어떤 일이 있어도 '부검감정서'만은 사실대로 기술해야겠다"라고 결심.

오후 3시 20분

본부장 소집무실과 5차장실을 왕래하면서 대기하는 동안 강 본부장, 박 5차장, 주 4차장, 유 2차장이 나에게 "19일까지 감정서를 '심장 쇼크사'로 보고하라"고 회유. 결론을 내리지 못한 상태에서 강 본부장이 "목욕이나 하라"며 국과수 간부에게 100만 원이 든 봉투를 건네줌. 인사하고 나오는데 강 본부장이 "당신 은혜는 잊지 않겠다"라고 말함.

저녁 7시 20분

여의도 모 호텔에서 목욕을 하고 귀가. 잠자리에 누웠으나 잠 이루지 못함.

17일 아침 6시 10분경

애들을 스케이트장에 데려다주면서 아내에게 "정의의 편에 서서 감정서를 작성하겠다"라고 결심을 밝힘.

오후 5시경

형님을 만나 조언을 들은 뒤 함께 친구인 배 모 검사를 만남. 배 검사는 "정치적 문제이니만큼 신중하게 처리하라"라고 말함. 돌아오는 길에 형님은 "사실대로 알리는 것이 내 생각이다"라고 조언해 주며 격려.

밤 9시 55분

국과수 간부의 연락을 받고 워커힐 호텔 커피숍에 도착. 이 간부는 "3차장에게 '모든 사실을 정확히 밝히겠다'고 최종 보고했다"라고 전했으나 3차장(이경조 치안감)은 국과수에서 사인 문제를 어느 정도 묵인해 줄 수 있는가 물었다고 한다.

밤 10시 10분경

국과수 간부에게 워키토키로 연락이 옴. 신길산업(특수수사 2대)으로 부검의 조서를 받으러 오라는 통보.

18일 새벽 4시

특수수사 2대 김기평 수사관에게 참고인 진술을 통해 모든 것을 사실대로 털어놓음.

박종철 군의 시신은 16일 오전에 벽제로 옮겨져 9시 10분에 화장되었다. 그때 《동아일보》의 '창(窓)'이라는 기사는 화장에서 임진강에 그 유골이 뿌려지는 일련의 과정을 이렇게 전하고 있다.

"16일 오전 8시 25분 박 군의 시체는 영안실을 떠나 벽제 화장장으로 옮겨져 오전 9시 10분 화장됐다. 두 시간여 화장이 계속되는 동안 아버지 박정기 씨는 박 군의 영정 앞에서 정신 나간 듯 혼잣말을 계속했고, 어머니 정차순 씨는 실신, 병원으로 옮겨졌다.

화장이 끝난 박 군의 유골은 분골실로 옮겨졌고, 잠시 뒤 하얀 잿가루로 변해 형 종부 씨의 가슴에 안겨졌다. 종부 씨는 아무 말 없이 박 군의 유해를 가슴에 꼭 끌어안은 채 경찰이 마련한 검은색 승용차에 올랐다.

잠시 후 일행은 화장장 근처의 임진강 지류에 도착했다. 아버지 박씨는 아들의 유골 가루를 싼 흰 종이를 풀고 잿빛가루를 한 줌 한 줌 쥐어 하염없이 샛강 위로 뿌렸다.

'철아, 잘 가그래이⋯⋯.' 아버지 박 씨는 가슴 속에서 쥐어짜는 듯한 목소리로 말했다. 아버지 박 씨는 끝으로 흰 종이를 강물 위에 띄우며 '철아, 잘 가그래이, 아버지는 아무 할 말이 없대이⋯⋯'라고 통곡을 삼키며 허공을 향해 외쳤다.

이를 지켜보던 주위 사람들은 흐느끼거나 눈시울을 붉혔다."

경찰병원 영안실에서 막내아들 종철의 시신을 붙들고 "내 아들이 대체 왜 죽었소? 못돼서 죽었소? 똑똑하면 다 못된 거요?"라는 독백을 거듭했던 그 어머니 정차순 씨의 말과 임진강 지류에서 잿빛 유골 가루를 샛강 위로 뿌리면서 "철아, 잘 가그래이⋯⋯ 아버지는 아무 할 말이 없대이⋯⋯" 하고 허공에 대고 외쳤다는 아버지 박정기 씨의 말은 절창이 되어 두고두고 많은 사람들의 심금을 울렸다. 그리고 많은 사람들에게 박종철 군의 죽음이 결코 남의 일이 아니라, 어쩌면 곧 자기 자신의 일일 수 있다는 느낌을 주었다. 그만큼 그 말은 시대적인 호소력을 가지고 있었다. 거창한 웅변이 어떻게 이 말의 진실을 당할 수 있으랴.

부검에 입회했던 한양대병원 박동호 교수와 삼촌 박월길 씨는 자신이 듣고 본 것을 언론에 증언했다. 《동아일보》1월 16일자는 그들의 증언을 인용해 "숨진 박 군은 머리에 피하 출혈과 목, 가슴, 하복부,

사타구니 등 수십 군데에 멍 자국이 있었다"고 보도했고, 이어서 각 언론은 경쟁적으로 박종철 군에 대한 고문 의혹을 제기해 국민의 양심을 자극했다. 이렇게 해서 고문 사실은 기정사실화되었다. 이제 국민은 박종철 군이 고문으로 죽었다는 것을 너무나도 당연한 사실로 받아들였다.

정부 당국으로서도 이제 더 이상 고문 사실을 숨길 수 없게 되었다. 전두환정권의 고위 관계자들은 1월 17일, 관계 부처 장관과 유관기관 책임자가 참석한 정부대책회의, 이른바 관계기관대책회의라는 것을 연다. 그러나 여기서 결정된 것은 경찰로 하여금 자체조사토록 한다는 것이었다. 고양이에게 생선가게를 맡긴 것이다. 내무부와 치안본부 측은 이미 이때부터 '대공수사요원의 사기' 운운하면서 경찰에 의한 자체조사를 강력히 요구했다. 관계기관대책회의에서의 결정이 권력기관 내부의 힘의 강약에 좌우될 수밖에 없다는 것은 상식이다. 경찰이 자체조사토록 결정하는 바로 그 순간부터 사건 조작의 개연성은 상존하는 것이었다. 그리고 경찰이 그토록 집요하게 자체조사를 요구한 이면에는 사건 조작의 음모가 들어 있었다. 그것을 전두환정권 자체가 사실상 양해하고 추인해 준 셈이다.

이리하여 18일, 경찰은 자체조사에 들어갔고, 요식적인 절차를 거쳐 수사관 두 명이 물고문을 자행한 것으로 조사를 마무리 지었다. 신길동 치안본부 특수수사 2대에서 조사할 때부터 재조사 요원들은 상부로부터 "조한경 경위 등 2명을 조사하라"는 지시를 받았다. 이는 경찰 상층부가 이미 조작은폐 사실을 알고 그렇게 지시했거나 아니면 처음부터 조작에 개입했음을 확인해 주는 증거이다.

1월 19일, 내무부장관과 치안본부장이 해임되었다. 22일에는 고문 경관의 직속 상관인 유정방 경정과 박원택 경정에 대한 징계가 결정되었다. 19일 오후 5시 30분경에는 서울 형사지방법원에서 이들 경관 2명에 대한 구속영장이 발부되었다. 그날 경찰이 벌인 피의자 호송작전은 일찍이 그 유례를 볼 수 없었던 기상천외의 것이었다. 두 경찰관은 '신길산업'이라는 위장 간판이 달린 치안본부 특수수사대에 연행되어 있었다. 저녁 9시 40분경에 나타난 미니버스 두 대 안에는 20여 명이 똑같은 점퍼를 입고, 모자로 얼굴까지 가린 채 고개를 푹 숙이고 앉아 있었다. 고문 경관으로 지목된 조한경, 강진규의 얼굴을 언론에 노출시키지 않기 위한 쇼였다. 경찰은 그들이 대공수사관들이기 때문에 북한 측에 그 얼굴이 알려지는 것을 막기 위한 것이라고 거창하게 둘러댔다. 어떻게 보면 그것은 가짜로 두 사람만을 고문 경관으로 내세운 데 대한 배려요, 예의였을 것이다. 이들 두 사람은 이러한 작전 끝에 서대문경찰서 유치장에 수감되었다. 그러나 이 호송작전으로 국민들의 의혹은 더욱 증폭되고, 여론은 더욱 악화되었다.

20일 낮 1시 40분, 서울대학교 학생회관 2층에서는 박종철 군에 대한 추모제가 거행되었다. 방학 중인데도 1,500여 명의 학생들이 모여 고인의 죽음을 애도했고, 조속한 진상규명을 요구했다. 그들은 "우리의 박종철이를 두 번 죽이지 말라," "고문 없는 세상에서 살고 싶다"는 등의 구호를 외쳤다. 언어학과 학생들의 추도시 〈우리는 너를 결코 빼앗길 수 없다〉가 여학생에 의해 읽혀질 때는 그 자리에 참석한 누구도 눈물을 감출 수가 없었다.

박종철, 그는 누구인가?

박종철은 어떤 삶을 살다 갔던가? 아래 글은 서울대 언어학과 학우들
이 엮은 그의 짧은 일대기이다.

박종철은 1965년 4월 1일 부산에서 공무원을 하는 아버지 박정기
씨와 어머니 정차순 씨의 2남 1녀 중 막내로 태어났다. 부산 도성초등
학교, 영남 제일중학교, 혜광고등학교를 졸업할 때까지는 공부 잘하
는 학생이 걷는 평범한 길을 걸었다. 하얀 얼굴과 재치 있는 언행으로
주위 사람들의 사랑을 받으며 자랐다.

1979년, 부산에서 일어난 부마항쟁의 열기를 온몸으로 느끼며 그
는 막연하게나마 자기가 살아가야 할 삶의 방향을 잡았다. 1983년 서
울대학교에 응시했다가 실패, 재수를 하면서 당시 서강대 운동권에서
활동했던 형의 생활을 지켜보면서, 또 형의 서가(書架)에 꽂혀 있는
책들을 틈틈이 보면서 나름의 뜻을 세우게 되었다.

1984년, 그는 서울대학교 언어학과에 입학했다. 입학해서 그의 짧
은 생을 마감할 때까지 그는 오직 억압받고 착취당하는 사람들을 위
해 자신을 투신하기로 결심한다. 몸소 농촌 생활도 체험했고, 스스로
노동자가 되어 일하기도 했다. 이로부터 억압받고 착취당하는 사람들

이 그들 운명의 주인이 되는 사회를 위해 한 치의 타협 없이 치열하게 싸워 나갔다. 그는 대학 1학년 등 저학년 학생이 흔히들 가질 수 있는 두려움과 회의를 자기와의 끊임없는 투쟁 속에 극복하면서 1984년 봄 도서관 철야 농성, 4·19 기념식을 마치고 4·19 희생자 묘소가 있는 수유리에서의 투쟁 등 학교에서, 거리에서, 농촌에서 싸웠다.

2학년에 들어서는 언어학과 2학년 대표가 되어 선배, 후배와의 격의 없는 대화를 통해 과 분위기를 새롭게 하면서 과 구성원들을 굳게 결속시키는 역할을 했다. 그러던 그는 1985년 5월, 사당동 가두시위와 관련 구류 5일, 6월의 구로 가두시위로 구류 3일을 살기도 했다. 이런 일련의 시련을 겪으면서도 조금도 위축됨이 없이, 오히려 막연하게 설정했던 삶의 방향을 한층 구체화시키고 확고히 하는 계기로 삼았다. 항상 노동자, 농민, 도시빈민의 문제를 자신의 문제로서 고민했으며, 날로 심화되어 가고 있는 이 땅 위에 축적되고 있었던 모든 모순을 척결하기 위해 끝까지 투쟁하겠노라 다짐했으며, 그것을 몸소 실천했다.

3학년이 되면서 과회장으로 선출되었고, 인문대학의 제반 학생활동에 적극적으로 참여하면서, 1986년 4월에는 청계피복노조 합법성 쟁취대회와 그 시위에 참가, 구속되기에 이르렀다. 그는 감옥에서도 학습(현실에 대한 올바른 인식을 위한 독서)을 멈추지 않았고, 꾸준히 운동을 하는 등 심신을 단련하기를 게을리하지 않았고, 쉬지 않고 자기의 주장을 밝히면서 투쟁의 의지를 강고히 했다. 7월 중순에 집행유예로 나와서는 3개월 동안의 공백을 메우기 위해 보이지 않는 노력을 했다.

　1984년 봄부터 1986년 4월 그가 구속되기까지 그의 행적은 타오르는 불꽃 그 자체였으며, 오직 하나의 목표를 추구하며 끊임없이 자신을 반성하고, 이 땅의 모순을 직시하는 삶이었다. 우리는 그의 짧았던 생의 편린들을 통해 우리 사회 안의 첨예한 모순을 그대로 두고 보지 못하고, 그것을 개혁하고자 했던 한 젊은이의 처절한 투쟁을 볼 수 있는 것이다.

　간략하지만 그의 일생이 일목요연하게 정리되어 있다. 그는 재수하면서, 서강대학교에서 가톨릭 학생회장을 역임하며 학생운동에도 깊이 관여했던 형 종부의 영향을 많이 받았다. 재수 끝에 서울대 언어학과에 입학하기는 했지만 학생운동에 관한 순수한 새내기만은 아니었던 것이다. 그는 대학 1학년 때 이미 전태일의 전기 『어느 청년노동자의 삶과 죽음』(조영래 지음)을 읽고 깊은 감동을 받아, "열사라는 단어는 저를 비장하게 만듭니다"라고 말할 정도로 성숙한 청년이었다. 그리고 그는 모든 일에서 솔선하는 원칙주의자였다.

　농촌활동 때 식사시간에는 그 자신이 기꺼이 주방장이 되어 동료들의 식사를 챙겼고, 정리하고 토론하는 시간이 되면 어김없이 철저한 호랑이 감독이 되었다. 또한 농민이 차려 주는 새참을 먹을 것인가 말 것인가를 놓고 토론이 벌어졌을 때 농민에게 폐를 끼치는 일은 하지 않아야 한다면서 새참 먹기를 끝까지 반대했다. 국수가 붙면 버려야 한다면서 성의를 받아 주어야 한다는 주장이 대세였음에도 그는

1983년의 박종철.

한사코 새참 먹기를 거부했다.

　학생들의 마지막 투쟁이라 할 시험 거부 문제가 나왔을 때도 그는 단호히 시험을 거부해야 한다는 주장 쪽에 확고히 섰고, 또 그것을 관철했다. 1985년 두 차례나 구류를 살면서도 거리투쟁에는 어김없이 참석해 가장 열렬하게 싸웠다. 그래서 그에게는 '억세게 재수 없는 싸움꾼'이라는 별명이 붙었다. 성동구치소 수인번호 80번으로 옥살이를 할 때도 학습을 게을리하지 않으면서 단전호흡과 요가를 익혔고, 그 것을 아주 자랑스럽게 이야기했다. 아마도 사회 현실을 알면 알수록, 부딪치면 부딪칠수록 "이 사회 이대로는 안 된다"는 생각을 더욱 깊게 했던 것으로 보인다. 학내에서 자신이 참여했던 동아리의 표어요 목표였던 '먼저 인식한 자가 먼저 실천한다'는 데 철저했다. 자기 자신에게는 엄격했고, 남에게는 비교적 관대했던 리더십을 갖고 있었다.

그러나 누구보다 따뜻한 사람이었다. 세미나를 하려는데 책이 없어 고생하는 후배에게 선뜻 책을 사 준다거나, 1986년 말 건국대에서 농성하다가 구속된 과 후배에게는 한 벌밖에 없는 자신의 겨울 외투를 선뜻 차입시켜 준 일도 있었고, 한겨울에도 얇은 바지를 입고 다니는 후배에게 두터운 겨울 바지를 사다 준 일 등 그는 비록 가난했지만 베푸는 삶에 익숙했다. 그와 하숙생활을 같이했던 한 동료는 박종철을 이렇게 회상했다.

"남들을 위해 뭔가를 해 주려고 늘 바쁜 종철은 그렇게 '부자'였습니다. 그의 서클 사람들은 그를 '운동권의 자선사업가'라고 부르기도 하더군요. 자신을 위해 뭔가를 끝까지 소유하려 하고 집착하는 일은 종철에게 있을 수 없는 일이었습니다. 그래서 종국에는 그렇게 자신의 목숨까지 바친 것이겠지요."

우리는 박종철과 박종운의 관계를 살펴볼 필요가 있다. 박종운이라는 이름은 박종철이 목숨을 걸고 지키고자 했던 모든 동지를 대표하는 이름이라고 할 수 있다. 그가 박종운의 거처와 관련해 빌미를 줄 만한 말을 끝까지 아니한 것에서 그의 강한 책임의식을 엿볼 수 있다.

평전에 따르면, 박종철이 박종운을 처음 만난 것은 1985년 1월, 팀 동료들과 함께 겨울 합숙을 하던 때였다. 오류동의 자취방에서 합숙을 했는데, 갑작스러운 정전으로 장소를 옮겨야 했다. 어둠을 피해 간 곳에 박종운이 있었다. 운동권 사람이었던 박종운은 후배들에게 그 정체가 밝혀져서는 안 될 사람이었다. 그러나 박종철에게 그 얼굴은 알 만한 사람, 시위대의 선두에 서 있던 바로 그 사람이었다. 그들은 인사를 주고받았고, 그 이름도 형제 같아 두 사람은 이내 친해졌다. 그로부터 얼마 후인 1985년 여름, 박종운은 민주화추진위원회(민추위) 사건으로 지명수배를 받아 쫓기는 몸이 된다.

1986년 11월 말, 박종철은 하숙방에서 동아리 선배를 기다리고 있었다. 기다리는 종철이 앞에 나타난 사람은 엉뚱하게도 박종운이었다. 박종운은 얼마 전 호구조사 때 동사무소 직원과 경찰에게 신분이 노출되자 책과 옷가지를 남겨 둔 채 도망쳐 나와 아는 사람들의 집을 전전하면서 하룻밤씩 신세를 지고 있었다. 이런 생활 중 박종철이 하숙하고 있다는 이야기를 듣고 찾아온 것이다.

박종운이 박종철을 다시 찾아온 것은 1987년 1월 8일이었다. 박종운은 한 차례 구속사태가 몰아친 뒤, 연락이 끊긴 사람들과 연결하는 것을 박종철에게 부탁하기 위해 찾아왔다. 박종철은 기꺼이 박종운의 청을 받아들였다. 그리고 박종철은 한사코 마다하는 그에게 꼬깃꼬깃한 만 원짜리 지폐 한 장과 자신의 목도리를 풀어 주었다. 목도리는 누나 은숙이 털실로 직접 짜 준 것이었다. 이것이 이승에서의 마지막 만남이었다.

1987년 1월 14일 새벽, 전날 오랜만에 친구들과 술을 마신 박종철은 하숙집에서 자고 있었다. 그 하숙집에 경찰이 들이닥쳤다. 그들은 박종철을 억지로 깨운 뒤 차에 밀어 넣었다. 그리고 남영동 대공수사 2단 5층 8호실로 끌고 갔다. 이후 바로 9호실로 옮겨졌고, 고문을 당하고 14일 오전 11시 20분, 박종철은 숨졌다.

박종철과 부산에 있던 아버지가 마지막으로 만난 것은 1월 12일이었다. 13일부터 일본어 강의를 듣기 위해 학교로 간다면서 하직한 것이 마지막이었다. 그때 아버지는 직장의 숙직실에서 바둑을 두고 있었다.

"아버지, 저 올라갑니다."

"응, 그래라."

그것이 부자가 나눈 마지막 대화였다.

박종철 군 고문치사 사건의 진상이 조작되었다

박종철이 물고문 끝에 숨진 사실이 알려지자 국민들은 분노하기 시작했다. 부천서 성고문 사건, 김근태 고문 사건으로 고문에 몸서리치고 있던 국민은 자신에 대한 혐의가 아니라 수배자의 소재를 알아내기 위해 끌려간 한 대학생이 주검으로 나온 데 대해 치를 떨었다. 그것이 언제 내 일, 내 자식의 일이 될지 모를 일이었다.

박종철의 죽음 앞에 맨 먼저 달려간 사람들은 민주화실천가족협의회의 어머니들이었다. 그들은 1월 16일 오후, 남영동 치안본부 대공분실 앞으로 몰려가 통곡하며 외쳤다. "우리의 아들 박종철을 살려 내

라," "살인 수사 사주하는 독재정권 몰아내자." 이를 필두로 대한변호
사협회, 김재준 목사와 함석헌 선생, 그리고 각계각층에서 성명을 발
표해 더 이상 고문하는 정권을 이대로 방치할 수 없다고 호소한다. 이
러한 분노와 호소가 집적되어 1월 19일에는 함석헌, 홍남순, 김영삼,
김대중 등 전국에서 각계 대표 9,782명으로 '박종철 군 국민추도회 준
비위원회'가 발족된다. 이 준비위원회가 2·7 국민추도회와 3월 3일
에 있었던 '박종철 49재'와 '고문추방민주화대행진'을 주도한다.

전두환정권은 2·7 집회를 불법집회로 규정하고 원천봉쇄 3일 작
전을 벌였다. 당일에는 전국에서 2만 5천 명의 전경을 차출하면서까
지 집회를 저지하기 위해 총력을 기울였지만, 박종철의 죽음을 추모
하는 시민들은 집회 대신 곳곳에서 시가전으로 시위를 벌였다. 오후
2시 정각 명동성당에서 종이 울렸다. 박종철의 나이와 같은 스물한
번이었다. 이날의 투쟁은 규모 면에서는 경찰의 원천봉쇄로 그렇게
대단한 것은 아니었지만, 광범위한 시민들의 자발적인 참여가 눈에
띄었다. 자동차 수백 대가 경적을 울렸다. 연도와 빌딩의 창가에 빽빽
이 늘어선 시민들은 시위대에 박수를 보내고, 애국가와 〈우리의 소원
은 통일〉 등의 노래를 같이 불렀다. 경찰이 시위대를 연행하면 시민
들이 '우' 하는 야유를 보내는가 하면, 직접 경찰과 몸싸움을 벌여 이
들을 구출해 내기도 했다. 이날은 서울에서뿐만이 아니라 부산, 대전,
광주, 마산, 전주 등에서도 추도시위가 열렸고, 전국에서 연행된 사람
이 798명이나 되었다.

3월 3일, 박종철 49재와 고문추방민주화대행진이 서울을 비롯해

부산, 대구, 광주, 대전, 전주 등 주요 도시에서 추진되었다. 경찰은 6만여 명을 동원해 원천봉쇄에 나섰다. 불교 5단체의 승려와 신도 200여 명이 박종철의 영정을 앞세우고 시위에 나섰으며, 조계사 부근에서 재야 인사들과 신민당원들은 침묵을 상징하는 'X'자 모양의 검은 반창고가 붙은 마스크를 쓰고 시가지 진출을 시도했다. 풍선을 들고 행진하는 시위 형태도 선보였다. 2월 7일의 추도회와 3월 3일의 49재는 전국에서 동시다발로 이루어졌고, 또 많은 시민들이 동참했다는 점에서 6월항쟁의 전초전이자 예고편의 의미를 지녔다.

박종철 군의 어머니 아버지는 독실한 불교 신자였다. 그들은 1월 16일 화장된 박종철 군의 영정을 부산 사하구 괴정동에 있는 사리암에 안치했다. 박종철의 영정을 받아 준 사리암의 스님은 백우 도승 스님이었다. 그 스님은 이 일로 언론의 조명도 받았지만, 그와 동시에 많은 고초를 겪어야 했다. 가족이 참석한 가운데 2·7 추도식과 3·3 49재가 열린 곳도 사리암이었다. 사리암은 이 일 때문에 전국에 알려지게 되었다.

사리암에서는 행인 통제가 극심했다. 그래도 2,300여 명의 군중이 모였고, 특히 부산 시내 각 사찰의 스님들이 대거 몰려와서 박종철의 재를 올렸다. 기관원이 회유하고 협박하고 방해했음에도 불구하고 스님과 군중이 법당의 안과 밖을 가득 메웠다. 당시는 생존해 있었던 부산 문학의 거두, 요산(樂山) 김정한(金廷漢) 선생이 추도사를 했다. 경찰 당국에서는 사리암 주지스님에게 시간을 줄여라, 당일 절차를 생략하라는 등 유형무형의 압력을 가했다. 그러나 참석한 사람들은 〈임을 위한 행진곡〉을 부르면서 당일의 행사를 마무리했다.

국민이 이렇듯 행동을 통해 박종철의 죽음에 분노하고 항의했음에
도 불구하고, 전두환정권은 이를 효과적으로 분쇄했다고 판단하고, 4
월 13일 이른바 호헌조치라는 것을 발표한다.

4·13 호헌조치와 더불어 국민의 관심은 이제 '호헌'과 '호헌 반대'
라는 정치투쟁으로 옮겨 간다. 박종철의 죽음에 대한 항의는 일단 뒤
로 묻혀지고, 전두환정권은 '호헌'을 향해 발빠른 행보를 서두른다. 야
당과 재야 민주화운동 진영은 단식투쟁 등 필사적으로 호헌반대투쟁
을 전개하지만 '호헌'은 요지부동이었다. 이대로 가면 국민의 손으로
자신의 정부를 선택할 수 있는 직선제 개헌은 요원한 것처럼 보였다.

바로 그때 천주교정의구현전국사제단이 5월 18일 명동성당에서
있었던 '광주민주항쟁 7주기 기념미사'에서 「박종철 군 고문치사 사
건의 진상이 조작되었다」라는 충격적인 성명을 발표한다. 이 성명은
아직도 감추어지고 있었던 박종철 군 고문치사 사건의 진실을 밝히
게 한 것은 물론, 정국의 흐름과 방향마저도 일순에 바꾸어 버린다.
그야말로 '말씀의 폭풍'을 가져온 것이다. 이 성명은 박종철 군을 물
고문한 범인은 이미 구속된 조한경 경위와 강진규 경사 외에 3명이
더 있다면서, 그들은 학원분과 1반 소속 경위 황정웅, 경장 반금곤, 경
장 이정호로, 현재도 경찰 신분을 그대로 유지하고 있다고 폭로했다.
이 성명은 이어서 이 조작이 정권에 의해서 조직적으로 이루어지고
있다는 사실을 이렇게 지적했다.

"범인 조작의 각본은 경찰에 의하여 짜여지고, 또 현재도 진행 중에 있다.······ 사건의 조작을 담당하고 연출한 사람들은 고문치사 사건 직후 직위해제되었다가 4월 8일 버젓이 복직한 치안본부 대공수사 2단 단장 전석린 경무관, 5과장 유정방 경정, 5과 2계장 박원택 경정과 역시 간부 홍승상 경감 등이다. 특히 5과장 유정방 경정은 박종철 군 사건 진상 은폐와 사후 처리를 지휘한 장본인이다.······ 검찰은 이 사건 조작 내용을 알고 있으며, 이 사건의 범인의 조작과 진상 은폐의 책임은 현 정권 전체에 있다. 당초의 검찰 수사 방침을 경찰의 자체수사 방침으로 바꾸게 한 1월 17일의 관계기관대책회의 결정은 전적으로 현 정권의 진상 은폐와 사건 조작을 위한 것이었다.······ 이 사건 범인 조작의 진실이 박종철 군의 고문살인 진상과 함께 명쾌하게 밝혀질 수 있느냐 없느냐에 따라 과연 우리나라에서 공권력의 도덕성이 회복되느냐 되지 않느냐 하는 결말이 날 것이다. 또한 우리 사회가 진실과 양심 그리고 인간화와 민주화의 길을 걸을 수 있느냐 없느냐 하는 중대한 관건이 이 사건에 걸려 있다."

사제단의 발표가 있고 나서 초조한 하루 이틀이 지나고, 5월 21일 오후 6시 정구영 서울지검 검사장이 기자회견을 통해 범인 3명이 더 있다는 사실을 인정했다. 29일에는 검찰이 축소·조작을 주도한 대공수사 2단 단장 박처원, 5과장 유정방, 5과 2계장 박원택을 범인도피죄로 구속수감했다. 그러나 사제단이 강력히 의혹을 제기한 축소·조작·은폐의 최고 책임자라 할 치안본부장 강민창은 이번 재수사에서도 제외되었다. 축소 조작과 은폐는 이때까지도 여전히 계속되고 있었던 것이다. 그러나 사제단 성명의 파장은 날로 커졌다.

한편, 국민들의 분노가 더욱 가열차게 폭발하기 시작하자, 전두환 정권은 5월 26일 오전 전면개각을 단행했다. 노신영 국무총리가 물러나고 대신 이한기 전 감사원장이, 장세동 안기부장이 퇴진하고 안무혁 국세청장이, 김성기 법무장관과 정호용 내무장관의 후임으로 정해창 대검차장과 고건 민정당 의원이 들어왔다. 검찰총장은 서동권에서 이종남으로, 치안본부장은 이영창에서 권복경으로 각각 교체되었다. 이번의 개각은 오로지 박종철 고문치사 축소조작 사건과 관련해서 이루어진 것이었다. 특히 전두환의 후계자로 물망에 오르던 노신영 총리와, 전두환정권의 2인자로서 그동안 정국을 좌지우지했던 장세동의 퇴진은 특기할 만한 일이었다.

한편 사제단의 폭로는 4·13 호헌조치 이후의 소극적, 분산적 개헌운동을 범국민적 차원의 적극적, 통합적인 운동으로 전환시키는 계기를 마련했다. 5월 23일 '박종철 군 국민추도위원회'는 '박종철 군 살인은폐조작규탄 범국민대회 준비위원회'로 확대되더니, 27일에는 '민주헌법쟁취 국민운동본부'로 결성된다. 국민운동본부는 이후 6월 10일의 '고문살인은폐조작규탄 및 호헌철폐 민주헌법쟁취범국민대회', 6월 18일의 '최루탄 추방의 날' 행사, 6월 26일의 '민주화대행진' 등 6월 민주항쟁을 이끌어, 마침내 6·29 선언을 이끌어 내기에 이른다.

눈물뿐인 이 나라의 꽃이 되었다

대한민국의 현대정치사에서 건국에 다음가는 큰 사건을 든다면 아마도 그것은 30여 년에 걸친 잔학한 군사정치문화를 청산하고, 이 땅에 국민의 힘으로 민주주의 정부를 수립한 일일 것이다. 30여 년에 걸친 민주화투쟁사에서 대한민국 국민의 민주화에 대한 열정이 가장 역동적으로 펼쳐졌던 시기가 바로 1987년 1월에서 6월까지의 기간이었다. 투쟁은 광범하고 치열했으며, 그 승리도 극적이었다. 그 장엄한 투쟁의 시작에서 끝까지 대한민국 국민은 박종철과 같이 있었다.

박종철은 그해 1월 14일에 죽었으나, 투쟁의 고비마다 살아나와 민주화운동의 불씨를 소생시키고, 더욱 강렬하게 불타오르게 했다. 어떻게 보면 박종철은 이 나라 민주주의를 구하기 위해서 태어났고, 이 나라 민주주의를 위해서 순국했다. 이 나라 민주주의를 위해 필요할 때, 그때마다 부활했다. 우리는 여기서 하느님의 섭리랄까, 역사의 힘이랄까, 눈에는 보이지 않는 뜨거운 손길을 느낀다. 그 보이지 않는 손길이 바로 박종철을 통해 움직였던 것이다.

6월 민주항쟁이 이 나라 민주시민의 장엄한 승리로 끝나고 이한열을 광주로 떠나보내던 날 100만 인파는 이한열에게 뜨거운 눈물을 보내 주었다. 그것은 곧 박종철에게 보내는 뜨거운 눈물이기도 했다. 6월항쟁이 승리하던 그날, 박종철은 '눈물뿐인 이 나라의 꽃'이 되었다.

키 170센티미터, 체중 60킬로그램의 건장한 청년을 경찰관 두 명이 고문하다가 사망에 이르게 했다는 진술을 그대로 믿은 검찰의 초동

수사, 2월 27일 두 경찰관으로부터 고문 경관이 3명 더 있다는 양심 고백을 듣고도 이를 방치한 검찰 때문에 영원히 묻힐 뻔했던 박종철 군 죽음의 진실을 세상에 드러낸 천주교정의구현전국사제단의 성명 「박종철 군 고문치사 사건의 진상이 조작되었다」는 교회와 사제의 모든 것을 걸고 던진 엄청난 모험이었다.

우리가 살았던 그때 그 시절은 가장 온순한 사람들을 가장 열렬한 투사로 만들던 시절이었다. "종철아, 잘 가그래이. 이 아부지는 아무 할 말이 없대이" 하고 외쳤던 그 아버지는 부산시청의 착하고 성실했던 말단 공무원에서, 아들을 대신해 이 나라 민주주의를 지키고 일구어 내는 늦깎이 투사가 되었다. 그분은 "슬픔도 노여움도 없이 살아가는 자는 조국을 사랑하고 있지 않다"라는 네크라소프의 시 구절이 말하는 것처럼 슬픔과 노여움을 가지고 이 나라, 이 공동체를 사랑하기 시작했다. 그분은 아들이 없는 세상, 그 세상에서 아들 대신 자신이 할 수 있는 일을 다 해 오고 있다. 이제는 민주화운동의 중후한 지도자의 한 사람으로 힘든 일, 궂은 짐을 도맡아 지고 있다. 그리고 그분은 죽은 아들을 위한 싸움을 통해 이 나라 사법 사상 최초로 '신원권(伸冤權, 가족 중 한 사람이 억울한 일을 당했을 때 나머지 가족 구성원이 그 진상을 밝혀내고 본인의 원한을 풀어 줄 수 있는 권리)'을 인정받았다.

박종철의 누나 은숙은 박종철 2주기 추모 때 이렇게 말했다.

"철아, 너의 사랑하는 동지들은, 우리는 반드시 해내고야 말 것이다. 민중이 억압으로부터 해방되고, 참세상, 바른 세상이 오는 날, 바로 그날에 철아, 나는 너의 흔적을 쓸어안고, 우리 전에 같이 추었던 해방춤을 추며 여태까지 안으로 삼켰던 오열을 토해 낼 수 있을 게다. 편히 쉬어라. 사랑하는 내 동생 철아."

그렇다. 6월항쟁을 승리로 끝냈을 때 우리 모두는 해방춤을 추고 뜨거운 눈물을 박종철에게 보내 줄 수 있었다. 박종철로 하여 점화된 1987년의 민주화대투쟁은 박종철과 더불어 장엄한 승리로 끝났다.

당신께서 다 아십니다

김승훈

괜찮아, 하느님께서 다 잘해 주실 거야

벌써 10년이 넘었다. 김승훈 신부(1939~2002)가 선종(善終)한 것이……. 김승훈 신부 장례미사에서 정진석 대주교(지금은 추기경)는 강론을 통해 김 신부의 말년과 관련한 일화 하나를 소개해 주었다. 죽기 얼마 전 김승훈 신부가 찾아와, 자신이 사제로 서품된 후 신부로 맨 처음 부임했던 바로 그 신당동성당에서 사목하게 해 달라고 간청하더라는 것이다. 나는 이 말을 듣고 '아, 김승훈 신부는 이런 분이었구나' 하는 생각을 하지 않을 수 없었다.

우리가 이제까지 알고 있던 김 신부와는 어쩌면 전혀 다른 모습이 김 신부의 진면목이 아닌가 싶었다. 입가에는 가벼운 냉소가 흐르고, 누구에게나 반말 비슷한 말을 찍찍 내뱉었던 김승훈 신부에게, 이런 인간적인 면모가 있었다는 것이 새삼스러웠다. 죽는 날까지 사목을 하고 싶어 하고, 특히 신당동성당과의 인연에 그렇게 목말라했다는 사실이 새삼 김승훈 신부에 대한 연민과 그리움을 더하게 했다. 그리고 그의 죽음이 더욱 애련하게만 느껴졌다.

신당동성당은 그가 사제서품을 받고, 1962년 12월, 사제로 부임한 첫 성당이다. 그리고 그 이듬해 9월 25일, 그는 부슬부슬 비가 내리던 날, 아현동, 서대문, 혜화동에서 잇따라 동료와 선배 신부들을 만나고 걸어서 신당동의 사제관에 돌아왔다. 비를 맞아 몸이 으슬으슬한 데다가 피곤까지 겹쳐 그는 일찍 잠자리에 들었고, 이내 잠이 들었다. 사제관 아주머니는 이런 날씨에는 불을 넣어야지 하는 좋은 마음으로 아궁이에 연탄불을 넣었다. 그러나 그 방은 1년 동안 불을 넣어 본 적이 없는 온돌방이었다.

그다음 날은 순교복자축일이었는데, 아침에 그는 일어나지 못했다. 처음 성모병원으로 실려 간 신부를 놓고 사람들은 "이 사람 못 산다"고 했다. 의식은 물론 없었고, 발은 굳어 있었으며, 온몸에는 보라색 반점이 번져 있었다. 주치의는 재활의학을 전공한 의사였지만, 의사를 제쳐 놓고 매사에 적극적이던 어머니가 병구완을 좌지우지했다. "내 아들 내가 살린다" 하면서 병원에서 사람을 불러 안마를 계속 시키기도 했다. 밖에서는 전국에서 젊은 사제를 살리자는 기도가 이어졌다. 이런 기도와 정성 탓이었을까. 그는 기적적으로 20여 일 만에

사제서품을 받은 뒤 부모님과 함께.

눈을 떴다. 눈을 뜨기는 했지만 처음에는 어린애 같아서 걷는 것에서 부터 말 배우기까지 하나씩 다시 시작해야 했다. 한 달 가까이를 혼수 상태에서 지내고 나서야 조금씩 의식이 되살아났다. 그의 머리가 벗겨진 것도, 말투가 어눌해진 것도 그 모두가 연탄가스 중독의 후유증이라는 것을 나는 뒤에 알았다.

하느님에게 의탁하는 사제

1986년의 5·3 인천사태와 관련해 쫓기던 이부영을 숨겨 주고, 그에게 도피자금을 제공하는 등 편의를 제공했다는 이유로 1986년 말부터 나는 수배 중이었다. 그런 가운데 1987년 3월 초 기적적으로 만난 전병용에게서 감옥의 이부영으로부터 온 편지 3통을 받았다. 전병용도 수배 중이었는데, 나에게 편지를 전달하고 난 며칠 뒤 전병용은 체포되었다.

영등포교도소에 갇혀 있는 이부영으로부터 온 편지는 "우촌(友村)(우촌은 이돈명 변호사가 내게 지어 준 아호였다) 보게"로 시작되었는데, 정말 경천동지할 내용이 담겨 있었다. 시차를 두고 세 번에 걸쳐 쓴 편지를 한꺼번에 받은 것이다. 읽어 가면서 나는 숨이 막힐 지경이었다. 그해 1월에 있었던 박종철 군 고문치사 사건이 조작되었다는 것이다. 범인으로 지목되어 지금 감옥에 들어와 있는 조한경 경위와 강진규 경사는 진짜 범인이 아니라고 했다. 그들은 가족 면회 때, 진짜 살인을 했느냐고 묻는 가족의 질책에 울면서 결코 사람을 죽인 일이 없노라고 고백하는 것을 교도관들이 들었는데, 그 사실이 감옥에 일찍 들어와 있던 이부영의 귀에까지 들린 것이다. 이부영은 왕년의 기자의식이 발동해 교도관을 통해 계속 추적한 결과 진짜 고문에 가담하고 죽음에까지 이르게 한 3명의 명단을 알아냈고, 그것을 긴박하게 내게 알린 것이다. 이미 구속된 경찰관들은 살인범으로 몰리는 데 점차 두려움을 갖게 되었고, 이 사실을 검사에게 호소했지만 그들은 그것을 묵살했을 뿐만 아니라, 한 군데 오래 두는 것이 비밀 유지에 도움이 되지 않는다고 생각했던지 이들의 신병을 아예 의정부교도소로 이감시켜 버렸다. 대공수사단의 고위 간부들은 가족과 본인들을 찾아와 각본대로만 해 주면 사후보장은 물론 거금을 주겠다고 한편으로는 회유하고 다른 한편으로는 은근히 협박하고 있었다.

그것은 엄청난 일이었다. 듣기조차 무서운 일이었다. 그러나 그것은 사실이었다. 편지의 전후 문맥이나 편지에 나타난 정황으로 보아 그것은 의문의 여지가 없는 사실일 수밖에 없었다. 그때 나는 고영구 변호사의 집에 은신하고 있었는데, 고영구 변호사를 통해 황인철, 홍성우 변호사 등과도 상의하고, 또 박종철 군의 죽음이 세상에 알려진 뒤 진행되고 있던 추도회, 49재 등 민주화운동 진영의 움직임을 면밀히 추적했다. 그리고 혹시 행간(行間)에라도 새로운 사실이 있는가 싶어 신문이란 신문은 다 뒤졌다. 이러한 모든 내용을 종합해 발표할 문건을 준비했다.

그러나 이 엄청난 사실을 어떻게 세상에 알리는가 하는 것이 문제였다. 처음에는 그 무렵 소집된 임시국회에서 야당 의원의 대정부 질의를 통해 공개하는 방법을 생각했다. 실제로 그때 가까스로 연락이 닿던 몇몇 야당 의원들을 통해 질의자로 선정된 의원들의 의사를 조심스럽게 타진하기도 했다. 그러나 국회의원들은 한결같이 자신 없어 했다. 야당 의원을 통해 공개하겠다는 생각을 접었을 때, 그들 중 한 사람은 자신을 시험에 들지 않게 해 주어 감사하다는 말을 전해 왔다. 그것은 그들이 비겁했던 탓만은 아니었다. 그때는 분위기가 그만큼 살벌했다. 나는 지금도 그때의 야당 의원들을 비난할 수가 없다.

이제 길은 없었다. 천주교정의구현전국사제단을 통해서 발표하는 것이 유일하게 남은 길이었다. 벌써 이 문제와 씨름하기 시작한 지 두

왼쪽부터 유현석, 이돈명, 김승훈, 함세웅.

달이 지나고 있었다. 그리하여 고영구 변호사의 부인과 그 딸이 명동
성당의 함세웅 신부에게 수도 없이 찾아갔다. 내 편지를 전하기 위해
서였다. 그때 함세웅 신부는 서울대교구 홍보국장이라는 직책을 맡고
있었는데, 일요일이면 구파발성당에 와서 미사를 집전한다는 이야기
를 들었다. 고영구 변호사 부인은 구파발성당으로도 찾아갔다. 그러
나 함 신부로부터 '한다, 안 한다'는 확답을 듣지 못했기 때문에 나는
초조했다. 그래서 "이 모든 진실을 사실로 확인·제보한 것이 김정남"
이라고 공개해도 좋다며, 나는 함세웅 신부에게 매달렸다.

　뒤에 안 일이지만, 함세웅 신부는 5월 18일 개최되는 5·18 기념미
사 때, 서울 사제 중 연장자요 단장격인 김승훈 신부가 해 주기를 바
랐다. 그래서 여러 차례 홍제동성당으로 김승훈 신부를 찾아갔는데,

무슨 낌새를 느끼셨는지 김 신부의 어머님이 곁을 떠나지 않아 말도 못 꺼내고 되돌아오곤 했다는 것이다. 그래서 김승훈 신부가 안 되면 전주의 문정현 신부로 하여금 발표케 할 요량으로 문정현 신부를 비밀리에 상경시키기까지 했다. 그리고 마지막으로 5월 17일, 김승훈 신부를 찾아갔다. 이날도 김 신부의 어머니가 두 사람 곁을 떠나지 않으셨다. 그런데 이날은 뭔가 좀 달랐다. 함 신부가 "어머니 가서 쉬십시오" 하니까, "괜찮아, 내가 다 알고 있어. 지금 무슨 중요한 일을 계획하고 있지?" 하시며, 그 전날 밤 꾼 꿈 이야기를 들려주시는 것이었다. 그 꿈은 이런 내용이었다. 나라에 큰 난리가 났는데, 김 신부는 큰 웅덩이에 빠져 있었다. 그런데 성모님께서 김 신부를 그 웅덩이에서 건져 올려 주셨다는 것이다. 이런 꿈 이야기를 하시고는 자리를 피해 주어, 비로소 하고 싶은 이야기를 나눌 수 있었다. 이때 비로소 그다음 날 저녁 6시, 광주민주항쟁 7주기 기념미사 때 김승훈 신부가 '박종철 고문치사조작 사건'의 전모를 발표하기로 확정된 것이다. 김 신부의 어머니는 늘 기도하시는 분이기 때문에 이런 영묘한 신통력을 가지고 있었지 않았나 생각된다. 김 신부와 어머니는 모자간이라고는 하지만 유난히도 자별했다. 구식 타자기로 강론 원고를 써서는, 그것을 어머니에게 읽어 드리는 모습을 보고 감격한 사람도 여럿 있었다.

이리하여 1987년 5월 18일 오후 6시, 명동성당에서 열린 5·18 기념미사에서 김승훈 신부가 「박종철 군 고문치사 사건의 진상이 조작되었다」라는 천주교정의구현전국사제단 명의의 역사적 성명을 발표하게 된다. 제대 위에서 성상을 향해 절할 때는 제의가 머리를 덮을 정도로 김승훈 신부는 엄숙·경건한 모습이었고, 성명을 읽어 가는 동안 김 신부의 목소리는 크게 떨렸다. 듣는 사람들도 놀라움으로 숨이 막힐 지경이었다. 나는 이 같은 광경을 그 자리에 참석했던 고영구 변호사 부인으로부터 들었고, 또 김승훈 신부의 책에서 읽었다. 김승훈 신부가 얼마나 긴장하고 있었는지를 가늠하기에 족하다.

그 성명의 초안은 내가 썼는데, 나는 김승훈 신부를 통해 그 성명이 3,120자라는 사실을 알았다. 이 성명을 발표하는 데 김승훈 신부가 얼마나 노심초사했는지를 여기서도 알 수 있다. 그 성명의 마지막은 이렇게 되어 있다. "이 사건 범인 조작의 진실이 박종철 고문 살인 진상과 함께 명쾌하게 밝혀질 수 있느냐 없느냐에 따라 과연 우리나라에서 공권력의 도덕성이 회복되느냐 되지 않느냐 하는 결판이 날 것이다. 또한 우리 사회가 진실과 양심, 그리고 인간화와 민주화의 길을 걸을 수 있느냐 없느냐 하는 중대 관건이 이 사건에 걸려 있다." 이 성명 이후 6월항쟁으로 이어지는 일련의 과정이 어떻게 전개되었는지는 우리가 익히 알고 있는 바와 같다.

당신께서 다 아십니다

김승훈 신부가 살아생전에 즐겨 썼던 말이 "당신께서 다 아십니다," "괜찮아, 하느님께서 다 잘해 주실 거야" 하는 것이었다. 전자는 그 자신이 자서전의 제목으로 쓸 만큼 그가 즐겨 쓰는 말이었고, 후자는 그

김승훈 신부.

를 가까이에서 겪어 본 사람이라면 한 번쯤 들어 본 말이다. 물론 이 말은 김승훈 신부의 신앙의 깊이나 인간적 성숙을 드러내는 말이기도 하다. 특히 후자의 말은 김 신부의 어른다운, 그리고 낙천적인 모습을 느끼게 해 준다.

그러나 나는 김승훈 신부가 즐겨 썼던 이들 말에서 그 어려웠던 시절을 김승훈 신부가 얼마나 힘들게 살아왔을까 하는 연민을 느끼지 않을 수 없었다. 그분에게 지워진 짐이 너무도 힘들고 무거웠기 때문에, 하느님에게 온전히 모든 것을 의탁하고 맡기는 김승훈 신부의 기도하는, 자신의 모든 것을 다 하느님께 맡기는 모습을 보게 되는 것이다. 아마 5·18 기념미사 때 그 성명을 읽도록 떠맡겨질 때 그것을 읽을 때까지의 심정이, 아니 그 이후 결과를 기다릴 때까지 그가 가질 수밖에 없었던 두려움과 불안 속에서, 그가 속으로 거듭거듭 속삭인 것이 "괜찮아, 하느님께서 다 잘해 주실 거야" 하는 말이 아니었을까. "나에게 떠맡겨진 이 짐, 역사의 짐을 지기는 하지만, 나 혼자로서는 너무 벅차고 힘드오니, 하느님, 당신께서 알아서 다 잘해 주십시오" 하는 절절한 기도가 그 말 속에서 배어 있는 것이다. 함세웅 신부는 김승훈 신부를 가리켜 '한국 교회의 바위'라고 했지만, 그 바위가 되기까지 김승훈 신부는 얼마나 힘들고 외롭고 고달팠을까. 나 역시 김승훈 신부에게 직접이든 간접이든 너무나 많은 짐을 지워 드렸다. 그 점이 나로 하여금 지금도 그분에게 더할 수 없이 죄송스러운 마음을 갖지 않을 수 없게 하고 있다.

김승훈 신부가 그런 짐을 맡을 수밖에 없었던 것은 어쩌면 숙명적인 일이었다. 서울의 사제단 신부 가운데는 가장 연장자인 것 자체가 그분을 그렇게 만들었다. 1976년 3월 1일, 3·1절 기념미사 때 강론을 맡을 수밖에 없었던 것이 그렇고, 3·1 민주구국선언 사건으로 신현봉 신부가 구속되면서 사제단의 단장 격이랄까, 그 대표직을 자의반 타의반으로 떠맡을 수밖에 없었던 것이 그렇다. 사제단의 초기에는 신현봉, 박상래, 김병도 신부 같은 분이 사제단을 선도하거나 병풍의 역할을 해 주었지만, 신현봉 신부가 구속되면서 이제 김승훈 신부가 전면에 나설 수밖에 없었다.

1982년 4월 15일, 김승훈 신부는 자신이 회장을 맡고 있던 한국교회사회선교협의회의 성명 「부산 미문화원 방화 사건에 대한 우리의 견해」를 발표했는데, 이때도 김승훈 신부는 자신을 온전히 하느님께 맡기는 심정이었을 것이다. 이 성명은 이 나라에서 공개적으로 발표된 최초의 '미국을 비판하는 발언'이라는 점에서 역사적으로 중요한 의미를 갖는다. 그때만 해도 "부산 미문화원 방화 사건은 민족자주적 애국심의 발로이며, 최기식 신부의 처신은 사제로서 정당한 것"이라고 말을 하기에는 너무나도 두렵고 무서운 시절이었다. 이런 일을 할 때마다 김승훈 신부는 하느님에 대한 절절한 기도로, 그리고 자기 자신에 대한 위로와 채찍으로 이 말을 되씹었을 것이다.

김승훈 신부가 타의로 이런 무거운 짐을 져야 했던 일은 하나둘이 아니다. 동대문성당에서 '김지하 문학의 밤'을 개최한 것, 왕십리성당에서 '문익환 목사 출감 환영식'을 연 것, 홍제동성당을 운동하는 사람들에게 개방한 것, 시흥동성당에서 범민족대회를 열 수 있게 한 것 등이 바로 그것이다. 어디 그뿐인가. 그 어려웠던 시절, 인권이나 민주화를 위한 단체를 만들 때 공동대표나 발기인, 또는 그 병풍 역할을 해 주어야 했던 것이 그 얼마나 많았던가. 그는 자신을 찾아와 부탁하는 사람들을 한 번도 그냥 헛되이 돌려보낸 일이 없었다. 그때를 살아 본 사람이라면 알 것이다. 그때 이름을 빌려주고, 대신 짐을 떠맡아 지는 것이 얼마나 두렵고 위험한 일이었는지를……. 김승훈 신부인들 그것이 왜 무섭고 두렵지 않았으랴. 다만 "괜찮아 하느님께서 알아서 다 잘해 주실 거야" 하고 자신을 달래면서 그 짐을 자신의 어깨에 짊어졌을 것이다.

그는 그의 말대로 꽤 괜찮은 신부였다. 그가 시흥동성당에 부임하면서 첫 강론 때 했다는 그의 말은 지금도 아련하다.

"제가 생각하는 저라고 하는 신부는 별로 재미있는 신부는 아닙니다. 그렇지만 아주 작은 일에도 눈물 흘리는 신부입니다. 많은 어려운 사람들, 힘들어하는 사람들, 또 감옥에 들어가 있는 사람들, 나의 도움을 필요로 하는 사람들에게 기쁘게 찾아가는 신부입니다.…… 아마 꽤 괜찮은 신부일 것입니다."

재야의 원류, 인권변호사의 효시

이병린

1986년 8월 21일, 이병린 변호사(1911~86)가 투병 끝에 76살을 일기로 타계했을 때 함석헌은 영결식전에서 이렇게 절절한 조사로 그를 떠나보냈다.

"인권변호사님, 당신께서는 나라 운수가 기울어지는 때에 세상에 나서서 법률을 전공하셨으니, 소위 법치국가라는 이 시대에 뜻이 있었음을 알 수 있고, 해방의 광명도 잠깐뿐, 다시 암흑의 폭풍이 불기 시작할 때, 가면을 쓰고 동포를 속이는 박정희의 무리가 일어나 감히 민족중흥이란 속임수 구호를 외쳤을 때 세상의 많은 지식인들이 폭풍 밑의 갈대같이 머리를 숙이고 아첨했을 때 오직 버티고 싸웠으니, 그 정신이 어떠했음을 가히 알 수 있습니다.

그런데 그 박정희는 목 베임을 받았지만, 그 남은 무리가 아직도 물러가려 하지 않고, 민족을 만년 노예로 두고 짜 먹으려 하는 이때에 당신이 훌쩍 가는 것은 웬일입니까.…… 인권변호사님, 그런데 어찌 이때에 이것을 그냥 두고 가신단 말입니까? 일찍이 인간성을 다 잃었던 정보원들이 당신을 끌어가려고 억지로 차 속에 집어 넣으려 할 때 벼락같이 호통을 치던 모습이 지금도 눈에 선합니다. 그 당신이 이제는 그것을 모른 척 가시려 합니까. 정신이 흐려졌습니까. 그럴 이치가 없지 않습니까. 그렇지 않으면, 그 꼴을 보다 못해, 견디다 못해, 하늘에 직소하려고 분이 터져 죽으신 것입니까. 그리하여 우리 모두의 가슴에 불을 질러 하늘 뻗치는 불기둥이 되게 하려고, 아, 그럼 잘 가십시오."

그는 과연 인권변호사의 효시였고, 대부였다. 인권변호사라는 말이 그로 하여 나오기 시작했고, 인권변호사의 길을 걷는 후배 변호사들이 그의 마지막 가는 길을 운구했다. 경기도 용인의 공원묘지. 묘소까지는 200~300미터의 가파른 산길, 인부들을 제치고 이른바 인권변호사들이 이 일만은 자신들이 해야 한다고 끝내 고집을 피웠다.

2015년에 창립 27주년을 맞은 민주사회를 위한 변호사 모임(민변)은 1988년 인권변호사들이 모여 만든 단체로 출발, 오늘까지도 그 맥을 이어 오고 있다. 이들은 지금도 이병린 변호사를 그들의 사표로 삼고 있지만, 그들이 하는 일이 과연 이병린 변호사가 걸었던 그 길에

이병린 변호사.

값하고, 시대정신에 부합하는 것인지는 그들 자신이 끊임없이 질문하고 답변해야 할 일이다.

변호사의 영원한 표상

이병린은 인권변호사이기 이전에 한 사람의 변호사였다. 할 수만 있다면 99살까지 변호사로 일하고 싶다고 했고, 법정에서 쓰러지는 것이 소원이라고도 했다. 경기도 양평에서 태어나 1940년에 변호사 시험에 합격해 죽을 때까지 오직 변호사라는 직함 하나로 일이관지(一

以貫之)했다. 자신이 수임한 사건의 당사자를 위해 변호사는 고삿밥이라도 차려 놓는 마음이 있어야 한다는 것이 그의 지론이었다.

"내가 해방 전 청진서 변호사 개업을 한 지 얼마 안 돼서 한 노인의 아들이 장물고매죄로 형무소에 구속이 되어 그 사건을 나에게 맡겼는데, 다행히 집행유예로 석방이 되었다. 뒤에 들으니 그 아버지는 매일 밤, 형무소에 가서 담 밑에다가 고삿밥을 차려 놓고 아들이 하루빨리 석방되기를 빌었다고 하는 후일담에 눈시울을 적신 일이 있다. 변호사로서 고삿밥을 지참하지 못할망정 당사자를 위해 그 정도의 마음속으로 비는 마음은 필요하지 않을는지……."

그런 사람이었기에, 그는 감옥의 죄수들에 대해 누구보다 관심이 많았다. 특히 그 자신이 감옥을 체험했기 때문에 수형정책에 대해서도 일찍부터 자신의 철학을 가지고 있었다.

"죄수는 원래 불행한 사람이라고 하겠지만, 우리나라 죄수같이 불쌍한 사람도 없을 것이다. 현재 서울교도소 미결감방이 부족하여 한 방에 7~8명 내지 10명이 들어가 있는데, 그 방의 넓이는 1칸 반 정도밖에 안 되고, 그나마 한 구석에는 변소까지 놓여 있다.…… 이렇게 되고 보니 약하고 돈 없는 사람이 교도소에 들어가면 병들어 끝에 가서는 생명을 잃을 염려가 있게 되어 실제에는 자유형 아닌 생명형을 받게 되는 결과가 되고 만다."

그는 변호사라는 직책에 대해 상당한 자부심을 가지고 있었으며, 그에 못지않게 변호사의 책임과 사명을 강조했다. 법의 목적이 평화에 있다면, 그것을 달성하는 방법은 투쟁이라 할 것인바, 변호사 역시 그 평화를 위해서 투쟁해야 한다는 것이다. 그러나 변호사의 투쟁에는 이념이 있어야 하는데, 투쟁의 목적이 천하면 천할수록 야비한 투쟁이 되고, 높으면 높을수록 숭고한 투쟁이 되므로 대의에 입각한 명분이 있어야 한다. 또 변호사의 투쟁은 합법적이어야 하지만 결단이 필요할 수도 있다는 것이다. 변호사는 남의 눈치를 보고 사는 것이 아니라 내 신념으로 사는 사람이기 때문에 마땅히 정의의 투사여야 한다는 것이다.

의인 이병린

이병린은 변호사의 역할과 사명에 대해 남달리 확고한 소신을 갖고 있었다. 그것이 소신에 따른 것인지, 그러한 경험이 소신을 낳은 것인지는 모르겠으나, 그는 일찍부터 서울변호사회 및 대한변호사협회(변협)의 회장, 부회장, 총무직을 오랫동안 두루 섭렵했다. 이병린은 변호사회를 민주주의의 아성, 시민정신의 발기자, 인권옹호의 기수, 준법호헌의 시범자, 대동단결의 표본으로 내세운다. 과연 그가 변호사회의 일을 맡아 본 때는, 그 변호사회가 우리 사회에서 가장 강력하고도 유일한 압력단체로 역할했다.

이병린은 "변호사 개인으로서 할 수 없는 일을 변호사회의 힘으로 할 수 있다. 사법제도를 개혁한다든가, 입법에 참여한다든가, 인권옹호사업과 법률구조사업을 추진한다든가, 국제 문화 교류와 친선을 도모한다든가, 부정불의를 규탄하는 등의 일"을 그 예로 들었다. 실제로 대한변협 규약 제5조에는 유사한 내용이 그 목적으로 설시되어 있다. 그러나 변협 회장이 누구냐에 따라 변호사회의 역할은 하늘과 땅만큼 달라졌다.

이병린은 1964년과 68년, 두 차례에 걸쳐서 대한변호사협회 회장직을 맡았다. 64년에는 6·3 사태가 일어난 해였고, 68년은 박정희의 3선개헌을 앞둔 시점이었다. 회장을 맡았을 때는 말할 것도 없고, 평회원일 때도 이병린은 변호사회의 일에 열정적이었다. 이병린은 1960년 3·15 부정선거로 빚어진 마산소요 사건 때는 대한변호사협회의 일원으로 진상조사에 앞장섰으며, 회장 재임 때인 1964년 이른바 '무장군인 법원난입 사건' 때는 성명을 통해 그 진상과 배후를 규명하고 그 관련자를 엄중 처단할 것을 촉구했고, 역시 회장 재임 때인 1968년 8월, '동백림 사건'과 관련해 발생한 괴벽보 사건 때는 범인의 조속한 검거, 엄단을 촉구하는 등 변호사회의 역할을 이끌고 솔선했다.

변협 회장의 임기가 끝난 1969년 9월 12일에, 이병린은 특정인의 장기 집권을 위한 3선개헌을 반대한다는 내용의 '호헌선언문'과 국회의원들에게 보내는 메시지를 동료 변호사 30여 명과 함께 연명해 발표했다. 그 개헌안이 국회에서 변칙 통과되자 그해 10월 6일 이병린은 또다시 개헌안 무효선언문을 작성해, 변호사 32명의 이름으로 법원 구내에 있는 변호사 공실에서 발표하고 만세삼창을 외쳤다. 이는 이병린만이 할 수 있는 일이었다.

그러나 당시의 대한변협은 이러한 용기 있는 행동에 지지를 보내기는커녕, 9월 12일에는 호헌선언문이 낭독되지 못하도록 현관문을 잠가 버렸고, 그 선언문이 몇몇 회원들의 개인행동에 불과하다는 성명까지 냈다. 10월 6일의 개헌안 무효선언에 대해서도 당시 변협 회장(전봉덕)은 "변호사 공실에서 정치적 집회를 열어 다수의 변호사가 관여한 것 같은 인상을 준 것은 유감이며, 앞으로 이런 일을 되풀이 말라"는 통고문까지 보내는 추태를 보였다.

그러나 1986년 8월 23일, 서울 종로구 당주동 대한변호사협회 회관 앞에서 이병린 변호사의 영결식이 대한민국 대한변호사협회장(葬)으로 치러졌다. 이는 대한변호사협회가 생기고 나서 처음 있는 일이었다. 이 자리에서 당시 변협 회장 김은호는 힘을 주어 "의인 심당 이병린 선생"이라고 불렀다. 그리고 21세기 들어 박재승이 대한변협 회장으로 있을 때, 대한변협회관 뜰에는 그의 흉상이 세워졌다. 정의는 마침내 승리하고 만다는 것이 이를 두고 말함인가. 그의 변호사상(像)은 세세연년 묵언의 가르침으로 영원히 남아 있게 되었다.

이병린의 담대하고도 정대한 의기를 극명하게 보여 준 대표적인 사건은 1964년, 그가 변협 회장으로 재임할 때 일이다. 1964년 6월 3일, 한일굴욕회담반대시위와 관련해 서울특별시 일원에 비상계엄이 선포되고, 이어 내려진 비상사태에 관해 대한변협 회장으로서 이병린은 이른바 '인권에 관한 건의서'를 발표했다. 그 내용은 다음과 같다.

1. 금번 선포된 비상계엄은 계엄법 제4조의 요건에 해당되지 아니한다고 사료되므로 즉시 해제할 것.

2. 6·3사태는 애국적 동기에서 유래하는 것이라고 사료되므로 이와 관련하여 구속된 학생, 언론인, 민중 들을 석방하여 융화의 분위기를 조성할 것.

3. 계엄하라 할지라도 이미 질서가 회복되었고, 계엄법 제13조에 규정된 '군사상의 필요'가 있다고 볼 수 없는바, 영장 없이 구속하고 재판도 군법회의에서 단심제로 행하게 된다는 것은 국민기본권에 대한 중대한 침해라고 하지 않을 수 없으므로, 시급히 구속영장제도를 회복하고 재판관할권을 평시대로 일반 법원으로 이관시킬 것.

4. 6·3사태와 관련하여 구속된 자들에 대하여 내란죄로 처리하는 것은 그 동기에 비추어 타당하지 않다고 인정됨.

5. 6·3사태와 관련하여 구속된 자에 대한 수사와 심리에 관해서는 형사소송법에 규정된 접견 기타 모든 권리를 절대 보장할 것.

이것은 건의서라기보다는 요구이자 항의였으며, 박정희정권에 대한 정면 도전이었다. 군사정부의 서슬 푸른 계엄 상황에서 이병린이 아니면 엄두조차 내지 못할 일이었다. 비록 대한변협 전국상무위원회의 의결을 거치기는 했지만, 회장이었던 이병린의 주도 없이는 불가능한 일이었다. 이 일로 이병린은 그의 사무장 김동주와 함께 계엄포고령 제1호 1항(집회금지) 및 2항(언론출판물 사전 검열) 위반 혐의로 6월 27일, 서대문경찰서에 구속되었다. 사건이 곧 육군본부 보통군법회의 검찰부로 송치되자 130명의 변호인단이 구성되었다. 이들은 서울형사지법에 구속적부심사를 냈으나 기각되었고, 그해 7월 28일, 계엄이 해제되면서 이병린은 공소취하로 풀려났다. 32일간의 옥고였다.

재야의 원류(源流), 민주수호국민협의회

이병린의 민주주의 수호를 향한 집념과 투쟁을 변호사라는 직책과 그 울타리를 뛰어넘게 한 것은 박정희정권의 장기집권 음모와 그 강권정치였다. 3선개헌에 이어 박정희가 1971년 4월, 각본대로 제7대 대통령 선거에 출마하자, 이를 그냥 두고 볼 수만은 없다는 움직임이 일어났다. 그것이 민주수호국민협의회, 민주수호청년협의회, 민주수호기독청년협의회 등으로 나타났다.

민주수호국민협의회(민수협)는 이병린과 천관우를 중심으로 1971년 3월 23일 예비 모임을 가진 데 이어 4월 5일에는 이병린, 천관우, 양호민, 조향록, 이병용, 강기철, 남정현, 김정례 등 11명이 모여 발족을 결의하고, 선언문 작성과 연락 책임을 이병린, 천관우에게 일임해, 4월 8일에 각계 인사 46명의 서명을 받아 민주수호선언을 하기에 이른다. 이어 4월 19일에는 대표위원에 김재준, 이병린, 천관우를 선출하고 다음과 같은 결의문을 채택했다.

① 민주적 기본질서가 파괴된 현실을 직시하고, 그 회복을 위하여

국민의 총 궐기를 촉구한다.

② 이번 양대 선거(4월 27일의 7대 대통령 선거, 5월 25일의 8대 국회의원 선거)가 민주헌정사의 분수령임을 자각, 선거에서 반민주적 부정불법을 강행하는 자는 역사의 범죄자로 인정하고 이를 민족의 이름으로 규탄한다.

민수협은 두 차례에 걸친 관련 단체들과의 협의를 거쳐, 6,139명을 대통령 선거 참관인으로 지방에 파견했다. 그러나 공공연한 관권선거 앞에서 참관업무를 제대로 수행할 수도 없었을 뿐만 아니라 철저한 방해공작에 시달렸다. 그들이 거기서 얻은 결론은 4·27 대통령 선거가 관권과 금력이 주도하는 부정선거였다는 것이었다. 5월 3일, 민수협의 주선으로 4개 군소야당 대표자회의가 열리고, 여기서 이들은 "4·27 대통령 선거는 무효"라는 결의문을 채택하고, 5·25 국회의원 선거는 거부키로 결의하지만, 제1야당 신민당의 불참으로 총선거부 운동은 처음부터 실효를 거둘 수 없었다.

민수협은 굽히지 않고 5월 13일에는 서울 동대문경찰서 소속 기동경찰관 70명을 서울지검에 무더기로 고발한다. 이들은 4월 10일, 기독교회관에서 기독학생 3개 단체가 주관한 부활절 예배가 끝난 뒤 100여 명의 학생들이 나무로 만든 십자가를 들고 남산까지 150여 미터를 걸어 나가자 곤봉으로 학생들을 무차별 폭행하고 십자가를 파손시켰기 때문이다. 5월 18일에는 서울대, 고려대 등의 학생들이 대통령 선거 무효 등의 주장을 하며 시위를 벌이다 구속되는 사태가 벌어졌다.

　일이 이렇게 되자 민수협은, 시위를 탄압하는 당국의 처사를 경고하는 성명을 발표하는 한편으로, 연행 학생들을 석방시키고 변호하기 위해 변호인단을 구성했다. 변호인단에는 이병린을 비롯해, 이인, 이병용, 김용진, 김춘봉, 김진현, 김택현, 신순언, 박효식, 염창열 변호사가 참여했다. 이병린 변호사가 중심이 된 이 변호인단은 그 후 대량 구속 또는 중요한 인권침해 사건 때 구성되기 시작한 인권변호인단의 효시를 이룬다. 물론 일제 시대 신간회 사건, 광주학생 사건 때는 허헌, 김병로 등이, 6·3 사태 때는 신태악, 김은호 등이 중심이 된 변호인단이 구성되었지만, 박정희정권하에서 본격적으로 인권변호인단이 구성된 것은 이 무렵부터였다고 볼 수 있다.

　민수협은 1971년 10월 5일, 서울 일원에 위수령이 선포되고, 고려대에 무장군인이 들어가 학생들을 연행하는 사태에 '위수령은 위헌'이라는 성명을 발표하려 했으나, 운영위원 계훈제가 연행되면서 원고가 압수되었다. 11월 13일, '군사·독재적 통치를 결코 용납할 수 없다'는 내용의 시국선언문을 각계 원로의 서명으로 발표하려 했으나 역시 빛을 보지 못했다. 시국은 점점 더 수렁으로 빠져들어 갔다. 12월 6일엔 박정희가 국가비상사태를 선포했고, 같은 달 27일에는 국가보위법이 국회에서 통과되었다. 비상사태선언은 정부 시책은 국가안보를 최우선으로 하고, 안보상 취약점이 될 사회불안 요소를 배제한다는 것 등 6개항으로 되어 있었다.

　박정희의 비상사태선언과 함께 탄압은 더욱 심해졌고, 민수협의 활동은 자연히 크게 위축될 수밖에 없었다. 민수협은 1972년 4월 19일, 정기총회에서 공동대표로 기존의 3명 외에 함석헌을 추가로 합류시켰다. 운영위원으로는 장준하, 조향록, 한철하, 김춘추, 김승경, 법정, 황인철, 이호철, 윤현, 김정례, 계훈제 등 11명이 선출되었다. 이날 법정이 낭독한 성명서는 "비상사태선언은 자유와 민주주의를 저해하는 것임이 이제 분명히 드러났으므로 하루속히 철폐하고, 특별조치법 등 관계법령을 속히 폐기하라"고 주장했다.

이후에도 민수협 활동이 전혀 없었던 것은 아니지만 날로 위축되어 갔다. 특히 이병린의 변호사 사무실이 거점이라면 거점이었는데, 정보원들이 24시간 감시·미행·도청을 감행함에 따라 운신의 폭이 점점 줄어들 수밖에 없었다. 그러다가 1972년 10월 17일, 국회 해산과 더불어 비상계엄이 선포되고 이른바 유신시대가 오면서 민수협 활동은 사실상 멈출 수밖에 없었다. 그 민수협의 중심인물이 이병린과 천관우였다. 그리고 바로 이 민수협은 재야 민주화운동의 시발이자 원류였다. 그것이 1974년의 민주회복국민회의로 이어지고, 이것이 다시 1979년의 민주주의와 민족통일을 위한 국민연합으로 이어졌다.

인권변호사의 수장

이병린이 발기인으로 참여하고 장준하가 주도하는 개헌청원 1백만인 서명운동이 일어나자 1월 8일에 긴급조치 1호가, 4월 3일에는 긴급조치 4호가 발동되면서 이병린은 자연스럽게 긴급조치변호사, 인권변호사의 수장의 소임을 맡게 된다. 긴급조치는 유신헌법을 부정·반대·비방하는 일체의 행위 금지, 헌법의 개폐에 대한 주장·발의·제안·청원의 금지, 유언비어 금지, 교내외의 집회·시위·성토·농성금지, 이를 위반하면 주동자는 최고 사형, 긴급조치를 위반하는 학교를 폐교처분까지 할 수 있도록 되어 있었다(1, 4호).

긴급조치 4호의 발동 이후 이른바 민청학련 사건과 관련하여 1,204명이 관계기관에서 조사를 받았고, 이 가운데 745명이 훈계방면되고, 253명이 비상군법회의에 회부되었다. 그 가운데는 강신옥 변호사도 있었다. 1974년 7월 15일, 법정에서의 변론이 문제가 되어 구속된 것이다. 그는 "이 법정이 사법살인을 하고 있다. 직업상 이 자리에서 변호를 하고 있으나 차라리 피고인인 학생들과 뜻을 같이해 피고인석에 앉아 있고 싶다"고 했다. 홍성우 변호사는 "데모 주동 학생들이 횡적인 연결을 가졌다고 해서 반국가단체구성과 내란이란 누명을 씌우고, 사형까지 구형하는 것이 말이 되는가"라며 열렬히 변론했다.

이병린은 강신옥 변호사의 구속을 두고, "변호사가 서 있는 발판이 무너져 내려 설 땅이 없어지게 된 사건"이라며 통탄했고, 윤보선 전 대통령에 대한 변론에 대해 이렇게 회고했다. "전직 국가원수인데도 관계자들이 불순한 언동으로 응대할 때가 적지 않았어요.…… 울분이 끓어올라 언성을 높였다가 여러 번 제지를 받은 끝에 결국 변론도 제대로 못하고 끝내야 했지요."

물론 그 이전에도 1970년 9월의 김지하 오적(五賊) 사건, 1971년 5

월의 서울대생 정계성 외 8인에 대한 집시법 위반 사건, 1974년의 민청학련 사건 등이 있다. 이병린은 때로는 단독 변론도 했지만, 동조하는 여러 변호사들로 변호인단을 꾸려 변론하기 시작했다. 공동변호인단의 구성은 그만큼 사건에 대한 높은 관심을 표시하는 것이기도 하려니와, 개인 인권의 차원을 넘어 사회적 의미를 부여하는 것이기도 했다. 이는 단순히 개개인에 대한 법률구조 활동을 넘어서서, 그들의 무죄와 그 행동의 정당성을 주장함으로써, 민주주의를 위한 변론으로 되어 갔다. 이것을 시작하고 지휘한 것이 이병린이었다. 과연 그는 인권변호사의 대부(代父)였고 수장이었다.

유배 아닌 유배

1974년 11월 27일에 민주회복국민선언대회가 재야 인사 71명의 연명과 참석으로 이루어지고, 이어 12월 25일에는 민주회복국민회의 창립대회를 가졌다. 이 대회에서는 "민주회복국민회의는 11월 27일의 국민선언의 정신에 따라 민주체제를 재건, 확립하기 위한 범국민적인 운동을 발전시킬 것을 목적으로 하는 국민연합체"임을 규약으로 채택했다. 윤보선, 김대중 등 18명을 고문으로, 윤형중 신부를 상임대표위원, 이병린을 비롯한 10명을 대표위원으로 선출했다.

법조계에서는 이병린을 필두로 한승헌, 임광규, 홍성우, 황인철이 참여했고, 홍성우 변호사는 사무총장의 중임을 맡았다. 이병린은 비록 상임대표위원은 아니었지만 민주수호국민협의회를 이끌어 온 데다가 법조계를 대표한다는 점에서 당국에는 눈엣가시였다. 특히 그가 변호인단을 구성해 집단으로 변론을 하는 것을 못마땅해했다. 여러 가지 정황으로 미루어 1974년 여름부터, 유신권력 당국은 이병린에게 치명적인 상처를 입힐 궁리를 하고 있었던 것으로 보인다.

드디어 1975년 1월 17일 유신정권은 이병린에게 간통죄의 너울을 씌워 감옥에 가둠으로써 그 음험한 흉계를 드러낸다. 그들은 이병린이 만약 민주회복국민회의의 대표위원직을 사임하면 기소하지 않을 뜻을 협상조건으로 내걸었다. 그러나 이병린은 그것을 거부했다.

이때 유현석, 이돈명 변호사는, 간통피소자인 이 모 여인의 아버지를 찾아내어, 사위가 정치적으로 이용당하고 있음을 설득했다. 평소 이병린을 존경하던 그 아버지는 당국의 눈을 따돌리고 사위를 호통쳐서, 고소장과 함께 썼던 이혼심판청구서의 취하서를 쓰게 했다. 당국의 허를 찌른 것이다. 이 취하서를 가지고 이돈명은 가정법원으로 달려갔다. 그러나 법원이 지레 겁을 먹고 접수시켜 주지 않았다. 하루 동안 실랑이를 벌인 끝에야 마침내 취하서가 접수되었고, 이병린은 구속된 지 23일 만에 석방되었다. 그는 석방되어 나오면서 곧바로 가진 기자회견에서 "유신헌법 찬반 투표는 국가 민족의 운명을 좌우하는 전환점인바, 국민들께서는 용기 있는 판단을 내려 주기 바란다"라고 호소했다. 결국 유신정권의 구속을 통한 탄압도 그를 굴복시키지 못했다.

그러나 이 사건은 정신적으로나 육체적으로나 이병린에게 너무나

'민주회복국민회의'의 대표위원을 사임하라는 박정희정권의 요구를 거부해 서울구치소에 구속되었다가 석방된 뒤 기자회견을 하고 있는 이병린 변호사.

큰 아픔을 안겨 주었다. 우선 감옥에서 나온 이병린은 건강이 극도로 악화되었다. 또 간통 사건이 자신에 대한 허명(虛名)을 불식시켜 주었다고 자위했지만, 간통 사건은 "법적 책임은 여하간에 나의 수치임에 틀림없다"고 고백하지 않을 수 없게 했다. 그리하여 그는 고심 끝에 낙향의 길을 선택한다. 그것은 유배나 추방에 다름 아니었고, 시대의 거목 한 사람을 권력이 모질게 몰아낸 결과였다. 그의 말년은 우리를 너무도 아프게 했다.

이병린은 상주, 안동에서 변호사 생활을 각각 1년 6개월씩 하다가 김천으로 옮겼지만, 이미 병고로 무척 시달리고 있었다. 그때 이병린을 찾아간 이돈명은 이렇게 회고한다.

"선생은 기동이 불편하셔서 방 안에 요강을 놔두고 기거하셨는데 그토록 반가워해 주셨고, 일일이 야윈 손에 힘을 주어 잡아 주셨다. 헤어질 무렵 선생은 요 밑에서 포개포개된 돈을 꺼내서는 사무장인가를 시켜 우리를 위해 여관을 잡아 주라고 이르셨는데, 우리는 그 따뜻함에 눈물겹도록 감격하여 끝내 그 뜻을 받아들여야 했다.…… 위를 3분의 2나 잘라 낸 위암 수술을 하시고, 잠 속을 오락가락하는 어느 날, 내 손을 꼭 잡고 '어려운 일 고마워, 꼭 해야 돼' 하시던 말씀과 그 모습을 나는 결코 잊지 못한다."

그 인간적인 훈향(薰香)과 멋

나는 개인적으로는 이병린 변호사를 가까이서 모시지 못했다. 민주회복국민회의를 할 때 먼발치에서 뵌 것이 전부다. 그러나 그는 인권변호사로서 이미 전설이었으므로, 그의 풍모에 대해서는 나름대로 보고들어 알고 있었다. 이병린 변호사가 돌아가시고 난 뒤,《신동아》에서 이돈명 변호사에게 평전에 준하는 글을 써 달라 하매, 내가 관계 자료를 수집하고 이 변호사의 구술을 들어 그 글을 썼다. 그리고 1991년 두레출판사에서 『심당(心堂) 이병린 변호사 문집』을 낼 때 자료를 찾고 정리하면서, 누구보다 이병린 변호사를 잘 안다고 자부할 수 있게 되었다. 그때 제자(題字)는 통혁당 무기수였던 청민(淸民) 오병철이 썼다.

이 문집을 내면서 나는 이병린 변호사에게 매료되었다. 그는 어쩌면 마지막 남은 고절한 선비였고, 호방한 풍류객이었으며, 구천인제 통천지변(究天人際 通千地變)하는 사상가였다. 그는 몇 개의 법격언(法格言)을 남겼는데, 하나하나가 깊은 사색이 없으면 나올 수 없는 말이었다. 몇 개만 예를 들어 본다.

"인(仁) 없는 의(義)는 오발탄이 되기 쉽고, 의 없는 인은 악의 온상지대가 된다. 교도소의 명부와 지옥의 명부는 일치하지 않는다. 인간은 죄과를 다스리는 데 너무나 무능하고 너무 차별적인 것이다. 법치주의가 가는 곳은 평화향(平和鄉)이요, 권력주의가 가는 곳은 약육강식의 사회다. 너는 누구이고 나는 누구냐. 남이라고 볼 때에 법의 문을 두드리고, 동일체라고 볼 때에 철학과 종교의 문을 두드리게 된다. 법만을 믿는 사람은 법을 무력하게 만드는 사람이다. 법은 태양이다. 그러나 그 빛을 골고루 비춰 주게 하는 것은 사람이다. 법은 지조와 용기 있는 국민에게만 혜택을 준다. 밥이 없으면 법이 없고, 법이 없으면 밥이 없다. 법률·정치·경제를 분리해서 생각하는 것이 모순이다."

그는 시조도 몇 편 남겼다. 1975년 12월, 서울을 떠나면서 홍성우 변호사에게 남긴 시조는 지금도 나에게 긴 울림으로 남아 있다. 감옥의 양심수를 생각하는 마음 또한 그가 인권변호사이기 이전에 휴머니스트임을 일깨워 준다. 그의 소탈한 서정, 웅혼 호방한 기상을 드러내 보인 시조도 있다. 시조로 자신을 달래는 멋이 얼마나 부러운가.

〈떠나면서〉

고우(故友)여 태안(泰安)하라 북악(北岳)도 잘 있거라

남행천리(南行千里) 가는 길에 북풍한설(北風寒雪) 몰아쳐서

눈물도 얼을싸 하여 손수건에 담노라

〈양심수〉

벽돌도 차거니와 인심도 어나보다

격정천리 소식이야 알듯 말듯 하다마는

밤마다 잠 못 이루는 내 가슴이 아파라

〈납작 초가집〉

함박눈 맞으면서 찾아가는 곳

산모퉁이 아득한 납작 초가집

약주술 무르익는 납작 초가집

〈경포대〉

삼백년 경포대야 일배주(一杯酒) 동해수(東海水)야

산삼캐어 안주하고 선조님네 모셔놓고

순신시(舜臣時) 추사필(秋史筆)을 청천(靑天)에 부치리라

따뜻한 가슴을 지닌 진짜 변호사

이돈명

누가 그랬던가. 내 오늘 있음은 팔 할이 바람이었다고…….

나도 한때는 혼자서 걸어온 내 인생인 줄 알았다. 이제야 나는 내가 살아온 삶은 곧 이 시대를 살아온 이웃들과 더불어 함께 걸어온 길이요, 내가 그나마 여기까지 올 수 있었던 것은 나를 둘러싸고 있는 가족, 친지들의 사랑과 보살핌의 덕이었음을 비로소 깨닫는다. 누구 하나 보살펴 주는 이 없이 저 혼자 피었다 지는 들꽃도 우로(雨露)의 덕이 없었다면 싹터서 자라기 힘들거늘, 하물며 한 인간이 살아감에 있어서랴. 내 이제까지 살아오는 동안 내게 우로가 되어 준 사람이 어디 한두 분뿐이랴만, 범하 이돈명 선생은 보이게, 보이지 않게 내 삶에 자양분이 되어 주고 그 영향을 끼친 분이었음을 고백하지 않을 수 없다. 선생과 함께했던 날들이 있어 내 살아온 세상과 삶이 조금은 더 풍성했고, 아름답고 또 행복했었노라고 말할 수 있다.

인권변호사의 길로

내가 이돈명 변호사(1922~2011)를 처음 만난 것은 1975년 봄이었다. 그때는 1974년의 민청학련 사건으로 긴급조치를 위반한 정치범 200여 명이 석방된 유화국면이 끝나고, 긴급조치 9호가 준비되는 등 다시 유신권력의 선병질적인 광기가 무섭게 피어오르고 있던 시점이었다. 《동아일보》에 대한 광고 탄압은 여전히 계속되고 있었고, 뒤이어 동아일보사와 조선일보사에서는 언론자유수호운동을 전개한 기자들이 대량으로 해고되고 있었다. 3월 13일에는 23일 전에 막 석방되었던 김지하가 《동아일보》에 쓴 수기 「苦行(고행)… 1974」에서 인혁당 사건은 조작되었다고 폭로한 것과 관련해서 반공법 위반으로 재구속되었다. 4월 9일 아침에는 전날 대법원에서 확정 판결이 있은 지 채 24시간도 되지 않아서 인혁당 관계자 8명의 사형이 집행되었다. 4월 11일에는 서울농대생 김상진이 "무릎 꿇고서 사느니보다는 차라리 서서 죽기를 원한다"는 양심선언을 외치면서 자신의 배를 갈랐다.

이러한 상황 속에서, 민청학련 사건을 맡았던 변호사들도 수임을 꺼리던 김지하 사건의 선임을 자청하고 나선 사람이 이돈명 변호사였다. 사실 민청학련 사건 이전까지는 인권 사건이란 것이 돈만 되지

이돈명 변호사.

않았을 뿐, 맡는 데 따른 위험부담은 크게 없었다. 인권변호사라는 것
이 한때는 명망을 얻는 방편이기도 해서 그 덕을 본 사람도 있었다.
그러나 민청학련 사건을 거치면서 인권변호사들은 수난을 당하기 시
작했다. 강신옥 변호사가 "내가 변호인이 아니라면 차라리 피고인들
과 뜻을 같이하여 저 피고인석에 앉아 있겠다"는 변론으로 투옥되고,
홍성우 변호사도 중앙정보부에 끌려가 곤욕을 치렀다. 1975년에는
당시 막 결성된 민주회복국민회의에 대한 탄압의 일환으로 인권변호
사의 뿌리요, 대표 격인 이병린 변호사가 구속되었다. 3월에는 자신이
쓴 수필과 관련해 한승헌 변호사가 필화 사건으로 구속되었다. 이는
김지하 사건을 수임하지 못하게 하기 위함이었다. 이런 와중에 김지
하의 변론을 자청하고 나선 변호사가 있다는 것은 놀라운 일이었다.

해방된 뒤 독립운동한다고 설치고 다니는 사람이 있듯이, 억압의 시절 숨죽이고 있던 변호사들이 언제부터인가 인권변호사임을 자랑하고 다니는 꼴불견을 우리는 흔히 보았다. 또 인권변호사라고는 하지만 항소이유서 같은 것은 사무장한테나 맡기고 허울만 인권변호사 노릇을 한 사람이 있는가 하면, 처음에 멋모르고 한두 건 했지만 '이크 뜨거워라!' 하며 그다음엔 근처에 얼씬거리지도 않는 변호사도 수두룩했다. 위험이 없던 시절 인권변호 몇 건 한 것을 가지고 노루 잡은 몽둥이 3년 우려먹는다고, 입만 열면 인권변호사 타령을 하거나 그걸로 큰 벼슬을 얻은 사람도 있다. 인권변호사였노라고 말하는 자, 가슴에 손을 얹고 자신들을 한번 돌아볼 일이다. 인권변호사라고 말하는 사람, 그 모두를 진짜 인권변호사로 본다면 착각도 이만저만이 아니다. 인권변호사라고 떠벌리는 사람 가운데 거짓과 위선의 사람이 적지 않다는 것이 나의 판단이요 증언이다.

어쨌든 이런 판에 김지하 사건을 수임하겠다고 자청하고 나섰던 이돈명 변호사는 그때 《동아일보》에 대한 광고 탄압을 보고 동료 변호사들을 설득해 의견광고를 《동아일보》 사회면에 돌출광고로 매일 게재하고 있었다. "대한민국은 민주공화국이다," "대한민국의 주권은 국민에게 있고, 모든 권력은 국민으로부터 나온다," "국민은 법률에 의하지 아니하고는 신체의 자유를 침해당하지 아니한다"라는 등의 헌법조문, 인권선언이나 규약, 동서양의 인권장전이나 명언, 민주주의와 관련한 격언 등을 광고문안으로 하여, 변호사 누구누구의 이름으로 격려광고를 싣고 있었다. 그 모든 과정의 수발을 이돈명 변호사 혼자서 해내고 있었다. 뒷날의 술회에 따르면, 어떤 사람의 경우는 생각과는 달리 소심했으며, 어떤 사람은 이제까지 가졌던 선입관과는 달리 의외로 용기 있게, 선선하게 격려광고에 응했다고 한다. 말하자 면 이를 통해 세상 인심을 새삼 읽게 되었고, 동료 변호사들의 성향을 어느 정도 새롭게 가늠할 수 있게 되었다고 한다.

이렇게 자청해서 인권변호사의 본류에 합류한 이돈명 변호사는 인 권변호사 그룹의 맏형이 되어 힘들고 궂은 일을 도맡기 시작한다. 김 지하 사건에서도, 당시 박정희정권, 특히 중앙정보부가 지극히 민감 하게 반응했던 인혁당 관계 발언을 중점적으로 변론했다. 원고지 3백 장 분량의 변론요지서는 내가 작성했는데, 사실 김지하의 인혁당 관 계 발언에 대한 변론은 당시로서는 변호사에게 매우 부담스러운 일 이었다. 1979년의 오원춘 사건에서 오원춘은 십자가에 달린 주님 앞 에서 제 손으로 쓴 양심선언과는 달리 검찰의 주장에 동조해 자신은 납치당해 울릉도에 버려졌던 것이 아니라 불륜에 빠져 납치극을 자 작했다고 해, 황인철 변호사로 하여금 경부선 열차 안에서 퍼질러 앉 아 펑펑 눈물을 쏟게 했다. 이때 대구의 법정에서 이돈명 변호사는 오 원춘이 다방에 딸린 안방에서, 공 모 양과 불륜을 저지르고 있었다던 바로 그 시간, 사실은 안동교구 농민회에서 정재돈이 와 그를 안내하 고 있었다는 증거를 제시해서 검찰과 오원춘의 이제까지의 음모를 완전히 뒤집었다. 그것은 법정변론이라기보다는 하나의 훌륭한 법정 연기였다. 오원춘의 주장을 인정해 주는 것처럼 하다가 결정적인 순 간에 증거를 들이대며 사건을 반전시킨 것은 한 편의 드라마였다. 그것은 이돈명 변호사만이 할 수 있는 연기(?)였다. 오원춘은 명백한 증거 앞에서도 오리발을 내밀었지만.

10·26 사건 때, 과연 우리가 김재규 사건을 맡을 것인가를 놓고 고민했을 때, 그래도 맡아야 한다는 쪽으로 이끌어 간 것도 이돈명 변호사였다. 그 2년 뒤에 있었던 이돈명 변호사의 회갑잔치 때 김재규 사건 관련 가족들이 한 사람도 빠지지 않고 떼 지어 몰려왔던 것이 기억에 새롭다. 김재규 사건의 변호인 상고이유서는 굳이 이돈명 변호사가 직접 썼는데, 거기에는 김재규의 의기뿐만 아니라 이돈명 변호사의 의기까지 함께 묻어 있었다.

1982년의 부산 미문화원 방화 사건에서도 변론을 맡아, 당시로서는 금기시되었던 반미 문제에 대해 말문을 텄다. "한미관계의 오늘에 대해 같은 민족으로서 같이 통분해하면서, 울면서 이들을 때리는 것이라면 때려라, 울면서 때리는 매라면 이들도 기쁘게 맞을 것이다. 그러나 그렇지 않은 반민족의 이름으로 때리는 매는 결코 안 된다. 이 법정에서 때리는 매는 울면서 때리는 사랑의 매, 어버이의 매가 되어야 한다"라는 것이 그 요지였다.

1980년 지식인 134인 선언과 관련해서 법정을 통한 인권변론 활동을 할 수 없게 되자, 천주교 인권위원회 위원장 일을 도맡아 사건마다 이제까지 인권변론을 해 온 고참 변호사 한 사람에 젊은 변호사 몇 명을 묶어 배치하는 일, 인권 사건에 대해 조금이지만 수고비를 나누는 일 등 실무를 일일이 손수 챙겼다. 이돈명 변호사가 이처럼 인권변론 활동에 전념할 수 있었던 것은, 당시 이 변호사가 소속되어 있던 제일합동법률사무소의 밑받침이 컸다. 당시 제일합동법률사무소는 법조계에서 인망이 높았던 김제형 변호사를 중심으로, 그의 가장 절친한 친구이자 동료였던 유현석 변호사 등 4명으로 구성되었다. 그때도 합동이라는 명칭을 쓰는 변호사 사무소가 적지 않았으나, 제일합동법률사무소는 철저히 공동수임, 공동변론, 공동분배를 원칙으로 했다. 거기에 법의 정의와 인권옹호, 그리고 법률가의 양심을 지키는 데서 그 존재의 의의를 찾고 있었다. 지금도 그렇게 많은 로펌(Law Firm)들이 우후죽순으로 생겨나고 있지만, 이분들이 추구했던 이름 그대로 완전한 합동, 법의 정의를 위해서 합동을 하는 곳은 전무후무할 것이다. 말하자면 이돈명 변호사는 제일합동법률사무소에서 인권변론 활동을 위해 파견된 변호사였다. 김제형 변호사의 지도력, 그리고 유현석 변호사의 협력이 이돈명 변호사의 인권변론 활동을 굳건히 뒷받침하고 있었다. 변론요지서, 심문사항과 같은 인권변론과 관련된 법률 문서만이 아니라 1970, 80년대에 발표된 중요한 정치 문건 가운데, 상당 부분이 제일합동법률사무소에서 제작되었다. 1983년 김영삼 신민당 총재의 단식 때, 「국민에게 드리는 글」, 「단식에 즈음하여」, 「김대중, 김영삼의 8·15 공동성명」 등이 타자되고 유인물로 제작된 곳도 제일합동법률사무소였다. 이 문건들을 타자하고 있을 때 중앙정보부 직원이 바로 그 앞을 지날 때 조마조마했던 기억이 지금도 생생하다. 제일합동법률사무소의 직원들 역시, 민주화의 숨은 투사, 숨은 일꾼들이었다.

1974년 크리스마스 때 이돈명 변호사는 토머스 모어를 영세명으로, 윤홍렬 박사를 대부로 해서 가톨릭 세례를 받았다. 가톨릭 입교에는 아주 오랜 친구이자 열성 교우인 유현석 변호사의 영향이 컸을 것이다. 매년 여름 토머스 모어 영명축일 때면, 이 변호사는 가까운 친지들을 집에 불러 조그만 잔치를 벌리곤 했다. 1975년 여름, 이때 나는 처음 초대받아 갔는데, 거기서 고등학교 동기동창 이영일을 만났다. 그는 이 변호사의 맏아들이었다. 그리고 역시 같은 동기동창 양원영(전 휘문고등학교 교장)이 그분의 사위라는 것도 알게 되었다. 나는 그때 이돈명 변호사와 맞담배를 피웠고, 저녁은 물론 점심때도 설렁탕집 같은 데서 소주 한 병을 맥주잔 두 개에 나누어 반주를 하곤 했는데, 이런 모습을 그 아들과 사위가 보고 얼마나 눈꼴이 시고, 보기에 거북했겠는가. 이 변호사는 그런 문제에 아주 대범했고, 자식들인 그들도 겉으로 내색은 하지 않았다. 연세에 비해 주량이 센 이 변호사는 나와 자주 술판을 벌였는데, 밖에서 마시고 집에 들어가다가 이 변호사 댁에서 또 마시고, 낮에도 마시고, 밤에도 마셨다. 집에 담가 놓은 매실주, 송실주가 얼마든지 있었다. 아마도 나는 사모님과 그 아드님들에게 눈엣가시가 아니었을까?

거시기 산우회를 아시나요

이돈명 변호사를 이야기할 때 '거시기 산우회'를 빼놓을 수 없다. 당초의 산우회는 시국과는 아무 관련 없는 친목 모임이었다. 일찍부터 제일합동법률사무소에 드나들던 이중재(李重哉) 의원이 옛날 옛적 좌익운동할 때 친구 정익용(鄭翼鎔)을 소개해 이 변호사는 그 정 회장 일행과 자연스럽게 등산을 시작했다. 이들을 '거시기 산우회 구파(舊派)'라 부르는데, 정기용, 배상희, 구연우, 김영덕, 김민영 등 제씨가 그들이다. 이렇게 순수한 산우회였는데, 1970년대 후반부터, 시국과 관련해서 감옥을 드나들었거나 체제로부터 제척받는 인사들이 하나둘 합류하기 시작했다. 변형윤, 리영희, 송건호, 이호철, 박현채, 전무배, 박중기, 백낙청, 김달수, 이경의, 김병오, 조태일, 박석무, 정해렴, 권광식, 정수일, 이정룡, 고광헌, 이도윤, 여치헌, 도재영 등이 거시기 산우회와 인연을 맺었거나 맺고 있는 면면들이다. 몇몇 분들은 벌써 고인이 되었다. 유일한 여성 회원인 김순자는 이 변호사의 효자동 시절, 인왕산 아침 등산 회원이었다가 합류한 경우이다.

지금은 출발 시간이 많이 늦춰진 데다 등산 코스도 크게 짧아졌지만, 처음에는 매주 일요일 아침 6시에 세검정 삼거리에서 만나 구기동, 대남문을 거쳐 태고사에서 아침 겸 점심을 먹고 위문, 백운산장, 인수산장을 거쳐 도선사로 내려오면 대략 11시가 되었다. 내려와 가볍게 맥줏잔을 드는데, 더러는 맥줏집에서 꽤 길고 큰 술판을 벌이기도 했다. 한때는 대동문에서 진달래 능선을 타거나 4·19 탑 쪽으로 내려오기도 했다. 등산 코스가 날이 갈수록 줄어들더니, 보현봉 아래 대밭에서 점심을 먹고 내려오는 것이 상당 기간 계속되었다. 지금은 상명여대에서 탕춘대 능선을 거쳐 비봉샘(옛날 우리는 그곳을 포금정사라고 불렀다)에서 점심을 먹고 일부는 올라가고 바쁜 사람은 내려온다. 당시 산에서 취사가 가능할 때는 점심이 매우 호사스러웠다. 이 변호사가 청와대에 쇠고기를 납품하는, 집 앞 성원정육점에서 제비추리나 토시살 같은 맛있는 부위만을 사다가 구웠고, 김영덕 화백은 돌아앉아 전을 부쳤다. 온갖 팔도의 산해진미와 별미, 특미가 다 동원되는데, 모두 다들 벌여 놓으면 반찬이 10~20가지나 되었다. 반주는 야호주라고 해서, 큰 잔에 술을 가득 따라서 돌아가며 먹고 싶은 만큼 마셨다. 이 역시 이 변호사가 매번 매실 또는 송실주를 가져왔고, 다른 사람들이 가져온 것으로 모자란 것을 보충했다. 대개의 경우는 내려와 갈증을 해소하는 정도의 술을 마셨지만, 자칫 노래판이 벌어질 때도 있었다. 노래판에서는 〈일출봉〉과 〈만포진〉 같은 흘러간 옛노래가 박중기 선생에 의해 멋지게 넘어가고, 박현채 선생의 〈모닥불〉이나 〈비목〉이 떨리는 목소리로 청아하게 울려 퍼졌다.

이돈명 변호사의 십팔번은 '물어 물어 찾아왔네 / 그 님이 계시는 곳 / 차가운 밤바람만 몰아치는데 / 그 님은 간 곳이 없네 / 저 달보고 물어 본다 / 임 계신 곳을 / 울며 불며 찾아가도 / 그 님은 간곳이 없네' 하는 가사로 된 노래인데, 나는 최근에야 그것이 나훈아의 〈님 그리워〉라는 것을 알았다. 이 변호사는 흥에 겨우면, 몸이 날아갈 듯 낮추었다가는 높이면서 노래를 불렀다.

거시기 산우회는 북한산만을 사시사철 올라가지만, 더러 설악산이나 지리산으로 원정산행도 한다. 산행도 산행이지만 차를 타고 가는 동안 여러 가지 재담이 펼쳐지는데, 그 가운데서도 이돈명 변호사와 박중기 선생 사이의 대화가 재미있다. 박중기 선생은 1964년 1차 인혁당 사건에 연루되었을 때 나와 감옥에서 만났다. 그때 발에 동상이 걸려 상당히 위험한 상태라는 말이 돌았다. 일생을 자신보다는 남을 위해 살았고, 자신이 하는 좋은 일을 다른 사람이 알게 하지 않았다. 1974년의 2차 인혁당 사건 때는 마침 다른 사건으로 투옥되어 있었기에 큰 화는 면했다. 그러나 인혁당 사건의 뒤치다꺼리가 모두 그분의 몫이 되어, 신역이 되고 언제나 일이 많고 고달팠다. 이돈명 변호사를 항상 가까이서 각별하게 모시는 것도 그이다. 두 분 사이에 오가는 재담 가운데 이런 게 있다.

  "어떤 모자라는 사람이 방구 먹고 사는 것이 뭐냐는 수수께끼를 깨우쳤다. 방구는 뽕 하고 나오니까 뽕 먹고 사는 것은 누에라는 것이 수수께끼의 정답인 것이다. 이 친구가 다른 사람들에게 자랑하고 싶어 수수께끼의 질문을 한다는 게 그만 뽕 먹고 사는 것이 무어냐고 물었다. 그러니 그 답이 너무 쉽게 나올 수밖에. 그러자 이 친구, 제가 질문을 잘못한 것은 생각하지 않고 '자식, 너도 어디서 듣기는 들었구나' 하더라는 것이다."

  "가을이 되면 다람쥐는 밤과 도토리를 모아 겨울식량을 저장하는 일을 해야 한다. 이때 다람쥐가 양식을 더 많이 준비하기 위하여 눈먼 첩을 얻었다. 겨울이 되어 눈은 오는데, 다람쥐 저는 알밤을 까먹고 첩 다람쥐한테는 도토리만을 먹으라고 준다. 첩이 도토리를 먹으면서 '왜 이렇게 떫냐'고 투덜대자 남자 다람쥐가 하는 말이 '너만 떫으냐, 나도 떫다!'"

광주가 피로 물들었던 그해 6월 우리는 의신에서 세석평전을 거쳐 칠선계곡으로 내려오는 원정산행을 단행했다. 그때는 거시기 산우회원 외에도 서울서 안병직, 이효재, 윤정옥, 광주에서 송기숙, 이방기 교수 등이 합류했는데, 그해따라 세상이 그래서였는지 철쭉도 거의 피지 못했었다. 우리는 세석 못 미처 음양샘에서 야영했는데 밤새 술을 마셔 세석산장에 있던 한 상자 이상의 소주를 모두 동냈다. 그러고도 이튿날 우리는 천왕봉을 거쳐, 지리산서 제일 험하다는 칠선계곡으로 내려왔다. 5·18 광주의 울분이 그 힘든 산행을 무사히 치러 내게 했던 것이다.

1972년부터 노고단에서 지리산을 지키던 '지리산 호랑이'로 유명한 함태식 선생은 멋쟁이요, 엄청난 술꾼이었다. 언제던가 우리가 노고단에서 일박하고 떠날 때쯤 비가 억수같이 쏟아졌다. 우리는 주저앉아 술을 마시기 시작했다. 마침 그때는 지리산의 아가씨라 할 김연옥, 박재옥도 있었다. 마침 산장에 다른 사람은 없었다. 함태식은 그가 비장해 두었던 소주를 박스로 내왔다. 그의 아침술 권하는 방법은 독특해서, 문자를 쓰면서 잔 수를 더해갔다.

朝酒一杯는 食慾增이요	조주일배는 식욕증이요
朝酒二杯는 體力强이라	조주이배는 체력강이라
自故로 酒不双杯라	자고로 주불쌍배라
朝酒三杯는 不可避로다	조주삼배는 불가피로다
朝酒四杯는 家事忘이라	조주사배는 가사망이라

一三五七九로 술을 먹는데	일삼오칠구로 술을 먹는데
朝酒五杯는 宜요	조주오배는 의요
朝酒七杯는 可라	조주칠배는 가라
朝酒九杯는 越不可라	조주구배는 월불가라

아침술 한 잔은 식욕을 돋우고

아침술 두 잔은 체력을 강하게 하도다

예부터 술은 짝수로 끝내는 법이 없나니

아침술 석 잔은 불가피하고

아침술 넉 잔이면 가사를 잊어라

1, 3, 5, 7, 9로 술을 먹는데

아침술 다섯 잔은 마땅하고

아침술 일곱 잔까지는 된다

그러나 아침술 아홉 잔은 넘지 말아야 한다

이 밖에도 이 변호사와 함태식 선생의 수작 중에 배운 문자로는 양주목사(釀酒目射)와 요두출수(搖頭出手)라는 것이 있다. 양주목사는 입으로는 저도 모르게 "과한데! 과한데!" 사양하면서 눈으로는 술잔을 쏘아보는 것이요, 요두출수는 안 먹는다고 고개는 흔들면서 손은 벌써 앞으로 나가는 것을 일컫는 문자이다.

범하 이돈명 선생은 기지(機智)와 해학이 대단한 분이다. 자주 하는 우스갯소리에 "아첨은 남이 보기엔 안 좋지만, 받아 보면 좋은 것이네"라는 것과 "나는 술만 마시면 취하는데, 많이 마시면 더 많이 취한다"라는 것이 있다. 같은 해학이라도 그분의 입을 통해 적시에 나오면 '저것이 바로 해학'이라는 것을 느끼게 된다. 그것이 이 선생의 오리지널인지는 모르겠으나 양반 자랑하는 정씨(鄭氏) 놀리는 이야기가 있다. 정씨는 본관도 많고 파도 많아서 자질구레하게 나누기 시작하면 한이 없지만 크게 봐서 세 파가 있다고 한다. 기성공파, 장이공파, 타복공파가 그것이다. 정가 성을 가진 사람한테 이 세 파 중 어느 파에 속하는가를 짐짓 물을라치면, 대개는 양반이랍시고 그중 어느 파라고 말한다는 것이다. 그 사람의 대답에 따라 풀이를 해 주는데, 대저 당나귀는 기이한 소리를 질러 대는 동물이니 그것이 바로 기성공파(奇聲公派)요, 또 당나귀는 큰 귀를 가지고 있으니 이가 곧 장이공파(長耳公派)이며, 더운 여름날 무료할 때 당나귀는 저 양물(陽物)을 꺼내 그걸로 제 배를 탁탁 치는데 이들 후손이 타복공파(打腹公派)라는 것이다.

거시기 산우회에는 선생뿐만 아니라 그런 하나마나한 소리를 잘하는 사람이 몇 있다. 작고한 조태일 시인은 산행이 힘들 때마다 "숨만 안 차고, 발만 안 아프면 얼마든지 갈 수 있는데……"라는 소리를 잘했고, 김영덕 화백은 "넘어지지 않으려거든 미끄러운 데를 밟지 말고, 밟게 되거든 넘어지기 전에 발을 떼면 된다"라고 한 수 가르쳐 주곤 했다.

1980년, 지식인 134인 선언과 관련해서 이 선생이 중앙정보부에 연행되어 조사를 받은 적이 있었다. 이때 수사관이 꽤 딱딱거리며 조사를 했는데, 이 선생이 수사관을 자세히 보니 수사관의 머리가 염색한 머리였다. 그래서 수사관한테 은근히 묻기를 "당신 머리 염색한 거지?" 했더니 수사관이 그만 웃어 버리고 말더란다. 이로부터 조사 분위기가 한결 부드러워졌을 것임은 불문가지이다.

이 선생이 창성동에 살 때 전화번호가 723국에 6726번이었는데, 선생은 남한테 전화번호를 '찌르륵 찌르륵'이라고 일러주어 쉽게 외우도록 했다. 그때만 해도 전화번호는 수첩에 적기보다는 외우고 다녀야 했다. 수첩에 적어 놓으면 나중에 기관원한테 관계를 추달당하기가 십상이었으니까.

거시기 산우회에서 자주 하는 농담 중에 '당동 부당동, 부당동 당동(當動 不當動, 不當動 當動)'이라는 것이 있다. 어느 시골 선비가 과거를 보러 서울로 가다가 어느 주막집에 묵던 중, 우연찮게 나귀가 흘레붙는 것을 보게 되었다. 그러자 성욕이 갑자기 발동했다. 이에 선비 스스로 탄식하며 가로되, 마땅히 서야 할 때는 서지 아니하고, 서지 않아야 할 때는 선다는 뜻으로 '당동 부당동, 부당동 당동'이라 했다는 것이다(그러나 문법상으로는 '不當動 動이요, 當動 不動'이라고 해야 옳지 않을까?).

영어의 OK라는 말도 본시 오쾌(吳快)에서 비롯되었다는 것이 이 선생의 주장이다. 이 선생은 내게 이 이야기를 한문자로 엮어서 들려주었는데, 나는 그것을 다 외우지 못했다. 일전에 선생에게 물어 봤더니 선생도 이미 기억이 흐릿했다. 그 대강만을 이야기로 풀어 보면 이렇다.

어떤 호협이 강간죄로 원님 앞에 잡혀 와 문초를 받았는데, 이 사람이 스스로 자신의 무죄를 주장하면서 경위를 이렇게 설명했다. "내가 깊고 깊은 산길을 가다가 날이 저물어 불빛을 보고 어느 외딴집을 찾아 들어갔습니다. 대문 밖에서 주인을 부르니 아름다운 여인이 나와 말하기를 주인은 며칠째 사냥을 나가 부녀자 혼자서 집을 지키고 있으니 외간남자를 재우기가 심히 난(難)하다 하더이다. 그러나 산도 깊고 밤도 깊어 더 이상 갈 수가 없어 사정사정해서 하룻밤을 유(留)하게 되었나이다. 들어가 잠을 청했으나 잠은 오지 않고 춘정이 발동하여 참을 수가 없기에 안방으로 들어가 여인을 올라탔습니다. 여인이 처음에는 '시하(是何)오 시하(是何)오(왜 이러세요, 왜 이러세요)' 하더니 내가 위에서 공맹지도(孔孟之道)로 일이관지, 용맹정진을 계속했더니 이에 나를 붙들고 놓아주지 않더이다. 음양교합(陰陽交合)은 이지소재(理之所宰)라 독수공방하는 여인을 사나이의 측은지심으로 보살펴 주었거늘 저에게 상은 주지 못할지언정 어찌 그것을 죄로 다스리려 하나이까." 일장연설을 묵묵히 듣고 있던 원님이 만면에 희색을 띠고 손으로 크게 무릎을 내려치면서 "오오 내가 진실로 쾌하도다" 하더라. 이렇게 하여 오쾌(吳快)로부터 영어의 OK라는 말이 연유되었다는 이야기가 예부터 전해 온다고 한다.

감옥을 가게 한 죄

이제 범하 이돈명 선생에게 내가 지은 큰 죄에 대해서 고백해야겠다.

1986년 5월에 이른바 5·3 인천사태가 터졌다. 야당인 신민당과 재야가 합동으로 인천에서 대통령 직선, 민주헌법쟁취 국민대회를 개최하기로 한 날이 5월 3일이었다. 5월 3일이 되자 전두환 군부정권은 재야 쪽을 겨냥해 5·3 집회가 용공 폭력집회라는 트집을 잡아 대회는 무산시키고 시위 관계자 여러 명을 전국에 지명수배했다. 수배된 사람 가운데는 이부영도 있었다. 이부영은 자기가 가 있을 곳을 마련해 달라고 요청을 해 왔다. 1970, 80년대를 통해 꽤 많은 수배자를 여기저기 알선했던 터라, 은신처를 마련해 주기란 여간 어렵지 않았다. 그때 생각난 것이 고영구 변호사였다. 그분은 11대 국회의원 선거를 전후해서 황인철 변호사를 통해 알게 되었고, 11대 국회 기간은 물론 그 후로도 인권변론 문제 등으로 자주 만나는 처지였다. 그 무렵 고영구 변호사는 구미유학생간첩단 사건의 김성만을 열심히 변론하고 있었고, 부천서 성고문 사건 등에도 관여하고 있었다. 내가 이부영의 은신 문제를 어렵게 말 꺼내자, 너무도 흔쾌히 승낙해 주었다. 내가 비록 민주화투쟁에 직접 뛰어들지는 못할망정, 그 일이야 마땅히 맡겠다면서……. 이리하여 이부영은 역촌동의 고 변호사님 댁에서 은신하게 되었다. 얼마쯤 시간이 흘렀을까. 아마도 여름이었지 싶다. 이날 만난 이부영은 내게 "지금 있는 고 변호사님 댁에서 지나칠 만큼 잘해 줘 고생은커녕 너무 호강하는 것 같다. 다른 수배자들 보기가 민망할 정도다. 그런데 고 변호사의 노모가 80을 넘기신 고령이시고, 사모님은 위경련으로 고생하시는데, 만약 내가 잡히기라도 하는 날이면 평화로운 이 집이 하루아침에 쑥대밭이 될 것이 심히 염려스럽다. 범인은닉으로 고 변호사가 잡혀 들어가면 어머니는 놀라 쓰러지고, 사모님은 병환이 더 깊어질 수밖에 없는데, 그렇게 큰 폐를 끼칠 것이 두렵다. 그러니 어디 다른 데 있었던 것으로 말을 맞출 데가 없겠느냐"고 말했다. 수배자들에게 가장 두렵고 괴로운 일은 자신을 돌봐 준 고마운 분들에게 피해를 입히게 된다는 사실이다.

나는 딱히 꼭 이 변호사에게 그 어려운 일을 부탁할까 하고 골똘히 생각해 본 적은 없었지만 그때 거의 매일 만나다시피 할 때라 지나가는 말처럼, 그러나 조심스럽게 "선생님 댁에 있었던 것으로 하면 어떨까요" 하고 물어 보았다. 이 선생께서도 무심히 "그렇게 하지 뭐" 했던 것으로 기억한다. 아마 내가 이 선생께 그 말씀을 드린 것은 자주 뵙고 아무 말씀이나 드릴 수 있었기 때문이기도 했지만, 이 선생이 65살의 고령이라 혹 저들이 이돈명 변호사야 감히 잡아넣으랴 하는 생각도 있었을 것이다. 그런 일이 있고 한참의 세월이 흘렀다. 그러던 어느 가을날 늦은 저녁이었다. 마침 집에서 이부영의 전화를 직접 받았다. 그래서 우리는 그 전에도 몇 번 만났던 맥줏집에서 만났다. 만나고 있는데 누군가 들어왔다 나갔다. 이부영은 안색이 달라질 만큼 당황했다. 내 전화를 도청하고 금방 달려온 정보부원이었던 것이다. 나는 맥줏집에 남고 이부영은 뒤꼍으로 튀었지만, 그때 이부영은 거기서 체포되었다. 그날은 마침 나와 이돈명 선생이 지리산 산행을 떠나기로 예정한 날이었다. 그러나 나는 차마 떠날 수가 없었다. 이튿날 고 변호사님 댁에 알아봤지만 이부영은 역시 들어오지 않았다. 나는 그 이튿날 뒤늦게 지리산 산행에 합류하면서 이 선생에게 이부영이 잡혔다는 사실을 알리고, 그리고 어쩌면 선생님 댁에 있었던 것으로 진술할지도 모른다는 것을 상기시켜 주었다. 그때도 대수롭지 않게 받아들이는 것 같았다. 이부영이 잡힌 뒤, 한참 동안은 아무 일도 일어나지 않았다. 그러더니 권근술(전 한겨레신문사 사장)을 비롯해서 도피에 도움을 준 사람들이 하나둘씩 연행되어 조사를 받기 시작했다. 나도 더 이상 집에 있기가 두려워 집을 나왔다. 내가 집을 나온 그다음 날 새벽 중앙정보부는 내 집을 덮쳤다. 그리고 길거리나 전철역, 요식업소 같은 곳에 붙어 있는 수배전단에 내 얼굴도 올라 있었다. 한 번은 서초 전철역을 지나는데, 언뜻 벽에 내 얼굴이 있어 보았더니 나를 수배한다는 전단이었다. 그때도 나는 제일합동법률사무소에 나가 있었는데 공교롭게도 바로 그날 아침 치안본부 대공분실에서 이돈명 변호사를 연행하러 왔다. 다행히 그들은 내가 거기 있다는 걸 모르는 것 같았다. 그날이 마침 유현석 변호사 아들 결혼식 날이었는데, 예식에 참석하고 난 뒤 가면 안 되겠냐고 사정해서 그 예식이 끝난 후 이 변호사는 연행되었다.

그날 저녁에 나는 창성동 이 변호사 댁에 갔다. 가족들도 소식을 듣고 모여들었고 정호경 신부를 비롯해 많은 사람들이 집에 가득했다. 9시뉴스였던가. 아나운서는 이돈명 변호사가 이부영에 대한 범인은닉 혐의로 구속되었음을 알리고 있었다. 밤이 깊어 가면서 찾아왔던 손님들도 하나둘 흩어져 갔다. 그러나 나는 차마 어디 다른 데 갈 수도 없었고 또 딱히 갈 데도 없었다. 안방에 잠자리를 펴고 있을 때였다. 대문에서 초인종 소리가 들리고 여러 명의 형사들이 들이닥쳤다.

집을 수색해야겠다는 것이다. 나는 안방에 딸린 화장실에 들어가 숨었다. 그들이 안방 문을 열었다. 처우신조였던지 그들은 안방에 화장실이 있는 것은 미처 몰랐다. 위아래 층을 샅샅이 수색한 뒤 그들은 돌아갔다. 아까 아들이 자기 집에 전화해서 여기서 자고 가겠다고 했는데, 손님이 있는 것처럼 비쳐지게 한 말이 도청된 것 같았다. 나는 이튿날 아침, 사모님의 새벽미사 참례 차 집을 나설 때 따라나섰다. 나에게 본격적인 수배생활이 시작된 것이다. 나에 대해 드러난 혐의는 이부영이 잡힐 때 약간의 돈을 가지고 있었는데, 그것을 내게서 받았다고 진술했기 때문이라는 것이다. 그렇지 않아도 잔뜩 눈독을 들이고 있던 당국에겐 나를 잡아들일 수 있는 절호의 기회가 왔던 것이다. 남영동 치안본부 대공분실은 창성동 이 선생 댁에 기거하고 있던 서울대 의대생 이윤을 데려다 대질신문을 해 이부영이 그 집에 숨어 있었다는 사실을 확인하고 범죄 사실을 확정시켰다. 이부영이 끌려오는 그에게 눈짓으로 신호를 보냈고, 영리한 이윤은 금방 그 뜻을 알아차렸던 것이다. 그들은 대어라도 낚은 것처럼 득의양양했다.

이 변호사의 구속은 나에게는 참으로 낭패스러웠고 또 이 변호사와 그 가족들에겐 얼굴을 들 수 없을 만큼 죄송스러운 일이었다. 잡아넣은 것은 저들이었지만, 그렇게 만든 것은 나였다. 말하자면 이 변호사가 잡혀 들어가도록 내가 그동안 기획·연출한 꼴이 된 것이다. 고령의 이 변호사를 잡아넣지 못할 것이라는 기대는 너무도 순진한 생각이었다. 그들에게 '인간적인 것'을 기대한다는 것은 처음부터 말도 되지 않는 일이었다. 그다음 날이었던가, 나는 고영구, 황인철, 홍성

1987년 범인은닉 사건으로 구속기소된 이돈명 변호사가 활짝 웃으며 법정에 들어서고 있다.

우, 조준희 변호사에게 연락해서 평창동 어디선가 만났다. 오직 그 후 전후경과를 아는 것은 나뿐이었으므로 나는 이 변호사가 구속되게 된 경위를 설명했고, 변호사들도 처음에는 아무 말도 하지 않았다. 드디어 고영구 변호사가 이부영을 숨겨 준 것은 이 변호사가 아니라 자기요, 더구나 젊은 사람 대신 노인네가 들어가는 것이 말이 되느냐면서, 진실을 있는 그대로 밝히자고 나섰다. 침통한 가운데 심각한 설왕설래가 있었고, 그 끝에 난 결론은, 지금 진실을 밝혀도 이 변호사는 '위계에 의한 공무집행방해죄'로 구속될 것이다, 이 변호사에게는 실로 죄송스러운 일이지만 이대로 갈 수밖에 없다는 것이었다. 나는 사건의 전말을 자세하게 적어 김수환 추기경과 사제단 쪽에 전했고, 황인철 변호사는 정의평화위원회 총재 윤공희 대주교에게 자초지종을 말씀드렸다. 이렇게 하여 이돈명 변호사는 그 이듬해 봄에 풀려나올 때까지 감옥에 갇혀야 했다. 고영구 변호사는 그것이 죄송스러워 난방이 된 방에서 자는 걸 삼갔다. 나는 내가 갖고 있던 은밀한 채널을 통해, 감옥에 있는 이 변호사에게 나의 잘못과 함께 밖의 소식을 수시로 전했다. 이때 이 변호사는 병사에 머물렀다. 뒷날 이 변호사의 술회에 의하면, 김수환 추기경이나 윤공희 대주교가 접견왔을 때 설사 공의(公義)를 위해서라고는 하지만, 법정에서 거짓말을 끝까지 해야 하는 것이 신앙인으로 가장 괴로웠다고 했다고 한다. 그러나 '돈 받고, 절 받던 변호사'가 어느 날 갑자기 피고인으로 전락, 감옥에 갇혔으니 그 얼마나 고통스러웠을 것인가. 이 변호사는 최후진술에서 토머스 모어의 유토피아를 인용하며 "형벌권의 공정"이 이뤄지는 사회를 역설했는데, 당신의 영세명이 토머스 모어인 것에 비추어 보면 묘한 인연, 묘한 섭리를 느끼게 된다.

　이 선생은 이 옥고로 인권변호사로서의 성망은 더 높아졌는지 모르나, 옥중에서 병을 얻었다. 나이 탓도 있겠지만 그 뒤 잦은 병치레를 하시는 것을 보면서 죄송스러움과 가슴 조마조마함은 어쩔 수 없었다. 한 번도 내색을 하지 않았지만, 전후사정을 알게 된 사모님과 그 가족들은 내가 얼마나 밉고 또 원망스러웠을 것인가. 나는 아직까지도 그 가족들에게 나의 잘못을 사죄하고 진지하게 용서를 빌지 못했다. 이 선생은 말년에 전립선암 판정을 받았고, 또 가벼운 수전증으로 병원 출입이 잦았는데, 그때마다 나는 괜히 오금이 저렸다.

나도 별과 같은 사람이 될 수 있을까

1975년 이래 선생을 가까이 모시고 살면서 실로 많은 것을 배우며 깨우쳤다. 1982년 회갑문집을 만들어 봉정했을 때 선생은 당신이 가지고 있던 돈과 인세를 털어 장학회를 만들고, 고양시 오금리에 학생들이 기거할 집을 지었다. 설계는 조건영(曺建永)이 했다. 거기에 기거할 사람이 없어, 학생들을 창성동 집에 거두었는데, 그들이 지금 하나는 공무원이, 하나는 의사가 되었다.

당신의 벌이 중 가장 보람 있게 번 돈만을 모아 자녀들의 학비로 쓰신다는 말씀을 듣고 나 역시 당신의 말씀대로 하고 있다. 수배생활 중에 추기경께서 보내 주신 돈(20만 원)을 몰래 끝까지 간직했다가 수배가 해제된 뒤 나의 자녀들의 학비로 쓴 것도 이 선생의 영향 때문이다. 선생의 교육에 대한 관심과 애정이 이와 같다.

선생은 또 박람강기(博覽强記)인 데다 실학에도 밝다. 나는 선생으로부터 정송오죽(正松五竹)이라 하여, 소나무는 정월에 옮기고, 대나무는 5월에 옮기며, 처서가 지나서 찬바람이 나기 시작해야 비로소 고추를 햇볕에 말릴 수 있다는 것 하며, 백일홍(배롱나무)은 벼를 심기 시작해 벼이삭이 필 때까지 백일간 녹음방초 우거진 시기에 유일하게 피는 꽃이라는 것도 들어 알게 되었다.

선생은 내게 우촌(友村)이라는 아호를 지어 주었는데, 이는 내가 민중과 더불어, 민중의 벗으로 살고 있기 때문이라고 했다. 그것이 내게 과분한 것을 모르는 바 아니나 그렇다고 그 좋은 아호를 그냥 놓아

1982년, 이돈명 변호사(앞줄 오른쪽에서 네 번째)의 회갑 기념 모임.

두기 너무 아까워 모르는 척 그냥 사용하고 있다. 박중기 선생한테도 '헌쇠'라는 호를 지어 주었는데, 그것은 아명(兒名) 같은 것이어서 그분에게 그 살아온 삶과 품성에 걸맞은 좋은 다른 호를 하나 지어 주었으면 하는 바람을 가진 적이 있었다.

선생은 연세에 어울리지 않게 탐구심, 모험심이 강하다. 니시식 건강법에 일찍부터 심취해 아침을 거르고 1일 2식, 냉·온욕, 야채식의 건강법에 독창적인 일가를 이루었다. 나도 출근할 때는 1일 2식을, 그리고 지금도 냉·온욕을 흉내 내고 있다. 아직도 책에서 눈을 떼지 않을뿐더러, 하워드 진, 촘스키를 읽고, 일본의 《세카이(世界)》를 비롯해서 변화하는 세상에 가장 먼저 달려가니, '온고이지신(溫故而知新)이요, 법고이창신(法故而創新)'이란 선생을 두고 한 말이 아니던가.

5 · 18특별법 제정을 촉구하고 광주학살 진상규명을 요구하는 '민변'의 가두시위에서(앞줄 오른쪽부터 박재승, 고영구, 이돈명).

　박현채 선생은 이돈명 선생이 인권변론을 통해서 무죄를 끌어내기는커녕 오히려 형량을 높여 주기만 했다 하여 "유죄변호사"라 명명했지만, 정작 박 선생부터 누구보다 가까이 선생을 모시고 따랐으니, 이는 선생의 따뜻한 품과 마음 탓이었다. 감옥에 갇혀 외로움과 단절에 지친 이들에게 위안과 힘을 주신 선생이야말로 진짜 변호사라 할 것이요, 이 점에서 단연 타의 추종을 불허한다. 그뿐 아니라, 자식과 남편을 감옥에 둔 사람들에게 따뜻한 이웃으로 상담을 하셨는지 구속자들 사이에서보다 그 가족에게 인기가 높은 걸 어쩌랴.

　나는 이 선생의 회갑 때 "과연 내가 저 나이가 되면 선생처럼 노성(老成)할 수 있을까?"라고 생각했고, 선생이 80을 넘길 때는 "내가 저

나이가 되면 저렇듯 원융(圓融)달관(達觀)할 수 있을까?"를 생각했다.
이제는 우리 곁을 떠났지만 예나 지금이나 선생은 내게 사표다. 사람
들과 함께 있어 위안이 되고, 같이 있는 것이 충만이 되는 그런 삶을
나도 살 수 있을까.

　　나도 별과 같은 사람이 될 수 있을까.
　　외로워 쳐다보면
　　눈 마주쳐 마음 비춰주는
　　그런 사람이 될 수 있을까.
　　(이성선, 〈사랑하는 별 하나〉 1연)

13

'무죄'라는 말 한마디

황인철

인권변론의 시작

내 기억이 정확하다면, 황인철 변호사(1940~93)를 처음 만난 것은 1974년 늦가을, '민주회복국민회의'의 결성 때쯤 광학빌딩의 사무실에서가 아니었던가 싶다. 물론 그 이전에도 나는 고등학교 선배로 황인철 변호사를 익히 들어 알고 있었다. 그러나 만난 것은 그때가 처음이었다.

1972년에 유신정변이 일어났고, 그 이듬해 가을부터 반유신투쟁이 간헐적으로 전개되기 시작했다. 그것이 1974년에 들어서는 연초부터 각계 각 분야에서 술렁거리기 시작했다. 그 예봉을 꺾는다고 박정희 유신정권은 1월 8일에 긴급조치 1호를, 그리고 4월 3일에 4호를 발표했다.

긴급조치 1호가 장준하·백기완을 중심으로 전개되고 있었던 '개헌청원 1백만인 서명운동'을 겨냥한 것이었다면, 긴급조치 4호는 당시 학원을 중심으로 태동하고 있던 반유신투쟁을 원천적으로 봉쇄하기 위한 목적으로 한 것이었다. 1, 4호가 모두 정치 보복이라는 점에서는 같지만, 4호는 전형적인 소급 입법이라고 해도 과언이 아니다.

전국에서 200여 명이 감옥으로 잡혀갔다. 그 가운데는 주교와 목사, 그리고 유명한 교수와 시인도 있었다. 불구속이긴 했지만 전직 대통령도 비상군법회의의 법정에 서야 했다. 얼마 뒤에는 이들을 변론하던 변호사도 같은 죄목으로 묶여 감옥에 들어갔다. 이렇듯 일찍이 보지 못했던 대옥사(大獄事)가 일어났다.

그러나 그때는 아무도 잡혀간 사람들에게 한줌 보탬이 될 수 없었다. 요즘처럼 일단의 '인권변호사'군(群)이 형성되어 있지도 않았을뿐더러, 사회는 급격하게 냉각되고 있던 때라 모두가 숨죽이고 있을 뿐이었다. 묘한 인연으로 불의에 짓밟히면서도 호소할 데 없는 학생들의 딱한 처지를 맨 처음 듣게 된 것이 황 변호사였다. 그래서 자주 만나던 서울법대 동기동창 변호사들과 함께 이들을 위한 변론에 참여한 것이 황 변호사에게는 인권변론의 첫걸음이었다.

그것은 당시로서는 상당한 용기가 필요했다. 심리적 위축을 줄 만큼의 외압은 물론 때로는 집에 무시무시한 협박 전화가 걸려 오는 것을 감수해야 했다. 처음에 멋모르고 맡았거나, 친지의 부탁으로 수임

1986년 국제변호사회의가 열린 캐나다에서.

했다가 슬그머니 뒤로 물러선 변호사들도 적지 않았다. 그때까지 인권변호사로서의 외로운 길을 꿋꿋하게 걸어온 분으로는 이병린 변호사가 있었고, 소장 변호사로서 법정 안팎에서 다양한 활동으로 인권변론을 하던 한승헌 변호사가 있었을 뿐이었다.

황인철·홍성우 두 변호사의 참여는 이제까지의 고독하고도 개별적인 인권변론 활동이 하나의 흐름을 형성하는 계기가 되었다. 합류라기보다는 그 주류를 형성하는 것이었다고 할 수 있다. 1975년의 김지하 국가보안법 위반 사건, 그리고 1976년의 3·1절 명동성당 민주구국선언 사건 등을 통해 이들의 인권변론 활동에 열정적으로 동참해, 선배로서 그 이후의 인권변론 활동을 앞에서 이끌어 왔던 이돈명·조준희 변호사를 합쳐 이들 네 명을 세상 사람들은 아직까지도

'인권변호사 4인방'이라고 부른다.

황 변호사가 이렇게 첫 번째 정치 사건을 맡았던 그해에는 일련의 사태와 관련해 여러 가지 일찍이 보지 못했던 양상들이 나타났다. 종로5가 기독교회관에서는 목요기도회가 생겨났고, 이제까지 침묵을 지키던 천주교회에서는 인권 회복을 위한 기도회가 전국의 각 교구에서 열리기 시작했다. 그리고 그해 9월 말에는 천주교정의구현전국사제단이 정식으로 발족하기에 이르렀다.

10월 24일에는 《동아일보》 기자들의 자유언론실천선언을 필두로 거의 모든 언론사에서 정보부의 간섭 없는 언론 제작의 기치를 높이 들었다. 이러한 시대적 상황 속에서 민주회복국민회의의 결성이 시도되었다. 법조계에서 몇 분의 운영위원과 사무총장을 맡게 된 것과 관련해서 광학빌딩의 황 변호사 사무실에서 변호사 여러분과 만났는데 그때 나도 자리를 같이했다.

인권변호사로서의 황인철

당시 황 변호사는 덕수합동법률사무소의 일원이었고, 또 변호사로서 개업한 이래 집념을 가지고 수임했던 권씨문중 사건 등 민사 사건 때문에 인권 사건은 황 변호사에게 적지 않은 부담이 되었다. 갇혀 본 사람만이 아는 일이지만, 감옥 안에서는 변호사가 면회 오기를 학수고대하게 마련이다. 예의를 갖추는 사람도 있지만, 당장 오지 않는다고 사람을 시켜 조바심치는 사람도 있다.

황 변호사는 인권변론 자체나, 면회 오라는 요구에 대해 한 번도 싫은 내색을 보이지 않았다. 변호사들이 크고 작은 인권 사건을 나누어 맡을 경우, 일의 양이 더 많고, 귀찮고, 복잡한 쪽을 맡았다. 스스로 떠맡았다거나, 억지로 떠맡겨졌다는 뜻이 아니라 결과적으로 그렇게 되었다는 이야기다. 여럿이 한꺼번에 공동으로 어떤 사건을 수임하는 경우, 그것을 합의재판부에 견주어 말한다면, 황 변호사는 언제나 주심(主審)이었다. 모든 것을 최종적으로 준비하고 챙기는 것은 황 변호사의 몫이었다.

새로운 사건을 맡을 때마다 대학 노트 한 권을 사서, 깨알 같은 글씨로 재판의 진행 과정은 물론, 피고인의 진술 등 모든 것을 빠짐없이 기록했다. 김지하 사건의 경우, 법정진술을 녹취하기 위해서는 어느 정도의 변론 비용이 필요했는데, 김수환 추기경이 성금을 보내 준 적이 있었다. 이 돈을 통장에 넣어 통장 관리까지 세심하게 했던 기억이 새롭다. 이 모든 궂은일을 도맡아 했다.

재판 기록의 열람이나 복사, 복사한 기록의 보관까지도 황 변호사의 몫이었다. 1988년 이후, 옛날의 기록들을 정리하자는 이야기를 나눈 적이 여러 번 있었다. 황 변호사의 사건별 대학 노트와 그것과 함께 보관되어 있는 재판 기록은 역사적 가치와 무게를 지닌 것이 적지 않을 것이다. 그 안에는 역사적 가치를 지닌 증거물도 있을 것이다. 그러나 한다 한다 하면서 손 한번 대 보지 못하고 말았다.

황 변호사와 가장 오랜 지기(知己)라고 할 수 있는 홍성우 변호사는 바늘 가는 데 실 가는 것처럼 그 이름이 꼭 붙어다닌다. 가나다 순서로 성씨(姓氏) 역시 비슷해서 같이 붙어다닌다. 그만큼 서로 친하고, 서로가 서로를 이해하고 평가한다. 그러나 법정 안팎에서의 매너에는 현격한 차이가 있다. 우선 홍 변호사는 명쾌하게 좋고 나쁜 것을 분명히 한다. 싫은 것은 싫고 좋은 것은 좋은 것이다. 하지만 황 변호사는 좋은 것에는 명쾌하지만 싫은 것에 대해서는 그렇지가 않았던 것 같다. 물론 분명히 해야 할 것을 그러지 못했다는 이야기가 아니라, 남에게 싫은 내색을 해서 면전에서 상처 주지 않기 위해 그만큼 애를 썼다는 이야기다. 그만큼 신중했다는 이야기이기도 하다.

법정에서의 변론 패턴도 다르다. 홍 변호사는 큰 소리로, 질타할 것은 질타하고 비판할 것은 비판한다. 변론 도중에 스스로 격앙되기도 한다. 자신들은 그래도 양심적이려고 애쓰고 있는데 그렇게 아픈 데를 큰 소리로 꼭 찔러야 하느냐는 것이, 그 당시 법관들이 홍 변호사를 보는 감정이 아니었을까 생각되는 것도 이 때문이다.

반면에 황 변호사는 아주 작은 소리로 나직나직하게 반대신문을 하고 또 변론을 한다. 아주 조용한 가운데 귀 기울이지 않으면 변론 내용이 무엇인지 잘 들리지도 않는다. 무엇인가 호소하는 듯한 변론이다. 그렇기 때문에 홍 변호사보다도 실상 더 모진 말을 해도 재판부로부터 제지받지 않는다. 그러나 해야 할 소리, 새겨 보면 더 아픈 소리가 거기에는 들어 있었다. 1970년대 중반, 동아투위 사건 등을 황 변호사가 맡아서 할 때 해직기자들이 한때 황 변호사에게 대사(大蛇)라는 별명을 붙여 준 적이 있는데, 황 변호사의 이런 면모를 빗대서

감옥에서 석방되어 나온 김지하와 그의 변호인들(왼쪽부터 황인철, 김지하, 홍성우).

한 말이다.

황 변호사는 또한 대단히 신중했다. 김지하 사건 때의 일이다. 김지하의 공판 내용은 변호인 측이 비용을 부담해 녹취하기로 했다. 녹음한 것을 속기사를 시켜 재판 기록으로 정리하는 것이다. 그런데 김지하 재판 기록이 누출되는 것에 대해 당국도, 재판부도 모두 신경을 썼다. 물론 그것은 재판 기록 일체의 책임을 맡고 있는 황 변호사로서도 유의해야 할 대목이긴 했다.

그때 비록 법률에는 문외한이었지만 나도 나름대로 재판 준비를 거들고 있었는데, 나한테도 그 재판 기록을 내주지 않았다. 연희동 집의 서재에 갖다 놓고는 거기 가서 보자고 했다. 그래서 한때 황 변호사 댁으로 출근한 일이 있었다. 나까지 못 믿는 것 같아서 그때는 물론 무척 섭섭했다.

그렇지만 김지하 사건의 변론요지서는 그 재판 기록 모두를 참고로 해서 나에게 작성토록 했을 뿐 아니라, 며칠간 여관에서 작성한 그 변론요지서를 가지고 변호사 여섯 분이 나누어 4시간여에 걸쳐 변론한 것을 보고, 뒤늦게 '아하 나를 못 믿어서는 아니었구나' 하는 생각을 하게 되었다.

인권변호사로서 황 변호사가 쏟은 정열과 노력에 비해서 결과(?)는 그렇게 좋게 나타난 것은 아니었다. 아마도 변론 덕으로 좋은 결과는 얻은 사건이 있다면 크리스챤아카데미 사건을 들 수 있을 것이다. 그러나 그것은 변론 덕이라기보다는 1979년 말의 10·26 사건 이후 민주화 시대의 도래가 예견되던 시기에 재판이 열렸던 '시대의 덕'이 더 크다고 하겠다.

황 변호사 영결식 때 정현종 시인은 〈무죄다라는 말 한마디〉라는 조시를 읽었다. 모든 사람들이 참 좋은 조시였다고 이구동성으로 말했다. 물론 나도 그런 생각을 했다. 황 변호사가 많은 시국사범의 변론을 맡을 때마다, 그들에게 해 주고 싶은 말은 분명 "너는 무죄다"라는 말 한마디였을 것이다. 그 말 한마디를 자신의 목소리로서가 아니라, 법과 정의의 이름으로, 법관의 판결을 통해 들려줄 수 있기를 바랐을 것이다.

바로 그 말 한마디를 얻어 내기 위해서 작은 소리이긴 하지만 절규하는 심정으로 법정에서 변론했다. 그러나 내가 알기로 황 변호사의 변론으로 시국 사건 관련자가 무죄를 선고받은 경우는 거의 없었다.

그래서 한때는 "인권변호사가 변론하면 무죄도 유죄가 된다"는 이야기를 자조적으로 할 때도 있었다. 마땅히 무죄가 되어야 함에도 유죄로 귀착되어 버리고 말았을 때, 허탈해하는 피고를 향해 변호사로서 있는 힘을 다해 할 수 있는 말이 바로 "누가 뭐래도 너는 무죄다"라는 말이 아니었을까. 그렇게 말함으로써 "모든 유죄를 감싸고 / 양심을 부추기고 / 분노를 어루만졌던" 것이다.

이런 경우도 있었다. 오원춘 사건 때의 일이다. 오원춘 납치 사건이 실제로 있었던 사실이냐, 아니냐가 그 핵심 쟁점이었다. 물론 이 사건은 오원춘 자신이 납치 사실을 신부에게 고백하고, 또 세상에 폭로함으로써 비롯된 것이었다. 전후의 정황으로 보아 납치되었던 것만은 분명해 보였다. 그런데 정작, 오원춘 자신이 법정에서는 납치가 아니었다고 검찰과 말을 맞추는 것이 아닌가.

그러니 변론은 검찰과의 공방이 아니라, 피고인 오원춘과의 싸움이 되어 버렸다. 천신만고 끝에 오원춘으로서도 결코 부인할 수 없는 결정적인 증거 자료를 찾아냈다. 그 누가 봐도 명백한 노릇이었다. 그러나 오원춘은 사리가 명명백백한데도 아니라고 빡빡 우기기만 했다. 그것은 대구에서의 재판이었다. 그때 그 재판을 지켜보았던 모든 사람들의 실망감은 참으로 컸다.

그날 기차를 타고 올라오는데, 평소에 술을 안 하던 황 변호사가 맥주를 마시자고 했다. 흔히 그렇듯이 얼굴은 금방 새빨개졌다. 황간이나 영동쯤 지나고 있을 때였다. 황 변호사는 땅바닥에 털퍼덕 주저앉더니 그 큰 눈에서 눈물을 마구 쏟았다.

"우리는 그래도 변호사로서 인권이 유린되는 사람들, 불의에 짓밟힌 사람들을 위해 무엇인가 해 보겠노라고 이렇게 몸부림치는데, 우리를 이렇게 처참하게 만들 수 있는가. 자신의 인권을 지키려고 스스로 노력하는 사람만이 법률적 조력을 받을 자격이 있다."

대체로 황 변호사가 그때 했던 말의 골자는 이런 것이었다. 그때의 그 허탈해하던 모습, 그 눈물이 지금도 눈에 선하다. 황 변호사는 돌아가기 직전까지 오원춘의 그 이후의 안부 때문에 많은 걱정을 했었는데, 오원춘 씨가 황 변호사의 이러저러한 심경을 만분의 일이나마 헤아리기나 하는지……

황 변호사는 자신이 맡았던 피고인과 재판이 끝난 뒤에까지 긴밀한 인간관계를 유지한다. 정도의 차이는 있지만 다른 변호사의 경우도 그런 사례는 있다. 그러나 황 변호사는 그러한 인간관계를 지속하는 사람이 훨씬 많고, 또 인간관계의 내용이 훨씬 진하다. 장례식 때도 그런 분들이 참으로 많이 왔다.

어떤 사람은 감옥에 들어갔던 일 자체를 악몽처럼 느낀다. 그뿐만 아니라 투옥되었던 사실과 연관된 일체의 것을 하루속히 잊고 싶어 한다. 연상조차 하기 싫은 것이다. 서울구치소가 현저동에 있을 때, 그 앞을 지날 때면, 고개를 항상 구치소 반대편으로 돌려, 애써 현저동 시절을 지워 버리려는 사람도 있다. 자신을 맡았던 변호사도 만나기 싫어하는 경우도 있다. 감옥 안에서 살아 본 사람에게 있을 수 있는 심리의 일단이다.

그런데도 사건 이후에도 끈끈한 인간적인 접근을 할 수 있었던 것은 아무래도 황 변호사의 인간성이 크고 넓었기 때문이었다고 생각한다. 나 때문에 알게 되고, 나의 주선으로 변론을 맡았었는데, 뒷날 변호사 사무실에 가 보면 나보다 더 가까운 것처럼 담소하고 있는 것을 나는 여러 번 보았다.

말하자면 황 변호사는 변호사와 피고인의 관계를 인간적인 관계로 치환해 내는 데 탁월한 능력이 있었다. 능력이라기보다는 성심이 있었기 때문이라고 할 수 있다. 한 번이라도 더 잡아 주는 손길이라든지, 작은 소리지만 크게 격려가 되는 이야기 같은 것이, 변호사로서보다는 어딘지 맏형 같은 느낌을 주었다. 그래서 황 변호사의 주변에는 법정의 피고로서가 아니라 인생 상담을 하는 후배로서 찾아드는 사람이 끊이지 않았다.

사건이 끝난 후, 맡았던 피고인들의 안부에 대해서도 황 변호사는 알뜰했다. 생활이 어려운 사람에게는 그들이 부끄러워하지 않을 방식으로 도움을 줬다. 언제나 함께 있다는 느낌을 갖게 해 주었다. 이러한 따뜻한 성품 탓이었는지 황 변호사를 대부(代父)로 해서 천주교회에 입문한 사람이 적지 않았다. 이태복도 그중 한 사람이다.

황 변호사가 특히 애정을 가지고 보살폈던 것은 이 땅에서 소외받았다고 생각되는 사람들이었다. 그들의 고충과 호소를 들을 때는 그 큰 눈을 옆으로 돌려, 붉어진 눈시울을 감추곤 했다. 황 변호사는 저짐에 눌려 신음하는 사람들에게 희망을 주기 위해, 변호사로서나 한 사람의 이웃으로서나 무척이나 노력했다. 그 따뜻한 정을 잊지 못하는 사람들이 그들 가운데 특히 많은 것도 이 때문이다. 송씨 일가(宋

氏一家) 간첩단 사건은 그 대표적인 예이다.

권력과 대항하며 '민변' 주도

황 변호사는 변론의 수준이랄까, 변호사의 역할을 그때마다 한 단계씩 끌어올린 보이지 않는 주역이었다. 우리 사회 전반에 걸쳐 레드 콤플렉스라는 것이 있다. 그것은 시대를 거슬러 올라갈수록 그 증상이 심했고 또 일반적이었다. 변호사 사회 역시 국가보안법, 반공법 위반 혐의자의 수임을 극히 꺼려했다. 실제로 긴급조치 위반 사건은 열심히 했지만, 이런 죄명이 붙은 사건은 한사코 외면한 변호사도 있었다.

그러나 황 변호사는 이러한 죄명의 사건을 수임하는 데 주저하지 않았다. 실상 국가보안법, 반공법 등은 정권 안보를 위해 정치 탄압의 수법으로 걸핏하면 쓰이던 전가(傳家)의 보도(寶刀)였다. 특히 유신 말기와 전두환정권 들어 그러한 경향이 심했다. 흔히 유신시대의 인권 탄압 형태를 빗대어 '긴조시대(긴급조치에 의한 인권 탄압 시대)'라 불렀고, 전두환정권 시대의 인권 탄압 형태를 일컬어 '국보시대(국가보안법에 의한 탄압 시대)'라 불렀던 것만 보아도 알 수 있다.

아무한테나 국가보안법의 고리를 걸었고, 많은 사람들을 한꺼번에 잡아넣기 위해 국가보안법은 자주 원용(援用)되었다. 황 변호사를 비롯해서 인권변호사들이 이 금기(禁忌)에 과감하게 맞선 것은 어떻게 보면 당연했다. 그러나 그것은 상당한 결단이 필요했다. 한승헌 변호사 같은 이는, 이러한 변론 활동과 관련해서 그 자신이 국가보안법 위반으로 투옥되는 수난을 겪기도 했다.

1982년의 부산 미문화원 방화 사건 때는 반미(反美)가 곧 용공으로 등식화되는 데 대해 공개적으로 이의를 제기했다. 물론 변론을 통해서였다. 반미가 반드시 금기시(禁忌視)되어야 하느냐 하는 문제를 정식으로 법정에서 제기한 것이다. 물론 어떤 수준에서, 어떠한 수위로, 변론을 할 것인지를 놓고 고뇌했으며, 용어 선택 하나하나에 이르기까지 세심한 주의를 기울였다.

1970년대의 노동운동은 노동자의 권익을 향상시키기 위한 것이라기보다는, "우리도 인간"이라는 인간선언에 가까운 것이었다. 더 이상 짓밟히고 살 수 없다는 절규요 비명이었다. 1970년대의 유명한 노동사건에서 노동자들이 "우리는 똥을 먹고 살 수는 없다"고 절규한 것은 그 대표적인 예이다. 청계피복노조 사건 역시 자신을 지키기 위한 몸부림이었지 그 이상의 것이 아니었다.

하지만 1980년대의 노동운동은 이와는 양상이 달랐다. 조직적인 운동으로 나타나기 시작한 것이다. 그러나 그에 맞서 당국의 탄압도 치열해졌다. 그 수법도 다양했다. 1986년에 영등포 구로 지역에서 연대 파업이 동시다발적으로 나타났다. 여러 개의 노동인권 사건으로 기소되기에 이르렀다. 이들 사건에 개별적으로 변론에 참여했던 변호사들이 공동 대응의 방식을 모색한 것이 계기가 되어 오늘날의 민변(민주사회를 위한 변호사 모임)의 모체가 된 정법회가 출범하게 된 것은, 여러 면에서 상당한 발전이라고 할 수 있다.

1987년에는 당시 도시 재개발로 주거를 잃은 빈민들이 대량으로 발생했다. 이것이 엄청난 사회 문제로 되었고, 일부는 법정으로 비화되었다. "가난이 제 탓만이 아닌" 사람들의 문제에 황 변호사가 관심을 갖게 된 것도 이 무렵의 일이다. 황 변호사는 도시 패배 집단이 모여 있는 미국의 슬럼가와는 달리, 우리나라의 달동네는 도시 정착을 위한 전진기지로서 도덕적 건강성과 전통적 협동심이 살아 숨쉬는 곳이라는 것을 절감했다. 그래서 황 변호사는 빈민 문제에도 깊은 관심을 갖게 되었다.

우리의 변호사들은 1980년대 말, 일이 생기면 거기에 쫓아가 대응하는 식의 단순한 변론 활동으로는 문제 해결이 안 된다고 보고, 더욱 차원 높고 적극적인 행동양식이 필요하다는 인식에 도달한다. 앞서 말한 '정법회'는 1970년대 정치적 사건을 변론한 경험을 축적한 시니어 그룹과 1980년대에 노동 사건 등으로 변론 영역을 확대해 가고 있던 소장층의 결합이었다.

6·29 선언을 계기로 제6공화국에 들어서면서부터는 민주화운동의 폭과 깊이가 넓고 깊어질 수밖에 없었다. 이에 따라 일상적이고 기본적인 변론 활동에서 더 나아가 법과 제도 전반에 대한 문제 제기와, 각계 각 분야의 인권 상황에 대한 깊이 있는 조사·연구와 대안 마련이 요청되었다. 이러한 요청에 부응해 태동된 것이 정법회를 발전시킨 '민변'이었다.

민변의 창립으로 개별·분산적일 수밖에 없었던 인권변론이 지속적으로 상호연대 속에 조직적으로 진행되게 되었다. 또한 법조 민주

1990년 5월 민변 정기총회에서 조준희 변호사(맨 앞줄 가운데) 등과 함께(맨 앞줄 왼쪽에서 두 번째가 황인철 변호사).

화와 여론 형성 활동을 통해 변호사 운동을 전체 민주화운동의 한 부분으로 한 차원 높게 승화시킬 수 있는 계기를 마련했다. 그뿐만 아니라 민주화운동 세력 안에서 전문가 집단이 지닌 합리성과 전문성을 바탕으로 법과 제도에 대한 건설적인 대안을 제시할 수 있게 되었다.

이 모임의 결성과 그 이후의 정착 과정에 황 변호사는 주도적 내지 중심적 역할을 했다. 1990년에서 92년까지 민변의 대표간사를 맡으면서, 민변의 저변을 확대하고 위상을 제고시켰다. 아마도 건강이 허락했다면 한 번쯤은 더 연임했을 것이다. 민변에 대한 애정과 걱정은 병석에 누워서도 끊이지 않았다.

또 하나 빼놓을 수 없는 것은, 고문을 비롯한 국가 폭력을 근절시키려는 집념과 노력이다. 황 변호사는 국가 폭력에 의한 피해자들을 위해 민사적 손해배상청구 소송을 제기했다. 이를 통해 황 변호사가 관철하려고 했던 것은 피해보상 그 자체가 아니라, 고문과 같은 국가에 의한 폭력을 근절시키려는 데 있었다. 황 변호사는 국가의 책임을 끝까지 추궁함으로써 고문 없는 사회를 구현해 내려 했다.

조준희 변호사가 영결식장에서 한 말처럼 황 변호사는 인간에 대한 깊은 사랑, 인간의 존엄에 대한 확신을 가지고 변론에 임했다. 그리고 불의와 부정에 대해서는 단호했다. 일을 할 때는 그 누구보다 겉으로는 진지했으나 내면 속에서는 치열했다. 그러나 그 치열함 못지 않게 온유했고, 여유가 있었으며, 또한 겸손했다.

인권변호사는 안팎으로 적이 많았다. 특히 공안검사들과는 법정에서는 물론, 밖에서도 결코 좋은 감정을 갖지 못하게 마련이었다. 검찰 고위층과의 관계도 그럴 수밖에 없었다. 그러나 황 변호사는 달랐다. 처지가 다르다는 이유로, 또는 가치 기준이 다르다는 이유로 황 변호사를 매도하는 사람들은 극히 드물었다. 장례 때 재조(在朝) 법조인들이 거의 빠짐없이 다녀가는 것을 보고, 황 변호사는 그들로부터도 인간적인 신뢰를 받았구나 하는 것을 실감할 수 있었다.

남모르게 베푼 사랑

영결미사 때 봉독한 복음 구절은 황 변호사의 인간적인 한 면을 여실하게 시사하는 내용이었다.

"너희는 내가 굶주렸을 때에 먹을 것을 주었고, 목말랐을 때에 마실 것을 주었으며, 나그네 되었을 때에 따뜻하게 맞이하였다. 또 헐벗었을 때에 입을 것을 주었으며, 병들었을 때에 돌보아 주었고, 감옥에 갇혔을 때에 찾아 주었다.

이 말을 듣고 의인들은 이렇게 말할 것이다. '주님 저희가 언제 주님께서 주리신 것을 보고 잡수실 것을 드렸으며, 목마른 것을 보고 마실 것을 드렸습니까. 또 언제 주님께서 나그네 되신 것을 보고 따뜻이 맞아들였으며, 헐벗으신 것을 보고 입을 것을 드렸으며, 언제 주님께서 병드셨거나 감옥에 갇히신 것을 보고 저희가 찾아가 뵈었습니까.'

그러면 임금은 '분명히 말한다. 너희가 여기 있는 형제 중에 가장 보잘것없는 사람 하나에게 해 준 것이 바로 나에게 해 준 것이다' 하고 말할 것이다."

황인철 변호사는 변호사로서나 한 인간으로서나 이와 같은 삶을 살았다. 황 변호사는 진실로 이웃을 사랑했고, 그 가운데서도 특히 가난하고 소외된 이웃, 약한 이웃을 사랑했으며, 최선을 다해 그들을 도왔다. 황 변호사의 부음을 듣고 소리 없이 흐느낀 사람들이 특히 많았다. 그들은 다른 사람에게는 보이지 않는 황 변호사의 따뜻한 손길을 받은 사람들이었다.

돕는 방법도 여러 가지였다. 1986년 말에 나는 5 · 3 인천사태로 수배 중이었던 이부영에게 도피 자금조로 30만 원을 주었다는 것 때문에 1년쯤 현상 수배된 적이 있었다. 형사들이 집 앞에 봉고차를 세워 놓고 지키는 터라 내 가족과 접근하는 것은 두려워 상상조차 할 수 없는 상황이었다. 남도 마찬가지였다. 그러나 황 변호사는 여러 차례에 걸쳐 몸소 우리 집을 찾았고, 그때마다 생활비를 쥐어 주곤 했다. 물론 그 이야기는 6·29로 나의 수배가 해제된 뒤에서야 들었다. 그러고도 변변하게 감사의 뜻을 전하지도 못한 것 같다.

어느 단체 시설에는 매년 김장을 해 주었고, 어디에는 김장과 필요한 고추를 몇백 근씩 사 주었다. 언젠가는 가난에 쫓기는 사람에게 돈을 꿔 주는 형식으로 돈을 주었다가 돌려받지 않는 방식으로 도움을 주기도 했다. 그러나 내가 알고 있는 것은 황 변호사가 한 일의 극히 일부분에 지나지 않는다. 왜냐하면 황 변호사는 많은 사람들에게 도움을 주었으되, 오른손이 하는 일을 왼손이 모르게 했기 때문이다. 그리고 누구에게도 알리지 않았다. 가족에게도 그 사실을 숨겼다는 것을 나는 최근에야 알았다.

그것을 흔히 신앙심과 결부하는 경향이 있지만, 나는 황 변호사의 천성이 그랬었다고 생각한다. 신앙과 관련해서 언젠가 이런 이야기를 한 적이 있다. 김수환 추기경을 화제 삼아 이야기했을 때의 일이다. 1982년이던가, 이돈명 변호사의 회갑연을 친지 후학들이 명동성당 안의 사도회관에서 베푼 일이 있다. 그때 마침 10·26 사건과 관련해서 이미 형장의 이슬로 사라져 간 사람들의 가족들이 그곳에 왔었다. 강신옥 변호사의 소개로 추기경과 이들이 인사를 하게 되었다. 추기경이 이분들에게 무슨 말을 할 것인가 모두 궁금한 눈길로 지켜보고 있었다. 그러나 한참 동안 아무 말이 없었다. 아주 오랜 침묵 끝에 추기경의 입에서 나온 말은 "뭐라고 드릴 말씀이 없습니다"였다. 추기경의 '할 말이 없다'는 말이 참으로 절묘했다는 이야기를 하던 참이었다.

이때 황 변호사는 이런 말을 했다. 자신은 신앙심도 없는데, 또 영세에 필요한 공부나 절차도 생략한 채 신부가 서둘러 세례를 주더라는 것이다. 그런데 김수환 추기경이 황 변호사가 세례받은 사실을 알고 부부를 초대해 주었다고 했다. 추기경 앞에서 "영세는 받았지만 아무것도 모릅니다"라고 했더니 추기경은 "추기경인 나도 아무것도 모릅니다"라고 하더라는 것이다. 남을 진심을 이해하고 또 편하게 해 주려는 추기경의 품성을 이야기하는 대목이지만, 황 변호사는 추기경을 많이 닮았고, 또 두 분은 아주 가까웠다. 일이 있을 때는 추기경이 황 변호사를 누구보다 먼저 불렀고, 일이 없을 때도 자주 만났다.

노신영 씨가 전두환정권의 안기부장 때였다. 노 씨는 추기경으로부터 가끔 세상 돌아가는 이야기를 들으려 했다. 일찍부터 추기경은 그러한 이야기를 몇 분 변호사를 통해 듣곤 했었다. 그러다가 노신영 안기부장에게 인권변호사들을 만나 볼 것을 권했다. 그래서 몇 번인가 안기부장과 인권변호사들이 대좌한 일이 있었던 것으로 알고 있다. 그만큼 추기경은 인권변호사들을 신뢰했고 높이 평가했다.

영결미사 때 추기경은 "이 세상에는 좋고 정의로운 분이 많지만, 그 중에서도 황 변호사는 참으로 좋고 정의로운 분, 진실로 훌륭한 인품을 지닌 분"이라 표현하면서, 암울한 시대에 이런 생각을 했다는 이야기를 했다. 독재가 무너지고 좋은 세월이 오면, 이들 인권변호사들에게 나라의 이름으로 포상이나 훈장을 주어야 한다고 생각했다는 것이다. 이들이 바친 희생적 봉사를 생각한다면, 그것은 마땅히 그래야 할 일이라는 것이다.

인권변호사 중에 이돈명 변호사가 제일 연장(年長)이다. 언젠가 김수환 추기경이 두 분 변호사와 담소를 하다가 "두 분 중에 누가 연장이시냐"고 물어 폭소를 터뜨린 적이 있었다. 이돈명 변호사가 농담도 잘하고 항상 젊은 사람들을 벗해 사니까 아마도 연륜이 엇비슷하지 않나 그렇게 판단했던 것 같다. 황 변호사의 신중함과 원숙함이 그렇게 비쳐지게 했는지도 모를 일이다.

나도 들은 이야기지만, 황 변호사의 병세가 돌이킬 수 없게 심화될 무렵, 아들 준하가 어머니한테 "우리 아버지는 좋은 일만 하셨는데, 왜 하느님은 우리 아버지를 빨리 데려가려 하시느냐"며 울부짖었다고 한다. 추기경은 영결미사 때 준하의 이 항변을 소개하며 그에 대해 답해 주는 형식으로 이런 강론을 했다.

"하느님이 존재하기 때문에 인간의 삶이 헛되지 않는다. 하느님이 계시기 때문에 우리는 원망이라도 할 수 있는 것이 아니냐. 네 아버지를 사랑하시기 때문에 죽음이 아닌 참 생명을 주시려고 하는 것이다. 밀알 하나가 땅에 떨어져 새로운 생명을 얻듯이 아버지는 땅에 떨어져 보다 아름다운 사회, 인간다운 세상, 소외받는 사람이 없는 그런 사회를 실현시키기 위해 너의 아버지로 하여금 참 생명을 얻게 하려는 것이다. 예수님이 바로 그랬다. 예수님은 참으로 좋은 분이셨다. 모든 인간을 진심으로 사랑하셨다. 그분 역시 십자가에 못 박혀 돌아가셨다. 그것은 그분이 죽어야 이 세상이 구원받을 수 있었기 때문이다."

그러나 추기경의 이와 같은 강론은 준하를 향한 것이기도 하지만, 추기경 자신을 향한 것이기도 하지 않았나 생각한다. 추기경과 황 변호사는 성직자와 속인(俗人)이라는 구별과 연륜의 차이는 있었지만, 담수(淡水)처럼 은은한 관계를 유지해 왔다. 돌아가시기 전, 막바지에는 일주일에 한 번꼴로 추기경의 병문안이 있었다고 한다. 그리고 해외여행 일정까지도 뒤로 물리면서 영결미사를 몸소 집전했다.

황 변호사가 천주교에 귀의하게 된 것은 아들 대하가 계기가 되었다. 너댓 살이 되어도 말을 못 하는 대하가 '유아 자폐증'이라는 사실을 알고 처음에 황 변호사 내외는 무척 고통스러워했다. 그러나 이내 황 변호사 내외는 대하의 자폐증을 숨기려 하지 않았다. 그 뒤부터 자폐증에 대한 연구와 탐문을 계속했다. 그 당시만 해도 자폐증에 대한 이해는 일반 사회는 물론, 보건사회부나 병원에서도 거의 백지 상태나 마찬가지였다.

자료를 수집하러 외국에도 다녀왔다. 그리고 사재를 털어 자폐아를 위한 복지시설을 만들었다. 먼저 살던 연희동 집도 내놓았다. 자폐아를 가진 부모들의 협의체를 솔선해서 구성해, 자구책을 강구해 나갔다. 아무도 돌보지 않는 자폐아 자녀를 우리 힘으로 돌보자는 생각에서였다. 돌아가기 얼마 전, 황 변호사는 '개명복지법인'을 정식으로 설립, 신고했다. 자폐아를 위한 복지법인이다. 그리고 이 법인에 자신이 갖고 있는 재산의 상당 부분을 투입, 기증하는 절차를 밟던 중에 타계하고 말았다.

이돈명 변호사가 광주로 내려가 조선대학교 총장으로 3년의 임기를 마치고 올라와 황 변호사 내외를 위로하려고 점심을 대접한 적이 있었다. 황 변호사 댁 근처에서였다. 그때도 병환은 침중했다. 이야기 하던 중 대하 때문에 내가 눈을 감지 못하겠다면서 그 큰 눈에 눈물이 고이는 것을 보고, 참석했던 사람들이 모두 눈물을 흘렸다. 장례식 날 대하도 아버지와의 마지막 이별을 아는지, 행동이 아주 조신했다.

천주교에 입교할 때 아무것도 모른다고 했지만, 입교 이후 신앙의 깊이를 더해 가는 정성과 열성은 참으로 대단했다. 교회 안의 단체에 가입하고 새벽미사에 참가하는 등 안으로 신앙을 생활화하고 밖으로 그것을 실천했다. 황 변호사는 자신을 불태워 소진하면서 세상을 비추는 촛불처럼 그렇게 살았다. 천주교정의구현전국연합을 결성해 그 대표직을 맡아 이끌었다. 천주교정의구현전국사제단 신부들이 비석을 세우고, 또 '황인철 인권상'을 제정, 운영하겠다는 것 역시 황 변호사의 그간의 활동으로 보아 당연한 일이라고 할 것이다.

황인철 변호사의 활동 중에 빼놓을 수 없는 것이 경제정의실천시민연합의 결성과 그 대표로서의 역할이다. 경실련의 발족 이후 그 활동은 조야를 막론하고 우리 사회에 신선한 충격을 주었다. 그리고 재야의 활동 방식이 투쟁에서 시민운동 쪽으로 전환하게 하는 큰 흐름을 만들어 놓았다.

이 밖에도 《한겨레신문》의 창간에 참여한 일과, 서울지방변호사회 인권위원장으로서의 활동, 그리고 문화에 대한 지원과 기여를 들지

않을 수 없다. 황 변호사는 김병익 선배와의 교분을 바탕으로《문학과
지성》의 창간과 그 운영에 깊이 참여했다. 문외한인 내가 말하기 뭣
하지만《창작과비평》과 더불어 우리 시대의 문학 계간지로 둘이 쌍벽
을 이루며, 1970년대 이래 이 땅의 문학을 지키고 또 살찌게 한 매체
가 바로《문학과지성》이었다고 생각한다.

《문학과지성》이 이와 같은 시대적·사회적 역할을 해 오기까지에
는 정신적으로나 경제적으로나 황 변호사의 헌신적인 협력과 기여가
크게 밑받침되었다고 보아도 무방할 것이다. 어쨌든 황 변호사의 문
화에 대한 높은 관심과 조예, 그리고 문인들과의 교류는 법조계를 더
욱 윤택하게 했으며 변론의 수준과 폭을 넓히는 계기로 작용했다.

주기만 한 사람의 마지막

나는 생전에 황인철 변호사로부터 언제나 분에 넘치는 사랑을 받았
다. 내가 황인철 변호사를 부르는 호칭도 세월이 지남에 따라 달라져
왔다. 크게 보아 황인철 변호사에서 형님으로 바뀌었다. 나는 언제나
받는 쪽이었고, 황 변호사는 언제나 나에게 주는 쪽이었다. 그때마다
나로 하여금 많은 것을 생각하게 하고, 때로는 나를 울리기도 여러 번
이었다.

내가 수배되어 도피생활을 할 때 어떻게 어떻게 해서 황 변호사가
내가 숨어 지내는 곳을 알게 되었다. 그러고는 어느 날 불쑥 찾아왔

다. 음습했던 시대의 한가운데서 황 변호사는 내게 위로할 말을 찾지 못하고 눈시울만 붉히다가 헤어졌다.

마지막 입원을 앞두고 댁으로 찾아갔더니 내게 양복 티켓을 주면서 양복을 해 입으라고 했다. 그런 것이라면 내가 해 드려야 할 노릇이 아니냐면서, 내가 눈시울을 붉히며 사양하다가 받아 들고 나온 적이 있었다.

나는 뒤에 그 티켓으로 양복을 맞춰 입었다. 황 변호사는 마치 내게 양복이 필요한 때가 오리라고 예견이나 했던 것이 아닌가 하는 생각이 든다. 양복점 주인이 황 변호사가 옷을 고쳐 달라고 했는데, 고친 옷을 입지 못하고 타계하셨다고 한탄했을 때, 앙상했던 마지막 모습을 떠올리지 않을 수 없었다.

동백림 사건 때, 이런 일이 있었다고 한다. 천상병 시인이 이 사건으로 연루되어 구속되었다. 이 사건에서 중요하게 다루어진 독일 유학 출신의 어떤 분과의 잦은 왕래 때문이었다. 변호인 반대신문 때, 두 피고인은 친한 친구로 네 것 내 것이 없이 지내는 사이가 아니냐고 변호사가 물었다. 간첩 자금으로 돈을 주고받은 것이 아니라 친한 친구 사이로 주고받은 것이라는 것을 입증하기 위해서였다. 천상병 시인이 대답하기를 "아니오. 나는 항상 일방적으로 받기만 했지 가난해서 한 번도 줘 보지 못했소" 하더라는 것이다. 비유가 적절한지는 모르지만, 나 역시 황 변호사로부터 받기만 했지 한 번도 주어 보지를 못했다. 일방적으로 받기만 한 것이다. 사랑도 많이 받았고, 어려울 때마다 도움도 많이 받았으며, 필요할 때마다 위로와 격려도 받았다.

돌아가기 전날, 황인철 변호사의 부인으로부터 상의할 일이 있다는 전갈을 받았다. 그날은 늦어서 가 뵙지 못했다. 그 이튿날, 아침에 성모병원에 갔다. 도착하니 11시경이었다. 면회시간이 아니라서 출입통제가 까다로웠다. 적당히 둘러대고 직원용 승강기를 타고 올라갔다. 이렇게 가까스로 병실에 도착해 나는 그날 황인철 변호사의 임종을 지켜보았다. 물론 가족 이외의 외부 인사는 나 한 명뿐이었다.

1월 4일이던가, 정태기 씨로부터 황 변호사한테 병원으로 세배 갔었는데 의식을 찾았다 잃었다 한다면서 빨리 가 보라는 전갈을 받았다. 그 이튿날, 내가 병원으로 달려갔을 때 황 변호사는 의식이 없었다. 임수경 양, 김수환 추기경, 그리고 정태기, 신홍범 씨 등 몇 사람이, 오락가락하는 가운데서나마 황인철 변호사와 마지막 대화를 나눈 사람들이 아니었던가 싶다. 1월 4일인가 5일 이후, 황 변호사의 의식은 끝내 깨어나지 못했다.

최근 들어 암으로 쓰러지는 사람이 부쩍 늘고 있다. 나는 이것이 물과 공기 등 환경의 탓도 있다고 생각한다. 나는 이에 더해 시대 상황이 암을 유발하는 것이 아닌가 하는 생각을 갖고 있다. 옥살이를 하고 나온 사람, 시대의 아픔을 붙들고 몸부림치던 사람 가운데 최근 들어 타계하는 사람이 특히 많았기 때문이다. 유진곤, 김병곤, 조영래 씨 등이 그 대표적인 예이다.

나는 황인철 변호사도 결코 예외는 아니라고 생각한다. 우리가 헤쳐 온 시대 상황이 생명을 갉아먹는 암의 병원균이었던 것이다. 성급한 예단일지 모르지만, 확신하건대 암과 시대 상황과는 분명 어떤 연관이 있다. 말하자면 황 변호사를 끝내 쓰러뜨린 암의 병원균도 필경은 우리가 겪어 온 시대가 준 독소 그 자체였다고 생각한다.

　황 변호사는 악과 불의에 저항하고, 양심과 정의를 실천하는 데 앞장섰으되, 미움보다는 사랑으로 했고, 큰 소리보다는 작은 목소리로 설득하듯이 했다. 가장 작은 이웃 형제들을 위해 노력했으되, 남이 모르게 소리 없이 했다. 그리하여 그 누구로부터도 미움 받지 않는 일생을 산, 내가 알기로 유일한 사람이다.

14

인권변호의 중앙

조준희

홍성우 변호사의 『인권변론 한 시대』(경인문화사, 2011)라는 책의 제목 처럼 우리 법조사에 인권변론의 한 시대가 있었다. 그 인권변론의 한 시대를 열고 이끌어 온 사람들이 있으니, 이돈명, 조준희, 황인철, 홍성 우 변호사가 그들이다. 언제부터인가 이들 네 사람을 일컬어 '인권변 론 4인방'이라 부른다. 나는 4인방이라는 말은 거슬리지만 그들이야 말로 저 엄혹했던 1970, 80년대 인권의 법정을 지킨 네 사람임에는 틀 림이 없다.

인권변호사 시대의 개막은 유신체제와 숙명적인 관계가 있다. 1972년 10월 27일 비상계엄령이 선포된 가운데, 사실상 반대의견은 봉쇄된 채 국민투표를 통해 유신헌법이 강제로 채택됐다. 유신헌법에서 특히 문제가 된 것은 이 헌법 제53조에 규정한 대통령 긴급조치였다. 유신헌법상의 긴급조치는, ① 사후(事後) 진압적 긴급조치뿐만 아니라 사전적 예방적 조치까지 할 수 있고, ② 비상조치권의 내용, 범위, 효과가 지극히 광범하며, ③ 국회의 집회나 소집 가능성 여부에 관계 없이 발동될 수 있고, ④ 국회나 법원에 의한 통제가 사실상 있을 수 없었다. 한마디로 유신헌법의 긴급조치는 대통령 한 사람에게 아무런 제한 없이 모든 것을 백지위임한 것이나 마찬가지였다.

1970년대는 유신체제의 시대, 그것은 곧 긴급조치가 난무하는 시절이었다. 1974년 1월 8일 대통령 긴급조치가 선포된 이래 1979년 12월 8일 긴급조치 9호가 해제될 때까지 2,159일 동안 이 나라 국민들은 긴급조치라는 괴물 아래에서 신음해야 했다. 그동안 체제에 반대하는 수많은 학생, 종교인, 지식인, 노동자, 재야 정치인들이 긴급조치에 걸려 연행되고 투옥되었다. 긴급조치의 완결편이라 할 수 있는 긴급조치 9호의 내용은 다음과 같다.

1. 다음 각 호의 행위를 금한다.

  가. 유언비어를 날조, 유포하거나 사실을 왜곡하여 전파하는 행위

  나. 집회·시위 또는 신문·방송·통신 등 공공전파수단이나 문서·도서·음반 등 표현물에 의하여 대한민국 헌법을 부정·반대·왜곡 또는 비방하거나 그 개정 또는 폐지를 주장·선동 또는 선전하는 행위

  다. 학교 당국의 지도·감독하에 행하는 수업·연구 또는 학교장의

조준희 변호사.

사전허가를 받았거나 기타 의례적, 비정치적 활동을 제외한
학생의 집회, 시위 또는 정치관여 행위

라. 이 조치를 공연히 비방하는 행위

2. 제1의 위반한 내용을 방송·보도 기타의 방법으로 공연히 전파
하거나 그 내용의 표현물을 제작·배포·판매·소지 또는 전시
하는 행위를 금한다.

3. 이 조치 또는 이에 의한 주무부장관의 조치에 위반하는 자는 법
관의 영장 없이 체포·구금·압수 또는 수색할 수 있다.

긴급조치로 학생과 시민의 구속행렬이 계속되었다. 1974년 민청학
련 사건 1차 기소자 가운데 기독교 계통의 피고인들은 비교적 쉽게

변호인을 선임할 수 있었으나 일반 학생들을 비롯한 다른 관련자들은 그렇지 못했다. 그때 홍성우, 황인철 변호사가 오갈 데 없는 이 피고인들을 맡아 변론을 하기 시작했다. 이들은 다시 대학 동창, 연수원 동기 또는 주변의 의기가 투합되는 변호사들을 모았다. 그러다가 이른바 인권변론 4인방 변호사가 최초로 만들어진 것은 1975년 김지하의 반공법 위반 사건이었다. 민청학련 사건으로 구속되었다가 27일 만에 재구속된 김지하는 그때 "인혁당 사건은 조작되었다"는 발언으로 구속되어 죽음에 몰리고 있었다.

이들이 맡았던 사건은 사람에 따라 약간의 편차는 있었지만 대충 다음과 같은 사건들이었다. 1974년 강신옥 사건, 민청학련 사건, 1975년 김지하 반공법 위반 사건, 동아·조선투위 사건, 한승헌 필화 사건, 1976년 3·1 민주구국선언 사건, 1977년 청계피복노조 사건, 리영희·백낙청 반공법 위반 사건, 1978년 동아투위민권일지 사건, 동일방직·원풍모방노동 사건, 1979년 YH 사건, 크리스챤아카데미 사건, 오원춘 사건, 남민전 사건, 김재규 사건, 1980년 YWCA 위장결혼 사건, 1981년 학림 사건, 1982년 부산 미문화원 방화 사건, 오송회 사건, 1985년 대우어패럴 사건 등 각종 노동 사건, 삼민투위 등 학생 사건, 서울 미문화원 방화 사건, 건국대 사건, 김근태 사건, 1986년 보도지침 사건, 1987년 부천서 성고문 사건 등이다.

이들은 전국을 무대로 변론을 펼치고 다녔다. 대구, 부산, 춘천, 광주, 전주 등 가지 않은 곳이 없었다. 그러나 변론의 성과는 별로 없었다. 변호사들이 변론한 대로 무죄나 가벼운 형량을 끌어내는 데는 언제나 실패했다. 그래서 한때 이들에게는 '유죄변호사'라는 익살스러운 별명이 붙어 다녔다. 그러나 이들은 법관을 보고 변론을 한 것이 아니라 방청객을 보고 변론을 했다.

그때 이들 인권변호사들이 행한 변론이 민청학련 사건 등 재심사건에서 무죄를 이끌어 내는 데 결정적인 역할을 했다. 과연 이들은 역사의 법정에서 변론을 한 것이다. 그뿐만 아니라, 이들은 감옥에 있는 피고인들에게는 동료요, 그 가족들에게는 위안을 주는 상담역이었다.

인권변론 4인방

인권변론 4인방은 연륜에도 서로 차이가 나고, 또 개성이나 법정 안팎에서의 역할과 태도도 달랐다. 1974년 민청학련 사건 때부터 변론을 맡기 시작한 황인철, 홍성우 변호사는 서울법대 동기생이었다. 인권변론 사건을 맡을 때 두 사람은 바늘 가는 데 실이 가는 것처럼 언제나 함께 붙어 다녔다. 그러나 두 사람은 성격이 다른 것처럼 법정에서의 태도도 달랐다. 홍성우 변호사는 지나치게 순정해 불의를 보면 참지 못하는 성격이어서 법정에서 때로 격하게 변론할 때면 목소리도 저절로 커지곤 했다. 민청학련 사건 재판 때 그의 변론이 문제되어 자칫하면 그 역시 강신옥 변호사처럼 구속될 뻔한 일도 있었다. 그는 인권변호사 4인방 가운데서 말하자면 선봉장의 역할을 맡았다고 할 수 있다. 반면에 황인철 변호사는 항상 조용조용한 어투로 설득하듯 말하는 것이 특징이었다. 그의 말에 상당히 과격한 주장이 담겨 있어도, 듣기에는 결코 강렬하게 들리지 않게 하는 능력이 있었다. 그리고 김지하 재판 때를 비롯해 그는 변호인단의 총무 역할을 맡았다. 속기로 된 재판기록을 최종적으로 정리·보관·관리하는 것도 그였고, 외부로부터 들어오는 격려와 지원 성금 등을 꼼꼼하게 기록하고 출납하는 것도 그였다. 그는 사건마다 별도의 노트를 마련해, 그 사건과 관련한 모든 과정을 기록했다.

이돈명 변호사는 이들 두 변호사보다는 연배가 20년 가까이 선배로서, 맏형 같은 입장이었다. 남들이 맡기 부담스러운 부분의 변론을 스스로 떠맡기를 주저하지 않았고, 김재규 재판 등에서는 그 사건의 수임을 맨 먼저 주장하고 나섰다. 그의 평전『돈명이 할아버지』의 발문에서 박형규 목사가 말한 것처럼 그는 민주화투쟁 주변 사람들에게는 느티나무 같은 사람이었고, 사람과 어울릴 때는 음식맛을 내는 데 없어서는 안 되는 된장 같은 사람이었다. 누구하고나 스스럼없이 어울리는 사람이었고, 차마 남이 그를 미워할 수 없게 하는 마력이 있었다.

조준희 변호사(1938~2015)는 인권변론의 중심에 서서 정도를 잡아주는 역할을 했다. 항상 자신을 내세우지 않으면서도 그가 있어 인권변론이 투쟁 일변도로 흐르지 않을 수 있었고, 격조와 품위를 유지할 수 있었다. 그는 인권변론 과정에서는 물론 법조계 안에서도 꼿꼿한 선비였고, 세련된 신사였다. 그는 항상 겸손했으되 법조계 안팎에서 아무도 그를 함부로 대하지 못했다. 인권변론이 그의 인품에 힘입은 바가 적지 않다. 김지하 재판 때 재판장 심훈종이 공정한 재판을 하기 위해 나름대로 노력했던 것은 조준희 변호사와의 신뢰와 친분이 크게 작용하지 않았나 싶다. 그만큼 재조(在朝)와 재야를 막론하고 조준희 변호사에 대한 신망이 두터웠다.

1999년, 조준희 변호사는 참여연대 대법원장후보추진위원회에 의해 대법원장 후보로 추천되는데, 그때 조 변호사를 최적임자로 꼽은 이유로, ① 판사로 재직 중 여러 소신 있는 판결기록을 남기고 있는 점, ② 1970년대 이후 인권변호사로 민주적 소신을 확고히 보여 준 점, ③ 민주사회를 위한 변호사 모임(민변)을 창립해 민주주의와 인권의 확장을 위해 노력해 온 점, ④ 정치적 지위를 탐하거나 정치적 영향에 흔들리지 않고 바람직한 법조인으로서의 길을 걸어온 점, ⑤ 온화하고 겸손한 인품과 법조계 안에서의 신망 등을 들었다.

지금 우리가 찾아볼 수 있는 기록 가운데 인권변호사로서 조준희 변호사가 행한 변론 가운데 가장 눈에 띄는 것은 1970년대 중반, 조선투위 기자들의 '부당해고 무효확인 소송'에서 선우휘, 김윤환을 상대로 벌인 증인신문이다. 선우휘 당시《조선일보》주필과 김윤환 편집국장대리를 상대로 그는 중후하면서도 날카로운 신문을 통해 그들의 거짓과 위선을 밝혔으며, 조선일보 사태의 진실을 만천하에 드러냈다.

선우휘와 김윤환에 대한 증인신문

1974년 10월 24일에 있었던《동아일보》기자들의 「자유언론실천선언」에 이어 《조선일보》, 《한국일보》 기자들도 「10·24 자유언론수호선언」을 발표, 선언문을 각각 소속 신문에 게재할 것을 요구했다. 회사 측이 이를 거부하자 기자들은 철야농성 끝에 1면에 3단 크기로 보도하는 데 성공한다. 이렇게 시작된 자유언론실천운동은 요원의 불길처럼 전국의 언론으로 번져 나갔다.

이러한 가운데 1974년 12월 16일, 백기범(외신부), 신홍범(문화부) 두 기자는 12월 17일자 4면에 유정회 국회의원 전재구의 기고문을 보고, 그 글이 유신체제를 일방적으로 옹호하고 있는 데다가 논설위원회의 가필을 거쳐 실리게 된 경위 등에 비추어, 언론이 마땅히 지녀야 할 공정성과 균형에 어긋날 뿐만 아니라 중립과 정론이라는 《조선일보》의 사시에도 반한다는 점을 들어 당시의 편집국장 김용원에게 시정을 건의했다.

12월 17일, 회사 측은 두 기자의 행동이 하극상의 행위이며, 편집국장에게 있는 편집권을 침해했다는 구실을 붙여 시말서를 요구했다. 두 기자가 시말서 제출을 거부하자 12월 18일 회사 측은 두 기자를 파면 조치했다. 이에 12월 19일 《조선일보》 기자들은 편집국에서 두 기자의 즉각적인 복직을 요구하면서 철야농성에 돌입했다. 12월 20일 새벽 2시, 회사 측을 대표한 김윤환 편집부국장과 기자 대표 사이에 회담이 있었고, 여기서 회사 측이 3개월, 더 정확히는 창간 55주년이 되는 1975년 3월 5일까지 두 기자를 복직시킨다는 데 합의하고 기자들은 농성을 해제했다.

그러나 3월 5일이 되어도 회사는 복직 약속을 지키지 않았다. 이에 기자들은 1975년 3월 6일 오후 1시 30분, 신문 제작을 거부하고 농성 투쟁에 들어갈 것을 결의했다. 회사 측은 3월 10일, 제작 거부에 참여한 기자 5명을 파면했다. 기자들이 2차, 3차 집행부를 구성해 농성을 계속하자 회사 측은 파면과 무기정직으로 대응했다. 3월 11일 저녁 7시 30분에는 회사 측이 경비원들을 동원해 편집국에서 농성하던 기자들을 강제로 내쫓았다. 3월 12일, 축출당한 기자들은 '조선일보자유언론수호투쟁위원회(조선투위)'를 구성하고, 기자협회 사무실과 여관 등을 전전하면서 회합을 계속했다. 이후 추가로 징계 받는 기자가 속출하더니, 최종적으로 33명의 기자가 파면되었다. 1975년 7월 7일, 이들 33명 가운데 이종구 기자 등 6명이 조선일보사를 상대로 '부당해고 무효확인 소송'을 제기했다. 이 소송을 무료로 대리한 사람이 이돈명, 조준희 변호사였다. 법정에서의 증인신문에는 주로 조준희 변호사가 나섰는데, 특히 1977년 7월 6일에 있었던 항소심 제3회 공판에서, 《조선일보》 주필을 상대로 한 조준희 변호사의 증인신문은 《조선일보》 사태의 본질을 가장 극명하게 드러내 보여 주는 한 편의 드라마였다고 해도 과언이 아니다. 이날의 재판에는 미국의 AP통신과 일본의 아사히, 교도통신이 취재 경쟁을 벌여 국제적인 관심을 모으기도 했다.

문(조준희 변호사): 기자들에 의한 10·24 자유언론실천운동이 절정에 달했을 무렵인 1975년 1월 15일, 신문편집인협회가 "우리의 언론이 제 구실을 못 하고 있다. 따라서 10·24 선언과 그

정한다"는 성명을 발표했는데, 증인도 당시 이 성명서 내용과 의견을 같이했는가?

답(선우휘《조선일보》주필): 편집인협회의 성명은 모든 회원의 견해라고 보지 않는다. 그것은 간부들의 견해다.…… 그리고 흔히 신문이 제 구실을 못 한다느니 하고 이야기들을 하는데, 이는 제대로 음미조차 해 보지 않은 자학자문(自虐自問)이다.

문: 증인은 두 차례에 걸쳐 《조선일보》 편집국장을 지냈고, 오래전부터 주필을 역임해 오고 있는데, 그동안 한국 언론이 외부의 압력이나 규제 없이 제작돼 왔다고 보는가?

답: 적어도 내가 편집국장을 하고 있을 때는 외부의 규제가 없었다.

문: 1971년 4월 23일자 《기자협회보》 178호에 증인이 기고한 글을 그대로 읽어 보겠다. "결국 권력 당국은 언론을 규제하던 끝에 언론을 병신으로 만들었을 뿐만 아니라 학생 데모에 또 하나의 필연성을 부여했으니 통탄할 일이다.…… 권력과 언론은 영원히 대결상태에 있어야 한다. 그러기 위해서는 상호 간에 적대심과 아울러 외경심이 개재해 있어야 한다." 증인은 이 글을 기억하는가? 이 글에서는 언론에 대한 규제가 언론을 병신으로 만들었다고 말하고 있는데, 어느 게 진실인가?

답: 그런 글을 쓴 기억이 있기는 하다. 그러나 병신이라 할 때도 어느 정도가 병신인지는 한마디로 말하기가 어렵다. 손가락 병신도 있고, 다리 병신도 있다.

문: 증인은 1973년 11월 27일, 《조선일보》 기자들이 두 번째 언론 자유수호운동을 벌였을 당시 원고의 한 사람인 신홍범 기자를 증인 방으로 불러서 "《동아일보》와 《한국일보》에서는 기자들이 언론자유수호선언을 했는데 《조선일보》 기자들은 왜 아무 움직임이 없느냐"고 물으면서 기자들의 행동을 촉구하는 말을 하지 않았나?

답: 어떤 기자였는지는 기억이 확실치 않으나 복도에서 한 후배 기자를 만나 동아와 한국이 하는데 《조선일보》도 가만히 있어서는 안 되지 않느냐고 가볍게 말한 적이 있다.

문: 그렇다면 그것은 선배 언론인으로서 일선 기자들이 무엇인가 행동을 해야 한다는 것이 정당하다고 판단되었기 때문이 아닌가?

답: 무엇이 정당하냐는 쉽게 말하기 어렵다. 그때 내가 그런 말을 한 것은 언론자유 문제 때문이라기보다는 단순히 동아와 한국이 하는데 왜 가만히 있느냐고 말했을 뿐이다.

문: 백기범, 신홍범 두 기자는 바로 증인이 받아서 가필해 넘겨준 유정회 국회의원의 청탁기사에 대해 편집국장에게 시정을 건의하다가 전격 파면되었다. 증인은 회사가 두 기자를 파면한 진의가 어디에 있다고 보는가?

답: 두 기자의 파면은 언론자유 문제와 아무런 관련이 없다. 두 기자의 행동은 질서가 필요한 사회에서 잘못된 것으로 보아야 한다. 문제가 된 전재구 씨의 글은 내가 받아 적당히 줄여서 실으라 해서 실린 것이다. 그것은 편집국장의 소관이 아니라 논설

책임자인 내 소관사항이다. 이야기를 했어도 주필인 나에게 했어야 했다. 기자는 기사만 쓰면 되는 것이다. 기자가 신문 제작에 대해 관여하는 것은 월권행위이며 천부당만부당한 일이다.

문: 신문이 아무리 잘못 제작되어도, 마땅히 들어가야 할 기사가 빠져도 기자는 가만히 기사만 쓰고 있어야 하는가?

답: 기자들의 생각은 얕다. 신문에 대해 보다 많이 생각하고 걱정하는 것은 선배들이며, 신문을 올바로 만들기 위해 누구보다 걱정을 많이 하는 사람은 사장이다. 그들은 선배들의 충정을 이해하지 못하고 있다. 나는 기자들의 행동이 무엇을 하자는 투쟁인지 이해할 수가 없다.

문: 회사는 두 기자를 복직시키기로 약속해 놓고도 이를 어겼다. 이유는 무엇인가?

답: 회사가 설정한 복직약속 기간 전에 기자들이 행동했기 때문으로 알고 있다.

문: 기자들의 마지막 수단인 제작 거부라는 투쟁방식에 대해 어떤 견해를 갖고 있는가?

답: 제작 거부는 가장 잘못된 것이다. 그것은 전투시의 전장 이탈과 같은 것이다. 전장 이탈은 어떤 경우에도 나쁘다.

문: 언론의 기본적인 기능이 마비되고 권력에 가혹하게 짓밟힐 때도 그런가?

답: 나는 그런 가정을 할 수 없다.

문: 신문이 공기로서의 사명을 다하지 못하고 있다고 판단될 때, 기

자들이 이를 바로잡으려고 노력하고 때로 제작 참여 자체를 거부하는 것은 언론의 자구행위로서 그 정당성이 인정돼야 하지 않는가?

답: 독자는 신문을 안 볼 자유가 있다. 3천5백만 모두에게 신문이 책임을 질 수는 없는 것이다.

문:《조선일보》기자들은 언론자유실천을 위해 소식을 전하고, 서로 간에 각성을 촉구하며 서로의 뜻을 다짐하기 위해《기협분회보》를 발행했는데, 이에 대해 증인은 어떻게 생각하는가?

답: 신문 제작을 하는 일도 벅찬데, 그런 것까지 한다는 것은 주제넘은 짓이다.

문: 들어가야 할 기사가 빠지든 깎이든 기자는 기사만 써 내라 이 말인가?

답: 그렇다.

문: 신문을 올바로 만들자는 기자들과는 반대로 회사가 압력에 굴복하여 기자들에게 부당한 지시를 내렸을 때도 가만히만 있어야 하는가?

답: 그런 지시를 내렸을 리도 없고, 그런 가정도 할 수 없다. 아까도 말했지만 신문을 잘 만들기 위해 가장 걱정하고 노력하는 사람은 사장이다. 대외언론투쟁을 위해 사장 이하 사환까지 단결해야 하는데, 회사 간부들을 대상으로 해서 싸움을 한다는 것은 1백 퍼센트 잘못된 것이다.

문: 사장 이하 간부들이 신문의 책임을 포기했을 때도 가만히만 있

어야 하는가?

답: 포기할 리가 없다.

문: 증인이 《기자협회보》에 쓴 글대로 언론에 대한 권력의 규제로 언론이 병신이 되어 빈사상태에 놓여도 모든 것을 사장에게 맡기고 가만히 있어야 하는가?

답: 물론이다.

다음은 김윤환에 대한 증인신문(1976년 5월 10일, 1심 제10회 공판)이다.

문(조준희 변호사): 1974년 12월 19일 저녁부터 《조선일보》기자들이 백기범, 신홍범 두 기자의 부당해임 철회를 요구하며 편집국에서 농성을 벌였을 때 증인은 회사 측을 대표하여 기자 대표들과 협상을 벌여 다음 날인 12월 20일 새벽 2시쯤 증인이 문안을 작성하여 3개월 이내에 두 기자를 복직시킬 것을 기자들 전원 앞에서 낭독, 공약하지 않았는가?

답(김윤환 《조선일보》 편집국장대리): 회사 대표로 나와 약속한 것이라고는 할 수 없다. 3개월 이내의 복직 약속은 내가 회사로부터 권한을 받아서 한 것이 아니라 방일영 회장과 나와의 관계도 있고 해서 내 스스로가 사태를 수습하기 위해 3개월 이내에 복직시키도록 노력한다고 말했던 것뿐이다.

문: 3개월이 너무 길다고 기자들이 불만을 터뜨리며 2월 말까지 복

직시켜 줄 것을 요구했을 때 증인은 "2월 말이나 3개월이나 마찬가지야. 3월 5일 창간기념일까지 복직시키기로 한다"고 보충 설명하고, 또 만약 공약이 실천되지 않으면 편집국장단이 인책 총사퇴한다고 공약하지 않았는가?

답: 창간기념일까지라고 못 박아서 말한 바 없다. 창간기념일까지 복직시키도록 노력해 보자고 말했을 뿐이다. 당시 나는 노력하면 두 기자를 3개월 내에 복직시킬 자신이 있었다. 그리고 이 문안에는 없지만 두 기자가 개전의 정을 보여야 한다는 전제조건이 있었다.

문: 그러면 농성기자들이 개인으로 한 약속을 믿고 농성을 풀었다는 말인가?

답: 언질을 받고 그렇게 말한 것은 아니다. 당시 나는 자신이 있었다.

문: 좋은 신문이란 무엇인가. 기자들이 주장하고 있는 바와 같이 사실과 진실을 충실하게 보도하는 것이 좋은 신문이 아닌가?

답: 기자들이 생각하는 좋은 신문의 가치관과 우리가 생각하는 가치관이 다르다.

문: 그러면 도대체 어떤 신문이 좋은 신문인가?

답: 사시(社是)에 맞는 신문이 좋은 신문이다.

인권변론의 애환

조준희 변호사는 1971년 3월 말, 판사직을 던지고 그해 4월 변호사로 개업을 한다. 당시 법원에서는 서울과 지방의 판사교류원칙을 세우고, 일정한 연한이 차면 서울에 있던 판사는 지방으로, 지방에 있던 판사는 서울로 오도록 하고 있었다. 예정대로라면 그해 3월 말에 있을 인사이동 때 조준희 변호사는 지방으로 전출되도록 되어 있었다. 그는 1965년에 결혼한 아내와 수유리에서 살림을 하고 있었는데, 더 이상 판사로 지방까지 가서 근무할 자신이 없었다. 판사로서의 긍지를 지키기에는 판사의 봉급이 너무 형편없었다. 그래서 그는 지금까지도 줄곧 동행하고 있는 박두환과 함께 상의해 사표를 냈다. 박두환 변호사는 그와 대학, 사법고시, 공군법무관, 판사 임관 등에 이르기까지 모두 동기(同期)였다.

그러나 세상에 알려진 그의 사표 이유는 이와 달랐다. 단독판사로 재직 중이던 그는 사표를 내기 한두 달 전, 그 무렵 신민당 대통령후보였던 김대중의 조카가 저지른 방화 사건에 대한 영장담당 판사였다. 서류심사만 있던 그때 그는 검토 끝에 영장을 발부했다. 그러나 피고인 측이 구속적부심사를 신청했다. 요즈음의 제도로 말하자면 영장실질심사를 요청한 것이다. 적부심사의 주심은 영장담당 판사였는데, 그는 피고인 본인과 대리인이 출석한 심사를 통해 김대중 조카의 방화가 장난으로 인한 실화일 뿐 고의에 의한 방화가 아니라는 사실을 확인하고, 합의를 거쳐 피고인을 석방했다. 이 사건은 당시 언론에 대서특필되었고, 그 얼마 뒤 그 담당판사였던 조준희가 사표를 제출하고 이것이 수리되자 많은 사람들은 박정희정권의 압력에 의한 것으로 생각했다. 나도 그렇게 알고 있었다. 아마도 그와 같은 오해가 일어날 수 있었던 것은 강직하다는 그에 대한 평판과 무관하지 않았을 것이다.

그가 이른바 인권변론과 처음으로 접한 것은 1974년 7월, 강신옥 변호사의 구속 때였다. 고향이 가까운 데다 대학동기로 절친했던 강신옥 변호사가 민청학련 사건을 변호하면서 "이 사건을 맡으면서 법이 정치나 권력의 시녀라는 사실을 깨닫게 되었다. 검찰이 애국학생들을 내란죄, 긴급조치 위반 등으로 몰아 사형에서 무기징역을 구형하는 것은 사법살인 행위이다.…… 나 자신도 직업상 변호인석에 앉아 있으나, 그렇지 않다면 차라리 피고인들과 뜻을 같이하여 피고인석에 앉아 있겠다"라고 한 것이 문제되어 긴급조치 위반과 법정모독죄로 구속되었던 것이다. 이때 99명의 변호사들이 변호인단을 구성해 변론에 나섰는데, 강신옥 변호사와 가까웠던 조준희 변호사는 사실상 그 주심 변호사나 마찬가지였다.

그때 나는 구속 중인 강신옥 변호사에게 전병용을 통해 바깥소식을 전하고 있었다. 법정에서의 변론과 관련해 변호사가 구속되는 한국 사회를 비판적으로 보도한 외신보도 등을 스크랩해서 넣기도 했다. 강 변호사는 그렇게 전해진 밖으로부터의 통신을 없애지 않고 책갈피 속에 끼워 두었는데, 어느 날 검방(檢房) 때 그것이 들통난다. 교도 당국은 그것을 더 높은 쪽에서 알게 될까 봐 전전긍긍하는 한편으로, 그것이 전달된 과정을 캐려 들었다. 자칫하면 관련 교도관들이 다칠 판이었다. 나는 자료가 변호사 접견을 통해 전달된 것으로 짜 맞추어야 했다. 결국 강신옥 변호사와 가장 친했던 조준희 변호사를 전달자로 해서 그 사건을 무사히 넘길 수 있었다.

인권변론을 하다 보면 변호사도 이러저러한 시련을 겪게 마련이다. 조준희 변호사는 1980년 5·18 직후, 그 얼마 전 '서울의 봄' 때 발표한 '지식인 134인 선언'과 관련해서 중앙정보부에 연행되어 1박 2일 동안 고초를 당한다. 앞서 연행 조사를 받고 나온 사람들의 이야기를 들은 터라 크게 당황하거나 놀라지는 않았다. 예상대로 그들은 당시 그들이 조작·발표했던 '김대중 내란음모 사건'의 변론에 참여하지 말 것을 그들 방식으로 종용했다.

며칠이 지나자, 연분이 있는 중앙정보부 직원으로부터 만나자는 연락이 왔다. 그는 김대중 내란음모 사건이 김대중이 일본에서 행한 활동을 문제삼는 것과 관련해 외교문제로 비화되었다면서, 이제는 인권변호사들이 김대중 내란음모 사건의 변론에 참여해 달라고 했다. 인권변호사들이 변론에 참여해야만 그 재판이 적법하다는 명분과 설득력을 가질 수 있기 때문이었다. 물론 조준희 변호사는 그들의 요청을 거부했다. 그것은 황인철 변호사도 마찬가지였다. 신군부가 인권변호사들을 이용해서 일본과의 외교적 마찰에 이용하려는 그 교활한 의도를 간파했기 때문에, 얼마 뒤 이희호 여사가 그 사건의 변호를 요청했을 때도 그들은 사양할 수밖에 없었다. 정권의 편의와 이익을 위해서는 염치고 체면이고 없는 독재정권의 추한 모습을 본 것이다.

정법회와 민변의 창립

1986년 5월 19일, 명동에 있는 반도 유스호스텔에서 정의실천법조인회(정법회)가 창립되었다. 정법회는 "기본적 인권과 사회정의의 실천을 위한 법률구조 및 조사연구 활동을 공동으로 수행함으로써 민주적 기본질서의 확립에 기여함을 목적"(규약 제2조)으로 한다고 했다. 창립 당시의 대표간사가 조준희 변호사였다. 총무간사는 홍성우, 이상수였고, 연구간사는 고영구, 김상철, 인권간사는 황인철, 조영래였다. 이 정법회가 뒷날 민주사회를 위한 변호사 모임(민변)의 모체가 된다.

정법회는 정법회에 대한 비판적 시각을 갖고 있고 이를 극복하기 위해 창립하려 했던 청법회와 통합해 민변으로 확대, 발전된다. 1988년 5월 28일, 1970년대 유신정권 때와 전두환정권 때 각종 시국사건 법정에서 변론을 통해 민주화운동을 해 온 인권변호사들이 새 변호사 단체를 창립한다. 공개적인 변호사단체로, 법정에서의 변론만이 아니라 이 나라 법조문화의 발전, 창달에 적극적으로 참여, 기여하기 위한 단체로 새롭게 태어난 것이다. 민변은 집행부의 임기를 2년으로 하고 있는데, 초대 대표간사가 조준희 변호사였다. 대표간사는 조준희 변호사에 이어서 황인철, 홍성우, 고영구, 최영도(2대), 송두환, 최병모 등이 차례로 맡는다. 민변의 탄생은 대한민국 법조사에서 특기할 만한 획기적인 사건이었다.

조준희 변호사는 자신이 비록 초대 대표간사를 맡기는 했지만, 인

민변 총회에 참석한 회원들과 함께한 조준희 변호사(앞줄 오른쪽에서 네 번째).

권변론과 정법회를 거쳐 민변의 창립에 이르기까지의 과정은 이돈명, 황인철, 홍성우, 조영래 등이 그 중심이었고, 자신은 다만 그들의 외연이었을 뿐이라고 겸양해한다. 그는 인권변론 4인방이라 불리는 것도, 자신을 네 사람 가운데 하나라고 말하는 것 자체가 과분한 찬사라고 말한다. 이러한 그의 중후한 인품과 신망은 민주화 이후에도 그를 가만히 놓아두지 않았다. 1987년에는 대통령후보 단일화운동의 공동대표를 맡아야 했고, 김대중·노무현 정부를 거치면서는 민주화운동 보상심의위원회, 언론중재위원회, 사법개혁위원회 등의 책임을 맡았다. 조준희 변호사는 우리 시대 법조계의 선비이자 신사로 인권변론의 중심에 의연하게 서 있었다.

15

인권변론 한 시대

홍성우

2007년 7월 4일, 홍성우 변호사가 칠순을 맞았다. 그 칠순을 계기로 바가지 산우회의 총무 전병용이 "형산대형 홍성우 변호사가 칠순을 맞게 되었으니 다 같이 한번 모여 축하하자"는 내용의 회람을 돌렸다.

산우회에서 그 멤버들이 산(山)자를 넣어서 아호를 짓기로 했는데, 홍성우 변호사가 그중 연장자라 해서 형산(兄山)이란 아호가 생겨났다. 전병용은 우리 모두가 맏형처럼 존경하고 받들어 모신다는 뜻으로 '형산대형'이라는 표현을 썼는데, 어찌 그가 한 무리의 대형일 수만 있겠는가? 그의 삶 자체가 자신을 위하기보다는 남을 위해, 그것도 불의에 짓밟히면서도 호소할 데 없는 사람들을 위한, 공(公)으로 일관된 삶이었으니, 나는 이런저런 뜻에서 그를 일러 대공(大公)이라 부르고 싶다.

1982년에 이돈명 변호사에게 회갑문집을 만들어 드린 적이 있었다. 그때까지는 그런대로 회갑이 의미가 있었다. 그러나 언제부터인가 회갑 이야기는 꺼내기가 쑥스러울 만큼, 수명도 크게 연장되었고 세태도 변했다. 그렇지만 홍성우 변호사의 칠순만은 그냥 넘길 수 없지 않느냐는 공론이 있었다. 그때마다 홍성우 변호사는 완강히 사양했다. 우리도 그의 사양을 핑계 삼아 아무 일도 해 드리지 못한 채 그의 칠순을 맞이하기에 이른 것이다. 뒤늦게나마 언젠가는 정리할 그의 행장(行狀)을 초 잡는다는 생각으로, 기억을 더듬어 여기에 그의 지나온 역정을 되돌아보고자 한다. 나는 40년 가까이 그와 한 시대를 살면서, 그의 향훈을 맡으며 살아왔으니, 그것이야말로 나에겐 은혜요 지복(至福)이었다.

인권변호사의 길

홍성우 변호사가 이른바 인권변론에 처음 발을 들여놓은 것은 1974년 4월, 긴급조치 1·4호와 관련한 민청학련 사건 때였다. 민청학련 사건 관련자들이 변호인 선임에 어려움을 겪고 있다는 소식을 듣고 그는 황인철 변호사와 함께 이 사건 관련자 33명의 변론을 맡는다. 그는 살벌했던 비상군법회의 법정에서 감히 다른 변호사들이 엄두도 못 낼 재판 진행에 대한 강력한 어필로 강신옥 변호사와 함께 중앙정

1974년 12월, 앰네스티 한국지부에서 강연하는 홍성우 변호사.

보부에 끌려가 조사를 받았다. 그 얼마 뒤 그는 「법정의 애국가」라는 제목으로 그때의 상황을 수필로 써 《신동아》에 실었는데, 그 무렵 이 글이 언젠가는 교과서에 실려야 한다고 한완상이 어딘가에 쓴 것을 본 적이 있다.

그해 가을이었을 것이다. 나는 덕수궁 앞 광학빌딩에 있던 황인철 변호사 사무실에서 홍성우 변호사를 처음 만났다. 그때 나는 두 분 변호사에게 막 결성하려던 민주회복국민회의에 동참해 줄 것을 호소했다. 그때의 상황에 비추어 볼 때, 나의 제의를 받아들이기에는 엄청난 용기와 결단이 필요한 일이었다. 실제로 나는 저 사람이라면 마땅히 서명해 주리라 믿었던 사람들로부터 배신당하는 기분을 이미 여러 번 맛보았던 터였다.

두 분 변호사는 나의 요청을 흔쾌히 승낙했고, 한 걸음 더 나아가 홍성우 변호사는 민주회복국민회의 사무국장의 직책까지 맡았다. 단순히 법정에서 변론만 하는 것이 아니라 법정 밖의 아픔에 동참하기 시작한 것이다. 물론 그에 따른 수난도 시작되었다. 그 당시 상임대표위원은 윤형중 신부였는데, 그분은 연만하신 데다 병중이었다. 따라서 민주회복국민회의는 홍성우 사무국장, 함세웅 대변인 체제로 이끌어 갔고, 나는 그 뒷시중을 들었다.

이때도 홍성우 변호사는 남산(중앙정보부)에 끌려가 견디기 어려운 곤욕을 치렀다. 몇몇 운영위원이 정보부의 압력에 못 이겨 사퇴서를 쓰기도 했다. 홍성우 변호사의 집에는 협박전화가 오고, 때로는 섬뜩한 문구에 붉은 글씨로 쓰인 협박전단이 집 안에 던져져 있기도 했다.

나는 그때 알았다. 그에게는 설사 엄청난 고난과 위험을 가져올 것이 뻔할지라도, 그것이 진정 가야 할 길, 옳은 길이라면 그것을 차마 거절하지 못하는 마음이 그에게는 있다는 것을……. 그리하여 그는 이듬해에 김지하 반공법 위반 사건의 변호인을 함께 맡았다. 칼이 서 있던 그 법정에서 검찰과의 치열한 공방이나 핵심적이거나 부담스러운 변론은 언제나 그의 몫이었다.

이렇게 해서 홍성우 변호사는 정치적 반대자들을 대통령 긴급조치라는 도깨비 방망이 하나로 무섭게 규율하던 긴조시대를 거쳐, 걸핏하면 국가보안법의 굴레를 씌워 용공으로 몰아대던 국보시대, 그리고 집회와 시위에 관한 법률을 들이대며 거리의 연행과 구속을 감행하던 집시시대를 통해 언제나 변론 활동의 중심에 서 있었다. 필요할 때는 밖으로 나와 더 큰 투쟁의 대열을 이끌었다. 나와 관련이 있는 것이 적지 않았고, 또 그 기간 내내 나는 늘 뒤에서만 거드는 척했을 뿐, 돌을 맞는 것은 언제나 홍성우 변호사였다. 나는 홍성우 변호사에게 피해만 입힌 셈인데, 그런 점에서 나는 늘 홍성우 변호사한테 미안하다. 특히 그 가족들에게는 큰 죄를 진 느낌을 가질 때가 많았다. 이렇게 홍성우 변호사와 나의 40년 교류는 나에게는 행복이었지만 그에게는 고통이요 수난이었다.

그러나 이러한 인권변론 활동을 통해 이 나라의 인권운동과 법정문화가 한 발짝 한 발짝 발전해 왔다는 것을 아는 이는 드물다. 1970년대의 김지하 반공법 위반 사건 때 처음으로 속기사를 동원해 재판기록이 작성되었다. 그전까지는 입회서기가 대충대충 '예', '아니오'만 재판기록으로 정리했지만, 논쟁이 치열할 수밖에 없는 이 재판에서는 진술 모두를 철저히 기록해야 한다는 변호인 측 주장이 받아들여진 것이다. 법원에 예산이 없다고 해서 속기 비용을 변호인 측에서 부담했는데, 이때부터 녹취를 통해 재판기록을 정리하는 것이 정착되기 시작했다. 합당한 사유가 있을 때 재판부 기피신청을 하기 시작한 것도 이 사건에서부터였을 것이다. 그 이전까지는 정치 보복, 또는 그 불이익이 두려워서 합당한 사유가 있어도 재판부 기피신청을 감히 하지 못했다.

법정에서 이른바 모두(冒頭)진술권을 행사하기 시작한 것도 1980년대 김근태 사건 때부터의 일이다. 엄연히 형사소송법에 명시되어 있는 피고인의 권리지만, 그때까지는 그 누구도 모두진술권을 행사하는 문제를 생각하지도 못했다. 김근태가 받은 남영동, 치안본부 대공분실에서의 혹독한 고문의 진실이 세상에 알려지는데, 이 모두 진술권이 톡톡히 한 역할을 했다.

법정에서 때아닌 문학 논쟁이 벌어지기도 했다. 김지하 재판 때도 그랬지만, 특히 양성우, 김명식의 필화 사건 때는 문학작품이 본질적으로 픽션인 한, 문학작품에 긴급조치상의 사실 왜곡을 적용하는 것이 과연 옳으냐는 논쟁이 바로 그것이었다. 우리는 '창비'에서 나온 아르놀트 하우저의 『문학과 예술의 사회사』에 적시된 바로 그 문면을 제시하기도 했고, 송기숙은 붉은 꽃을 희다고 했다면 사실 왜곡이랄수가 있지만, 꽃이 아름답다고 한 것은 결코 사실 왜곡이 아니라고 스스로 변론한 일도 있었다. 역설적이게도 30여 년에 걸친 군사정치문화 아래서 인권변론을 통해 법률 문화, 법정 문화가 다양하게 발전해왔다는 것을 부인할 수는 없을 것이다.

국보시대, 군부독재정권이 빨갱이를 만들어 내는 수법에는 하나의공식이 있었다. 먼저 문제 삼고 싶은 사람의 가택을 수색한다. 거기서 책 몇 권을 압수해 온다. 그 책을 치안본부 산하 내외정책문제연구소에 감정을 의뢰한다. 그 책은 공산주의 서적, 아니면 공산주의자들이 읽는 책이라는 감정 결과가 나온다. 경찰은 이 감정의견을 첨부해검찰에 올리고 검찰은 "피의자는 가난한 집안에서 출생하여 사회에대해 불만을 갖고 있던 중 이러이러한 책을 읽고, 공산주의에 동조하여……" 운운의 공소장을 만들어 기소하면, 법원은 공소사실을 그대로 유죄로 인정해 판결하는 것이다. 박종철이 고문으로 죽은 남영동,

치안본부 대공분실은 빨갱이 만들기의 본부기지였다.

이때 감정을 전담하던 홍지영이라는 사람은 이름이 다섯 개나 되고, 그 정체가 오리무중이었다. 그러던 중 홍성우 변호사가 우연치 않게, 그가 일본 육군성 산하 나가노(中野) 첩보학교 출신 일본군 첩자로, 중국에 들어가 활동하던 사람이었음을 알아냈다. 그리하여 이태복 사건 때 그를 증인으로 불러 그의 정체를 공개적으로 법정에서 확인했다. 그러나 그는 부끄러워하지도 않았고, 그 후로도 경찰이나 검찰, 그리고 법원도 별반 달라지지 않았다.

1982년의 부산 미문화원 방화 사건은, 그것이 한국에서 최초로 반미의 성격을 띤 사건이었다는 점에서, 변호인들도 무척 조심스러워했다. 사건기록을 종합적으로 검토해 변론요지서를 작성했는데, 이는 당시 이돈명 변호사가 사목회장으로 있던 세종로성당의 사제관 방을 빌려서 내가 썼다. 이 사건에서도 변호인들이 각각 변론을 분담했고, 홍성우 변호사가 맡은 부분은 가장 민감할 수밖에 없는 '방화의 동기와 목적'에 해당하는 부분이었다. 내가 초안을 작성했지만, 그것을 홍성우 변호사가 여러 번 고치고 보완하여 완성했다. 그리하여 결심 때 홍성우 변호사는 변론의 마지막 부분에서 이렇게 말했다.

"이 사건이 한국에서 한국 국민의 민족적 자존심과 존엄을 확인하는 계기로 발전하지 않는다면 이 사건으로 불의의 희생을 당한 고 장덕술 군의 죽음도 헛된 것이 될 것입니다. 이 사건에 임하여 최종적으로 느낀 소회는 과연 그 누가 민족의 이름으로써 감히 이들에 대하여 돌을 던질 수 있겠느냐 하는 것입니다."

1970, 80년대를 통틀어 나는 그 전반기에는 홍성우 변호사 사무실에, 그 후반기에는 이돈명 변호사 사무실에 출근 아닌 출근을 했다. 나는 변호사 사무실에 나가, 변호사가 있을 때는 변호사와 이야기를 나누고, 그분들이 없을 때는 인권 사건 관련 기록을 읽었다. 더러는 변호인 반대신문사항이나 변론요지서를 작성하기도 했다. 그래서 그곳 사무실 사람들과도 친해질 수 있었다.

민주화운동과 관련한 주요 문건을 작성, 타자 또는 복사해야 할 때도 있었는데, 상당히 많은 수의 문건이 홍성우 변호사 또는 이돈명 변호사 사무실에서 만들어졌다. 1983년 5월, 김영삼의 단식투쟁과 관련한 모든 문건이 이돈명 변호사의 사무실에서 제작되었다. 1970년대에 내가 작성한 문건은 거의 대부분이 홍성우 변호사의 사무실에서 만들어졌다.

해위 윤보선 선생은 홍성우 변호사가 자신을 돌보지 않고, 인권변론 활동을 하는 데 대하여 늘 고마운 마음을 가지고 있었다. 언젠가는 휘호 한 폭을 써서 홍 변호사에게 보낸 일도 있었다. 한번은 해위 선생이 홍성우 변호사를 사무실로 찾아왔다. 그때는 나도 합석해서 담소를 나눴다. 그런데 해위 선생이 나가자마자 정보과 형사들이 득달같이 달려왔다. 해위 선생이 왜 왔는지를 알아내기 위해서였다. 아직 홍성우 변호사의 방에 남아 있던 나는, 할 수 없이, 홍성우 변호사가 그들을 면담하는 시간 내내 책상 밑에 쪼그리고 숨어 있어야 했다.

1989년 국가보안법 위반 사건으로 구속 중인 리영희 교수에 대한 접견 거부에 항의하는 홍성우, 한승헌, 황인철 변호사(왼쪽부터).

한때 인권변호사가 변론을 하면 "무죄는커녕 실형이 된다"는 말이 회자된 적이 있었다. 박현채 교수가 이돈명 변호사한테 우스개로 투정을 부렸던 말이다. 군사독재 아래서 이들이 맡은 사건이 그 모두 정치 사건인지라, 힘은 많이 들어도 성과가 없었던 안타까움을 말한 것이다. 이렇듯 생색이 나지 않는 인권변론 활동에도 많은 애환과 일화가 있기 마련이었다. 홍성우 변호사는 어떤 때는 잡혀 들어간 여자 애인을 돌보는 남자친구의 메신저가 되기도 했으며, 그 남자친구 역시 잡혀 들어갔을 때는 교도소와 교도소를 왕복하며 그들의 애틋한 사연을 양쪽에 번갈아 날라다 주기도 했다. 시인 양성우가 잡혀 들어갔을 때는 그 부인의 사랑을 감옥에 운반, 마침내 그 둘이 결합하는 데 숨은 끈의 역할을 하기도 했다.

　나는 어느 해 정초에 "새해 새아침이 따로 있다더냐. 너의 마음 안의 천진을 꽃 피워야 비로소 새해를 새해로 살 수가 있다"는 구상 시인의 시를 연하(年賀)의 말로 삼아 친지들에게 적어 보냈다. 홍성우 변호사는 70이 지났는데도 여전히 천진한 구석이 너무 많다. 이전에는 가수 배호와 이용의 노래를 좋아하더니 최근에는 태진아의 〈옥경이〉를 진지하게, 있는 힘을 다해 부른다. 절창이란 아마도 부르는 자세를 두고 말함이 아닐까. 김용택이나 정호승의 좋은 시를 술자리에서 들려주거나 이메일을 통해서 나누어 주는 것을 보면 그는 아직도 영락없는 문학청년이다.

　최근까지 그는 그가 맡았던 인권 사건의 기록을 거의 그대로 간직하고 있었다. 법원이 강북에서 강남으로 이전할 때, 변호사들도 강남으로 옮기면서 그들이 맡았던 과거의 사건기록을 대부분 버렸기 때문에 남아 있는 기록이 흔치 않다. 민주화운동기념사업회를 비롯해 이 기록을 탐내는 기관이 많았고, 또 한때는 홍성우 변호사 이름으로 자료집을 내는 문제가 거론된 적이 있었다. 홍성우 변호사는 기록 그대로 자료집을 낼 경우, 그가 맡았던 사건의 관계자들이 입을 수도 있는 피해를 염려해 그 계획을 포기하고, 그 자료를 서울대 법대의 연구소에 넘겼다. 참으로 사려 깊은 판단이었다. 경찰과 검찰의 수사기록에는 의도적으로 피의자를 음해·모략하는 내용이 담겨 있기 때문이었다.

　그러던 중 서울대 법대의 한인섭 교수가 이 자료들을 넘겨받아 총 1,207종, 4만 6천 쪽에 이르는 방대한 자료를 정리하고 전산화한 뒤 홍성우 변호사와 60여 시간에 걸친 대담(對談)을 갖고 2011년 5월에 책을 펴냈다. 『인권변론 한 시대』란 책이다. 지난날의 변론기록을 다시 읽고 당시의 체험을 정리해 그 시대의 진실을 육성으로 증언한 것이다. 당시의 시대상황을 철저하게 드러내고, 여기에 명쾌한 법률가의 논리를 결합해 어두웠던 우리 현대사를 눈에 보는 것처럼 재현했다. 이 책을 읽다 보면 어느새 우리는 당시의 시대를 살고 있고, 양심수가 되어 법정에 서 있으며, 그리고 분노한 목소리로 피고인들을 옹호하는 홍 변호사의 열띤 변론을 듣는 듯한 착각에 빠진다.

딱딱하고 건조하기 쉬운 법정사건이 재미있는 이야기책처럼 읽히는 것도 놀랍다. 잘 알려진 여러 사람들이 등장하는 데다 묻혀 있던 비화들을 드러내 주기 때문이기도 하지만, 법률가의 정연한 논리와 두 대담자가 가진 문학적 향기가 함께 결합되었기 때문이다. 대담집이 마치 기록문학 작품을 읽는 것 같은 감동을 준다. 앞으로 이 책은 우리가 어떤 시대를 살아왔는가를 증언해 주는 중요한 역사적 자료로 남을 것이다.

1970, 80년대엔 크고 작은 민주화운동 사건이 거의 모두 형사처벌의 대상이 되었는 데다 주요한 사건치고 홍 변호사가 맡지 않은 사건이 없었으므로 이 책은 가까운 과거를 다룬 우리의 민주화운동사라 할 수 있다. 또한 인권운동사이고 학생운동사이고 노동운동사이기도 하다. 당시의 지식인, 종교인, 학생, 노동자, 농민 들이 어떤 문제를 가지고 괴로워하고 분노했으며, 어떤 생각과 사상을 갖고 맞서 싸웠는가를 드러내 주고 있다는 점에서 그 시대의 정신사, 사상사의 기록이

기도 하다.

처음부터 끝까지 고문으로 사람의 육신과 영혼을 파괴하는 수사기관, 고문으로 조작한 사실을 가지고 그대로 기소하는 검찰, 고문 사실을 알면서도 검사의 요구대로 공소장과 글자 한자 다르지 않게 판결을 내리는 판사……. 그런 반인륜적이고 야만적인 사법의 역사가 생생하게 기록되어 있어 읽는 사람을 분노케 한다. 그런 점에서 이 책은 당시의 수사기관과 검찰, 그리고 사법부에 대한 통렬한 고발장이기도 하다.

그러나 무엇보다도 우리에게 감동을 주는 것은 인권변호사로서 고난의 가시밭길을 굽힘없이 끝까지 걸어간 홍성우 변호사의 삶이다. 세 차례나 수사기관에 잡혀가고 마침내는 안기부에 끌려가 휴업신고서를 쓰도록 강요당했으나 끝내 굴하지 않았다. 어느 때는 경찰이 아예 사무실 앞에 와서 지키면서 사무실 드나드는 사람들을 다 조사하고 협박했다. 그동안 변론한 사건들을 조사한 뒤 의뢰인들을 괴롭혀 그 후론 일반사건을 전혀 맡을 수 없게까지 되었다. 그래서 1970년대 중반부터 1980년대 중반까지 약 10년 동안 경제적으로 사무실을 유지하기 어려울 정도로 혹독한 세월을 견뎌야 했다. 휴업계를 쓰고 막막할 때 김수환 추기경이 불러 "이 일을 평생 비밀로 해 달라"며 2만 마르크를 준 것도 아름답고 감동적인 이야기이다. 우리 돈으로 600만 원가량 되었는데, 당시로서는 큰 돈이었다. 독일의 어느 주교를 찾아가 '어려운 친구를 꼭 도와주는 데 쓸 일이 있으니 용도는 묻지 말아 달라'고 하며 만들어 온 돈이었다.

홍성우 변호사.

변론을 위해 쏟아 부은 정성과 노력, 그리고 가족조차 만나지 못하는 고립무원한 양심수들을 위로하고 격려하기 위해 형, 오빠, 아버지가 되어 이 감옥 저 감옥을 고달프게 돌며 열심히 면회를 다니는 모습도 우리를 감동시킨다.

사법이 죽어 있는 당시의 현실에서 홍성우 변호사는 양심수들의 소신을 지켜 주고, 그들에게 용기와 위안을 주며, 그 의미를 드러나게 하고 역사에 기록하는 것을 자신이 해야 할 일이라고 보았다. 그리고 최선을 다해 변론요지서를 썼다. 며칠 밤을 새워 가며 쓴 항소이유서도 많고 2백 쪽이 넘는 변론요지서도 있다. 어떤 사건을 변론하려면 피고인과 사건 자체에 대한 애정이 있어야 할 뿐만 아니라 변론의 진정성이 무엇보다 중요하다고 보았기에 어설픈 변론은 자신이 용납

하지 않았다. 그때 정성을 쏟아 부은 변론요지서에 힘입어 옛날의 유죄판결이 오늘 잇따라 무죄로 바뀌고 있다. '역사의 법정'에서 마침내 승리를 거두고 있는 것이다. 홍성우 변호사는 시대의 악(惡)에 맞서 양심수들과 함께 싸우고 함께 역사를 만들었다.

홍성우 변호사야말로 재야 법조인으로 일이관지한 법조인이다. 민주화가 되면서 인권변호사가 갑자기 수도 없이 많이 나타나더니, 어떤 이는 지역주의에 편승해, 어떤 사람은 언제 배웠는지 그 탁월한 정치 감각으로 요직, 현직을 차지했다. 심지어는 유신시대 때 전태일의 어머니, 이소선 여사를 법정 구속했던 판사조차 어느덧 민주인사로 둔갑해 요직에 앉기도 했다. 홍성우 변호사는 그 모든 것으로부터 초연해 유유자적하며 지내고 있다.

지금도 변함없이 그를 따르고, 존경하는 사람과 그룹이 많다. 그를 어떤 모임에서는 농담반 진담반으로 지존(至尊)이라 부르기도 한다. 바가지 산우회에서 그는 종신회장이다. 몇 년 전 식도암으로 우리를 놀라게 했지만, 지금은 잃었던 건강도 많이 회복했다. 지금 남부터미널에 있는 여수재[與誰齋, 내가 그 집을 부르는 이름으로, 여수동좌(與誰同坐), "누구와 더불어 자리를 같이할꼬"에서 따왔다]에 가면 언제나 그를 만날 수 있다. 할 말은 끝이 없지만, 생(生)과 사(死)에 대한 인디언의 송사(頌辭)를 빌려 이 글을 맺는다.

"당신이 태어날 때 당신은 울었고, 세상은 기뻐했다. 당신이 죽을 때 세상은 울고 당신은 기쁘게 눈 감을 수 있기를."

16

법정에서 감옥으로

강신옥

내가 강신옥 변호사를 처음으로 만난 것은 1974년 5~6월경이었을 것이다. '당대의 의인'이라 부를 수 있는 박윤배가 당시 민청학련 사건과 관련해 구속된 김지하의 변호인으로 그를 선임한 뒤끝이었다. 우리는 그가 사건을 맡아 준 것에 감사하는 마음으로 무교동 그의 변호사 사무실을 자주 방문했고, 그때마다 회식은 2차, 3차로 이어졌다. 서교동의 그의 집으로 가자는 제안도 언제나 그가 먼저 했고, 우리는 우루루 몰려갔다. 소탈하면서도 스스럼없는 이런 만남은 지금까지도 이어오고 있다.

강신옥은 김지하 말고도 기독교학생총연맹(KSCF) 소속의 나병식, 정문화, 황인성, 안재웅, 이직형, 정상복, 나상기, 서경석, 이광일 등 9

명과, 같은 사건의 관련 피고인으로서 그의 고등학교 후배가 되는 여정남의 국선변호를 맡아 도합 11명의 변호인으로 비상보통군법회의 법정에 섰다.

1974년 7월 9일, 비상보통군법회의 제1심판부(재판장 박희동 중장)에서는 민청학련 사건 관련자 중 학원 및 종교계 피고인에 대한 결심공판이 있었다. 이 결심공판에서 이철, 유인태, 김병곤, 나병식, 여정남, 김지하, 이현배 등 7명에게 사형을 구형했고, 무기징역이 7명, 징역 20년이 12명, 징역 15년이 6명이나 되었다. 이 법정에서 홍성우, 강신옥 변호사는 울분에 찬 변론을 했다.

홍성우 변호사의 변론은 "데모 주동 학생들이 횡적인 연결을 가졌다고 해서 반국가단체 구성과 내란이란 누명을 씌우고, 우국학생들에게 사형까지 구형하는 것이 말이 되는가, 학생 조직을 인혁당과 연결시킨 것이 조작이 아닌가" 하는 내용이었고, 강신옥 변호사의 변론은 이보다 좀 더 나아갔다.

"이 사건을 맡게 된 뒤, 법은 정치나 권력의 시녀라고 단정하게 되었다. 검찰이 애국학생들을 내란죄, 긴급조치 위반 등으로 몰아쳐 사형에서 무기징역을 구형하는 것은 사법살인 행위이다."

"과거 나치스 독일의 한 장교가 상부의 부도덕한 지시를 양심에 따라 거부하고 중형을 받았다. 그런데 훗날 나치스가 멸망하고 난 뒤 돌이켜 보면 그 장교는 죄인이 아니라 의인이었다.…… 이 법정의 피고인들도 유신체제라는 악한 제도를 양심에 따라 거부했을 뿐이다.……
유신헌법은 비민주적인 악법이다.…… 나 자신도 직업상 변호인석에
있으나, 그렇지 않다면 차라리 피고인들과 뜻을 같이하여 피고인석에
앉아 있겠다."

"악법은 지키지 않아도 좋으며 악법과 정당하지 않은 법에 대하여
는 저항할 수 있다.…… 악법을 적용하여 중형으로 다루는 것은 훗날
역사적으로 심판을 받을 것이다."

이 변론으로 강신옥은 결국 그의 말대로 "피고인과 뜻을 같이하여
피고인석에 앉게" 된다. 홍성우, 강신옥 변호사는 바로 그날 밤 남산
의 중앙정보부로 끌려갔다. 먼저 끌려갔던 강신옥은 심하게 얻어맞기
까지 했다. 이들은 2박 3일 동안 조사를 받고 일단 풀려났다. 그러나
강신옥은 7월 15일, 연행 끝에 구속되었다. 죄명은 긴급조치 위반과
법정모독죄였다. 변호인의 법정 변론이 문제가 되어 구속되는 초유의
일이 발생한 것이다. 이 같은 일은 일찍이 일제 강점기에도 없었다.

강신옥이 구속 기소되자 변호사 99명이 변호인단을 구성해 변론을
벌였다. 8월 29일, 강신옥에 대한 첫 공판이 열리자 고재호 변호사가
공소기각신청을 냈다. 당시의 군법회의법 제28조는 "변호인은 재판에
관한 직무상의 행위로 인하여 어떠한 처분도 받지 않는다"라고 되어
있었다. 그러나 군사법정은 이를 받아들이지 않았고 재판은 일사천리
로 진행되어 그해 9월 20일, 강신옥은 징역 10년에 자격정지 10년을

1975년 2월, 감옥에서 석방되어 사람들에 둘러싸인 강신옥 변호사.

선고받았다.

항소는 기각되었고, 변호사 125명이 선임계와 함께 대법원에 상고한 재판은 장기화되는 가운데 강신옥은 1975년 2월 15일 대통령의 구속집행정지라는 특별조치로 석방되었다. 그의 변호사 자격은 1979년에야 회복되었다. 전두환정권하의 사법부는 긴급조치가 새 헌법의 제정공포로 실효되었기 때문에 처벌할 수 없다는 취지의 파기환송 판결을 했고, 노태우정권하의 고등법원은 법정모욕죄 부분에 대해서도 적법한 변호권의 행사에 해당한다고 해서 종국적으로 모두 무죄를 확정했다. 이처럼 너무도 당연한 결론을 얻는 데 무려 14년이 걸렸다.

강신옥이 옥중에서 쓴 장문의 항소이유서는 법조사상 보기 드문 명문으로 되어 있다. 그것은 단순히 1심 판결에 대한 불복사유만이 아니라 대통령 긴급조치의 위헌성, 변호사의 사명과 윤리, 법률상의 저항권 이론 등 법철학적 이론을 해박한 지식으로 광범위한 예를 들어 설명하고 있다. 따라서 그의 주장은 당시 유신헌법과 긴급조치를 배척하는 논리로 자주 인용되었다.

"피고인을 변호하는 변호사는 인권보장을 위해 필요불가결한 절차상의 규정이 실질적으로 시행되어지도록 피고인을 위해 싸워 주는 파수꾼이며…… 검찰관과 대결하여 공소사실을 두고 피고인을 위해 싸우는 일종의 전사와 같아서 피고인을 위하여 한 사람의 법률가로서 국가 그 자체와 대결하는 대단한 용기가 없이는 변호하기 어렵다. 두려움 없이 과감하게 검찰권의 부당한 행사에 대해 도전해야 하고, 때로는 그 뒤에 있는 권력악적 요소에 대한 공격적 변호를 할 각오까지 있어야 한다."

"사법권의 독립은 재야 법조인의 독립이 없으면 진정한 것일 수 없다는 것이 역사상의 경험이다. 변론 행위만은 정의를 위하여 변호인의 윤리가 허용하는 한 제한이 없는 것으로 간주되어 왔다.…… 본인이 알고 있는 역사적 지식으로서는 동서양 어디서나 변론 자체가 법률상 문제되어 유죄판결을 받는 일이 없다. 역사가 있고 난 뒤, 오늘까지도 변론 그 자체로 범죄행위가 된 예는 없는 것으로 알고 있다."

"저항권이나 자연법이 실정법에 우월하다는 이론은 일찍이 희랍의 비극 소포클레스의 『안티고네』라는 작품에서 인정된 바 있다. 크레온이란 왕이 테베를 침략하다가 죽은 포리니케의 시체를 누구든지 묻어서는 안 된다고 명령을 내렸는바, 당시의 희랍 종교에 의하면 죽은 자의 가족은 죽은 자를 위하여 장례를 치러 주어야 할 절대적인 의무가 있고, 이 의무에 반하면 후세에 재앙을 당하는 것으로 되어 있었다. 이 비극의 주인공 안티고네는 죽은 자의 누님으로서 왕의 법을 고의로 복종하지 않고, 하느님의 법을 지켰다. 왕은 말하기를 '왕의 명령은 적든 크든, 옳든 그르든 복종되어야 한다'고 하였고, 안티고네는 '왕의 명령이라고 하더라도 불문으로 되어 있지만 언제나 인간이 지켜야 하는 하느님의 법을 이길 힘을 가진 것으로 믿지를 않는다'고 하였다. 이 비극은 안티고네가 인간의 법에 저항한 것이 옳았다고 자신 있게 규정하면서 끝을 맺고 있다."

"나치스 때 휴가 온 남편이 자기 부인 앞에서 히틀러를 욕한 사실이 있었는데, 그 부인은 자기 남편을 당국에 고발하여, 징역을 살게 한 사실이 있는바, 남편은 나치스가 망한 뒤 그 처를 상대로 고소를 제기하여 그 처는 당시 악법은 법률상 효력이 없는 것인데, 그 악법으로 남편을 고소하여 형을 살게 한 것은 불법행위가 된다는 판례까지 나왔다."

"본인이 민청학련 피고인 등의 변호를 의뢰받은 후 변호인으로서 한 일이란 74년 6월 1일에 6월 15일 오전에 첫 기일이 있을 것이란 통지를 받고, 6월 14일 오후에야 피고인 접견이 허가되었으며(피고인 등은 3월 말경에 구속되어 6월 14일까지 변호인을 만날 수가 없었다), 공판기일인 6·15부터는 거의 매일 오전 9시부터 개정하여 재판을 속행하였으나, 피고인을 위한 기록 열람도 단 하루밖에 허용되지 않았으며, 변호인들의 증거신청이 모두 기각된 채 전격적으로 결심(結審)되어 당황하면서 최종변론을 했을 뿐이다."

"당시 변론 직전의 본인의 심정은 지금까지 법을 정의의 학문으로 믿고 배우고 연구해 온 것을 크게 후회하게 되었고, 법의 목적에 큰 회의를 품었을 뿐만 아니라, 본인이 변호인으로서 이런 사건에서 얼마나 무력한 것인가를 뼈저리게 통감하였고 이 사건의 변호인이 되었던 것 자체를 어리석게 생각했다."

"민청학련 사건의 재판은 형식만 재판일 뿐이지, 실질적으로는 소송법상의 적법절차를 전연 무시한 것으로, 이대로 만약 피고인 등에 대해 사형까지 선고한다면 이것은 우리들의 기초적인 법 감정인 정의 이념에 너무나 동떨어진 재판이어서 결과적으로 법의 이름으로 사법살인의 비난을 면치 못할 것이라고 변론한 것은 재판부를 모욕하기 위한 것이 아니라 사형에 이르는 일은 없어야 한다는 것을 호소한 것이다."

"본인은 문제된 변론을 오직 피고인을 위하여 하였을 뿐이고, 이것이 본건과 같이 문제가 된다면 이 재판은 변호인의 자랑스러운 전통과 사법권의 독립이 심판을 받는 것이며, 궁극적으로는 자유민주주의 기본질서가 위협받는 중대한 결과로 될 판례가 될지도 모른다. 양심과 법률 및 헌법만에 의한 용기 있는 판결을 바란다."

당시 기독교교회협의회 인권위원회는 8월 31일자로 된 진정서에서 이렇게 말하고 있다. "변호인이 변호하기 위하여 해당 법과 사건에 관하여 언급하게 되는 것은 고기를 잡기 위해 물에 들어가는 것과 같은 이치인 줄 압니다. 그러나 오히려 변호인이 그 해당 법에 의해 구속되고 재판을 받아야 한다는 사실은 최소한의 변호인의 기본권리조차 저해되고 있다고 느껴집니다.…… 아무리 자유가 유보된 사회라 하더라도, 또 정치적 현실이 심각하다 할지라도 우리는 법정에서의 변호만큼은 자유롭고 제한받지 않는 나라에 살고 있다고 느끼게 되기를 바랍니다."

강신옥의 항소이유서는 민주화투쟁 기간에 발표된 문건 가운데서도 특히 중요한 가치를 지닌다. 또한 명문으로 되어 있어 민주화투쟁 자료집의 첫머리에 올라야 할 작품이다. 누구보다도 변호사를 비롯한 법조인들이 꼭 한 번은 읽어 봐야 할 텍스트이다.

한편 변론이 문제가 되어 강신옥이 구속되자, 변호인으로 그를 선임한 우리들은 무척 당황했을 뿐만 아니라 그에게 미안한 감정을 가지지 않을 수 없었다. 나는 전병용을 통해 감옥에 있는 그와 연락을 주고받았는데, 당시 해외 언론에 보도된 내용을 그에게 전달한 일이 있다. 강신옥은 그 보도내용을 책갈피 속에 넣어 두었다가, 교도소 안의 검방 때 다른 교도관들에게 들켰다. 이것이 큰 문제가 될 뻔했는데, 언론보도 내용을 변호인 접견 때 대학 동기이자 동료 변호사였던 조준희로부터 받은 것으로 해서 가까스로 무마되었다. 자칫하면 당시 정치범들에게 우호적이었던 교도관들이 고통을 당할 위험에 직면할 뻔했다.

강신옥은 민청학련 사건 이전부터 상당히 의미 있는 사건을 수임해서 수준 높은 변론을 했다. 신영복, 최상룡, 김영작, 손학규, 신금호 등이 그의 변호를 받았다. 그들과는 변호인과 피고인 사이를 넘어, 지금도 수시로 만나는 지기(知己)의 관계가 되었다. 언젠가는 이들의 재판과정도 그에 의해서 정리되어 나오길 나는 기대한다.

1980년대 들어 그는 내 아우가 관련되어 있던 대전의 한울회 사건, 아람회 사건 등을 수임해 나와 동행한 일도 여러 번 있었다. 특히 그가 김재규 사건에 쏟은 열정은 대단했다. 그는 김재규가 처형당하기 전 틈만 나면 육군교도소로 그를 찾아가 접견했다. 접견록이 노트 한 권 분량이 넘고, 그의 접견록에는 김재규의 친필도 적지 않다. 나는 김재규 사건과 관련해서 그의 접견록을 비롯해 그가 가지고 있는 자료들을 빌려 보곤 하는데, 김재규 구명을 위해 당시 내가 낸 자료집의 내용도 대부분 그에게서 구한 것이었다. 오늘날 벌어지고 있는 김재규에 대한 명예회복운동도 그로부터 비롯되었다.

그는 호협(豪俠)남아로, 불의를 보면 참지 못한다. 또한 산을 좋아해, 한때는 북한산에서 여러 번 조우하기도 했고, 때로는 지리산 원정

때 동행하기도 했다. 한번은 추석 무렵 북한산 대성문에 가서 동산에 떠오르는 달을 보며 호음하고 있는데, 우리 옆을 지나는 일행이 있어 보았더니 강신옥과 그 일행이었다. 그는 또한 법률가로서는 보기 드문 독서가이다. 그가 국회의원이었을 때 국회도서관의 북한산이 보이는 열람석은 언제나 그의 자리였다. 나도 한번 그의 안내를 받아 국회도서관에 간 적이 있었는데, 그는 시간만 나면 도서관에 가서 책을 읽었다.

백범 암살의 진실을 조사하다

앞서 이야기한 것처럼, 한때 그는 국회에 진출한 적이 있었다. 그의 "영원히 정의의 편에"라는 내용이 적힌 그의 선거포스터가 지금도 기억에 남는다. 그는 국회의원으로서도 현대사에 길이 남을 업적 하나를 남기는데, 「백범 김구 선생 암살 진상보고서」가 바로 그것이다. 아마도 이는 대한민국에서 백범 김구 선생 암살과 관련해서 공식적으로 발표된 최초의 문건이 아닌가 생각한다.

이 진상조사는 1992년 11월 5일, 독립투사 이강훈 옹 외 24명이 제출한 「대한민국 임시정부 주석 김구 선생 시해 진상규명 청원서」로부터 시작되었다. 1993년 2월 17일 국회법제 사법위원회 안에 청원심사 소위가 구성되고, 그해 5월 14일, 소위원장에 강신옥이 선임됨으로써 진상조사 활동이 개시된다. 1994년 1월 4일에는 이 사건의 핵심적인 증인이라 할 수 있는 안두희를 국회에 소환했다. 그러나 그는 이미 건강상 증언을 할 수 없는 상태였기 때문에, 그 자신이 평소 녹음해 두었다는 120개의 녹음테이프를 녹취해 진상규명에 참고했다.

이승만정권 때는 물론, 3·4·5공화국으로 이어지는 군사정권 시절에는 정부 차원의 진상조사 요구를 꺼내지도 못했고, 다만 민간에서 개인이나 단체들의 조사 활동만이 간헐적으로 이어져 오던 것을 뒤늦게나마 국회 차원에서 접근한 것이다. 이 조사 활동은 3년에 걸쳐 이루어지는데, 그것을 주도한 것이 강신옥이었다. 어떤 의미에서 이 진상보고서는 강신옥의 작품이라 할 수 있다. 이는 백범 암살 이후, 그 진상을 공식적으로 또 최초로 조사했다는 점에서 역사적 의미가 있고, 이로써 백범 선생에게 다소나마 속죄를 한 셈이 되었다.

"안두희가 단독으로 백범 선생을 애국적인 동기에서 시해하였다는 것은 사실이 아니다. 백범 암살 사건은 안두희에 의한 우발적인 단독범행이 아니라, 면밀하게 준비, 모의되고, 조직적으로 역할 분담된 정권적 차원의 범죄였다. 안두희는 그 거대한 조직과 역할에서 암살자에 지나지 않았고, 김지웅은 암살사건 전반을 계획, 조율하였으며, 홍종만은 암살 하수인을 관리하였다.

이들은 모두 정권적 차원의 비호를 받았지만, 그 일차적 배후는 군부 쪽이었다. 포병사령관 장은산은 암살을 명령하였고, 사건 이후 특무대의 김창룡이 적극 개입하였고, 채병덕 총참모장, 전봉덕 헌병부사령관, 원용덕 재판장, 신성모 국방장관 등이 사후처리를 주도하였다.

이승만의 경우 정권적 차원의 범죄라는 점에서 우선 도덕적 책임이 있다. 또한 사건 뒤 처리과정에 개입한 것이 확인되었다. 다만 암살사건에 대한 사전 개입과 지시에 관해서는 불투명하다."

"암살계획은 1949년 6월 말 세 차례에 걸쳐 시도되었다. 첫 시도는 국회 프락치 사건의 2차 검거가 진행 중인 6월 23일에 있었다. 암살 모의자들은 당시 국회부의장 김약수가 김구 선생의 숙소인 경교장에 숨어 있다는 것을 핑계로 경교장을 습격, 혼란의 와중에서 백범을 암살한다는 계획을 세웠으나, 이는 김약수가 검거되는 바람에 무산되었다.

두 번째 시도는 김구 선생이 6월 25일 건국실천요원양성소 공주모임에 참석차 내려가는 도중 수원 병점고개에서 습격, 살해할 계획을 세웠으나 행사계획 자체가 취소됨으로써 실패하였다. 그날 저녁 장은산은 안두희를 불러 단독범행을 지시, 이 단독범행이 성공한 것이다."

"6월 26일, 암살결행 후 애국시민들에게 두들겨 맞고 있던 안두희는 체포되어 헌병사령부로 연행되고, 그다음 날에는 특무대로 이송되었는데, 6월 27일 오전 국방부 보도과는 '① 안두희는 한독당원으로 김구 선생의 최측근이라는 것, ② 안두희는 여러 차례 김구 선생을 만나 직접 지도를 받던 자, ③ 당일은 인사차 김구 선생을 만나러 갔다가 언론쟁투가 되어 격분한 결과, 순간적으로 살의가 발생한 것'으로 발표하였으나, 이는 아직 안두희가 본격적으로 취조 받기도 전에 발표된 것이었다.”

　“안두희는 특무대 김창룡의 특별 배려 아래, 숙직실을 개조, 호텔과 같은 특별감방에서, 좋은 음식에 목욕까지 하며 신문도 보면서 편안하게 보냈다. 또한 부인, 동생 등 가족은 물론 김창룡과 포병사령부의 장교 등이 면회 왔으며, 김지웅은 돈까지 주고 갔다.…… 안두희에 대한 취조는 다만 형식적이고, 정치적인 것이었다. 취조관들은 ‘안 소위님’이라는 경어를 쓰면서 담배를 권하고, 하기 싫은 말은 안 해도 된다고 권유하였다.”

　“6월 27일, 채병덕 총참모장은 담화를 발표하여 ‘조사 결과 이번 범행이 하등 군 내부와는 관련이 없는 것이 판명되었다’ 하였고, 같은 날 국무총리 이범석은 ‘일반 국민은 억측과 요언(妖言)을 엄금하기 바란다’는 묘한 성명을, 6월 30일 대통령 이승만은 ‘암살동기를 밝히지 않는 것이 김구 선생을 위한 것’이라는 해괴한 성명을 발표하였다.”

　“당시 헌병사령관은 장흥이었으나, 사건 당일 성묘를 하러 시골에 갔기 때문에 헌병부사령관 전봉덕이 안두희의 신병을 인수하고, 안두희가 폭행으로 많이 다쳤기 때문에 조사는 하지 못한 채 치료만을 받게 해 주었다. 전봉덕 부사령관이 이승만에게 사건을 보고하자 장흥 사령관은 임정 계통이라 사령관직에서 해임하고, 전봉덕 부사령관은 사령관으로 승진 발령했다.”

"국방장관 신성모는 김창룡과 더불어 안두희의 수감생활을 보호하고, 그의 감형, 잔형 정지, 잔형 면제, 석방과 육군 복귀를 주도하였으며, 전쟁 중 부산에서 안두희를 불러 모윤숙과 김활란이 보는 앞에서 생활비까지 제공하였다."

"안두희의 그간의 증언, 미군의 정보자료, 미 대사관의 공식보고 등을 면밀하게 분석해 보면, 미국이 암살 사건에 대해 상당한 정보와 지식을 가지고 있었던 것으로는 보이지만, 암살 사건에 개입했다는 증거는 현재로서는 없다. 미국의 암살 사건 개입 여부는 미국이 혹시나 가지고 있을 CIS 관계자료나 CIA 자료 등이 공개된 후에나 밝혀질 것으로 보일 뿐이다."

이 보고서는 결론을 이렇게 맺는다.

"암살 사건에서 최고위층의 개입을 구체적인 지시 명령의 대목까지 확인할 수 있는 경우는 극히 드물다. 다만 최고위층 자체가 하나의 상황을 만들기 때문에 도덕적 책임, 상황적 책임을 물을 수 있다. 이제 백범 김구 선생 암살 사건의 전반적 윤곽은 잡혔다고 할 일이다. 앞으로 그들이 할 일은 왜곡된 한국 현대사를 하루빨리 바로잡아 민족정기를 바로 세우는 일이다."

17

짧은 삶, 큰 자취

조영래

내가 조영래(1947~90)를 처음 만난 것은 1974년 여름이었다. 민청학련 사건의 재판이 비상군법회의에서 서슬 퍼렇게 일사천리로 진행되던 무렵이었다. 김지하의 어머니 정금성 여사를 통해 조영래가 나를 만나 보고 싶어 한다는 연락을 받았다. 그때 조영래는 민청학련 사건과 관련해 수배된 몸이었다. 수사 과정에서 드러난 조영래의 혐의 사실은 지학순 주교가 마련한 돈을 김지하한테 받아 나병식과 서중석에게 활동자금으로 전달했다는 것이었다.

물론 나는 일찍부터 그의 이름은 알고 있었다. 이미 고등학교 3학년 때 한일굴욕외교반대투쟁에 학생들을 이끌고 참여한 전력이며, 서울대 법대를 수석으로 합격한 수재인 데다 1971년 서울대생 내란음모 사건의 주동인물이었다는 것 등등 그의 선성은 주변에 널리 알려져 있었다.

과연 그는 백석정한(白晳精悍)한 사람이었다. 항상 신중했던 탓에 다소 어두워 보이기는 했지만 그의 탁월한 식견과 능력은 누구도 따라오기 어려웠다. 그 이후 1970년대 내내 이 같은 은밀한 만남은 계속되었다. 내가 직접 가 보지는 않았지만 그때 그는 백련사 부근의 단칸방에서, 뒷날 그의 아내가 된 이옥경과 함께 힘겨운 수배 생활을 하고 있었다. 살림도 어려웠다. 보람도 있으면서 돈벌이가 되는 일을 찾아야 했다. 틈이 나면 민주화운동과 관련된 일을 맡아서 했다. 1970년대 전 기간을 그는 그렇게 숨어서 일하며 지냈다. 그때 장기표도 김근태도 수배 중이었는데, 나는 그들의 뒷바라지를 하면서, 틈틈이 조영래도 만났다. 때때로 둘 또는 셋이 함께 만나기도 했다.

조영래는 수배 중인 몸으로 여러 가지 일을 많이 했다. 그때 통일사회당을 이끌던 김철(金哲)이 펴낸『우리의 민족 조선』이라는 책에 수록된 '프랑크푸르트 선언'을 비롯해 여러 건의 문헌을 정리, 번역한 것이 조영래였다. 1975년에는 감옥에 있는 김지하와 여러 번에 걸쳐 힘겨운 교신을 통해 김지하의 양심선언을 집필했다. 1976년에는 저 유명한『전태일 평전』을 탈고했다. 엄혹했던 시절 수배 속에서도 그의 활동은 계속되고 있었다.

덕분에 나는『전태일 평전』의 최초의 독자가 되었다. 나는 그의 원고를 일본 가톨릭 정의평화협의회의 송영순(宋榮淳) 바오로에게 보내 출판을 부탁했고, 그것이『불꽃이여, 나를 태워라—어느 한국 청

조영래 변호사.

년노동자의 삶과 죽음(炎よ, おたしわつつめ―ある韓國靑年勞動者の 生
と死)』(金英琪 著, 李浩培 譯, たいまつ社, 1978. 11)이라는 제목의 책으로
나왔다. 물론 필자와 역자 모두 가명이었다. 이것이 『전태일 평전』 최
초의 출판이었다. 일본에서는 이 책을 바탕으로 해서 〈어머니〉라는
영화도 제작되었는데, 이 역시 전태일과 관련된 최초의 영화였다. 나
는 전태일재단 개소식 때(2009년 8월 17일) 그 책과 영화 필름을 장기
표 이사장에게 전했다.

국내에서는 1983년에 민종덕의 주선으로 전태일기념관 건립위원
회를 엮은이로 해서 돌베개출판사에서 『어느 청년노동자의 삶과 죽
음』이라는 제목으로 출간되었다. 그리고 1990년 가을 처음으로 조
영래의 이름으로 증보, 출간되었지만, 조영래는 그의 이름으로 된 증

보관을 끝내 보지 못하고 1990년 12월 12일 세상을 떠났다. 그리고 1995년에 박광수 감독의 〈아름다운 청년 전태일〉이 영화로 나왔다.

『전태일 평전』 하나를 썼다는 사실만으로도 조영래가 이 땅에 남긴 업적은 오래오래 잊혀지지 않을 것이다. 실제로 그는 전태일에게, 전태일을 위해서 모든 것을 바쳤다고 해도 과언이 아니다. 1970년대에 쓴 그의 글에는 전태일이 불태운 사랑과 헌신에 대한 깨달음과 살아 있는 사람들의 각성을 촉구하는 내용이 가득 차 있다. 『전태일 평전』을 쓴 것만으로도 모자라 자신이 직접 〈노동자의 불꽃, 아아 전태일〉이라는 시까지 써서 세상에 돌렸다.

저
처절한 불길을 보라
저기서 노동자의
아픔이 탄다
저기서 노동자의 오랜
억압과 죽음이 탄다
아아, 노예의 호적은 불살라지고
끝없는 망설임도 마침내 끊겨버린
저기서
노동자의 의지가
노동자의 저항이
노동자의 자유가 불타오른다.

전태일은 누구인가

전태일이 죽은 다음 날, 해외여행에서 귀국한 함석헌은 새벽녘에 전태일의 집을 찾아가 그 어머니에게 "아드님은 우리 죄인들을 깨우치기 위해 죽었습니다. 정말 부끄럽습니다"라고 했다. 전태일의 죽음의 의미를 맨 먼저 깨달은 사람은 조영래와 장기표였다. 아들의 시신을 붙들고 있던 어머니를 성모병원으로 찾아가 '어머니'라고 맨 먼저 부른 것은 장기표였고, 용구암이라는 암자에서 사법시험 준비를 하다가 뛰어 내려간 것은 조영래였다.

11월 20일에 있었던 전태일 추도식에서 발표된 시국선언문은 조영래가 초안한 것이었다. 거기서 그는 전태일을 죽인 박정희정권, 기업주, 어용노총, 지식인, 모든 사회인을 5대 살인자로 고발했다. 서울대생 내란음모 사건으로 1년 6개월의 형기를 마치고 출옥한 장기표와 조영래는 전태일이 직접 쓴 수기를 보고 크게 감동했고, 조영래는 곧 평전 집필에 착수했다. 자료 수집에만 1년이 넘게 걸렸고, 수배 중임에도 틈틈이 장기표와 이소선 여사와 그 주변 관계자들을 만나 부족한 부분을 보충했다. 실로 어렵고 힘든 작업이었다.

『전태일 평전』의 서문은 이렇게 시작된다.

"우리가 이야기하려는 사람은 누구인가

전태일(全泰壹)

평화시장에서 일하던 재단사라는 이름의 청년 노동자. 1948년 8월

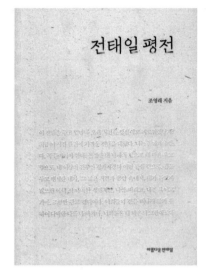

『전태일 평전』의 표지.

26일, 대구에서 태어나 1970년 11월 13일 서울 평화시장 앞 길거리에서 스물둘의 젊음으로 몸을 불살라 죽었다. 그의 죽음을 사람들은 '인간선언'이라 부른다.

　인간선언, 가난과 질병과 무교육의 굴레 속에 묶인 버림받은 목숨들에게도, 저임금으로 혹사당하고 있는 노동자들에게도, 먼지 구덩이 속에서 햇빛 한 번 못 보고 하루 열여섯 시간을 노동해야 하는 어린 여공들에게도, '인간으로서의 최소한의 요구'가 있었다는 것을 밝히기 위하여 그는 죽었다.”

　이 서문은 이어서 전태일의 죽음의 의미를 요약한 뒤 원고를 탈고한 1976년의 시점에서의 전태일을 이렇게 정의하면서 살아남은 모든 사람들을 향해 외친다.

"오늘 전태일은 어디서 불타고 있는가?

전태일은 이 시각에 어디서 무엇을 하고 있는 것인가?

그 대답은 이렇다.

전태일은 자신을 낳아 준 어머니 속으로 되돌아가 그 안에 살아 있다. 아들이 죽은 이후 오늘에 이르기까지 5년여의 세월을 하루같이 병약한 체구를 이끌고 노동자들의 선두에 서서, 모든 잔학한 탄압에 맞서 투쟁하고 있는 그의 어머니 이소선 씨, 이분은 후일 역사에 반드시 기록될 것이다.

또 전태일은 더욱더 심해지고 있는 억압 아래, 인간 이하의 생활을 강요당하고 있는 민중의 숨결 속에, 눈물 속에, 죽음 속에 살아 있으며, 역경 가운데서도 생존권과 인간다운 노동을 할 권리를 쟁취하기 위해 투쟁하는 우리 노동자의 뜨거운 가슴 속에 살아 있다.

전태일은 부패와 특권과 빈곤과 폭압이 없는 내일을 위하여 숨죽여 준비하고 투쟁하고 있는 우리 청년학생들을 비롯하여 자유와 정의와 진리와 평화와 통일의 새 역사를 창조해 가고 있는 모든 이들의 손길 속에서 살아 움직이고 있다. 그리고 마지막으로 이제 전태일은 여러분에게로 간다.

이 결함투성이의 책자에 전태일에 관한 약간의 진실이라도 담겨 있다면, 당신이 이 지구상의 어느 곳에 사는 어떤 인종, 계층, 신조, 사상의 사람이라고 할지라도 전태일은 반드시 당신에게로 가서 당신의 심장을 두들기며 '내 죽음을 헛되이 말라'고 소리칠 것이다."

아무래도 1970년대, 조영래의 활동의 근간과 그 대표작은 『전태일 평전』이다. 『전태일 평전』은 그 이후 1970년대와 80년대를 거치면서 많은 사람들에게 감동을 주고 또 그들을 각성시켰다. 그 시대를 사는 사람들의 필독서였다. 그 책이 밑거름이 되어 1983년 3월 28일, 전태일기념사업회가 발족되었고, 1988년에 전태일문학상도 제정되었다. 2001년 11월 13일에는 "이곳은 영원한 노동자의 벗, 전태일이 1970년 11월 13일 노동자의 인간다운 삶을 위하여 분신 항거한 곳입니다"라고 적힌 동판이 좌정되었다(이 동판은 청계천의 복원 과정에서 자리를 옮겨 안치되었다). 2005년 9월 30일에는 전태일 동상이 청계6가 전태일 다리(버들다리)에 건립되었다.

1970년대 이래 전개된 이 땅의 모든 노동운동은 한결같이 전태일을 계승한다고 표방했다. 지금도 전태일정신을 계승한다는 노동운동은 계속되고 있다. 그러나 과연 전태일을 계승하는 것이 이런 것이라고 단언하기는 어렵다. 죽기 전 병중의 조영래는 자신의 『전태일 평전』에 대해 첫 번째 오류는 지나치게 지식인 독자를 염두에 두고 쓴 저술의 방법론이고, 그보다 더 큰 잘못은 분신자살을 결과적으로 미화한 것이라고 술회하면서, 그동안 분신항거한 분들께 미안한 마음을 피력했다고 한다. 어머니 이소선 여사도 분신할 힘이 있으면 정신으로 맞서 싸우라며 분신에는 반대하는 자신의 간절한 입장을 호소했다.

조영래가 쓴 전태일의 비문은 이렇게 되어 있다. 추모비는 전태일 분신 17주기 때인 1988년 11월 13일, 모란공원 그의 묘소 앞에 건립되었다.

"세월이 흐를수록 더욱 생생하게 되살아나는 죽음이 있어 여기 한 덩어리 돌을 일으켜 세우나니, 아! 아! 전태일 우리 민중의 고난의 운명 속에 피로 아로새겨진 불멸의 이름이여.…… 저 스물두 해의 아픈 삶을 결단하여 가진 자들의 야만과 횡포 앞에 온 몸으로 부딪쳐 간 그의 피어린 발자취가 있었기에 오늘 이 땅에 노예의 굴레를 벗어던지고 사람답게 사는 자주, 민주, 평화의 새 세상을 쟁취하려는 일천만 노동자와 사천만 민중의 우렁찬 해방의 함성이 있나니 지나가는 길손이여, 이 말없는 주검 앞에 눈물을 뿌리지 말라. 다만 기억하고 또 다짐하라. 불길 속에 휩싸이며 그가 남긴 마지막 한 마디 '내 죽음을 헛되이 말라!' 하던 그 피맺힌 울부짖음을……."

창조적 변론을 개척하다

조영래의 1970년대가 당국의 수배로 항상 쫓겨야 하는 고달프고 음습한 삶이었다면, 1980년대는 그보다는 양명(陽明)한 것으로, 법조인의 삶이었다고 할 수 있다. 1980년대가 시작되는 첫해 2월 초 조영래는 비로소 자유의 몸이 된다. 그리고 그해 2월 23일, 오래 미루어 두었던 결혼식을 올린다. 주례는 홍성우 변호사였다. 박정희가 죽고 긴급조치가 해제된 뒤끝이긴 했지만, 조영래가 자유의 몸이 될 수 있기 위해서는 여러 단계의 과정이 필요했다.

그는 서울대생 내란음모 사건으로 쫓겨났던 사법연수원에 재입학했고, 대학원에도 복귀했다. 1970년에 정했던 석사학위 논문 제목은 「노동계약의 효력에 관한 연구」였는데, 1980년에는 그 논문 제목을 「공해소송에 있어서의 인과관계 입증에 관한 연구」로 바꾸었다. 그는 이때 이미 시대의 징표를 읽고 있었고, 그것은 그가 앞으로 살아갈 변호사로서의 삶을 예견케 하는 선택이었다. 검사시보로 자신이 처음으로 기소한 사건에 대한 감상을 그는 이렇게 적었다.

"이 최초의 사건에서 우선 이 사람에게 미안한 것 두 가지가 남았다. 하나는 구형을 담당검사의 의견을 들어 덜컥 그 의견대로 1년 6월로 해 버린 것(조사 과정에서 본 그 피고인은 전과는 있었지만 심성이나 죄질이 나쁘지는 않았다). 또 하나는 수갑을 풀어주고 담배를 권하지 못한 것. 물론 보다 근본적인 회한은 이러한 사소한 것을 훨씬 넘어서는 것이다"(1981년 12월 13일, 일기).

1983년 봄, 조영래는 이제 변호사가 되어 시민공익법률사무소를 대한일보 빌딩에 연다. 이어 그의 고교동창 유영구의 도움으로 명지 빌딩으로 확장 이전한다. '시민'과 '공익'이라는 이름 자체가 어떤 지향성을 함축하고 있는데, 그는 이미 사법연수원에 재입학하면서 공익 변론을 사회개혁과 인권 확장의 수단으로 인식하고 있었다.

1984년 9월 1일부터 사흘 동안 낮과 밤이 없이 중부권 일대에 집중 폭우가 쏟아졌다. 전국적으로 26명의 사망자가 발생했다. 언제나 그렇듯이 천재보다는 인재라는 이야기가 나돌았다. 그 와중에 서울시가 관리하는 마포구 망원동 유수지의 수문상자가 붕괴해 망원동 일대는 물바다가 되어 버리고 말았다. 피해 가구가 1만 7천9백 가구에, 피해 주민은 8만여 명에 이르렀다.

조영래는 이 사태에 유의했다. 조영래가 본 침수 원인은, 첫째, 망원유수지 일대의 시설물을 관리한 서울시의 설치, 점유, 관리상의 잘못, 둘째, 1979년 배수관로를 확장하고 수문의 이설공사를 시행한 현대건설의 부실공사, 셋째, 유수지 시설물을 관리하는 서울시 소속 해당 공무원의 수해 방지 노력 태만이었다. 10월 15일, 조영래는 망원동 거주자인 한정자 씨를 비롯, 다섯 가구 21명의 위임을 받아 서울시와 유수지 배수관로를 맡았던 현대건설을 상대로 소송을 제기했다. 이후 이 사실이 알려지면서 소송을 의뢰하는 주민들은 더 늘어났다.

소송 초기에 벌써 서울시에 책임이 있다는 전문가들의 감정이 있었다. 그러나 서울시는 재감정, 추가감정을 신청하면서 소송을 지연시켰다. 서울시는 일관되게 망원유수지의 시설물을 객관적으로 보아 통상적 안정성을 갖추도록 설치, 관리해 왔다고 강변했다. 현대건설도 마찬가지로 자신들은 서울시의 설계서와 토목공사의 일반 표준, 그리고 관계법 명령을 충실히 준수했기 때문에 책임이 없다고 주장했다.

재감정에서 서울시에 유리한 소견서를 냈던 명문사립대 최 모 교수를 상대로 조영래는 법정에서 무려 다섯 시간에 걸친 반대신문을 했다. 그만큼 준비가 있었던 것이다. 전문가라는 최 교수가 마침내 조영래의 변증에 항복했다. 이로써 변론은 종결되고(1986. 6. 18.), 소장을 접수한 지 2년 8개월 만인 1987년 8월 26일, 재판부는 서울시에 대한 청구를 일부 인용하는 판결을 내린다.

1심 승소 판결의 소식과 함께 망원동 피해 주민들의 소송 신청이 쇄도하기 시작했다. 1987년 9월 1일, 5천여 가구 2만여 주민이 서울 지구 국가배상심의회에 배상신청서를 제출했다. 정식으로 민사소송을 제기한 가구만도 무려 2천3백 가구에 달했다. 이 사건은 대법원이 서울시의 상고허가신청을 기각함으로써 장장 5년 10개월 만에 종료되었다. 이는 우리나라 사법사상 초유의 대규모 집단소송 사건이었다. 그리고 무책임한 행정에 대한 시민의 승리로 끝났다. 조영래의 의미 있는 집념이 일구어 낸 성과였다.

그 밖에도 앞서 조영래는 몇 가지 괄목할 만한 판결을 법원으로부터 얻어 낸 바 있다. 하나는 미혼여성 노동자의 교통사고 사건을 통해 여성조기정년제를 파기하는 판결을 얻어 낸 것이요, 다른 하나는 연탄공장 주변에 거주하는 주민의 진폐증에 대한 손해배상소송에서 승소한 일이다. 1985년 3월 20일 서울민사지법은 "한국 여성은 통상적으로 결혼과 동시에 퇴직한다. 그리고 한국 여성의 평균 결혼연령은 26세이다. 따라서 손해배상의 산정에 있어서도 25세까지 근무하는 것을 전제로 일실수익(逸失收益)을 계산하되, 그 이후로는 가정주부로 살아갈 터인데, 가정주부는 별도의 수입이 없으므로, 도시 일용노동자의 임금에 준하여 일당 4천 원으로 계산하여야 한다"라고 판결했다.

이에 조영래는 항소이유서와 별도로 장문의 의견서를 제출, 헌법상의 남녀평등권의 실현, 여성의 사회적 지위 향상이라는 대의에 비추어, 결혼퇴직제는 위헌, 위법적이며, 주부의 가사노동을 최저의 노임으로 일률적으로 평가하는 것은 이 나라 여성의 자존심과 긍지를 무너뜨리는 처사이므로, 판결이 시대를 이끌어 법원이 사회 선도적 기능을 해 줄 것을 요구했다. 마침내 법원으로 하여금 "원고는 비록 미혼여성이기는 하지만, 55세 정년까지 근무하다 퇴직할 수 있다 할 것"이라는 판결을 하지 않을 수 없게 만든다. 이는 법원으로서도 자랑스러운 판결이었다.

공해재판은 인과관계를 입증하기가 쉽지 않다. 연탄공장에서 배출하는 석탄분진으로 인해 발생한 진폐증 손배소송에서 조영래는 헌법 속에 잠자고 있던 환경권을 법정으로 끌어내어 승소를 이끌어 냈다.

조영래는 법정에서 이루어지는 소정의 변론 외에 의견서 제출, 기자회견, 참고자료 제출 등 자신이 할 수 있는 모든 최선을 다해 변론했다. 법원의 관행과 타성에 과감하게 맞섰고, 법전 속에만 있었던 국민의 권리를 법정으로 끌어냈다. 이러한 조영래의 변론 행태를 일컬어 '창조적 변론'이라 했다던가.

권 양은 즉각 석방되어야 합니다

그러나 조영래 변론의 백미는 뭐니 뭐니 해도 권인숙 양 성고문 사건이다. 1985년 7월, 서울대 의류학과 4학년이던 권인숙 양은 시위사건으로 학교로부터 제적당했다. 권 양은 당시 운동권 학생들이 참여한 위장취업에 나서, 1986년 5월 다른 사람의 주민등록증으로 부천공단에 있는 작은 회사에 취업했다. 그러나 자신의 학생 신분이 노출될 위험에 직면하자 바로 사직했다. 그러나 거주지 통반장이 전입신고를 하지 않았다고 권 양을 신고하는 바람에 경찰에 연행되었다. 당시 5·3 인천사태로 수배당한 사람들이 많았는데, 경찰은 권 양을 상대로 그들의 소재를 추궁했다. 권 양이 모른다고 하자 경찰은 문귀동에게 "그런 방법으로 해 보라"고 지시, 이로부터 '성고문 사건'의 실상이 모습을 드러낸다. 권 양은 극도의 수치심으로 고통과 번민을 거듭하다가 함께 유치장에 있던 동료들에게 사실을 털어놓게 되었다. 이것이 입에서 입으로, 안에서 밖으로 전달되어, 신·구교회와 변호사들에게도 알려졌다. 그것은 충격적인 소식이었다. 그 소식을 들은 신·구교회와 변호사들이 대책위를 구성하는데, 조영래와 박원순이 그 실무를 맡고, 이돈명, 조준희, 홍성우, 황인철이 외연을 담당했다. 조영래는 그 자신이 원하고 자청해서 실무 중심을 맡았다. 그는 이 사건을 의분과 정의감으로 맡았다. 그만큼 조영래는 인간적인, 너무도 인간적인 사람이었다. 그가 권인숙 양을 접견하고 작성한 문건들은 그의 인간적인 면모를 여실히 보여 준다. 조영래가 작성하고 변호인 9명의 이름으로 주범 문귀동과 옥봉환 서장, 수사과장, 수사에 직·간접 관여했던 형사 3명을 상대로 제기한 고발장은 이렇게 분노로 떨고 있다.

"우리는 이 입에 담기에도 더러운 천인공노할 만행이 다른 곳도 아닌 경찰서 안에서, 다른 사람도 아닌 경찰관에 의해 저질러졌다는 사실에 대하여 실로 경악과 전율을 금치 못한다. 더욱이 이 같은 만행이 인권옹호직무 수행자라는 검찰에까지 자세히 알려졌음에도 불구하고 그 범인이 아직까지도 버젓이 경찰관 신분을 유지하면서 바깥세상을 활보하고 있는 데에 이르러서는 이 나라에 과연 법질서라는 것이 형식적으로나마 존재하고 있는 것인지를 근본적으로 의심하지 않을 수 없다. 최고학부까지 다닌 한 처녀가 입에 담기조차 수치스러운 저 끔찍한 강제추행을 당한 사실을 스스로 밝힌 이상 그 밖에 또 무슨 '증거'가 필요해서 수사를 못 한다는 말인가."

7월 15일, 검찰이 수사결과를 발표했다. 하지만 손바닥으로 하늘을 가리는 겪이었다. 수사 과정에서 권 양의 가슴을 서너 차례 건드렸을 뿐 성적 모욕에 해당하는 행위를 하지 않았다는 강변이었다. 그뿐만이 아니었다. 수사 결과를 발표하는 기자회견장에는 "목적을 위해서는 어떠한 비열한 짓도 서슴지 않는 운동권"이라고 몰아치는 공안당국의 분석자료도 배포되었다. 안기부는 이들이 "성을 혁명의 도구화"하고 있다고 오히려 덮어씌우고 있었다. 이에 변호인단은 7월 18일 기자회견을 열어 검찰 수사 결과의 허구성과 수사 과정의 의혹을 낱낱이 폭로했다. 물론 이 기자회견을 하는 쪽으로 의견을 모은 것도, 기자회견문을 작성한 것도 조영래였다. 회견문은 단호했다.

"이제 우리들 변호인단 일동은 우리의 모든 직업적 및 인간적인 긍지와 명예와 성실성을 걸고 단호하게 선언한다. 권 양의 모든 주장은 단 한 치의 거짓도 없는 진실이다.…… 이 전대미문의 만행의 진상이 백일하에 공개되고 그 관련자들이 남김없이 의법처단되기 전까지는 우리들 변호인단은 물론이며, 이 나라의 모든 국민과 산천초목까지도 결코 잠잠하지 않을 것이다. 두렵고 두렵다. 이 사건 하나에 우리 사회의 법질서와 인권과 인간도덕의 존폐가 달려 있다."

7월 21일 오후 7시, 명동성당에서 있었던 '여성과 가난한 이들의 생존권과 인권회복을 위한 미사'를 집전한 김수환 추기경은 강론을 통해 "저는 이번 사건은 불행히도 그 희생자인 권 양의 호소와 변호인단의 고발장에 기재된 내용이 사실이었다는 것을 믿어 의심치 않습니다"라고 하여 국민여론의 방향을 바꾸어 놓았다. 이보다 앞서 7월 18일, 김수환 추기경은 자신을 찾아온 변호인단으로부터 사건의 전말을 듣고 나서 "친애하는 권 양에게, 무어라고 인사와 위로의 말을 하면 좋을지 모르겠습니다. 양심과 인간성 회복을 위해 용감히 서 있는 권 양을 주님이 은총으로 보살펴 주시리라 믿고 기도합니다. 아무쪼록 용기를 잃지 말고 진리이신 하느님께 모든 것을 맡기고 건강하기를 빕니다"라는 위로편지를 써서 변호인단에 전했다.

권 양의 공문서위조 부분(주민등록증 위조)에 대한 재판이 10월 3일 열렸다. 권 양은 인정신문에 이어 40여 분에 걸쳐 자신에게 일어났던 일을 진술했다. 검찰은 공소장을 낭독하면서 "전혀 반성의 빛을 보이지 않고 있는 피고인에게 응분의 대가를 치르게 해 달라"며 끝까지 파렴치한 모습으로 일관했다. 변론은 홍성우가 했지만 변론요지서를 작성한 것은 조영래였다. "이 사람은 누구인가"로 시작하는 조영래 투의 문장은 "우리의 권 양은, 즉각 석방되어야 합니다"로 끝나는데 명변론에 명문이다. 앞의 것이 서두요, 뒤의 것이 결론 부분이다.

"변호인들은 먼저 이 법정의 피고인석에 서 있는 사람이 누구인가에 대하여 이야기하고자 합니다. 권 양―우리가 그 이름을 부르기를 삼가지 않으면 안 되게 된 이 사람은 누구인. 온 국민이 그 이름은 모르는 채 그 성만으로 알고 있는 이름 없는 유명인사, 얼굴 없는 우상이 되어 버린 이 처녀는 누구인가. 그녀는 무엇을 하였는가. 그 때문에 어떤 일을 당하였으며, 지금까지 당하고 있는가.…… 국가가, 사회가 우리들이 그녀에게 무엇을 하였으며, 지금까지도 하고 있는가에 대하여 이야기하고자 합니다."

"이제 잔혹하였던 여름과 가을을 지나, 권 양은 이 법정에 섰습니다. 우리가 마지막으로 눈물로써 호소하고자 하는 것은 이 빛나는 영혼의 아름다움을 간직한 순결무구한 처녀는 이 시대의 모든 죄악과 타락과 불의를 속죄하는 제물로서 역사의 제단 앞에 스스로를 바쳤으며, 우리들 중 그 누구도 이 시대에서 가장 죄가 없는 이 처녀를 더 이상 단 한시라도 차디찬 감옥 속에 갇혀 있게 하는 죄악의 공범자가 되어서는 안 된다는 사실입니다.

우리의 권 양, 온 국민의 가슴속 깊은 곳에 은밀하고 고귀한 희망으로 자리 잡은 우리의 권 양은, 즉각 석방되어야 합니다."

11월 3일, 권 양에게 1년 6월의 실형이 선고되었다. 권 양 사건은 전두환정권이 보인 말기증상 중 하나였다. 권 양은 6월항쟁 이후에 석방되었고, 1988년 3월에는 대법원이 문귀동의 불기소처분에 대한 원심 결정을 파기하는 재정신청을 받아들여, 문귀동은 4월 9일 구속되어 그해 7월 징역 5년을 선고받는다. 조영래는 권 양의 대리인으로 국가를 상대로 위자료청구소송을 제기해, 1990년 1월 "국가는 권 양에게 금 4천만 원을 지급하라"는 판결을 받아 냈다. 우여와 곡절은 있었지만, 사필귀정이란 이런 경우를 두고 하는 말이 아닐까 싶다. 그러나 그 모두가 조영래가 이루어 낸 것이요, 그가 온몸을 바쳐 밑받침했기에 가능한 일이었다.

조영래가 변호사가 되어 활동한 7년 동안에 이룩한 것은 비단 이러한 개별 사건을 통해서뿐만이 아니었다. 1986년 5월 1일, 법의 날에 맞추어 1985년의 『인권보고서』가 발간되었다. 이는 변협 역사상 초유의 그리고 획기적인 사건이었다. 그 이후 해마다 『인권보고서』가 발행되었는데, 어쨌든 변협의 인권옹호 활동의 결산이라 할 이 『인권보고서』 발간의 산파역이자 주역이 조영래였다. 그가 변협 활동을 통해 이룩한 주요한 업적 중의 하나라 할 수 있다.

그의 변호사 활동 가운데서 빼놓을 수 없는 것이 정법회(正法會)를 출범시킨 것과, 그것을 확대 발전시킨 민주사회를 위한 변호사 모임

1987년 방콕에서 열린 동남아지역 민간인권단체회의에 참석한 황인철(왼쪽), 조영래 변호사.

(민변)을 결성한 것이다. 정법회의 출발이 갖는 의미는 이제까지 개별 단위 변론에서 여러 사람이 함께하는 변론으로, 소극적이고 방어적인 변론에서 적극적이고 공격적인 변론으로, 인권변론의 내용과 질이 높아졌다는 점이다. 찾아오거나 들어오는 사건만 맡는 것이 아니라 중요한 인권 사건을 변호사들이 찾아나서기 시작했다. 특정한 사건에 투입하는 인력으로 변호인단을 꾸려 역할을 분담했다. 세대를 넘어선 변호사들의 협동체제를 구축했다.

1988년 초에 발기단계에 있던 청년변호사회와 합쳐, 그해 5월 28일 민변으로 통합, 발전시킨 것 역시 한국의 법조사와 변론사에 특기할 만한 일이다. 창립 당시 51명이던 회원이 그동안 기하급수적으로 불어나 지금은 거대 조직이 되었다. 이 모든 과정에 조영래의 역할이 있었다는 것은 자타가 인정하는 바다. 그는 노장과 소장 사이의 다리 역할을 충실히 했고, 그 중심이 되었다.

조영래와 불교의 인연도 깊다. 그는 대학 시절 서울법대의 불교학 생회와 척사회(拓士會)에 깊이 간여했다. 뒷날 그가 불교 잡지에 쓴 글 가운데 이런 것이 있다는 것을 나는 최근에야 알았다.

"근 30년이 가까워 오도록 내 마음에서부터 불경을 멀리한 일은 거의 없다.…… 그것은 제도로서의 한국 불교에 대한 실망 때문이었을 것이다. '중생이 병들었으므로 내가 병들었노라'는 유마힐 거사의 그리운 사자후는 오늘 어디 가서 들을 수 있는가. '하루 일하지 않으면 하루 먹지 말라(一日不作 一日不食)'는 서릿발 같은 백장청규(百丈淸規)를 지금 어디서 찾아볼 수 있는가."

1986년에 불교 관계 집회로 명진(明盡, 전 봉은사 주지)이 구속되었을 때 변론하면서 조영래가 명진에게 인용한 게송은 "한겨울 혹독한 추위 겪고 핀 매화가 코를 때린다"였다고 한다. 명진은 이 게송을 인용하면서 "해가 서산에 지면 달이 동산에 뜬다"로 받았다고 한다. 독재정권의 마지막이 임박했음을 암시하는 내용임을 알 수 있다. 조영래가 가까이 했던 승려로는 명진 외에도 청화(靑和), 성문(性門), 현기(玄機), 원각(圓覺), 주영(周英) 등이 있었다.

아마도 조영래가 생전에 가장 안타까워했던 일은 1987년의 후보단일화 실패였을 것이다. 정법회 내부에서도 입장 차이가 컸다. 그러나 조영래는 후보단일화를 주창했고, 그 자신이 주동이 되어 단일화국민협의회를 결성하기까지 했다. 그가 1987년 11월 21일자 《동아일보》에 썼던 글 「지역감정과 후보단일화」는 후보단일화에 대한 그의 열정이 얼마나 간절한 것이었는지를 잘 말해 주고 있다.

"이제 며칠 남지 않았다. 투표용지가 양 김 씨의 기호와 성명이 나란히 적힌 채로 인쇄에 들어가기 전에 온 국민은 다시 6월의 감격으로 들끓게 할 수 있는, 다시 민주화의 열망 속에 하나로 결집될 수 있는 기쁜 소식이 있기를 고대한다."

조영래는 1990년 12월 12일, 우리 곁을 떠났다. 향년 43살. 요새 기준으로 본다면 요절도 이런 요절이 없다. 조영래의 유택은 마석의 모란공원에 조성된 민주열사묘역에 있다. 먼저 간 전태일이 묻혀 있는 곳이다. 조영래지묘(趙英來之墓)라고, 예서체로 무위당 장일순이 쓴 비문만이 있을 뿐이다. 그러나 그 다섯 글자 속에는 한 시대의 역사가 압축되어 있다. 2004년 4월 19일, 그의 모교인 서울법대에 '조영래 기념홀'이 탄생했다. 그것은 최종길 교수 기념홀에 이어 두 번째 기념홀인 셈이다. 그를 잊지 말고 기억하자는 뜻이 거기에 담겨 있다.

아름다운 사람

황국자

미리내 황국자 여사(1944~2007)! 2007년 11월 14일 오후 6시 16분 이 세상을 떠났다. 향년 64살. 미리내는 은하수(銀河水)의 순우리말로 주변에서 부르는 그의 아호(雅號)였으며, 국정원장을 지낸 우연(又然) 고영구(高泳耉) 변호사의 부인이었다.

아직도 세상에서 그가 해야 할 일이 너무나 많이 남아 있고, 평생을 선하게 살면서 남에게 베풀며 살아왔으니, 설마 하늘이 그렇게 빨리 불러 가시랴 했더니, 7개월의 투병 끝에 끝내 눈을 감고 말았다. 췌장암 4기, 그것을 발견했을 때 이미 암세포가 간과 골수에까지 퍼져, 의사는 이 세상에 그가 살아 있을 시간이 4개월에서 6개월이라고 했다. 현대의학이 예고한 것보다 고작 한 달을 더 산 것이 고맙고 다행스러운 일이었다고 자위하기에는 너무 허망하다.

성균관대학교에서 마지막 보강수업을 마치고 숨진 이기용 교수도 직장암 3기 환자였다. 끝내 그 죽음의 벽을 뛰어넘지 못하게 하는 무슨무슨 암이라는 병은 인간을 너무 작고 비참하게 만든다. 살아 있는 사람이 해 줄 수 있는 것이 아무것도 없다는 것이 우리를 너무나 슬프고 참담하게 만든다.

7개월이라는 기간은 기적이 일어나기에는 충분한 시간이었다. 기도하는 일에 서툰 나도, 황 여사가 환한 미소로 벌떡 일어날 수 있게 해 달라고 북한산 정상에 올라가 간절히 빌었다. 그 가족들의 기도는 또 얼마나 간절했던가. 그러나 끝내 기적은 일어나지 않았다. 결국 기적이 일어나지 않았던 그 7개월은 통증을 견뎌 내는 본인에게나 그것을 지켜보는 가족들에게는 너무나 긴 고통의 기간이었다. "아픈가 물으면 가늘게 미소하고, 아프면 가만히 돌아눕는" 일이 반복되는 처연한 기간이었다.

내가 그를 마지막으로 본 것은 11월 11일 정오쯤, 서울의료원 병실에서였다. 그 전날 내일 병원으로 와 줄 수 없겠느냐는 고영구 변호사의 연락을 받고 나서였다. 3일 전 목요일에는 집으로 찾아갔었는데, 그때 이미 심상치 않아 보였다. 금요일 오후에 갑자기 병세가 악화되어 병원으로 옮겨야만 했으니까. 병실에 들어서자 같이 간 아내에게 "뭐 하러 또 왔어?" 하는 말이 내가 이 세상에서 들은 그의 마지막 목소리가 되고 말았다.

우연은 병세를 돌이킬 수 없다는 것을 알고, 장례 절차를 상의하기 위해 나더러 나오라고 한 것이었다. 우연과 내가 밖에서 이야기를 나누고 다시 병실에 들어갔을 때, 황 여사는 돌아누워 있었고 아내는 울고 있었다. 눈물을 보이지 않기 위해서였을 것이다. 우연은 서둘러 우리를 내보내면서 황 여사의 손을 차례로 맞잡게 해 주었다. 그것이 마지막 작별이었다.

장례식 날 새벽에 한경국 변호사가 신부복을 입은 한 분을 장례식장으로 안내하면서 내게 인계했다. 내가 인사를 드렸더니, 그분은 자신이 김병학 신부이고, 1987년 무렵 역촌동성당에서 사목할 때, 누군가가 고영구 변호사 집에 와 은신하고 있다는 것을 눈치 챘었노라고 말했다.

그날 화장장을 거쳐 납골당으로 가면서 문득 이부영이 "우리들이 죄인이야" 한다. 한참 동안 우리는 아무 말도 하지 않았다. 그 침묵 속에는 "그래, 바로 우리들이 죄인이야"라는 공감이 들어 있었다. 황 여사와 그 가족들에게 너무도 벅찬 스트레스를 안겨 준 것이 바로 우리였기 때문이다. 그러니 죄인인 주제에 우리가 무슨 말을 할 수 있으랴.

우리들이 죄인이야!

1986년 5 · 3 인천사태로 수많은 민주인사들이 수배되었다. 그 가운데는 이부영, 장기표, 여익구, 박계동 등도 들어 있었다. 나는 이부영을 고영구 변호사 댁으로 피신시켰다. 고영구 변호사는 흔쾌히 이부영을 받아 주었고, 이부영은 그 집에서 그해 10월 말까지 6개월 가까이를 편하게 지냈다. 실제로 이부영은 그 집에서 통통하게 살이 올라 있었다. 수배자들이 모이면 이부영의 얼굴이 가장 환했다.

그때 음식 수발을 비롯한 모든 뒷바라지를 황국자 여사가 다 했다. 집 안에 수배자가 있다는 것이 얼마나 큰 스트레스인지는 겪어 본 사람만이 안다. 황 여사가 그때 이미 앓고 있던 위경련은 이런 스트레스와 무관치 않다는 것이 내 생각이다. 그러니 이부영도 마음이 편치 않았던 것이다. 어느 날 나를 만났을 때 내게 이부영이 말했다. 자신이 붙잡혀 거기 있던 것이 밝혀지면 80살 노모는 충격에 쓰러질 것이요, 그 부인의 위경련은 더욱 악화될 것이니, 어디 다른 데 있던 걸로 해 둘 곳이 없겠느냐고……

그래서 그해 여름 어느 날, 나는 이돈명 변호사를 뵙고, 이부영이 이돈명 변호사 댁에 있었던 것으로 하기로 했다. 설마 이 변호사를 잡아 가두랴 하고 생각했다. 그리고 설사 그렇게 된다 해도 노령의 이돈명 변호사를 저들이 어떻게 하랴 하는 생각도 했다. 그리고 무엇보다 이돈명 변호사가, 너무 쉽게 "그래, 그렇게 하지 뭐"라고 해서, 어려웠던 숙제가 너무 쉽게 풀린 기분이었다.

그런데 그 '만약'이 현실로 나타났다. 실제로는 결코 일어나지 않으리라고 믿었던 그 일이 일어나고 말았다. 1986년 10월 말, 불광동에서 나를 만나고 가던 이부영이 안기부 직원에게 붙잡혔다. 그들은 내 집 전화를 도청하고 있었던 것이 분명하다. 이부영은 잡힐 때 가지고 있던 봉투를 나에게서 받았다고 진술했고, 이를 빌미로 저들은 나를 공개로 지명수배했다. 나이 들어 또다시 나는 수배자가 되었다. 어쩐지 불안해서 집을 나온 다음 날, 저들은 우리 집을 덮쳤다. 나는 이 사실을 고영구 변호사 댁에서 뉴스를 통해 들었다.

내가 수배자가 된 것보다 더 안타까운 일은 이돈명 변호사의 구속이었다. 이부영의 자백을 들은 치안본부 대공분실은 대어(大魚)를 낚았다고 환호작약하면서 이돈명 변호사를 범인은닉죄로 전격 구속해버렸다. 나는 이돈명 변호사와 그 가족들에게 정말 못할 짓을 한 셈이었다. 얼굴을 들 수가 없었다.

나는 김수환 추기경과 인권변호사들에게 전후 사정을 사실대로 고백했다. 고영구, 조준희, 황인철, 홍성우 변호사와 대책협의를 하기 위해 함께 만났을 때, 고영구 변호사는 사실대로 말하고 자신이 감옥에 들어가겠노라고 한사코 우겼다. 그러나 다른 변호사들은 그렇게 되면, 이돈명 변호사는 위계에 의한 공무집행방해죄로, 고영구 변호사는 범인은닉죄로 두 사람이 모두 구속될 텐데, 이 마당에 구태여 두 사람이 구속될 필요가 있겠느냐며 말렸다. 그때 참석했던 모든 사람들의 눈에는 눈물이 고여 충혈되었고, 목소리는 한결같이 비감했다. 이렇게 하여 이돈명 변호사는 범죄자가 되어 그해 겨울을 감옥에서 나고 6·29 선언 직전에야 나왔다. 아아, 그때나 이제나 이돈명 변호사한테 느끼는 죄송스러움이여! 그것은 고영구 변호사나 이부영도 나와 마찬가지다.

6월항쟁의 도화선은 황 여사의 지극한 발길이었다

1960년대와 70년대에 걸쳐, 그 전에도 몇 번 수배 생활을 했지만, 나이 들어서 하는 수배 생활은 정말 힘들었다. 수배 초기 여기저기 많은 사람들에게 큰 신세를 졌다. 한때는 역시 수배 중인 전병용과 함께, 전직 교도관이었던 최양호의 상일동 집에 가 있었다. 이렇게 전전하다가 고영구 변호사한테 붙들려 다시 그 집에 가 있게 되었다. 이부영에 이어 내가 또 신세를 지게 되었다. 나를 자기 집에 은신시키기 위해 고영구 변호사가 노모를 작은댁에 옮겨 모신 뒤였다. 황 여사의 자상한 배려로, 정말 편하게 지냈다. 65킬로그램 안팎이던 체중은 70킬로그램을 넘어 버렸다. 밖의 소식은 매일 고영구 변호사로부터 들었다. 그리고 최소한의 밖과의 연락은 황 여사와 딸 고은영(당시 대학 4학년)이 맡아 주었다. 나는 아주 불가피한 경우에만 외출했다.

어느 날 김덕룡(金德龍)을 만나러 서초동으로 가다가, 전철역에서 내 얼굴 사진이 언뜻 비쳤다. 멈추어 서서 자세히 보니 내 현상수배 사진이었다. 그 밑에 '체격 건장'이라고 씌어 있었다. 나는 그때 '체격 건장'이란 말을 처음 들었다. 미국에 가 있던 내 친구 이영철이 왔다는 연락을 받고 하루 외박하던 그 이튿날 나는 최양호의 집으로 전화를 해 전병용을 불렀다. 전병용은 내게 감옥의 이부영으로부터 온 편지 두 통을 전해 주었다.

그것은 박종철을 고문치사케 한 남영동 대공수사본부의 범인은 둘이 아니라 셋이며 진범이라고 발표 구속된 두 사람은 가짜라는 내용을 담고 있었다. 그 세 사람의 이름과 직함, 그리고 거기서 그가 취재한 일련의 정황을 전하고 있었다. 나는 이것을 바탕으로 「박종철 군 고문치사 사건의 진상이 조작되었다」는 제목의 문안을 작성했다. 그 뒤 5월 18일, 명동성당에서 열린 '광주민주항쟁 7주기 기념미사' 때 김승훈 신부가 발표한, 그 성명의 초안이었다.

이때 나와 사제단의 연락을 도맡아 해 준 사람이 황국자 여사였다. 서울대교구 홍보국장이던 함세웅 신부한테 아마도 수십 번은 갔을 것이다. 때로 내가 김수환 추기경께 보내는 편지도 황 여사가 날랐다. 함세웅 신부가 주일날 강론차 구파발성당에 오면, 거기로 함 신부를 찾아간 것도 황 여사였다.

아무리 사제단이라지만, 그때 엄혹한 상황 아래서 그처럼 무시무시한 성명을 발표하기는 정말 어려웠다. 누가 발표하건, 발표하는 사람이 구속될지도 모르는 상황이었다. 적어도 구속을 각오하지 않으면 발표할 수 없는 일이었다. 참으로 힘든 과정을 거쳐 그날 김승훈 신부가 발표했다. 그 미사에 참여했던 황 여사의 말에 따르면, 발표에 앞서 김승훈 신부가 십자가에 절하는데, 그 예절이 얼마나 정중하던지 장백의가 뒤로 젖혀질 지경이었고, 목소리는 크게 떨리고 있었다고 한다. 발표 소식을 듣고 우리는 쾌재를 불렀는데, 어쨌든 그 발표는 황 여사의 지극정성의 결실이었다. 황 여사의 발이 닳도록 뛰어다닌 그 지극한 헌신과 정성이 하늘에 닿았던 것이다. 6월항쟁의 도화선은 바로 황 여사의 그 지극한 발길이었다.

아름다운 사람, 아름다운 세상

그 이후 우연 댁과 우리는 자주 어울렸다. 이부영이나 내가 수배생활을 할 때는 역촌동에 그 집이 있었는데, 1980년대 말인가 과천으로 집을 옮겼다. 언제나 우연 댁에 가면 맛있는 음식을 먹을 수 있어서 좋았고, 황 여사의 환한 웃음이 있어 더욱 좋았다. 그 집에 가면 언제나 주책없게도 과음에 과식, 포식하게 마련이었다. 나만 그런 것이 아니라, 우연의 친지, 후배가 모두 그랬다. 설날이면 사람들이 몰려들어 신발을 정리해야 될 지경이었고, 1990년대 중반에 있었던 어머니 상 때는 집에서 초종을 치렀다. 황 여사가 있을 때 과천의 우연 댁은 언제나 문전성시였다.

우연의 회갑 때는 이돈명 변호사 내외분과 함께 세 가족이 유럽 여행을 다녀왔다. 알프스 산록에서 우리는 우연이 뜬 수제비를 먹으면서 호연지기를 맘껏 폈다. 2002년인가에는 함께 캐나다 여행도 다녀왔다. 술은 내가 다 마시는데, 우연은 한두 잔 술에 얼굴이 불콰해져 여행 중 혼자 술 먹은 사람으로 오해받아 아는 사람마다 웃었다. 그 어느 자리에서나 황 여사가 있어 자리는 격조 높은 즐거움으로 넘쳤다. 얼마 전부터는 홍성우 변호사와 야정(野丁) 윤칠근 내외와 네 가족이 함께 일 년이면 몇 번씩 국내 여행을 다니곤 했다. 이제 그런 모임, 그런 여행은 두 번 다시 갖기 어렵게 되어 버리고 말았다.

뒤늦게 발견한 일이지만, 황 여사의 그림 솜씨 또한 일품이었다. 특히 소나무 그림이 뛰어났다. 화론(畵論)에 난정(蘭情)을 알아야 난을

캐나다 여행에서 고영구, 황국자 부부(왼쪽에서 두 번째와 세 번째)와 김정남 부부(맨 왼쪽과 오른쪽에서 두 번째).

칠 수 있고, 죽기(竹氣)가 있어야 대나무를 그릴 수 있다고 했으니, 황 여사는 소나무의 변하지 않는 절조(節操)를 지녔기에 소나무를 그렇게 잘 그릴 수 있었다. 언젠가 황 여사가 그림을 그리고 거기에 우연이 화제를 달아, 조촐한 전시회라도 한번 열었으면 하는 생각을 가진 적이 있었다. 그러나 이제는 이룰 수 없는 꿈이 되고 말았다.

서강대 장영희 교수가 투병하면서 자신의 심경을 절실하게 이렇게 쓴 것을 본 적이 있다. 나는 황 여사도 이랬고, 그래서 이 글처럼 다시 일어나리라고 믿었고 그러기를 바랐다.

"신은 다시 일어서는 법을 가르치기 위해서 넘어뜨린다고 나는 믿는다. 나는 넘어질 때마다 죽을힘을 다해 다시 일어났고, 넘어지는 순간에도 다시 일어설 힘을 모으고 있었다. 그리고 그렇게 많이 넘어져 봤기에 끝없이 마음이 선해지는 것을 느꼈다. '살아 있음'의 축복을 생각하면 한없이 마음이 착해지면서, 이 세상의 모든 사람, 모든 것을 포용하고 사랑하고 싶은 마음에 가슴이 벅차다. 그리고 보니 내 병은 더욱더 선한 사람으로 태어나라는 경고인지도 모른다."

황 여사가 투병하는 중에 나는 추사 김정희의 〈망실가(亡室歌)〉를 우연에게 적어 준 적이 있다. 제주 대정에 유배되어 있으면서 부인이 죽었다는 소식을 듣고 쓴 시다.

聊將月老訴冥府　요장월노소명부
來世夫妻易地爲　내세부처역지위
我死君生千里外　아사군생천리외
使君知有此心悲　사군지유차심비

월하노인을 통해 명부에 하소연해서,
내세에는 부부의 입장을 바꿔 달라 하리라
나는 죽고 당신은 천리 밖에 남아
당신으로 하여금 이 슬픔을 맛보게 하리라

뒤에 들으니 고인도 이 시를 보고 왜 이런 시를 읽느냐고 했다고 한다. 우연이 꺼내 읽다가 들킨 것이다. 장례식 날 문득 천상병의 〈귀천(歸天)〉이 생각나 이 시를 우연에게 전한다는 것이 다른 쪽지와 바뀌었다. 황 여사의 귀천이 꼭 이와 같지 않을까 싶어서였다.

나 하늘로 돌아가리라.
새벽빛 와 닿으면 스러지는
이슬 더불어 손에 손을 잡고
나 하늘로 돌아가리라
노을빛 함께 단둘이서
기슭에서 놀다가 구름 손짓하면은.

나 하늘로 돌아가리라
아름다운 이 세상 소풍 끝내는 날
가서, 아름다웠더라고 말하리라……

그러나 황 여사는 7개월 동안 남편 우연의 극진한 간호를 받다가 떠났다. 그 극진함은 언제나 나도 저럴 수 있을까 생각하게 했다. 따님, 은영이의 간호 역시 눈물겨웠다. 눈에 띄게 몸이 축날 만큼 열심이었다. 아들과 딸, 손자손녀 모두 다 잘 키웠고, 잘 자랐다. 가정적으로 그렇게 행복할 수 없었고, 신앙생활, 봉사활동 그 어느 것 하나 부족하거나 빠진 곳이 없었다. 그가 있어 세상은 그 주변이 더 아름다웠고 행복했었는데, 그는 나에게는 맏형수 같은 분이었다. 그러나 나는 끝내 그를 형수라고 단 한 번도 불러 보지 못했다. 언젠가 그렇게 부

르리라 마음먹었는데, 이제는 그 기회를 영원히 잃었다. 어찌 나한테
만 맏형수였을까. 그는 만인에게 맏형수였다. 그는 참으로 아름다운
사람이었다.

19

여성학, 여성운동의 대모

이효재

한 사람이 있다는 사실만으로도 세상은 달라질 수 있다. 더구나 그는 가만히 앉아 있기만 하는 사람이 아니었다. 그는 길을 내고 앞장서 갔으며, 그 길을 따라오는 사람들을 안내하고 보살폈다. 그리하여 있는지도 몰랐던 그 길은 큰 길이 되었다.

이제 그는 나이 들어 뒤에 앉아 있으나, 그의 존재만으로 많은 사람들에게 빛이 되고 위안이 되고 있다. 바로 그런 사람이 여성학, 여성운동의 대모라 할 수 있는 이효재다.

그는 여성학이라는 이름조차 생소했던 시절, 척박하기 이를 데 없는 이 불모의 땅에 여성학, 여성운동의 텃밭을 그야말로 혼자서 맨발로 일구어 낸 사람이다. 그는 여성사회학의 이론적인 기반을 닦았다.

그의 학문과 삶의 품 안에서 이 나라 여성운동이 잉태되었고, 한국의 민주화와 함께 만개하고 있다. 이 나라 여성운동의 지도자들은(그들도 이미 50~60대가 되었지만) 한결같이 그 모두가 이효재를 대모로 하고 있다. 2003년 11월 14일, 여성개발원 국제회의실에서는 이효재의 팔순을 축하하는 모임이 있었다. 여기에는 지은희, 신혜수, 이미경, 장하진, 고은광순, 오한숙희 등을 비롯해 이름을 대면 알 만한 여성운동가들이 대거 운집했다.

일찍이 버트런드 러셀(1872~1970)은 그의 에세이에서 여성운동을 탐탁해하지 않는 견해를 밝힌 바 있다. "남성이 지배했던 옛날에는 문제가 간단했다. 남성이 원하는 것을 가졌고, 여성은 복종했다. 이런 식으로 인류의 절반이 행복했고, 나머지 절반은 불행했다. 그러나 현대로 넘어와 남녀 간의 정의가 요구되면서 이러한 구도가 불가능해졌다. 개혁가들은 여성도 남성만큼 행복해지기를 의도했겠지만, 실제로 맞이한 현실은 남성도 여성만큼 불행해졌다는 것이다."

러셀의 이 말에 딱히 동의하는 것은 아니지만, 나는 민주화와 함께 목소리가 커진 분야가 노동자운동, 전교조 교사, 그리고 여성운동 쪽이 아닌가 한다. 때로는 그 목소리가 너무도 커서 조금은 너무 앞서가거나 지나친 것은 아닐까 느껴지는 때도 있다. 그러나 내가 호오(好惡)하는 것과는 상관없이 긴 눈으로 보면 역사는 정(正)의 방향으로 발전할 수밖에 없고, 또 그렇게 발전하는 것이라고 나는 확신하고 있다. 격동의 20세기 후반을 겪어 나오면서 나는 그것을 몸으로, 그리고 마음으로 보고 느끼고 터득했다.

팔순을 맞아 제자들과 함께(가운데 앉은 이가 이효재).

1950, 60년대 우리나라 여대생들은 어떻게 하면 시집 잘 가느냐에
만 관심이 많았을 뿐, 사회참여나 민주화에 무관심했다. 4 · 19 혁명
때, 이화여대생 딸을 둔 한 학부형이 딸에게 쓴 글은 지금 읽어도 감
동적이지만, 동시에 그때의 여대 상황을 잘 보여 준다. 글이 좋아 길
게 인용하고 싶다.

　"그 숱한 젊은이들 가운데 내 딸의 모습이 끼어 있지 않다는 사
실—이것이 수십 년의 전통과 역사를 자랑하는 내 딸의 학교가 홀로
보여 주었던 교풍이었단 말인가.…… 내가 네게 바라는 것은 '비굴한
행복'보다 '당당한 불행'을 사랑할 줄 하는 여성이 되어지이다 하는
간절한 마음이었다.
　서울의 거리가 온통 너와 같은 젊은 세대의 불길로 거세게 타오를

때, 옥아! 너는 어디서 무엇을 하고 있었단 말이냐. 그 '피의 폭풍'이 강산을 휩쓸고 마침내 낡고 썩은 것들이 너희들 젊음 앞에 굴복을 하고 만 그 시각에 나의 피를 받은 너는 도대체 어디서 무엇을 생각하고 있었더냐? 그 불덩어리들 속에 타오르는 심장의 핏빛이 네 피와는 다르더란 말이냐? 그 암흑을 밀어가는 목소리들이 네 목소리와는 다르더란 말이냐? 너는 정녕 그 기수들 속에 네 생명을 바쳐 사랑하는 애인 한 사람 없었더란 말이냐?

서글픈 일이다. 분한 일이다. 네 젊음을 스스로 모욕한 시대의 고아가 되고 말았구나! 어찌 네 가슴에 배지를 달고 이 태양 아래 활보할 수 있으랴! 총탄에 넘어진 아들·딸을 가진 부모들의 비통함보다 털끝 하나 옷자락 하나 찢기지 않은 너를 딸로 가진 이 애비의 괴로움이 더 깊고 크구나!

인옥아! 어서 배지를 떼고 교문을 나와 병원으로 달려가거라. 죄인과 같은 부끄러움과 겸손한 태도로 아직도 병상에서 신음하는 그 젊은 영웅들 앞에 네 피를 아낌없이 쏟아라. 그 젊은이들이 너 같은 여자의 피라도 받아 준다면……."

내 경험에 비추어 보더라도, 여대생들이 사회참여에 나선 최초의 사건은 1965년 한일굴욕외교비준반대투쟁이 아니었던가 싶다. 그때 이화여대가 처음으로 목소리를 높였다. 진민자, 신춘자(인령), 김행자 등이 나서서 비준반대투쟁의 대열에 합류했다. 그러고는 1974년 민청학련 사건이 터졌을 때, 이화여대의 최영희(전 국회의원), 김은혜 등이 유신당국에 수배되어 쫓기는 몸이 되었다. 그때 나는 수배 중인 그들을 만났는데 당시로서는 매우 이례적인 현상이었다. 하지만 이제 여성들의 사회참여는 더욱 활발해지기 시작했다. 그 여성운동가들이 바로 이효재의 제자들이거나 그 영향을 받은 사람들이었다.

여성학을 열다

이효재는 1957년 미국 뉴욕의 컬럼비아 대학원에서 사회학 석사학위를 받고 그 이듬해 이화여대에 고황경과 함께 사회학과를 신설하면서 교수로 부임했다. 1959년에 이화여대에 입학해 그의 제자가 된 김주숙(한신대 교수)은 "그때의 선생님은 초록색 투피스에 높은 코, 굵은 컬이 있는 머리, 날씬한 몸매로 서양 선교사를 연상시켰다.…… 4·19가 일어났을 때에는 침묵하는 이화교정을 보시며 화를 내시던 기억이 난다"고 회고했다. 그때 그는 가족사회학에 매달리고 있었다. 그의 가족사회학이 그의 여성학의 기초가 되었다.

그는 가족사회학을 하게 된 까닭을 이렇게 말한다. "내가 가족사회학을 한 것은 가족이 민주적으로 변해야 여성이 인간다운 삶을 살 수 있다고 생각했기 때문이다." 그는 늘 가족이기주의를 비판하고, 가족이라는 끈에 매여 스스로 가부장제를 수호하는 여성(시어머니의 며느리 학대, 시누이와 올케 간의 갈등)을 안타까워했다. 가족을 위해서만 헌신하도록 강요하는 사회에서는 여성이 이웃과 더 넓은 사회공동체와

미국에서 공부하던 시절의 모습(오른쪽).

담 쌓게 만듦으로써 점점 더 세상이 어떻게 돌아가는지, 자신의 삶이 어떤 객관적 조건하에 있는지 눈을 뜨지 못하게 한다는 것을 일깨우려고 애썼다.

그의 이러한 신념은 너무도 확고한 것이어서 이런 일도 있었다고 한다. 매매춘을 주제로 한 석사논문 심사 때, "넓은 의미로 볼 때 상호 존경 없이 오직 결혼생활을 유지하기 위해 남편의 비위를 맞추고, 비굴하게 구는 것도 매춘하는 것과 크게 다르지 않다"고 했다는 것이다. 다소 과장된 측면도 있겠지만, 이효재는 이처럼 급진적인 여성학자의 면모를 보이기도 했다.

농촌가족과 도시가족의 비교연구로 시작한 그는 학문활동의 영역을 점차 확대해 나갔는데, 그것은 한국의 시대상황의 변천과 궤적을 같이했다. 그는 1969년부터 12년 동안 이화여대 '한국여성자원개발연구소' 소장을 역임하면서, 화곡동에서 도시주민 공동체운동(생활협동조합운동과 공동육아)을 전개했다. 공동체운동이 훨씬 뒤에 일어나기 시작한 것에 비추어 보면 그의 의식이 시대보다 20~30년은 앞서가고 있었다고 말할 수 있다.

1970년대 초 이효재는 이화여대 안에서 최초의 학생운동 서클이었던 '새얼'의 지도교수가 되었다. 이때는 1970년 11월, 평화시장 노동자 전태일의 분신을 계기로 노동운동에 대한 대학의 관심이 높아져 노학연대가 싹틀 무렵이었다. 또 박정희의 유신독재가 시작되면서, 그에 저항하는 민주화운동이 일어나고 있었다. 당연히 이제 막 일어나고 있는 여성운동도 인권과 민주화운동의 일부로 전개되기 시작한다. '새얼' 회원들이 졸업하고, 민주화운동에 직접 투신하거나, 또 운동권에 있는 남자친구들과 결혼해 부단히 민주화운동에 투신하기 시작하면서 지도교수였던 이효재도 자연스럽게 민주화운동에 참여하게 된다.

내가 이효재 교수를 만났던 것도 이 무렵의 일이었다. 1974년 말쯤이었다. 그때 나는 통일사회당의 당수 김철, 여성유권자연맹 회장 김정례와 함께 민주회복국민회의를 결성하기 위해 동분서주하고 있었다. 그 이전에 있었던 민주수호국민협의회는 유신정권의 정보정치와 탄압으로 제 기능을 하지 못하고 있었다. 재야 민주세력의 결집체 같은 것이 필요하다는 공감이 확대될 때여서 은밀히 그 작업을 진행하고 있었다. 그때 김철은 봉원동 언덕 위에 있던 이효재 선생의 조카 집에 잠시 있었는데, 나도 통일사회당 사람들의 조심스러운 안내를 받아 그 집에 몇 번 갔다. 그 집에는 도자기 가마 같은 것도 있었다.

뒤에 안 일이지만, 이화여대 졸업생으로 쫓기는 사람이 있으면 우선 이효재 선생의 집이 제1차 피신처가 되었다. 제 발로 다른 피신처를 찾아 나가는 경우도 있었지만, 이효재 선생의 도움을 받아 다른 피신처로 옮기는 사람도 있었다. 점차 이화여대 재학생과 졸업생뿐만 그들의 남편, 애인 들도 이효재 선생의 도움을 받았다. 김승균과 조영래도 이효재 선생의 도움을 받았다고 한다. 때로는 그들의 도피자금과 생활비를 은밀하게 마련해 전달하기도 했다. 전태일의 어머니한테도 월급에서 돈을 떼서 꼬박꼬박 돈을 보내 주었다고 들었다. 그때 창동에 있던 전태일의 집에는 그 정신을 이어받고자 오는 학생과 노동자들로 언제나 붐볐다. 하지만 이소선 여사는 이들에게 다만 세 끼 끼니를 챙겨 주기도 어려운 처지였다. 이러한 사실을 알고 자신의 월급을 턴 것이다.

1975년, 긴급조치 1·4호 해제와 구속된 민청학련 사건 관련자 석방 등 잠시 동안의 해방 기간이 지나자 박정희정권은 김재규의 거사로 무너질 때까지 계속 그 철권을 휘둘렀던 긴급조치 9호를 발동했다. 이 긴급조치 9호의 발동으로 5·22 사건 등을 주도했던 많은 학생들이 이른바 잠수함을 타야 했다. 수배와 도피가 운동권의 일상사가 되었다. 이때 이화여대의 김윤수, 윤정옥 교수 등이 학생들의 도피에 직·간접적으로 많은 도움을 주었다. 봉원동 이효재 선생의 집은 도피과정에서 한 번쯤 거쳐 가는 관문 같은 역할을 했다. 쫓기는 사람에게는 끼니 거르지 말고 다니라고 돈을 쥐어 주었다. 2010년에 타계한 리영희도, 1980년대에 이효재에게 돈 봉투를 여러 차례 건네받았다. 독지가들이 모아 준 것이라고 했지만 실은 그가 만든 돈이었다.

한국 여성운동의 산모

1975년은 유엔이 정한 '여성의 해'였다. 이때 이효재는 멕시코에서 열리는 제1차 세계대회에 참석해 여성운동의 세계적인 경향을 두루 살펴볼 수 있는 기회를 가졌다. 서구사회의 여성운동과 제3세계의 여성운동(77그룹)의 입장이 다르다는 것을 알았고, 또 새로이 여성학이 생겨난 것도 보고 들어 알았다. 이효재는 돌아와 이화여대에 '여성학 설립 준비위원회'를 세운다. 그리고 1977년부터는 이화여대에 여성학 교과과정을 개발하는 데 앞장선다. 한국에서 여성학의 학문적 단초를 열기 시작한 것이다. 1970년대에 그가 낸 책들은 저간의 그의 관심과 노력을 그대로 보여 준다.

『한국여성의 지위』(공저, 1976), 『여성의 사회의식』(1978), 『여성과 사회』(1979), 특히 그가 1979년에 엮어 창작과비평사에서 낸 『여성해방의 이론과 현실』은 서양의 여성해방운동사에서 선구적 역할을 한 여성들의 핵심적 이론과 우리나라, 중국, 알제리 등 제3세계 여성에 대한 논문들도 실려 있어 민족 문제와 여성 문제의 중층적 결합구조까지 보여 주고 있다. 리영희의 『전환시대의 논리』와 『우상과 이성』, 박현채의 『민족경제론』 등이 진실에 목말라하는 1970, 80년대의 청년들에게 교과서 같은 책이었다면, 이효재의 책들은 세상과 여성의 문제에 새로이 눈뜨고자 하는 젊은 여성들의 필독서였다.

그의 관심은 학문에만 머무르지 않았다. 우리가 익히 알고 있는 바와 같이 박정희 개발정책에 따른 이른바 근대화의 희생자는 노동자와 농민이었다. 그 가운데서도 여성 노동자의 처우는 더할 수 없이 열악했다. 1970년대의 노동운동은 오늘날의 노동운동과 같은 정치투쟁, 경제투쟁이 아니었다. "나도 인간이다," "나도 인간이고 싶다"는 인간 선언이요, 인간으로서의 절규요 몸부림이었다. 이효재는 도시화와 빈곤에 관한 연구도 게을리하지 않았으며, 농민, 노동자, 도시빈민 들에 대한 관심도 지대했다. 그가 "우리는 똥을 먹고는 살 수 없다"라고 외친 동일방직 사건 등 노동운동을 위해 그 자신이 헌신한 것은 물론 모금활동을 벌인 것은 결코 우연이 아니었다. 드러나지 않게 지원한 경우는 훨씬 많았을 것이다.

1978년에 성래운 등 해직교수들이 중심이 되어 「우리의 교육지표」라는 반유신교육선언을 발표하고자 했다. 이때는 유신의 막바지로 그 탄압이 두려워 일반 학교의 교수들은 아무도 서명하려 하지 않았다. 가톨릭대학교 등 종교 계통의 대학교수들의 호응이 있을 뿐이었다. 그때 유일하게 이 선언에 서명한 사람이 이효재였다. 이러한 서명자로는 「우리의 교육지표」를 그대로 중앙에서 발표할 수 없다고 생각한 성래운이 광주로 내려갔다. 광주에서는 송기숙을 비롯한 교수 13명이 서명했다. 그 선언은 백낙청이 쓴 것이었다. 결국 「우리의 교육지표」는 광주의 전남대학교 교수 13명의 이름으로 발표되었고, 이로 인해 송기숙 교수 등은 광주에서 구속되어 재판을 받았다. 이것이 「우리의 교육지표」 사건의 전말이다.

시대와 함께 걸어온 길

1979년 10월 26일, 김재규의 고독한 혁명은 박정희의 유신체제를 무너뜨리는 데는 성공했으나, 박정희 없는 유신은 계속되었다. 12·12 군사쿠데타에 이어 그들은 광주민주항쟁을 무력으로 진압했으며, 전국에 비상계엄을 선포하고 민주세력에 대한 탄압을 더욱 심화·확대시켰다. 이 무렵 지식인 134인 이름으로 조속한 민주화를 촉구하는 성명이 발표되었다. 이와 관련해 많은 사람들이 수사기관에 끌려가 모진 매를 맞거나 고문을 당했다. 그리고 학교에서 쫓겨났다. 물론 이효재도 예외가 아니었을 뿐만 아니라 쫓기는 몸이 되었다. 딸 같은 희경이와 함께 역촌동으로, 또 둔촌동으로 거처를 옮기며 감시의 눈을 피했다. 이는 그의 생전에 일찍이 겪어 보지 못했던 고생이었을 것이다. 나는 역촌동 또는 둔촌동의 그의 거처에서, 아니면 우연히 자연스럽게 만나는 것을 가장하기 위해 등산길에서 만났다. 그의 해직은 1984년까지 계속되었는데, 그는 그 기간에 여성한국사회연구소를 서대문에 차려 놓고 앞으로 여성운동의 방향을 두고 고뇌했다.

1980년대에 들어오면서, 여성들의 이익을 대변하고, 남녀불평등의 제도를 개혁하려는 움직임들이 나타나기 시작했다. 그 이전의 여성단체들이란 관변단체 아니면 친목단체에 지나지 않은 것들이었다. 1984년, 이효재는 후배, 제자들과 함께 '함께 가는 생활소비자 협동조합'을 설립했다. 1986년에는 한국여성민우회를 창립하고 초대 민우회장이 된다. 1987년의 민주화 이후 여성단체들은 모두 직·간접으로 연결되어 있었고, 그 연결고리의 중심에는 언제나 이효재가 있었다. 그는 실천적 작업에 솔선함은 물론 여성운동의 총체적 방향을 제시하고 선도했다. 1990년에는 여성민우회 생활협동조합 이사장을 맡아 공동체운동을 이끌었다. 생활 속에서 의식화되고, 공동체적 삶을 실천하는 데 관심을 집중했다. 그는 그 단체의 책임자리에서 물러났을 때에도, 그 단체가 존립하고 활동하는 것을 밑받침하기 위해 자신의 퇴직금 일부를 선뜻 내놓았다.

1990년 2월, 그는 이화여대에서 정년퇴직하면서, 오히려 더 여성운동의 현역으로 되어 갔다. 1990년대 들어 그의 관심은 이제 한반도의 통일과 세계 평화, 정신대 문제 등으로 옮아간다. 물론 그 이전에도 분단 문제에 대한 그의 관심은 1985년에 『분단시대의 사회학』이라는 저서를 낼 만큼 남다른 바가 있었다. 퇴임 직후 그는 '한반도의 평화와 통일을 위한 평화군축운동협의회'를 결성하고, 그 회장직을 맡는다. 1991년 겨울에는 '아시아의 평화와 여성의 역할'을 내세운 서울 토론회를 성사시켰다. 그리하여 서울에서 남북의 여성들이 만나는 첫 장을 열었다.

그는 또 일제에 의해 강제로 동원된 정신대 문제를 20세기에 인류가 해결해야 할 숙제로 보고, '정신대 문제 대책협의회(정대협)'를 만들어 공동대표가 된다. 그리고 지금은 국내뿐만 아니라 세계적으로도 잘 알려진, 매주 수요일에 주한 일본대사관 앞에서 모이는 '수요집회'를 조직, 상례화했다. 전 세계 피해국(필리핀, 중국) 여성들과의 연대도 주도했다. 일본군에 의한 종군위안부를 전쟁범죄로 입증하기 위한 증

정신대 문제를 UN에 상정하기 위해 뉴욕에 다녀온 뒤에.

거 확보와 세계적인 여론 형성을 주도하는 데 온 힘을 다 바쳤다. 여
성단체들이 일본 정부를 상대로 투쟁하는 그 맨 앞에 공동대표인 이
효재와 윤정옥이 있었다. 그런 그의 열정적인 노력으로 미국에 거주
하는 한인 여성들도 동조, 참여했다. 정신대 문제를 해결하기 위해 남
북여성들도 힘을 합쳤다. 처음에는 일본 사회당 계열의 여성단체가
주선해서 일본에서 만나 연합운동이 시작되었고, 그 뒤에는 남북을
오가면서, 그리고 유엔에까지 함께 찾아가 유엔 인권위원회에 참여하
게 되었다.

　이효재는 이렇듯 변화하는 세상에 맞는 여성학, 여성운동을 창조,
개발해 왔다. 그러면서도 그는 그가 처음부터 가졌던 가부장제도, 가
족사회학의 화두를 놓지 않았다. 그는 그가 거의 마지막으로 쓴 저서
『조선조 사회의 가족』의 머리말에 이렇게 썼다.

　　"가부장제는 나의 한국 가족 연구의 화두가 되어 왔었다.…… 나는

미국 유학 중에 일어난 민족상쟁의 6·25 전쟁을 멀리서 바라보며, 한 반도의 분단과 아픔을 겪지 않을 수 없었다. 분단조국의 현실과 앞날 을 우리 여성들의 입장에서 생각하지 않을 수 없었다."

한국의 가부장적인 가족제도가 우리 사회 전반에 미친 영향이 막 대하다는 것이다. 그는 5·16으로 우리나라에 군사정권이 들어서면 서 기존의 유교적인 권위주의 구조 위에 군대의 계급적 사고방식이 더해져서 사회 분위기의 반민주적인 상태가 계속되었고, 그것이 전두 환정권까지, 즉 이 나라에 민주화가 성취되기까지 이어져 왔다고 보 고 있다. 그의 후배학자들은 농담처럼 결혼도 하지 않은 이효재가 한 국 가족사회학의 태두가 된 것이야말로 3대 불가사의 중의 하나라고 말한다. 그가 1968년에 쓰고 1984년에 개정한 『가족과 사회』는 독보 적이며, 한국 가족사회학의 고전에 속한다. 그의 연구는 국사학계의 연구를 다시 여성의 입장, 가족사의 입장에서 재해석하는 것을 일관 되게 추구하고 있다.

그는 1992년에 평양을 방문했으며, 1996년 7월의 여성주간 때는 정부가 그에게 그간의 여성운동과 민주화에 기여한 공로로 국민훈장 을 주려고 했었다. 그러나 그는 그 훈장을 단호히 거부했다. 독재정권 에 협력한 인사와 상을 함께 받는 것에 대한 거부였다. 어떻게 보면 그동안 여성운동의 성취는 그 모두가 이효재의 연구와 깨우침으로부 터 시작된 것이라 해도 과언이 아니다. 가족 내 평등권을 보장하는 가 족법 개정, 고용평등의 입법, 여성부 신설, 3군사관학교의 여성입학

허용 등 그 모든 노력과 성취의 연원을 따져 올라가 보면, 그 맨 위에는 이효재가 있다. 그런 점에서 그의 연구는 결코 헛되지 않았다. 진부한 내용이지만, 성경의 말처럼 한 알의 밀알이 썩어 엄청난 수확을 이루어 낸 것이다.

그는 결혼을 하지 않았지만, 그 열정적인 순수함과 넓디넓은 그늘로 여성학 또는 여성운동을 하는 사람들에게는 따뜻한 친정엄마로 비유되고 있다. 그는 정의감 넘치되 가파르지 않았고, 누구보다 선구적이되 자신을 내세우지 않았다. 자식을 키우지는 않았지만 정이 많고 따뜻했다. 제자들이 아이를 낳았을 때는 병원까지 찾아가 축하해 주었다. 그는 참으로 순수한 사람이었다. 그에게는 별명이 많다고 한다. 발로 뛰는 사회학자, 지칠 줄 모르는 청년, 멋쟁이, 감격시대 등등이 그것이다. 혹자는 '한국 여성운동사의 산 증인'이라고도 하는데, 그보다는 '한국 여성운동의 산모'라는 말이 더 합당한 표현이 될 것이다.

주기만 한 삶

이화여대 후문에 있던 이효재의 집은 그를 찾아오는 제자들로 언제나 붐볐다. 게다가 1970, 80년대에 이효재의 집은 언제나 쫓기거나 힘들어하는 사람들에게 위안의 집이었고 쉼터였다. 뭐 하나라도 더 먹여 보내려고 했고, 지치고 굶주린 사람들에게 힘이 되고 영양이 되는 음식을 먹여 보내려고 했다. 내 기억으로는 진한 곰국(뼈와 고기를 넣고 오래 끓인)이 아주 맛있던 것 같다. 요리학원까지 다녔다는 희경이는 음식을 잘했고, 이효재한테 몸두 탓인지, 그 역시 수고를 마다하지 않고 찾아온 사람들을 잘 먹여 보내려고 애썼다.

나는 1970년대 민청학련 사건 때 구속자가족협의회를 만들어 모든 궂은일을 도맡으며 그 모임을 이끌어 갔던 김한림 선생(서강대 김윤의 어머니) 덕분에 이효재 선생과 더욱 자주 만났다. 김한림은 동래 일신여고에서 일제시대 때 교편을 잡은 적이 있었다. 그를 통해 내가 알게 된 동래일신여고 동창들은 이효재, 이영희(전 노동부장관), 최장집, 정준성, 금난새의 어머니, 소설가 오영수의 부인 등이 있다. 김한림은 이들을 찾아가 만나기도 하고, 모임을 만들기도 했다. 김한림이 자주 찾아가던 곳이 봉원동의 이효재 집이었고, 그 집을 김한림은 내 집처럼 스스럼없이 드나들었다. 아마도 그것은 그만큼 그 집이 편안하고 따뜻했다는 이야기이기도 하다.

1980년 6월, 광주에서 아직도 흉흉한 소식이 들리고 있을 때, 거시기 산우회에서 지리산 종주에 나섰다. 광주에서 송기숙, 이방기 등등의 산우회 멤버들이 오고 서울에서 이효재, 윤정옥, 안병직이 합류했다. 의신 쪽으로 올라가 세석 못 미처 음양샘에서 야영을 했다. 꽤 여러 개의 텐트를 쳤던 기억이 나는데, 그때 우리는 밤새워 통음을 했다. 광주 소식을 직접 듣고 무엇인가 쏟아 내지 않으면 안 될 것 같은 그런 분위기였다. 세석산장에 있던 술이란 술은 모두 동냈다. 그런데도 그 이튿날은 멀쩡하게 일어나 천왕봉을 거쳐, 지리산에서 가장 길고 험하다는 칠선 계곡으로 내려왔다. 아마 이효재에게도 그것이 처음이자 마지막인 지리산 천왕봉 등정이었을 것이다. 윤정옥은 바쁜 일이 있어 하루 전에 하산했지만, 이효재는 끝까지 우리와 동행했다.

이효재는 그 살벌한 1970, 80년대를 살아오면서도 항상 누구에게 주는 것을 좋아했다. 고난을 당하는 해직교수들에게는 물론, 쫓기는 사람, 노동운동, 빈민운동 등 수고하는 사람, 무거운 짐을 진 사람들에게 하나라도 더 보태 주고 싶어 했다. 성경을 좇아서라기보다 그의 천성이 그랬던 것 같다. 그의 도움을 받았던 사람이 수백 명은 될 터, 그들은 모두 이효재와 자신만의 아름다운 인연과 추억을 간직하고 있을 것이다.

아버지 이약신과 딸 이효재

2011년 초, YS와 회혼(回婚) 이야기를 하다가 아주 우연하게, 자신들의 예정된 주례가 이약신 목사였다는 이야기를 들었다. 꼭 60년 전 동갑내기(23살) 김영삼과 손명순은 마산 문창교회에서 기독교식으로 혼례를 올렸다. 그런데 당초에는 이약신 목사가 주례를 서 주기로 했는데 바쁜 일이 있었던지 이약신 목사가 불참했다고 한다. 집례목사가 갑자기 못 오니 당황할 수밖에 없었다. 다행히도 하객으로 온 사람 중에 진주에서 온 목사 한 분이 있어 그분에게 주례를 부탁해 결혼식을 가까스로 무사히 마칠 수 있었다고 한다. 그때 신랑 신부는 이약신 목사에게 무척 섭섭해했던 것 같다. 신랑 쪽이나 신부 쪽이나 상당한 재력과 독실한 신앙을 가지고 있었던 터라 그날의 혼인식은 꽤 성대 했을 것이다. 나는 YS의 이야기를 들으면서 "아! 세상은 넓으면서 좁 구나" 하는 느낌을 지울 수가 없었다. 이약신(1898~1957)은 바로 이효 재의 아버지였다.

나는 돌아와 이효재가 쓴 이약신 평전을 통독했다. 이약신은 평안 북도 정주군 갈산면 용동마을 여주 이씨 집성촌에서 태어났다. 일찍 부모를 여읜 이약신은 남강 이승훈과도 먼 친척이 되는 처지여서, 그 들의 도움으로 오산학교에 입학했다. 1913년에는 중학교로 올라갔는 데, 거기서 평생의 지기인 주기철을 만난다. 주기철은 이약신보다 나 이가 한 살 많았지만, 둘은 형제처럼 지냈다. 이약신은 막내로 주변의 사랑을 많이 받고 자란 탓인지 항상 쾌활, 명랑했고, 주기철은 정중· 엄숙하고 곧은 성격이었다. 이약신은 우렁찬 바리톤 목소리를 지녔으 며 음악에도 소양이 있었다.

이들은 1916년 오산중학교를 졸업한다. 그들은 7회 졸업생이었는 데, 졸업생은 모두 합해서 19명이었다. 이약신은 주기철의 권유로 주 기철의 고향 창원 웅천으로 내려와 웅천 개통보통학교 교사가 된다. 여기서 그는 1917년 성주 이씨로 마산에서 이재(理財)로 성공한 이상 소의 딸 옥경(玉卿)과 결혼해 정착함으로써 마산 창원이 그의 제2의 고향이 되었다. 그들의 결혼식은 서양식을 본뜬 교회 의식으로 마산 에서 치러진 첫 번째 신식 예식이었고, 무척 성대했다고 한다. 이상소 는 3·1 운동 때 마산에서 상당한 역할을 해서 뒷날 국가유공자가 되 었다. 이상소의 도움으로 이약신은 일본 중앙대학 상과에 유학하기도

했으나 그것이 하느님의 부르심이었던지 그는 끝내 목사의 길을 걷는다. 고모 이애시(李愛施)는 간호전문학교를 나와 만주에서 독립군을 돕고 간호한 걸출한 사람이었다. 철기 이범석을 죽음의 문턱에서 구해 낸 것도 그였다. 이효재는 어머니와 이 고모로부터 많은 영향을 받으며 자랐다.

1926년 평양신학교를 졸업한 이약신은 진주 목봉교회에서 첫 시무를 했다. 이약신은 음악적인 소질과 감수성이 풍부해, 신학교 때부터 강렬한 기도와 성경공부로, 교회 부흥운동의 선봉에 섰다. 1931년에는 부산의 초량교회로 옮긴다. 그의 전임자는 주기철이었다. 1938년 호주를 방문하고 돌아온 이약신은 초량에 예도제중원(禮道濟衆院)이라는 의료기관을 설립했다. 예도(그 정확한 이름은 밝혀지지 않았다)라는 호주 사람이 거금을 희사해서 설립한 것이었다.

그러나 이때는 신사참배가 강요되기 시작할 때였다. 그때 일제는 "신사참배를 거부하는 것은 국가에 반역하는 것"이라며 교회를 협박했다. 하지만 이약신은 "나 외에 다른 신은 섬기지 말며, 거기 절하지도 말라"는 십계명의 첫 조항을 들어 이를 거부했다. 결국 그는 초량교회를 사퇴하고 떠나야 했다. 주기철은 평양에서 신사참배를 거부했다는 이유로 치안유지법, 불경죄, 보안법 위반 등의 죄로 구속되었고, 그가 목회하던 평양의 산정현교회는 문을 닫았다. 1941년 평양의 신광교회를 사직하고 부산으로 내려온 이약신도 신사참배를 거부해 부산에서 구속된다. 이때 이약신은 건강이 악화되어 병보석으로 석방되지만, 주기철은 평양 감옥에서 고문 끝에 옥사한다. 이약신은 병보석으로 석방된 자신을 부끄럽게 생각하고 그 나약함을 통한해 마지 않으며 만주로 피신했다가 다시 귀국하기를 거듭하다가 만주로 가는 경의선의 어느 지역에서 해방 소식을 들었다. 마산에서는 가족들이 아버지를 다락방에 숨겨야 하는 고통도 겪었다. 만주로 가는 도중에 해방 소식을 들은 이약신은 마산으로 돌아와 마산의 문창교회로부터 초빙을 받는다.

이약신 부부는 마산에서 고아원(희망원)을 설립하기 위해 노력하다가 1946년 12월, 진해교회 내에 가족을 포함, 고아와 모자가족을 수용할 수 있는 건물이 있다는 이야기를 듣고 진해로 목회와 생활의 거점을 옮긴다. 희망원에는 전쟁고아 230명을 수용했고, 1956년에는 남아용 원사를 따로 장만했다. 이약신은 사경회 및 부흥회 강사로 해방정국의 교회를 부흥시키며, 장로교회의 분열을 막기 위해 동분서주하다가 1957년에 파란의 일생을 마감한다. 이약신은 5녀 1남을 두었는데, 이효재는 둘째였다. 1950년 12월 교인 50여 명과 함께 세운 진해 남부교회는 설립 55주년을 기념해 새롭게 현대식 건물로 건축하고 그 안에 이약신 목사 기념 예배실을 마련했다.

고아형제 4명으로 시작한 희망원이 모체가 된 복지사업은 계속 그 내용을 심화하고 외연을 확대해, 1995년에는 법인 명칭을 사회복지법인 진해희망원에서 사회복지법인 경신재단으로, 육아시설을 진해희망원에서 진해 희망의 집으로 변경했고, 이효재가 내려간 뒤인 1997년 10월에는 재단부설로 경신사회복지연구소를 개원했다. 이효재는 그 소장 일을 맡아 보았다.

이효재.

　나는 이효재의 삶이 다른 사람에 비해 그래도 순탄한 줄 알았다. 그
어눌하고도 선한 말씨에 너그러운 표정, 어려운 사람들을 도와주지
못해 안달하는 그 마음씨를 보면 더욱 그렇다. 그러나 나는 『아버지
이약신 목사』를 읽으면서 이효재의 삶도 참으로 파란만장했구나 하
는 것을 절감했다. 아버지의 평전이기 때문에 자신의 이야기를 되도
록 삼가고 또 줄이고 있지만, 우리가 살아온 시대의 아픔과 함께 그가
겪은 수난은 참으로 엄청난 것이었다. 이효재가 동래일신여학교 2학
년 되던 해에 일제는 창씨개명을 강요하고 신사참배에 학생들을 동
원하며, 한글 대신에 일본어를, 한국 역사 대신에 일본 역사를 가르치
기 시작했다. 선교사들의 신사참배 거부로 학교는 폐교되었다. 이효
재는 원산의 루씨학교로 전학했다가 졸업 후 아버지가 시무하는 평
양으로 갔다. 아버지가 부산에서 구속되어 제5감방에 있다가 병보석

으로 석방되어 만주 봉천으로 피신했을 때 이효재도 그곳에 따라갔다. 그곳에서 황해도에서 온 청년과 맞선도 봤다.

이효재가 단신으로 마산에 왔을 때는 처녀공출(정신대)이 공공연하게 이루어지던 때였다. 이효재는 이모부의 주선으로 마산시청 사무원으로 취직해 이 위기를 넘겼다. 해방이 되던 해에 이효재는 이화여대 영문과에 진학했다가 1947년 인천항에서 미군함을 타고 태평양을 건너 미국 유학길에 오른다. 그가 걸어온 족적이 이렇게 길고 험난할 줄은 예전엔 미처 몰랐다. 그한테서는 고이 자란 남새가 난다. 그러나 그는 한 번도 어리광을 피워 본 적이 없다고 한다. 이효재의 집에는 늘 과부와 고아들이 함께 살았고, 어머니는 고아원 일에 바빠 딸들을 거둘 겨를이 없었기 때문이다.

1997년 이효재는 서울을 정리하고 진해로 내려갔다. 어머니의 사업을 물려받은 조카(언니의 아들)가 이끌고 있는 사회복지재단을 돕기 위해, '어머니의 땅'으로 내려간 것이다. 그곳에서 복지재단 일을 도우며, 『아버지 이약신 목사』도 썼다. 최근에는 어린이도서관 일에 흠뻑 빠져 있다. 생각해 보니 그가 벌써 90을 바라보는 나이가 됐다. 희경이와 더불어 살고 있다. 진해로 가면 그가 있다는 것을 알면서도 한 번도 정식으로 찾아가 뵙지를 못했다.

민주화운동의 숨은 포스트

콜레트 노정혜

〈콜레트 노정혜〉

프랑스 리옹에서 태어난

콜레트 자매

세속 수녀 되어

동생은 베트남에 있다가 일본에 있고

언니는 서울에 온 지 몇 십 년

척 한국말

척 한국음식 창자에까지 익어

치즈 없이도

여기가 내 나라이다.

얼마나 거룩한가 놀라운가
이 치열한 일치에의 도달이야말로

한국 이름 노정혜
민청학련 사건 이래
아니 그 이전부터
한국 인권운동에 숨은 공 크다
성명서 몰래 빼돌리고
성금 모으고
숨겨주고
나도 숨겨주기로 약속했다.

마음이야 벌판
이제는 신림동 빈민굴에 둥지 틀고
그 가난 속에서
라면 한 그릇도 잔치로 여기며 산다.

이런 언니 하나로 종교가 있어야 할 이유가 있다.

이것은 시인 고은(高銀)이 그의 전작시 〈만인보(萬人譜)〉에서 명동

콜레트 노정혜.

가톨릭여학생관의 콜레트 노정혜를 노래한 시이다. 1970년대와 80년
대, 시인이 만났던 사람들을 연작으로 써 내려간 것이 고은의 〈만인
보〉이다. 〈만인보〉는 '사람으로 본 한국의 1970, 80년대'라고 말할 수
있다. 특히 민주화운동과 관련해서는 그때가 하도 엄혹했던 시절이
라, 이웃 형제들의 남모르는 사랑과 관심에도 우리는 곧잘 감격했다.
더구나 열정적이면서도 섬세한 감성을 지니고 있는 시인에게는 더욱
그랬을 것이다.

　확실히 고은은 그가 눈으로 볼 수 없는 것도 시인의 직감으로 느끼
고 있었던 것 같다. 고은이 이 시에서 노래한 것은 그 모두가 진실이
다. 작가 송기원이 쫓길 때, 그를 숨겨 주기 위해 노심초사하던 콜레
트를 나도 본 적이 있다. 나도 1976년인가 쫓기는 신동수를 원주교구

신현봉 신부를 따라 보낼 때 남대문시장에서 산 닭털침낭을 들려주었는데, 그것은 콜레트가 사 준 것이었다.

그러나 콜레트 노정혜가 그때 한 일 가운데는 세상에 알려진 것보다는 시인이 말하는 것처럼 '숨은 공'이 훨씬 더 많고 또 크다. 그 '숨은 공'을 언젠가는 세상에 밝혀야 할 책임이 그에게 빚을 졌던 사람들에게 남아 있다. 나도 그중의 하나이다. 그것이 아니더라도, 갇혀진 진실은 빛 속에 드러나야 한다.

가장 작은 형제의 '어머니와 교사'

지금은 많이 달라졌지만, 1970년대 그 옛적 충무로에는 '기쁜소리사'라는 전축·음향기기 전문 판매점이 있었다. 기쁜소리사라고 하면 웬만한 사람은 다 알고 있을 만큼 유명했다. 기쁜소리사가 있던 네거리에서 북쪽으로 들어오자마자 오른쪽으로 꺾어지면 다방 '챔피언'이 있었다. 이탈리아의 벤베누티를 판정으로 물리치고 한국 최초의 복싱 세계 챔피언이 된 김기수가 운영하던 다방이었다. 바로 그 다방 옆에 가톨릭여학생관이 있었다. 명동성당의 가장 뒤 끝, 충무로의 깊숙한 한 귀퉁이에 있다보니 가톨릭여학생관을 아는 사람은 그렇게 많지 않았다.

전진상(全眞常)교육관이라고도 불리는 가톨릭여학생관은 처음에 서울에 유학 온 지방 여학생들의 기숙사로 출발했다. 천주교 서울대

교구 산하 사회교육 기관으로서, 젊은이들로 하여금 사회활동과 공동 생활을 통해 의식을 계발하고, 자발성과 창의력을 키워 공동선에 기여함을 목적으로 해서, 국제가톨릭형제회(AFI) 회원에 의해 운영되어 오고 있다. 2012년 10월이 창립 50주년이었다. 전(全)은 온전한 자기봉헌을, 진(眞)은 진실한 사랑을, 상(常)은 항상 기쁨을 의미한다.

내가 이 집에 드나들기 시작한 것은 1974년 여름, 민청학련 사건이 터지고 난 뒤였다. 나는 김지하의 어머니 정금성 여사의 손에 이끌려 그곳에 처음 갔다. 거기서 벽안의 AFI 회원 콜레트(프랑스 국적), 시그리드(독일 국적), 안젤라(이탈리아 국적)와 한국인 회원 손아가다, 박원다, 그리고 그 주변의 여러 회원들을 만나게 되었다.

훗날 안 일이지만, 민청학련 사건이 터지자 이들은 남대문시장에 가서 감옥에 있는 사람들에게 넣어 줄 침낭을 사서 허둥대고 있던 가족들에게 영치시키게 했고, 이 엄청난 시련을 해외에 알려 성금을 모아 구속자 가족들과 도피 중에 있는 사람들에게 전했다. 그 살벌했던 시기에 이런 일을 하고 있는 사람들이 있다니! 이들이야말로 천사들이 아닌가 싶었다.

가톨릭여학생관은 그때 가족을 감옥에 둔 구속자 가족들이 찾아가 위안받고, 편히 쉴 수 있는 공간이었다. 도심의 한복판에 감추어진 휴식처였다. 어디 가서 위로 받을 데 없는 구속자 가족, 특히 인혁당 사건 가족들이 찾아갈 수 있는 유일한 곳이었다. 이 세상에서 버림받은 사람들이 도움을 받을 수 있는 따뜻한 위안처였고 피난처였다.

그러다 보니 가톨릭여학생관은 점차 구속자 가족들의 집회장소가 되어 갔다. 아들을 원망하던 어머니들이 하나둘 모이기 시작하더니, 이 어머니들이 구속자가족협의회라는 것을 만들어, 이제 내놓고 아들과 딸들을 대신해서 목소리를 내기로 한 것이다. 그러한 모임과 활동의 산실이 바로 여기 가톨릭여학생관이었다.

구속자 가족들은 1974년 11월 11일에서 14일까지, 여학생관에서 처음으로 금식기도회를 가졌다. 구속자가족협의회는 회장에 윤보선 전 대통령의 부인 공덕귀 여사, 부회장에 국회의원을 지낸, 연세대 김학민의 아버지 김윤식 씨, 총무에 서강대 구속 여학생 김윤의 어머니 김한림 여사를 선출했는데, 이 모임은 박형규 목사의 부인 조정하 여사, 김지하 시인의 어머니 정금성 여사, 이철의 어머니 정경로 여사 등 쟁쟁한 멤버로 탄탄하게 짜여져 있었다. 그들은 항상 뭉쳐서 다녔고, 거리에서건 법정에서건 당당했다.

50여 명이 참석한 이 기도회에서 이들은 4개항에 이르는 구속자가족협의회 이름의 결의문을 채택했다.

1) 긴급조치 위반으로 구속된 사람들을 즉각 석방할 것.
2) 구속자들을 고문하지 말 것.
3) 가족들의 면회를 법적으로 보장할 것.
4) 석방된 학생들을 재구속 또는 처벌하지 말 것.

3항은 인혁당 사건 가족들에게 면회가 허용되지 않은 데 대한 항의였다.

11월 14일 오전 8시 30분경, 3박 4일에 걸친 금식기도회를 마치고 이들은 가두시위를 벌였다. 경찰은 금식기도회 중 여학생관 앞 중국집에 진을 치고 있었는데, 가족들은 허를 찔러 뒤편 계성학교 운동장을 가로지르고 명동성당을 통해 종로3가까지 진출했다. 이들은 가두시위에서 "내 남편, 내 아들 정치제물 삼지 말라," "나라 사랑 무슨 죄냐," "감옥살이 웬 말인가" 하는 등의 구호를 외쳤다. '국민에게 보내는 호소문'도 뿌렸다.

종로3가에서 뒤늦게 출동한 경찰에 의해 저지당하자 이들은 흩어져 종로5가 기독교회관에 모여 연좌시위를 계속했다. 이 과정에서 김윤식 부회장과 인혁당 가족 후원회장 시노트 신부 등 4명이 연행되었다. 아마도 이것이 구속자가족협의회가 벌인 첫 시위였을 것이다. 그 모든 준비가 여학생관에서 이루어졌다. 이후 구속자 가족들의 투쟁은 더욱 당당해졌고, 투쟁의 강도도 높아졌다.

월요강좌: 진실을 말하고 듣는 자리

가톨릭여학생관이 이 땅에 사는 사람들, 특히 불의에 짓밟히면서도 호소할 데 없는 사람들, 가난이 제 탓만이 아닌 사람들, 뿌리 뽑힌 가장 보잘것없는 이웃 형제들에게 '어머니와 교사'로 봉헌한 것은 이것뿐만이 아니다. 가톨릭노동청년회와 가톨릭농민회를 출범시킨 산실도 바로 여기였다. 출범에 앞서 수도 없이 준비모임과 공부모임을 가졌고, 그러고 나서도 점검과 반성을 위한 토론의 밤을 여기서 가졌다. 그때는 모임을 가질 수 있는 장소가 흔치 않았다. 장소도 장소려니와 콜레트를 비롯한 여학생관 측이 모임을 이해해 주고 협조해 준 것이 큰 힘이 되었다. 도심 속의 아지트라고 할까, 그때 가톨릭여학생관은 그런 곳이었다.

어디 이들뿐이랴. 내가 알기로 천주교정의구현전국사제단 신부들도 여기서 여러 차례에 걸쳐 밤샘 모임을 가졌다. 매 분기마다 여기서 자신들의 활동에 대해 진지한 토론을 벌였다. 1975년 2월 인혁당 사건의 진상조사 발표를 위한 모임도 여기서 가졌다. 사제단은 여기서, 인혁당 사건에 대한 공개재판, 공동의 진상조사를 정부에 요구하자는 결의를 다졌다. 아마도 이것이 인혁당 사건에 대한 최초의 폭로요 항의였던 것으로 나는 기억한다.

그 무렵, 여학생관은 민주화운동을 하다가 투옥되었던 사람들이, 월요강좌의 형식을 빌려 자신의 시국에 대한 견해와 경험을 피력하는 장소이기도 했다. 지학순 주교, 김지하 시인, 박형규 목사, 문익환 목사, 신영복 선생 등이 모두 다 여기를 거쳐 갔다. 여학생관은 시국을 고뇌하는 사람들이 한 번쯤 거쳐 가야 하는 곳으로 그때는 그렇게 자리매김 되고 있었다.

말이 나온 김에 더한다면, 여학생관의 월요강좌는 1970년대와 80년대, 시대의 징표와 진실을 전달하고 전달 받는 비밀통로 같은 것이었다. 1971년 10월에 월요강좌가 시작된 이래, 1980년대 말까지 매주 계속되었다. 강사들은 비록 많지 않은 형제들에게라도 진실을 말해야겠다는 성심과 용기로 임했고, 청중들은 그 시대의 진실을 빼놓지 않고 듣겠다는 열성으로 경청했다.

연사들도, 강좌의 내용도 다양했다. 자식을 감옥에 둔 어머니의 삶의 이야기를 나누는 마당이기도 했고, 농민과 노동자들의 애환과 그 삶의 하소연을 듣는 눈물의 장이기도 했으며, 시대를 고뇌하던 종교인, 학자, 문인, 예술가들과 더불어 '어떻게 살 것인가'를 놓고 대화하는 소통의 장소이기도 했다. 따라서 그 하나하나의 강좌는 작았지만 진솔했다. 그 강좌의 내용이 하도 좋아서, 나도 그 강좌의 녹음을 푸는 데 일조했다. 그리고 그렇게 정리된 내용이 1980년대에 햇빛출판사에서 『오늘 우리가 서 있는 자리』, 『여기, 내 조국의 진실』, 『이 땅에 살기 위하여』라는 책들로 출간되었다.

한국 민주화운동의 은밀한 해외 통로

가톨릭여학생관과 여학생관 사람들을 알게 되면서 나는 '남선생'이라는 이름으로 통하면서 그 집에 드나들기 시작했다. 그 집 식구들은 모두가 친절하고 따뜻했다. 나는 거기서 명동성당에서 건너온 김수환 추기경과도 조우할 수 있었다. 그분도 아주 가끔 세상 소식을 듣고 싶을 때면 곧잘 여학생관을 만남의 장소로 이용했다. 여학생관 2층의 온돌방에서 먹던 식사는 맛있었고, 그곳에서 나누던 대화는 언제나 진지했다.

긴급조치가 무섭게 세상을 짓누르던 그 무렵, 여학생관은 나름대로 국내외 정보가 교류되는 장소이기도 했다. 구속자 가족들을 비롯한 교회 밖 사람들이 보고 들은 세상의 소식을 가져왔고, 외국인 선교사들은 나라 밖에서 이루어지고 있는 일들을 알려 왔다. 파리외방전교회 소속의 최세구(Robert Jezegou) 신부는 '미국의 소리' 방송을 비롯해 전 세계의 방송을 청취한 뒤 한국 관련 뉴스를 정리해서 들려주었다. 민주화운동과 관련된 보도가 철저히 통제되고 봉쇄되던 그 시절, 이런 새로운 정보들은 한국의 민주화운동 세력에게 우리는 결코 외롭지 않다는 위안과 희망을 주었다.

지학순 주교가 구속되고 난 뒤부터는 해외의 한국 교회와 한국 민주화운동에 대한 관심이 더욱 높아졌다. 일본 가톨릭에서는 산하 '정의평화협의회(정평협)'를 통해 한국 민주화운동을 지원하고 나섰다. 외국의 선교사들이 한국을 방문할 때면 마땅히 명동성동 기도회에 참석하고, 여학생관을 들러서 나갔다. 처음에는 자연발생적이었지만, 점차 일본 정평협은 한국에 가는 인편에 해외 소식을 전했고, 그들이 한국으로부터 나오는 편에 한국 측 자료를 받아 오게 했다. 그런 자료를 주고받는 곳이 여학생관이었다.

이렇게 들어온 소식은 명동성당 기도회와 종로5가를 통해서 한국에 알려졌고, 한국에서 나간 자료는, 일본에서 번역되어 일본의 신·구교회 또는 시민단체의 이름으로 기자회견을 통해서 발표되었다. 이들의 대부분은 일본의 월간지 《세카이(世界)》에 연재되었던 '한국으로부터의 통신'에 게재되었다. 이러한 한국으로부터의 자료를 번역,

왼쪽부터 콜레트 노정혜, 김정남, 오도 아빠스, 송영순.

발표하는 데는 일본 정평협의 송영순(宋榮淳)과 도쿄 대학교의 와다 하루키(和田春樹) 교수가 주도적 역할을 했다.

　1975년 8월 4일에는, 일본 가톨릭 정의평화협의회가 김지하의 양심선언을 원문과 함께 일본어와 영어로도 번역해 발표했다. 형식상 이 양심선언은 당시 우리나라에서 추방되어 미국에 있던 시노트 신부를 통해 일본 정평협에 전달된 것으로 발표되었지만, 실상은 가장 확실하고 안전한 통로였던 오도 아빠스를 통해 일본 정평협에 직접 전달된 것이었다. 오도 아빠스는 독일 출신으로 본명이 Haas Odo이다. 주교급인 왜관의 베네딕토 수도원의 원장(아빠스는 대수도원의 원장)이었던 그는 한국인이 원장을 맡아야 한다는 신념으로 그 원장직을 사퇴하고, 한국인 원장에게 부담을 주지 않기 위해 일본과 필리핀에서 다른 소명을 찾고 있었다. 그는 그 이후에도 중요한 계기마다,

맞춤 왕래로 한국 민주화운동에 결정적인 기여를 했다.

이런 식으로 나가 자료는 수도 없이 많다. 한국에서보다 10여 년 먼저 일본에서 나온 전태일의 전기 『불꽃이여, 나를 태워라』(1978)를 비롯해 김지하의 재판기록 『김지하는 누구인가』(1979), 김재규의 육성녹음(1979), 광주민주항쟁의 기록 「분노보다 슬픔이」 등 자료(1980), 그리고 한국 민주화운동의 영문 자료집 「A Declaration of Conscience」(전5권) 등이 이렇게 해서 만들어진 것들이다.

민주화운동 30여 년의 역정에서 이렇게 가톨릭여학생관은 한국 민주화운동의 주요한 포스트였고, 국내와 해외를 연결하는 통로였다. 나는 그 기간 동안 수백 통의 편지를 쓰고 자료를 보냈으며, 그만큼에 해당하는 편지와 자료를 받았다. 그 모든 수발을 다 들어준 것이 콜레트였다. 우리의 일이 30여 년 동안 군사독재 권력의 눈에 발각되지 않은 것은 천행이었다. 분명 하늘의 도움이 있었다. 그러나 위험은 여러 번 있었다. 1979년에, 김해공항을 통해 외국인 선교사가 품고 나가던 자료가 발견되어, 콜레트는 조사를 받았고, 고려대학교 강사직을 이유 없이 박탈당했다. 1980년에는 AFI 회원 한 사람과 신부들이 광주 민주화운동 자료를 해외에 내보냈다는 이유로 구속된 적도 있었다. 그때마다 우리는 얼마나 숨을 죽였던가. 뒤늦게나마 콜레트와 그의 동료들, 그리고 관계된 수많은 사람들에게 깊은 감사의 말씀을 드린다. "우리는 당신들이 있어 행복했습니다."

콜레트 누아르(Collette Noir)는 1934년생으로 28살 때인 1962년에 한국에 와서, 한국인보다 더 한국인을 사랑했고, 한국의 민주화를 위해 자신의 안위를 돌보지 아니하고 30여 년을 한결같이 헌신했다. 지금은 신림동에서 가난한 사람들과 함께 살고 있다. 그는 2007년 5월, 프랑스 정부로부터 레지옹 도뇌르(Légion d'honneur) 훈장을 받았다.

21

어머니 사랑의 힘

정금성

옛글에 해마다 설날이면 부모님의 연세를 헤아리게 되는데, 한편으로는 수(壽)하시는(오래 사시는) 것이 기쁘고, 다른 한편으로는 부모님이 늙어 가시는 것이 두렵다(父母之年 不可不知也, 一則以喜 一則以懼)고 했다. 연만하신 부모를 모시는 자식들의 이런 마음을 희구지심(喜懼之心)이라 하던가. 두려운 것이 어찌 내 부모의 연세만일까. 지난날 민주화투쟁의 과정에서 내 한 몸 사리지 않고 길을 내며 가셨던 어른들이 연만해지시는 것 또한 우리를 두렵게 한다. 그런 분들이 한 분, 한 분 유명을 달리해 가시니 남아 있는 분들을 손으로 셀 정도다. 금년에는 또 무슨 나쁜 소식을 듣지는 않을까 조마조마하다. 그러다가 막상 돌아가시기라도 하는 날이면 살아계실 적 잘해 드리지 못한 것이 한

이 되고, 자주 찾아뵙지 못한 것이 후회막급이 된다. 2008년 6월에 타계한 정금성(鄭琴星, 1923~2008) 어머니에게 느끼는 추모의 정이 또한 그렇다. 그렇게 빨리 가실 줄은 정말 몰랐다.

정금성 어머니는 시인 김지하의 어머니이다. 박정희 군사독재의 전 기간을 통해 가장 길고도 혹독한 수난을 당했던 김지하를 외아들로 둔 어머니였다. 함세웅 신부가 감옥살이를 하고 나와, 옥중에 아들을 둔 어머니의 심정, 십자가에 매달린 예수 그리스도를 보는 성모 마리아의 고통을 조금은 이해할 수 있게 되었다고 고백하는 것을 들은 적이 있다. 정금성 어머니도 수난을 거듭한 아들의 옥바라지를 당신 손으로 해야 했고, 한때는 아들의 사형선고를 받거나 죽음을 예감케 하는 지경에 이르는 것을 지켜봐야 했다. 그때 어머니는 얼마나 힘들었을까.

가족운동을 열어 나가다

정금성 어머니는 오직 김지하만의 어머니가 아니었다. 박정희 군사독재 시절, 이 땅에서 정의를 부르짖다 감옥에 들어가야 했던 모든 젊은 이들의 어머니였고, 감옥에 아들과 딸, 그리고 남편을 둔 모든 어머니들의 따뜻한 이웃이자 인도자였다. 구속자 가족의 표상이자 모범이었으며, 가족운동을 몸으로 창시하고 이끌었다.

1974년 4월 3일, 긴급조치 4호가 발포되었다. 전국에서 애국청년

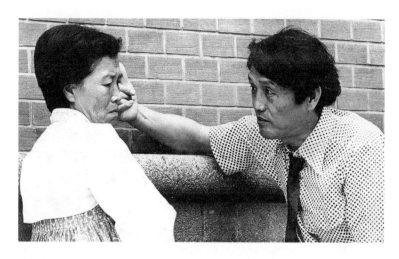

정금성과 문동환 목사.

학생을 비롯한 민주인사 1,204명이 검거되고, 그 가운데 180여 명이 긴급조치 4호 위반으로 구속되었다. 이들은 중앙정보부에서 물고문, 전기고문, 잠을 재우지 않는 고문 등 가혹한 육체적 강압을 통해서 자신들이 민청학련과 인민혁명당을 조직해 정부를 전복하고 공산정권을 세우려 했었노라는 허위자백을 강요받았다. 유신정권은 이러한 강압수사로 사건을 조작하고는 이 사건에 대해서 이런 요지의 발표를 했다.

"민청학련은 평소 공산주의 사상을 가진 이철, 유인태 등이 폭력혁명으로 정부를 전복시키고, 과도적 통치기구를 만든 후, 궁극적으로는 공산국가를 건설하기 위해 전국 6개 도시 24개 대학과 10여 개 고등학교를 총망라하여 조직한 국가변란 목적의 반국가단체이다."

"인민혁명당은 북괴의 대남적화 전략전술 목표에 영합하여 인민
민주주의 혁명노선에 의한 통일전선 형성과 폭력혁명에 의한 정부 타
도 후 공산정권을 수립하기 위해 동조세력을 규합, 지하 공산비밀조
직으로 인민혁명당을 조직하고, 학원의 데모 풍조를 이용, 반정부 인
사와 학생으로 민청학련을 조직했다."

이 같은 발표 끝에 지금으로선 포복절도할 일이지만 이런 사족도
붙였다. "이 같은 음모가 사전에 저지되지 않았던들 국가가 전복될 뻔
한 건국 초유의 대규모 공산혁명기도 사건이었다." 발표가 이러했으
니, 당시의 분위기가 얼마나 살벌했을지는 미루어 짐작하기에 어렵지
않다. 야당은 물론 언론도 말 한마디 못 하고 침묵했다.

첫 재판이 열릴 때까지 피고인들에게는 가족의 면회조차 금지되었
다. 인혁당 사건 관련자들은 훨씬 뒤까지 가족 면회가 허용되지 않았
다. 수갑도 풀지 않은 채 재판이 시작되었고, 변호인의 반대신문은 생
략되고, 증인이나 증거조차 채택되지 않은 채 재판은 일사천리로 진
행되었다. 육군 보통군법회의에서 김지하, 이철, 유인태, 이현배, 김병
곤, 여정남 등 6명이, 인혁당 사건으로는 도예종, 서도원, 하재완, 이수
병 등 7명이 사형선고를 받았다. 법정에서 울면서 애국가를 부를 만
큼 당시의 피고인들은 비장했다. 여정남과 7명의 인혁당 관련자들은
1975년 4월 9일, 끝내 교수형으로 한 많은 이 세상을 하직했다.

이러한 상황 속에서 구속자 가족들은 당황할 수밖에 없었다. 무엇보다 그 무시무시한 죄목과 형량에 주눅 들었다. 있는 돈, 없는 돈 들여 대학에 보냈더니, 반국가사범이 웬 말이냐는 원망이 먼저 나왔다. 마치 자신이 아들을 잘못 가르친 것이 아닌가, 위축될 대로 위축되어 있었다. 그래도 자식이라고 옥바라지를 해야겠는데, 무엇을 어떻게 해야 할지, 어디서부터 시작해야 될지 몰랐다. 놀란 가슴에다 어찌할 바를 모르는 이 어머니들에게 용기를 주고, 길을 인도하기 시작한 것은 서강대생 김윤의 어머니 김한림 선생과 정금성 어머니였다. 김한림 선생은 감옥에도 들어간 일이 있었고, 정금성 어머니는 이미 '오적(五賊)' 사건 때 옥바라지를 해 본 경험이 있었다. 두 분의 인도와 격려는 그들에게 커다란 위안이 되었다.

어머니들은 재판 과정을 통해 아들딸들이 수사 과정에서 얼마나 참혹한 고문을 당했는지를 듣고, 자식에 대한 이해와 연민이 깊어졌다. 자식들의 주장이나 행동이 정당했다는 것도 깨달았다. 자식들을 나무라고 원망하는 마음은 어느덧 사라졌다. 김한림 · 정금성 어머니를 따라 목요기도회, 명동성당 기도회를 다니면서, 자신들이 결코 외롭지 않다는 것을 확인했다. 이제 자식들이 자랑스러워지고, 그런 아들을 격려하고 고무하는 입장으로 바뀐 것이다. 어머니들의 이 같은 놀라운 변화는 감옥에 있는 자식들에게는 힘이 되고 용기가 되었다.

가족들은 점차 모임도 자주 가졌다. 참석하는 사람의 숫자도 날로 늘었다. 사건이 생길 때마다 새로운 구속자 가족이 늘어났다. 가족끼리 서로 만나서 이야기하다 보면 기쁨은 나눌수록 커지고, 슬픔은 나

늘수록 작아졌다. 마침내 1974년 9월, 어머니들은 구속자가족협의회를 만들었다. 이것이 가족운동의 효시다. 공덕귀 여사를 회장으로, 연세대 김학민의 아버지 김윤식 선생을 부회장으로, 그리고 김한림 여사를 총무로 해서 출발했다. 박형규 목사의 부인 조정하 여사, 정금성 어머니가 창립 당시의 주축이었다. 이들은 이런 결의를 가지고 있었다.

"우리 구속자 가족들은 우리들의 투쟁 없이 자식과 남편을 구할 수 없고, 우리들의 투쟁 없이 얻는 자유는 진정한 자유라 할 수 없음을 깨달았습니다.…… 우리는 이제 자식이 외치다가 들어간 부정부패 일소를 외쳐야 하며, 우리는 이제 자식이 외치다가 들어간 유신독재 철폐를 부르짖어야 하겠습니다. 이것이 진정으로 아들딸이, 그리고 남편이 그토록 사랑하는 조국을 위하는 길이고, 자식을 구하는 지름길임을 알았습니다.…… 사랑하는 내 아들딸, 그리고 남편이 독재의 철창을 깨뜨리고 나오는 날, 우리 함께 얼싸안고, 우리 함께 정의와 자유의 만세를 소리 높여 불러 봅시다."

이는 1974년 11월 21일, 구속자 가족 일동의 명의로 발표된 결의문 「유신헌법의 철폐를 요구한다」의 1절이다. 구속자가족협의회가 발족된 뒤부터는, 협의회 명의로 독자적인 성명을 발표했다. 그 가운데는 민주화운동을 앞장서서 선도하는 내용의 것들도 적지 않게 포함되어 있었다. 다른 사람들이 감히 할 수 없는 말이나 일도 어머니들은 거리낌없이 해냈다.

이제 어머니들은 독재권력의 기세에 눌려 한숨짓는 어제의 구속자 가족이 아니라 자식들을 대신해 독재권력과 싸우는 주체적인 어머니로 완전히 바뀌었다. 누구네 재판이라고 하면 다 함께 몰려가 자식들을 위로하고 격려했다. 어머니들은 거리낌이 없었다. 지나치게 편파적으로 재판을 진행할 때는 판사, 검사한테도 대놓고 야유했다. 어머니들의 집단 방청은 이미 권력의 시녀가 되어 버린 검사나 판사들에게 상당한 도덕적 압력이 되었다. 1977년 청계피복노조 사건 등 노동자들의 재판에도 참석해 생존권을 위해 투쟁하는 노동자들도 결코 외롭지 않다는 것을 보여 주었다. 이렇게 떼 지어 재판정을 드나들면서 자식들을 격려하는 행렬을 일컬어 그때 사람들은 '어머니 부대'라고 불렀다.

이제 어머니들은 스스로 모임도 갖고 기도회도 조직했다. 1974년 11월 11일에는 3박 4일의 일정으로 명동에 있는 가톨릭여학생관에서 금식기도회를 열었다. 가톨릭여학생관은 구속자 가족들이 쉴 수 있는 안식처였고, 여학생관을 운영하던 AFI 선생들은 구속자 가족들을 물심양면으로 도왔다. 구속자 가족들은 모이면, 김한림 선생의 주도로 노래도 부르고 손뼉도 치면서 집회를 가졌는데, 슬픈 가운데서도 신명이 있었다. 그들은 미국의 민요에 박형규 목사가 가사를 붙인 〈우리는 뿌리파다〉라는 노래를 많이 불렀다. "무릎을 꿇고서 사느니보다는 / 서서 죽기를 원한단다 좋다 좋아 / 우리들은 뿌리파다 좋다 좋아."

이제 어머니들이 스스로 시위를 조직하기도 했다. 금식기도회가 끝나는 날(1974년 11월 14일)에도 명동에서 종로3가까지 가두시위를 벌였다. "내 아들, 내 남편 정치 제물로 삼지 말라," "나라 사랑 무슨 죄냐"는 플래카드를 들고, 가족들은 호소문을 돌리며 시위를 했다. 그해 11월 21일에는 포드 미국 대통령의 방한을 반대하는 시위를 벌였다. 어머니들은 이때 "포드는 유신체제를 지지하는가"라는 플래카드를 활짝 펴 들고 미국대사관 바로 앞에서 시위를 했다. 대사관을 봉쇄하기 위해 대사관 철문을 굳게 닫아 버리자 정금성 어머니가 땅바닥에 철퍼덕 주저앉아 울음을 터뜨렸다. 이어 누가 먼저랄 것도 없이 하나둘 가족들이 설움에 북받쳐 눈물을 흘렸다. 지나가는 사람들도 사연을 알고 나서는 함께 눈시울을 적셨다. 경찰서에 연행되었다가 석방될 때도 정금성 어머니는 "내 아들 내놓기 전에는 못 나간다"며 버텼다. 1979년 6월 11일에도 구속자 가족들은 카터방한반대시위를 벌였지만 정금성 어머니는 카터 방한기간 내내 연금되어 있었다.

당시에 어머니들의 집합소는 미아리에 있는 유인태의 집이었다. 민청학련 관련 학생들의 모의처이기도 했던 이 집은 이제 구속자 가족들의 모임 장소가 되었다. 그때 유인태의 자형 김병순이 어머니들의 시중을 들었다. 여기서 플래카드도 만들고, 뜨개질도 했으며, 서로 돕기 위한 '계'도 만들었다. 3·1절 명동성당 민주구국선언 사건 때 그 가족들이 사용했던 보라색 숄의 원류도 따지고 보면 여기 유인태의 집 지하실이었다. 계모임의 명칭은 뒷날 리영희 교수가 '한겨레 가족 모임'이라고 지어 줬다.

어머니들은 점차 민주화운동의 중요한 일익을 담당하기 시작한다. 명동성당의 인권회복기도회를 비롯해 전국 각지에서 열리는 신·구교회의 기도회에 참석해서 '현실 고발'이나 호소문 낭독을 통해, 구속자에 대한 세상의 관심을 이끌어 냈다. 외신 기자들을 만나 국내의 민주화투쟁 소식과 자료를 전하고, 때로는 기자회견도 했다. 《동아일보》 광고 사태 때는 격려광고를 내는 데도 앞장섰다. 더 나아가 어머니들은 치마나 보따리 속에 구명운동 서명철, 성명서, 옥중서신, 항의문, 진정서, 호소문 등을 넣고 다니며 요소요소에 전달하는 등 비밀연락책의 역할도 했다. 《창작과비평》이 폐간되었을 때는 '창비' 정기구독운동까지 벌였다.

이렇게 구속자 가족들이 본격적인 민주화운동에 뛰어들자 유신권력의 탄압도 만만치 않았다. 처음부터 구속자가족협의회에 참여했던 전태일의 어머니 이소선 여사는 장기표의 재판을 방청하다가 법정구속을 당했다. 구속자 가족들의 모임을 해산시키기 위해 유신권력은 가족들을 닭장차에 태워 저 멀리 변두리에 한 사람씩 떨어뜨려 놓는 수법을 자주 썼다. 어머니들은 이를 '설사똥'이라 불렀다. 변두리에 떨어뜨려 놓아도, 기를 쓰고 금세 다시 모였다. 이런 일이 수도 없이 반복되었다. 이처럼 유신권력도 어머니들을 당해 낼 수는 없었다.

가족운동이란 말은 구속자가족협의회의 후신인 민주화실천가족협의회(민가협)가 창립발기문에서 "한 개인의 석방을 애걸하기보다는 민주화의 대열에 함께 서는 것만이 고통받는 이들이 가족의 품으로 돌아오는 지름길임을 믿으며, 민중·민주·민족의 이념을 실현하기 위한 발전적인 가족운동을 전개해 나가기 위해 민가협을 발기하는 바이다"라고 할 때 처음으로 썼다. 민주화운동에서 가족운동이 일

정한 자기 역할을 자임하기에 이른 것이다. 그러나 가족운동의 시원
은 구속자가족협의회에서 찾을 수밖에 없고, 그 중심은 정금성 어머
니와 김한림 선생이라 할 수 있다. 그런 점에서 정금성 어머니는 가족
운동의 원조라고 말할 수 있다. 가족운동은 한국의 민주화운동에서만
나타난 특이한 운동 형태였다.

　구속자가족협의회는 1976년 10월 14일 한국양심범가족협의회로,
그리고 1985년 12월 12일에는 민가협으로 이어지면서 발전되어 왔
다. 1970년대와 80년대의 상황도 많이 바뀌었다. 1970년대가 긴조시
대라면, 1980년대는 국보시대였다. 구속자가족협의회가 어머니 중심
에, 한 분 한 분이 주동이었다면, 민가협은 조직(총무) 중심에 운동가
의 아내들이 힘을 모으는 양상으로 발전되어 왔다. 그에 따라 한국 민
주화운동사에서 가족운동도 점차 그 비중이 높아져 왔다고 말할 수
있다.

종횡무진, 보이지 않는 어머니의 손길, 발길

정금성 어머니의 행동반경은 구속자가족협의회의 활동에만 머물러
있지 않았다. 남이 하지 못하는 일을 당신이 몸소 길을 내고 숲을 헤
쳐 가며 해냈다. 1974년 7월 9일은 김지하를 비롯해서 6명의 민청학
련 사건 관련자들이 사형 구형을 받은 날이었다. 피고인들은 의외로
의연했지만 가족들은 충격을 받지 않을 수 없었다. 이날 어머니는 육

군본부 앞 집집의 문을 두드리고 들어가 내 말 좀 들어 보라면서 죄 없는 학생들이 사형 구형을 받았노라고 눈물로 호소했다. 언론이 전혀 제 기능을 하지 못했던 그 시절, 어머니는 이렇게라도 진실을 세상에 알리고 싶었던 것이다.

그러고는 이어서 종로5가 기독교회관으로 달려갔다. 마침 301호실, 기독교 장로회 여신도회 사무실에서는 회의가 열리고 있었다. 어머니는 이들 앞에서 6명이 사형 구형을 받았다는 사실을 알리고, "사람 살리는 일이 더 급하지 않느냐. 제발 우리를 도와 달라"고 호소했다. 이 일이 있은 뒤부터 기장여신도회는 구속자 가족들을 가장 열심히 돕는 단체가 되었고, 그런 움직임이 기독교회관 전체로 확대되었다. 자연스럽게 구속자 가족들은 기독교회관에 드나들게 되었고, 거기서 가족모임도 가질 수 있었다. 그것이 기도모임으로 발전했다. 1974년 7월 18일에는 기독교회관에서 구속자를 위한 첫 기도모임이 있었다. 구속자 가족들이 대거 참석했음은 물론이다. 이것이 이른바 목요기도회의 시작이었다. 목요기도회는 이렇게 탄생했다.

같은 구속자 가족이면서도 인혁당 사건 관련 가족들은 어디에서도 환영받지 못했다. 민청학련 사건과 인혁당 사건이 한 무더기로 평가되는 것을 민청학련 사건 가족들은 싫어했다. 그래서 인혁당 사건 가족들과 어울리는 것을 꺼려했다. 그것은 교회에서도 마찬가지였다. 그러나 정금성 어머니는 그 인혁당 가족들을 감싸 안았으며, 어디든지 꼭 데리고 다녔다. 그들을 신부들에게도 소개시키고, 명동성당 인권회복기도회에서 자신들의 하소연할 데 없는 처지를 호소할 수 있게 해 주기도 했다. 전창일 선생의 부인 임인영 씨가 제일 열심이었다. 가톨릭 쪽에서 문정현 신부가 맨 먼저 인혁당 가족을 돕는 일에 발 벗고 나섰다. 시노트 신부를 비롯해 외국인 선교사들도 이들을 돕는 일에 나서기 시작했다.

종로5가 기독교회관에서는 1974년 10월 10일 목요기도회에서 오글 목사가 이들의 무죄와 억울함, 그리고 이들에 대한 관심과 지원을 호소하면서 인혁당 문제가 거론되기 시작했다. 1974년 11월 4일, 고등군법회의마저도 이들 8명에게 사형을 선고하자, 이제 죽음이 실감나기 시작했다. 김한림 선생과 정금성 어머니는 이들을 살려 달라는 탄원서를 써서 김수환 추기경 등 15명의 재야 신·구교회 지도자로부터 서명을 받아 제출했다. 그것이 11월 8일이었다. 나흘 만에 서명을 모두 받아 낸 것이다. 어떤 의미에서 인혁당 사건을 들고 일어나 쟁점화한 것은 정금성 어머니였다.

정금성 어머니의 발길이 미치지 않는 곳은 없었다. 노동자들의 구속 사태에도 어머니는 어김없이 나타났다. 모든 관심과 지원이 3·1 민주구국선언 사건에만 집중되었을 때도 어머니는 소외받고 있는 사람들을 찾아다니며 도왔다. 재일교포 간첩단 사건 가족들을 돕고, 가족들이 일본에 가고 없는 동안 그들의 옥바라지를 대신했다. 지학순 주교의 도움으로 협의회는 매년 추석과 설날, 내복 한 벌씩을 감옥에 있는 정치범들에게 넣어 주었는데, 어머니가 그 일을 도맡아서 했다. 지학순 주교가 해외 출장 중이어서 도움을 받지 못할 때는 해위 윤보선 선생의 도예 작품을 팔아 문제를 해결했다.

그뿐만이 아니다. 1974년 12월, 민주회복국민회의를 결성할 때는 민주 인사들의 서명을 받는 데도 어머니가 상당한 역할을 했다. 민주회복국민회의가 출범한 이후에도 그 활동을 측면에서 많이 도왔다. 서로 긴급한 연락을 취하는 일이나, 문건들을 운반하는 일은 김한림 선생과 어머니의 몫이었다. 윤형중 신부에 이어 두 번째로 상임대표를 받았던 천관우 선생은 나하고는 고개 하나를 사이에 두고 불광동에서 살았는데, 어머니는 오며가며 천관우 선생 댁에 들러 국민회의의 크고 작은 일을 수발했다.

1975년 2월 15일, 김지하가 형집행정지로 석방되었지만, 석방은 잠깐이었고 23일 만에 다시 투옥되었다. 인혁당 사건은 조작이라고《동아일보》에 기고한 글이 문제가 되었기 때문이다. 앞서 있었던 몇 번의 투옥 때와는 달리 이번에는 느낌도 좋지 않았고 분위기도 살벌했다. 우선 감옥 안에서 김지하에 대한 대우가 예사롭지 않았다. 가족면회가 안 되는 것은 물론, 성경마저 차입이 되지 않았다. 방의 안팎에는 감시카메라가 설치되었다. 휴지조차도 지급되지 않았다. 읽고 쓰는 것과 관계된 물건은 철저히 차단했다. 1975년 5월 첫 출정 때는 김지하 한 사람을 계호하는 데 교도관 20명이 붙었다. 그리고 법정은 칼이 서 있었다.

어머니도 이때는 긴장하지 않을 수 없었다. 어머니는 전국의 기도회라는 기도회는 다 다니면서 아들의 구명을 호소했다. 어머니가 구술한 것을 문정현 신부가 글로 써서 기도회에서 낭독했다. 인혁당 사형수들이 처형당하고, 긴급조치 9호가 발동되는 등 박정희정권의 광기가 도처에서 번뜩이고 있었다. 이 와중에 혹시 김지하가 유신정권의 광기에 어떻게 되는 것은 아닌가 하고 많은 사람들이 걱정했다. 그런 분위기를 누구보다 빨리 읽을 수밖에 없는 어머니의 심정이 그때 어떠했을까. 우선 재판부 기피신청을 통해 재판을 연기하고 보자는 것이 그때의 절박한 상황이었다.

양심선언을 생각한 것도 그때였다. 월요모임그룹에 참여한 선교사를 통해 김지하의 양심선언을 해외로 반출하려 했을 때, 어머니는 그 사실을 어떻게 알고, 그 선교사가 출국하기 직전에 그 양심선언을 회수해 왔다. 만에 하나 그 양심선언이 아들을 살리기보다는 더 앞당겨 치명적인 위험을 가져올지 모른다는 어머니의 마음으로 생각했기 때문이다. 그러면서도 자식을 위한 당신의 호소는 멈추지 않았다. 어머니의 그 지극한 정성 앞에서는 그 누구도 호소를 외면할 수 없었다. 그와 같은 호소는 김지하가 나오는 날까지 계속되었다.

1976년 1월 23일, 원주교구에서 신·구교회 일치주간 행사가 있었다. 신현봉 신부가 준비된 강론이 끝나고 나서 교육원에서 신·구교회 성직자들이 시국 문제를 놓고 토론을 벌였다. 그때 토론 자료에 '경과보고'라는 것이 있었는데, 이 경과보고는 모두 어머니가 그때그때 서울로부터 운반해 온 자료와 정보에 근거한 것이었다. 신현봉 신부의 강론 자료 역시 어머니가 운반했다. 토론이 끝나고 이계창 신부가 준비된 성명을 읽었다. 이것이 이른바 '원주선언'이다. 참석했던 개신교 목사들과 신부들이 서명한 원주선언을 나는 그해 2월 중순경, 사람 편에 일본 가톨릭 정의평화협의회로 보냈고, 이것이 뒤에 영문으로도 번역되어 공개되었다. 이때 개신교 목사들은 아주 잘된 문건이라면서 원주선언에 짝하는 개신교 측 문건을 만드는 데 참고하겠다면서 원주선언을 한 부씩 가지고 갔다. 이것이 해위 윤보선과 김대중, 정일형, 이태영 등이 각각 준비하고 있던 3·1절 성명과 결합해 이른바 '3·1 민주구국선언'으로 나타났다.

정금성 어머니는 어디를 가든 많은 정보와 자료를 치마 속이나 보따리 속에 넣고 다녔다. 이렇게 서울 소식을 원주의 지학순 주교와 신현봉, 최기식 신부, 장일순 선생 등에게 전했다. 이들이 원주에 앉아서 서울 소식을 훤히 다 들을 수 있었던 것은 순전히 어머니 덕이었다. 한번은 어머니가 중요한 문서를 몸에 지니고 원주에 내려갔는데, 그날따라 기관원이 안면을 바꾸어 지극히 사무적으로 어머니를 중앙정보부 분소로 연행하더니, 몸과 짐을 수색할 기세였다. 당황한 어머니는 갑자기 배가 아픈 척 엎드린 뒤 가지고 있던 자료를 재빨리 캐비닛 밑 빈틈으로 밀어 넣었다. 그날은 무사히 넘어갔는데, 캐비닛 밑에 밀어 둔 자료를 찾아오기 위해 또 한 번 쇼를 해야 했다. 그 문서를 빼앗겼더라면 "너도 문제가 되었을 거야" 하는 이야기를 어머니로부터 듣고 크게 안도했던 기억이 지금까지도 생생히 남아 있다. 어머니는 이처럼 일을 그르친 적이 한 번도 없었다.

3·1 사건의 재판이 끝날 무렵, 무엇인가 투쟁을 계속 이어가는 일이 중요하다고 생각한 나는 안국동의 해위 선생과 상의해 '민주구국헌장'을 작성, 발표하기로 했다. 3·1 사건의 대법원 판결이 있은 1977년 3월 22일자로 된 민주구국헌장은 3·1 민주구국선언과 1·23

정금성(왼쪽)과 공덕귀.

원주선언을 지지하면서, 그 연장선 위에서 범국민적인 민주국민연합을 이룩하기 위해 각자가 서 있는 자리에서 최선의 투쟁을 하자는 내용으로 되어 있다. 서명에는 윤보선 전 대통령을 비롯해 자신의 서명을 해위 선생에게 위임해 놓았던 정구영, 그리고 윤형중, 천관우, 정일형, 양일동, 함석헌, 지학순, 박형규, 조화순 등이 참여했다. 물론 이들의 서명을 받는 데도 김한림 선생과 정금성 어머니의 역할이 컸다. 그러나 더 중요한 것은 김한림 선생과 어머니가 그 이후에 계속 서명을 확대했다는 점이다. 동아·조선투위 기자들을 비롯, 어머니는 만나는 사람들로부터 계속 서명을 받아 나갔다. 중앙정보부는 이 사실을 뒤늦게 알고 어머니와 김한림 선생은 물론 서명자들을 하나하나 연행해 가기 시작했다.

민주화운동기념사업회에서 녹취한 어머니의 증언에는 당신이 중앙정보부에 끌려가 최장 11일을 있었다고 하는 말씀이 있는데, 아마도 이때가 아니었나 싶다. 서명철은 이미 빼돌린 뒤라, 중앙정보부에서는 증거물도 없이, "네가 서명할 때 앞서 서명한 사람의 이름이 무엇이었냐"고 하나하나 서명자를 찾아 나갔다. 그때 어머니를 비롯해서 참으로 많은 사람들이 고생을 했다.

10·26 사건이 나고 난 뒤, 김재규 구명운동을 벌인 것은 사제단을 비롯한 가톨릭교회와 해위 윤보선, 그리고 구속자가족협의회가 전부였다. 그때 나는 김재규의 재판기록과 알려진 행장(行狀)을 기초로 표지에 제목이 없는 책을 만들어 구명운동 자료로 썼는데, 김한림 선생은 이 책과 관련해서 수배의 몸이 되었다. 어머니는 김재규 구명운동을 위해 여기저기 다니면서 서명을 받았다. 나는 그때 김재규를 구명하는 데 성공한다면 민주화로 갈 수 있지만 그렇지 못하면 결국 또다시 군사독재로 갈 것이라는 예감을 갖고 있었다. 결국 김재규는 갔지만, 그나마 그를 위해 구명운동을 벌이는 사람이 있었다는 것이 그와 그의 동료들, 그리고 그 가족들에게는 조금이나마 위안이 되었을 것이라고 믿는다. 이처럼 어머니는 자청해서 시대의 아픔을 함께했다. 수배생활을 하며 어머니로부터 도움을 받은 이 또한 적지 않다. 어머니는 수배자가 숨어 있는 곳을 알선하거나 안내하는 일도 많이 했다.

어머니를 마지막으로 뵌 것은 2006년 1월 23일, 원주선언 30주년 기념행사장에서였다. 어머니는 행사장의 맨 앞줄에 앉아 있다가 내가 단상에서 내려오자 내 손을 꼭 잡아 주었다. 나는 어머니에 대한 추억이 많다. 대학 시절 어머니가 해 주던 밥은 어떻게 그렇게 맛있던지……. 배추김치를 썰지 않고 줄기째 쭉쭉 찢어 밥숟갈에 얹어 주면 나는 배터지게 밥을 먹었다. 어머니는 옥바라지 틈틈이 농사를 지어, 강낭콩 같은 것을 내 집에 가져다주었고, 어디서 구하고 어디다 보관했는지 어떤 때는 황새기젓도 가지고 왔다. 추석이면 변호사들한테 당신이 참깨를 몸소 구해서 짠 참기름을 선물하곤 했다. 그래서 변호사는 물론 그 부인들로부터도 어머니는 언제나 대환영을 받았다.

그 어머니가 그립다.

22

어머니, 우리 시대의 어머니

김한림

나와 김한림 선생(1914~93)의 인연은 1965년경으로 거슬러 올라간
다. 그때는 한일협정비준반대운동이 대학가를 중심으로 줄기차게 벌
어지고 있었다. 반대투쟁과 관련해 김중태가 수배를 당했고, 도피 과
정에서 김한림 선생의 도움을 받은 것이 들통 나서 김한림 선생은 범
인은닉과 도피방조 혐의로 서대문교도소에 구속, 수감되었다. 그때
김한림 선생은 정치권의 윤보선 전 대통령 뒤에서 한일회담반대운동
을 돕고 있었다.

그 무렵 어느 날, 나는 서대문 영천의 시장 골목 안에 있던 김한림
선생 댁에 들른 일이 있었다. 김한림 선생이 구속된 것은 바로 그분의
남편인 김소운(金巢雲) 선생이 십 몇 년 만에 일본에서 귀국한 직후였

다. 어릴 적부터 그 높은 문명(文名)을 일찍부터 들어 왔던 터였는데, 어머니만 빠진 그 가족들과 내가 동석하게 되었다.

김소운 선생은 내 짐작으로는 깡마른 체구일 것 같았는데, 실제 모습은 그 반대였다. 확실하지는 않지만 큰딸과 아들이 고등학교에, 막내딸은 중학교에 다녔던 것으로 기억한다. 그동안 깊숙하게 보관되어 있었던 아버지의 원고를 아들이 읽었고, 아버지는 만감이 교차하는 듯, 눈을 지그시 감고 그 원고 읽는 소리를 듣고 있었다.

그러고 나서 김소운 선생의 제의로 우리는 서대문교도소 담길을 함께 걸었다. 집에서 걸어서 얼마 되지 않는 거리였다. 김소운 선생은 무척 담담한 소리로 "이 담벽 저 너머에 너희들의 어머니가 있겠지?" 하면서 담벽을 조용히 더듬었다.

모처럼 귀국하자마자 아내가, 그것도 참으로 어처구니없는 죄목으로 감옥에 갇혀 있다면 비감해하거나 통분해할 줄 알았는데, 의외로 담담한 표정이었다. 격랑의 현대사를 살아온 오랜 풍상이 그와 같은 항심(恒心)이랄까, 자제력을 잃지 않게 하고 있는 것이 아닐까, 그렇게 생각되었다.

10년쯤 지나서일까, 김한림 선생을 다시 뵙기 시작한 것은 1974년 민청학련 사건이 터지고 난 뒤의 일이었다. 많은 사람들이 갇히고, 그리고 그 당시 절정에 달했던 양형(量刑) 인플레로, 걸핏하면 무기나 사형을 선고받았다. 5년이나 10년쯤 구형받거나 선고받는 것은 어디다가 명함 내놓을 처지도 되지 못했을 때다. 그리고 많은 사람들이 수배되어 이 집 저 집을 전전해야 했다.

구속자가족협의회의 회원들. 뒷줄 왼쪽부터 시
계 방향으로 이희호, 공덕귀, 김한림, 조정하,
이우정, 정금성.

아주 자연스럽게 구속자가족협의회라는 것이 결성되었는데, 김한
림 선생은 총무직을 맡아 동분서주했다. 감옥에 있는 사람들의 감옥
및 재판 뒷바라지, 아직 어안이 벙벙해 정신 차리지 못하고 있는 가족
들 챙기기, 그 가운데서도 특별히 어려운 가족들 보살피기, 그리고 기
도회다 뭐다 하면서 기세 올리기 같은 것이 그때 구속자가족협의회
에서 하던 일들이었다.

이때 김한림 선생과 같이 거의 매일 몰려다닌 사람들이, 김지하 시
인의 어머니, 박형규 목사의 부인, 이현배 선생의 어머니, 유인태 의원
의 어머니, 윤보선 전 대통령의 부인 공덕귀 여사, 의사 서광태의 어
머니 등이었는데, 아마도 김지하 시인의 어머니를 통해서 처음으로
만났던 것 같다. 그때 두 사람은 거의 매일 붙어 다녔으니까.

내가 처음 만났을 때 받은 인상은 '참으로 곱다'는 것이었고, 점차 쓰는 마음이나 하는 일을 보고서는 '저분이야 말로 천사'라는 생각이 들었다. 천사는 필경 저런 분일 것이라고 생각했다. 궂은 일을 맡아 하되 싫어하는 내색을 전혀 보이지 않았고, 남을 보살피되 다른 사람이 알지 못하게 했으며, 본인이 모든 책임을 떠맡게 되었으되 남을 원망하지 않았다.

나이에 비해 재주는 또 얼마나 많았는지……. 우리 집에 오면 애들의 피아노 선생님이 되어 주기도 하고, 애들과 같이 천진하게 뛰어놀아 주기까지 했다. 그래서 우리 집에서 김한림 선생은 지금까지 '서울할머니'로 통하고 있다. 애들은 또 김지하 시인의 어머니를 '원주할머니'로 불렀다.

1975년 김지하 시인의 반공법 위반 사건 때는 참으로 살벌했다. 성경마저도 차입되지 않았다. 재판에 방청할 만한 사람들한테는 정보부 사람들이 미리 찾아가서 못 가게 오금을 박았다. 변론도 그만큼 어려웠다. 그때는 타자기가 지금처럼 보편화되지 못하기도 했으려니와, 어디 가서 내놓고 타자 치기도 어려웠다. 복사도 하기 힘들었던 시절이었다.

그때 김지하 시인의 죄목은 인혁당 사건은 조작되었다고 말한 것과 그가 민청학련 사건으로 구속되어 감옥에서 쓴 '작품구상 메모'가 국가보안법 위반이라는 것이었다. 그 '작품구상 메모'에 대한 가톨릭 측의 감정의견서를 예수회 이한택(李漢澤) 신부 이름으로 제출했는데, 글은 내가 썼지만 인철지에 먹지를 대고 김한림 선생이 써 준 것으로 재판부에 제출했던 기억이 새롭다. 또 해위 윤보선 전 대통령이 유신

이후 유신을 반대하는 공개서한 같은 것을 박정희 대통령에게 보냈는데, 거의 대부분의 글씨는 김한림 선생이 썼다. 아주 달필이었고, 여인네의 필적 같지가 않았다. 선생의 붓글씨도 아주 단아했는데, 언제 한번 집에 들렀을 때 써 달라고 한다는 것이 차일피일하다가 영원히 그 기회를 놓치고 말았다.

그때의 구속자가족협의회는 오늘의 민가협의 전신으로서 그 살벌했던 시절, 가족이라는 명분 하나로 당당하게 활동했던 단체였다. 그렇기 때문에 이름 그대로의 역할에 한정하지 않고, 크고 작은 민주화운동의 과정에서 참으로 많은 역할을 했다. 물론 그 가운데서도 김한림 선생은 남달리 몸이 날랬고, 또 지금 무엇이 필요하고, 당신이 무엇을 어떻게 해야 할 것인지를 너무나 잘 알았고, 스스로 그 일을 찾아서 했다.

어떤 일은 선생의 헌신과 노력 때문에 가까스로 성사된 일도 있었고, 그만큼 민주화의 긴 여정에서 눈물겨운 사연도 많이 쌓여 있다. 1974년 겨울, 유신 이래 처음으로 공개적인 반유신투쟁의 기치를 내걸고 민주인사들이 결집된 민주회복국민회의의 결성 과정과 그 이후의 활동 등에서, 구속자 가족들의 보이지 않는 헌신은 눈물겨웠다. 그로부터 비롯된 민주화운동, 예컨대 3·1절 명동성당 민주구국선언 사건 같은 경우에도 이면에서 구속자 가족들이 했던 역할은 참으로 컸다.

더 나아가 당시 선명론으로 김영삼 총재가 신민당의 당권을 장악하는 데 재야와의 연계를 맡았던 것도 김한림 선생이었다. 김덕룡 비서실장과 김한림 선생이 명동의 가톨릭여학생관에서 자주 만나서 서

3 · 1 민주구국선언 사건으로 구속된 관련자 가족들이 마련한 석방 기념 다과회에서, 또 다른 시국사건 관련 가족들을 보살피는 김한림(오른쪽에서 세 번째).

로의 역할을 분담했다. 선생의 발길은 서울에서만 맴돈 것이 아니라 원주로, 광주로, 부산으로 미치지 않는 곳이 없었다. 선생이라야 될 수 있었던 일이 적지 않았기 때문이다.

아마도 이 과정에서 선생이 겪었던 고통과 탄압은 지금으로서는 상상할 수도 없을 만큼 컸고, 옛날이야기로 하기에 적합한 무용담도 적지 않다고 믿는다. 그때 그런 일들을 함께했던 분들이 한 분, 두 분 타계해 가시매, 그때를 함께 이야기할 사람도 지금은 그렇게 많지가 않다.

해마다 추석이나 성탄 무렵이면, 내 자식만이 아니라 감옥에 있는 같은 처지의 사람들에게 다만 얼마라도 돈이나 속옷을 영치시키는 일이 구속자가족협의회가 하는 연례행사의 하나였다. 감옥 사정은 감옥 갔다 온 사람이 안다고 지학순 주교 같은 분들이 영치금을 자주 보태 주었다.

한번은 추석 때 구속자들에게 내복을 영치시킬 돈이 전혀 없었다. 그 무렵 어느 서화전에서 해위 윤보선 선생의 글씨가 돈이 되는 것을 본 적이 있어서, 글씨를 써 주면 그것을 팔아서 영치금에 보태 쓰겠노라고 말씀드린 적이 있다. 그러자 해위 선생은 그렇게만 될 수 있다면 당신 손이 부러지는 한이 있더라도 쓰겠다면서 여러 장 써 주었다. 그때 그분이 써준 휘호의 글말에는 '청천세심(清泉洗心)', '견의용진(見義勇進)', '정의필승(正義必勝)' 등이 있었던 것으로 기억한다. 김한림 선생을 비롯해서 우리는 이 휘호들을 사 줄 사람을 찾아 그 돈을 요긴하게 쓰기는 했지만 그렇게 성과를 거두지는 못했다.

유신 말기에는 재야 진영이 신민당의 김영삼 총재와 연락하는 데 참으로 많은 어려움을 겪어야 했다. 그때까지는 주로 김영삼 총재의 비서실장인 김덕룡 씨를 통해서 연락했다. 이쪽이나 저쪽이나 서로 연락하는 방법 같은 데는 아주 익숙해져 있었는데, 김덕룡 실장이 이른바 YH 사건과 관련해서, 유신정권이 부리는 마지막 광기에 얽혀 감옥에 들어가 버렸기 때문에 연락할 길이 없어진 것이다. 궁여지책으로 생각한 것이 신민당 출입기자를 통해서 문면(文面)으로 연락하는 것이었다. 그러자면 이걸 가지고 가는 사람은 믿으라는 신표(信標) 같은 것이 필요했다. 그래서 해위 선생은 해위용전(海葦用箋)이라 쓰인 당신의 편지지 위에 붓으로 정의(正義) 두 자를 썼다. 그러나 가까스로 신표를 만들어 막 사용하기 시작하려 할 때 10·26 사건이 터졌다. 그래서 신표는 한 번도 제대로 써 보지는 못했다.

이런 일도 있었다. 물론 이것도 김한림 선생이 성사시킨 일이다. 해위 선생은 성묘를 핑계로 아산에 다녀오시는 길에, 그리고 김수환 추기경은 피정을 하고 있는 것처럼 해서, 두 분이 수원의 '말씀의 집'에서 만나서 그 당시 어려웠던 시국 문제를 논의한 적도 있었다. 이런 모든 일을 주선하고 성사시킨 것이 바로 김한림 선생이었다.

해위 선생의 집은 비록 넓었으나, 곳곳에 정보부의 손길이 미치고 있어서 언제나 절해의 고도 같은 느낌이었다. 안국동 댁 앞에 무슨 요리학원 같은 것이 있었는데, 그 건물과 주변에 정보부 사무실을 두고 24시간 감시의 눈길을 번득이고 있었다. 그래서 드나드는 데는 상당한 용기가 필요했다.

그때 나는 겁이 나서 밤이고 낮이고 간에 해위 선생 댁에 갈 엄두가 여간해서 나지 않았다. 한번 들어가면 나올 일이 보통 걱정되는 것이 아니었다. 그러나 해위 선생은 밖의 소식이 궁금하거나, 그리고 밖과 연락할 때 가끔 나를 찾았다. 어느 날 몇 시 뒤쪽 담장에 붙어 있는 이발소 문을 열고 들어오면 거기서 기다리겠다는 식이다. 물론 이 같은 전갈은 모두 김한림 선생을 통해서 이루어졌다.

과연 전직 대통령이자 80 노정객이 이발소 뒤쪽으로 난 쪽문 뒤에서 시간 맞추어 기다리고 있다가, 내 발소리를 듣고, 우리가 흔히 그렇게 말했던 '안국동'으로 나를 안내해 준 일이 여러 차례 있었다. 그것은 그때의 처절한 상황을 말해 주기도 하지만, 다른 한편으로는 해위 선생의 반유신투쟁에서의 역할과 열정과 집념을 말해 주는 것이

1977년 8월 17일 서울 오장동 제일교회에서 양심수 석방을 요구하는 구속자가족협의회 회원 어머니들. 맨 오른쪽 기도하는 이가 김한림.

기도 하다.

해위 선생은 밤늦게까지 기독교, 천주교, 재야 등의 민주화운동과 관련한 밖의 소식, 또는 당신이 하고 싶다는 성명서의 초안 작성 등 정보부의 눈을 피해서 해야 하는 일에 대해 말을 하곤 했다. 언제나 라디오를 반쯤은 켜 놓고 대화를 했다. 이는 도청에 대한 해위 선생의 깊은 생각 때문이었다.

안국동에서 자는 밤잠은 대개 설치기 마련이었다. 그리고 언제나 그렇듯이 나오는 것이 걱정이었다. 대개 새벽 4시, 공덕귀 선생이 바로 집 앞 안동교회에 새벽예배를 나갈 때 따라나와 사라졌는데, 아침밥도 못 먹이고 그렇게 보내는 것을 해위 선생 내외분은 매우 안쓰럽게 생각했다.

그렇지만 그렇게 깜깜한 꼭두새벽에 나와서, 이제 혼자가 되어 버린 나는 잡히지나 않을까 한참 동안을 긴장해야 했다. 왜냐하면 해위 선생 댁 앞길로 죽 나오면 바로 종로경찰서 정문이고, 뒤쪽으로는 길에도 보안사 등이 있어서 안전하게 빠져나올 자신이 없었기 때문이다. 언제나 조마조마한 마음으로 해위 선생 댁을 드나들었다.

언젠가 한번은 이런 일도 있었다. 무슨 일이었는지 기억은 나지 않지만 시급히 의논 드릴 일이 있어 수유동에 있던 김한림 선생 댁에 간 적이 있었다. 들어가는 데에는 아무 문제가 없었는데 내가 나오려 할 때쯤, 기관원 몇 명이 김한림 선생 댁 앞에 포진하기 시작했다. 필경 김한림 선생을 어디 못 나가게 하기 위해 가택에 긴급하게 연금시키는 작전을 폈던 것이다. 그러나 예기치 못하게 김한림 선생 댁에 갇힌 내가 참으로 딱하게 되어 버렸다. 나가면 붙잡혀서 연행될 것이 뻔하고, 언제 풀릴지 기약이 없으니 참으로 답답한 노릇이었다. 온종일 집 안에 갇혀 있다가 그날 저녁 늦게야 아주 조심스럽게 빠져나올 수 있었다.

10·26 사태 이후 이른바 1980년 안개정국 때 김재규 구명운동과 관련해서 김한림 선생은 1년 넘게 수배생활을 했다. 고백하지만, 선생의 수배생활은 순전히 나 때문이었고, 그 무렵 선생은 부쩍 늙었던 것이 아닌가 싶다. 만년의 수배생활이 선생님을 정신적으로도 많이 괴롭혔기 때문이다. 보따리를 주섬주섬 챙겨 들고 이집 저집을 전전했으나, 혹시 내가 무안해할까 봐 애써 명랑한 표정을 지으려고 노력하

는 것을 훔쳐보면서 얼마나 마음속으로 송구스러웠던지……. 그러나 가는 곳마다 선생은 짐이 되기보다 오히려 인기가 대단했다. 그도 그럴 것이 선생은 누구에게나 따뜻한 친구가 되어 주었기 때문이다. 오히려 떠나는 것을 섭섭해들 했다.

긴 수배생활이 끝난 뒤, 우리는 선생이 당신의 연륜을 헤아릴 틈조차 없이 살아온 것을 뒤늦게 깨달았다. 그래서 당신의 자녀들과 더불어 신촌 어느 음식점에서 조촐한 고희연을 마련한 적이 있다. 이것이 아마 우리 주변에서 선생께 해 드린 유일한, 그러나 너무도 작고 초라한 보답이 아니었나 싶다.

그때 선생은 당신이 수배생활을 할 때 도와준 사람들을 잊지 않고 모두 초청해서 자리를 함께했다. 그분들도 그 자리에 참석하게 된 것을 참으로 흐뭇하게 생각했다. 그날 김한림 선생이 어떤 분인지를 새삼 깨달았다. 이렇게 한번 만나면 모두 선생의 팬이 되어 버렸던 것이다.

나는 1970년대와 80년대의 저 암울했던 억압의 세월을 살아오면서, 민주화운동과 독립운동은 같은 반열(班列)에서 평가되어야 한다고 생각했고, 내가 관여한 민주화운동의 중요한 문건(1983년, 「김대중, 김영삼의 8·15공동성명」 등) 등에서 그것을 분명히 하기도 했다.

만약 민주화가 극적으로 쟁취되고, 그리하여 새 하늘, 새 땅이 열리면 민주화를 위해서 자신의 모든 것을 바치고 희생한 사람들에 대해 민족의 이름으로 표창해야 한다고 내 나름대로 생각했다. 민주와 정의를 위해 싸우는 것이야말로 조국을 가진 인간에게 가장 아름다운

1972년, 김한림(가운데)과 딸 김윤(맨 왼쪽).

덕목이 되어야 하기 때문이다. 마치 독립운동을 한 것이 더할 수 없는 영예가 되듯이…….

나는 그러면서 민주화가 되고 난 뒤 맨 먼저, 그리고 가장 경건한 마음으로 가장 큰 훈장을 드려야 할 분이 바로 김한림 선생이라고 생각했다. 그렇게 보이지 않게 민주화운동의 뒤안길에서 온갖 사생활마저도 완전히 빼앗긴 채 헌신한, 이런 분에게 최상의 영광이 돌아가는 것은 지극히 당연한 일이기 때문이다.

나는 지금도 1970, 80년대 민주화운동의 가장 빛나는 영예는 김한림 선생에게 돌아가야 한다고 생각한다. 나는 선생님을 생전에 어머니라고 불렀는데, 사실 선생은 1970, 80년대를 살아온 모든 젊은이들의 어머니였다.

선생을 아는 사람들은 참으로 많다. 아는 사람은 다 각각 선생과 그 나름대로 인연이 있고 사연이 있다고 생각한다. 각자가 다 선생과 제일 가깝다고 생각할 것이다. 선생이 실제로 한 사람 한 사람에게 진정을 다해서 대해 주었기 때문일 터이다. 나도 그 가운데 한 사람일 뿐이다. 선생의 사랑은 너무나 크고 넓은 데 반해 우리들의 그것은 너무나 좁고 자기편의적이었다.

모든 것이 끝나고 나면 어김없이 후회가 찾아오는 법이지만, 만년의 선생을 잘 모시지 못한 것이 참으로 안타깝고 송구스럽다. 너무나 외진 곳에서, 외롭게 고생하다 돌아가셨기 때문이다. 늘 주기만 하고, 받진 못하고 가셨다.

그리고 또 하나, 선생의 생전에 선생의 일생을 정리해 놓지 못한 것이 두고두고 한이 된다. 따님과 여러 번 이야기는 했지만 끝내 시작도 못해 보고 말았다. 선생의 일생은 그냥 묻혀 버릴 인생이 아닌데 말이다.

그렇지만 나는 지금도, 어느 날 갑자기 그 낭랑한 목소리로 "은민아!" 하면서 우리 집에 들어서시지 않을까 하는 상상을 한다. 선생이 이미 이 세상 사람이 아니라는 것이 아직도 피부로 와 닿지 않는다. 1993년 김한림 선생의 영결식에서 필자가 바친 조사 가운데 일부를 싣는다.

어머니, 우리들의 어머니

어머니
어머니는 한 사람의 어머니가 아니라

구속된 학생 모두의 어머니로,

우리 시대의 어머니로,

당황한

구속자 가족들의 길잡이셨습니다.

이 땅에

최초의 구속자가족협의회를 만들어

아들이나 남편이 감옥에 있는 이들이

두려움에 떨지 않게 하시고,

혼자 남은 절망감에 빠지지 않게 하셨습니다.

서러움에 북받쳐 흐느끼지 않도록 하고

오히려

슬픔 속에서도 신명 내는 법을 가르쳐 주셨고

내 자식, 내 남편이

감옥에 가 있는 것이

결코

부끄러움이 아니라

자랑이라는 것을 깨우쳐 주셨습니다.

어머니는 신·구교를 잇는 끈이셨고

민주세력을 연결하는 통로였으며

서울과 시골을 넘나들며

이집 저집 자라나는

아이들의 사랑보따리셨습니다.

어렵고 궂은 일마다

"내가 할게" 하신 어머니

당신의 일생은 이 나라 어머니의 일생이었습니다.

연약하지만

누구보다 깨어 있었던

우리 시대의 어머니 한 분이셨습니다.

어머니,

억압과 불의가 없는 저세상에서

밝으시던 모습 그대로

즐겁게 사십시오

어머니, 우리들의 어머니!

부디 편안히 가십시오.

23

나, 그들과 함께 있었네

공덕귀

얼마 전 서평을 쓰기 위해 박형규 목사의 회고록, 『나의 믿음은 길 위에 있다』를 읽었다. 거기에는 1974년 4월 민청학련 사건 당시, 박형규 목사가 해위 윤보선에게 부탁해서 얻은 자금을 학생들에게 전달하는 장면이 나온다.

1974년 초, 나병식이 박형규 목사를 찾아와 민청학련의 반유신투쟁을 위해 자금을 만들어 줄 것을 요청한다. 유인물과 플래카드 등을 만드는 데 돈이 필요하다는 것이었다. 지금 세종대학교 근처에 있던 금잔디 다방에서였다. 그러나 박형규에게는 건네줄 돈이 없었다.

3월 초순이었을까. 박형규 목사는 통행금지가 해제된 직후의 시간을 택해 자전거를 타고 안국동의 해위 윤보선 댁을 찾아간다. 집 앞에 가니 신문이 배달되어 있었다. 박형규는 대문 안에 놓여 있던 신문을 꺼내 1면의 제호 위 여백에 "급히 돈이 필요합니다. 1백만 원쯤 만들어 주십시오. 규(圭)"라고 쓰고는 신문을 대문 안으로 밀어 넣었다.

해위는 그 메시지를 보낸 사람이 박형규 목사라는 것을 금방 알아보았다. 해위는 그 후 두툼한 돈 봉투를 부인 공덕귀(1911~97)에게 건네주면서 박형규 목사에게 전하라 했다. 공덕귀는 박 목사 집도 모르고 있던 터라, 생각 끝에 기독교회관 301호실(기독교장로회 여신도회 사무실)로 여신도회 회장이었던 이우정(李愚貞)을 찾아갔다. 이우정을 만나 그 봉투를 박 목사에게 전해 달라고 부탁했다. 그때 해위가 박형규에게 보내준 돈은 45만 원이었다. 박형규 목사는 이 자금을 안재웅을 통해 나병식에게 전달했다.

민청학련 사건이 터지고 나서, 박형규 목사가 잡혀 들어가기 전까지는 자금을 제공한 사람이 안재웅으로 되어 있었다. 그해 이른 봄에 결혼한 안재웅이 자신의 결혼축의금을 거사자금으로 내놓았다고 진술했기 때문이었다. 그것은 박형규 목사를 보호하기 위한 술책이었다. 그런데 중앙정보부의 각본은 인혁당이라는 용공단체를 고문으로 조작하고, 이들이 민청학련을 배후조종한 것으로 만들어 가고 있었다. 이대로 가다가는 공산주의자들의 사주와 지원을 받아 민청학련 사건을 일으켜 공산폭력혁명을 기도한 혐의를 뒤집어쓸 판이었다.

고문에 못 이겨서였던지, 공산주의와 연결시키는 것을 막기 위한 궁여지책이었던지 나병식은 자금을 제공한 사람이 안재웅이 아니라 박형규 목사였다고 자백했다. 그 자금의 제공원이 박형규를 거쳐 해

위로 밝혀지면서, 결과적으로 이 사건을 공산주의자들의 내란음모로 몰아가기 어렵게 만들었다. 더구나 또 다른 한편에서 자금을 댄 것이 원주의 지학순 주교로 밝혀지고 있는 마당이었다. 민청학련과 인혁당을 함께 묶어 공산주의라는 올가미를 씌울 수가 없게 된 것이다.

그러나 자금의 제공원과 그 전달 과정이 밝혀지면서 해위 윤보선과 박형규 목사는 긴급조치 위반으로 법정에 서야 했다. 이들은 지학순 주교, 연세대 김동길, 김찬국 교수와 함께 재판을 받았다. 박형규 목사는 그해 8월 결심공판에서 "나로 인해 법정에 서게 된 윤보선 전 대통령께 죄송하게 생각한다"는 말로 최후진술을 시작해, "결코 학생들보다 가볍지 않은, 더 무거운 죄를 내게 내려 주기 바란다"고 했다.

윤보선은 "내 나이 77세, 내 인생 처음으로 국가내란죄로 재판을 받게 되니 감회가 깊다.…… (군법회의) 심판관 여러분 가운데는 내가 어깨에 별을 달아 준 장군도 있다. 내가 별을 달아 줄 때에는 이 나라를 지켜 달라, 국방을 튼튼히 해 달라고 달아 준 것이다. 그런데 그대들은 국방의 의무는 다하지 않고, 이 나라의 자유와 민주주의를 위해 국민의 정당한 의사를 밝히려는 애국청년학생들을 심판하고 있다.…… 이번 사건을 인혁당과 연결시키고 있으나, 인혁당은 있지도 않은 단체로서 없는 단체를 억지로 학생들과 연결시키고 있다.…… 나를 사형장으로 끌고 가거나 풀어주는 것은 당신들 마음대로지만, 민주주의를 지켜야 한다는 내 소신은 뺏지 못한다"는 말로 최후진술을 마쳤다.

내가 굳이 이 같은 사실을 돌이켜 보는 것은 1970년대 유신투쟁 당시 해위 윤보선과 공덕귀, 특히 공덕귀의 역할을 살펴보기 위해서다. 당시 윤보선은 '반유신 민주화투쟁의 상징' 내지 자존심이었다. 그는 박정희 유신체제와 철저하게 맞섰다. 3·1 민주구국선언 사건 때도 '유신헌법 철폐, 긴급조치 무효'라는 구절이 선언문에 들어가지 않으면 서명하지 않겠노라고 했다. '전 대통령 윤보선'이라는 우산이 필요한 사람들에게 그는 언제나 기꺼이 그 우산이 되어 주었다. 해위의 바깥출입이 통제되면서, 안국동 8번지, 해위와 밖의 연결통로는 공덕귀 여사였다. 앞서 민청학련 사건에 있어서처럼 공덕귀의 역할은 조용했지만 언제나 그 중요한 일익을 담당했다.

구속자가족협의회 회장으로

내가 공덕귀를 만난 것은 1974년 말 민주회복국민회의를 만들 무렵이 아니었던가 싶다. 그때 나는 통일사회당의 김철, 여성유권자연맹의 김정례와 함께 재야 민주화운동의 결집체로서 민주회복국민회의를 결성해, 윤형중 상임대표위원, 함세웅 대변인을 돕고 있었다. 민주회복국민회의의 일을 비롯한 이러저러한 일로 안국동에 자주 들를 수밖에 없었는데, 그때 안국동에서는 나를 '윤 신부'로 불렀다. 윤형중 신부를 연상해서 내게 붙인 암호명이었다.

그때 공덕귀는 구속자가족협의회 회장을 맡고 있었다. 1,200여 명이 구속되어 조사를 받았고, 180여 명이 군법회의에 회부된 민청학련

1960년 8월, 대한민국 4대 대통령이 된 남편 윤보선, 그리고 두 아들과 함께
청와대 생활을 시작한 공덕귀.

사건 가족들의 모임인 구속자가족협의회가 만들어진 것은 1974년 가
을쯤이다. 졸지에 구속을 당한 데다, 유신정권의 탄압과 횡포가 너무
도 엄청나서 가족들은 처음에 몹시 당황했다. "하라는 공부는 안 하
고 웬 데모냐" 하여 자식들을 원망했다. 무엇보다 빨갱이로 몰려 주위
로부터 받아야 하는 따가운 시선이 견디기 어려웠다. 구치소에서, 혹
은 명동성당이나 기독교회관에서 만나면서 가족들은 우리의 자식들
이 결코 빨갱이어서가 아니라, 남보다 나라를 더 많이 사랑하고, 남보
다 더 똑똑하기 때문에 구속되었다는 사실을 깨닫기 시작했다. 그리
고 아픈 다리 기대며 서로가 서로에게 의지했다. 이렇게 해서 상당히
오랫동안 논의를 거쳐 탄생한 것이 구속자가족협의회였다.

　남산 야외음악당 사건을 겪었던 탓으로 다소의 경험과 여유가 있
었던 조정하 여사(박형규 목사의 부인), 김지하의 어머니 정금성 여사,

연세대 김학민의 아버지 김윤식 전 의원, 서강대 김윤의 어머니 김한림 선생, 유인태, 이현배, 이철의 어머니 등이 그 중심이었다. 어머니들은 떼 지어 다니면서 각종 기도회에 참석했고, 법정에 나가 일방적인 재판진행에 항의했으며, 검사의 말도 안 되는 강압논리에는 야유로 맞섰다. 그들은 비록 재판정 아래 있었지만, 판사, 검사석에 앉아 있는 사람들을 도덕적으로 부끄럽게 만들었다. 점차 세(勢)를 형성한 어머니들의 활동은 법정의 피고인들에게도 커다란 위안이 되었다.

구속자가족협의회는 회장 공덕귀, 부회장 김윤식, 총무 김한림으로 출범했는데, 최선의 팀워크라고 할 수 있었다. 공덕귀는 구속자가족협의회의 훌륭한 우산이 되어 주었고, 김윤식은 구속자가족협의회의 대내외적인 일을 통어(通御)했으며, 김한림은 가족들을 끌어내어 하나로 묶었다. 이제 구속자 가족들은 더 이상 외롭지 않았으며, 슬프지도 않았다. 함께 모이면 〈우리 승리하리라〉, 〈우리는 뿌리파다〉를 노래했다.

사실 그 엄혹했던 유신 시절에 구속자가족협의회 회장을 맡는다는 것은 쉬운 일이 아니었다. 엄청난 박해와 시련을 각오하지 않으면 맡을 수 없는 짐이었다. 아마도 누구의 부탁을 받거나, 도움을 요청 받으면 거절하지 못하는 여린 마음 때문에, 아니면 불의에 짓밟히면서도 어디 호소할 데 없는 사람들을 외면할 수 없는 천성을 가졌기 때문이었을 것이다. 그가 전태일 어머니나 인혁당 사건 가족들을 각별히 보살필 수 있었던 것도 결코 우연이 아니었다. 마침 그때 공덕귀는 교회여성연합회 초대 인권위원장직을 맡고 있었다. 교회 직책상으로도 구속자 가족들을 돌볼 수 있는 자리에 있었다. 어떻게 보면 당시 시국이 공덕귀를 비바람 몰아치는 거리로 불러냈는지 모른다. 이 시절 신·구교회를 막론하고 기도회에서 읽거나 즐겨 묵상했던 성경 말씀은 누가복음 4장 18절이었다.

> 주님의 성령이 나에게 내리셨다
> 주께서 나에게 기름을 부으시어 가난한 이들에게
> 복음을 전하게 하셨다
> 주께서 나를 보내시어
> 묶인 사람들에게는 해방을 알려주고
> 눈 먼 사람들은 보게 하고
> 억눌린 사람들에게는 자유를 주며
> 주님의 은총의 해를 선포하게 하셨다(공동번역)

3·1민주구국선언 사건과 공덕귀

1976년 3월 1일, 서울 명동성당에서 있었던 3·1절 기념미사 2부에서, 이우정이 읽은 3·1 민주구국선언은 처음에는 조용히 넘어가는가 싶었다. 하지만 며칠 뒤 이 사건은 엄청난 사건으로 확대되어 발표되었다. 사건이 있기 얼마 전 문익환 목사가 안국동에 찾아왔다. 이보다 앞서 김대중이 초안한 3·1절 성명을 갖고 해위의 서명을 받으러 이

태영이 찾아왔다. 양쪽 다 해위라는 지붕이 필요했던 것이다. 해위는 이 두 개의 문안을 더욱 강경한 선언으로 통합시켰다.

문익환 목사는 자신이 선언을 준비하고는 있지만, 신·구교회의 공동번역성서를 완성할 때까지는 자신이 한 일이 밝혀지지 않기를 바란다고 했다. 그래서 정작 선언문을 준비하고 작성한 문익환은 서명에서 빠졌다. 서명은 윤보선, 함석헌, 김대중, 정일형, 문동환, 이문영, 안병무, 이해동, 서남동, 윤반웅, 이우정 등 11명이 했다. 신부들은 같은 해 1월 '원주선언'에 서명, 발표했으므로 이번 선언에서는 빠졌다. 이 선언과 관련해서 공덕귀는 연행되어 조사를 받았다. 약속대로 문익환 목사가 왔던 사실은 숨겼다.

그러나 그들이 보여 주는 조서에는 이미 문익환 목사가 모든 사실을 자백하고 있었다. 자신이 빠지기로 했다는 이야기까지 포함해서 모든 것을 사실대로 말해 버린 것이다. 문익환 목사는 결코 거짓말을 할 수 있는 사람이 못 되었던 것이다. 그래서 대지(大智)는 약우(若愚)라고 했던가.

3·1 민주구국선언 사건이 터지고 나면서 공덕귀는 더욱더 바빠졌다. 구속된 사람 11명 가운데 신부들을 빼고 여덟 사람의 부인들이 모였다. 김대중의 부인 이희호, 문익환의 부인 박용길, 문동환의 부인 페이문(미국인), 안병무의 부인 박영숙, 이문영의 부인 김석중, 이해동의 부인 이종옥, 윤반웅의 부인 고기손, 서남동의 부인 박순리 등이 그들이었다. 여기에 공덕귀와 이우정이 더해 10명으로 '3·1 사건 대책협의회'를 구성하고 공덕귀는 그 회장이 되었다.

윤보선 댁에 모인 3·1 민주구국선언 사건 피고인과 가족, 변호인. 부인들은 옥중 남편을 대신해 죄수번호를 단 수의를 입고 있다. 가운데 앉아 있는 이들 중 왼쪽에서 두 번째부터 공덕귀, 윤보선, 함석헌.

　3·1 민주구국선언 사건은 그 사건의 크기와 사건에 관련된 사람들이 명망가들이었다는 점에서, 다른 사건들은 이 사건에 파묻히거나 주변의 관심을 끌지 못했다. 이것이 3·1 사건의 성격이요 한계였다고 말할 수 있다. 이들은 4월 17일, 부활절 새벽에는 서울구치소 뒷산에 올라가 찬송가를 불렀다. 법정에서 방청이 제한되면 일제히 입에다 검정 십자가를 붙이고 법정 입구에서 연좌농성을 벌였다.

　세 번째 공판 때부터는 이들 열 사람이 모두 보랏빛 한복을 해 입고 보랏빛 양산, 보랏빛 부채와 손수건을 들고 시위를 벌였다. 보라색은 고난과 승리의 상징이었다. 부채에는 '자유 만세', '민주주의 만세'라고 썼고, 양산에도 '민주인사 석방하라'는 글씨를 새겨 붙였다. 여름에는 보랏빛 원피스를 해 입고, 윗주머니 끝에는 각각 남편의 죄수번호와 함께 커다란 십자가를 달았다. 그리고 '승리의 숄짜기', 즉 보라색 털실로 V(승리)자형의 목도리를 짜서 파는 일도 했다. 공판은 대체로 토요일에 열렸는데, 그 전날 금요일 저녁에는 '고난받는 형제를 위한 금요기도회'가 있었다. 3·1 사건 관련 가족들의 투쟁은 다양하고 화려했으며, 다른 구속자 가족들에 비해 조금은 호화판이었다.

1976년 말이었던가. 3·1 민주구국선언 사건 구속자 가족들은 다른 여러 구속자 가족들과 어울려 '양심수가족협의회'를 만들었다. 구속자 가족들은 기관원들을 따돌리는 데 이미 익숙해지기 시작했고, 가슴 속이나 치마 속에 성명서, 영치금, 편지, 사진, 서명철 등 중요한 정보를 감추고 다니며 연락을 했다. 민주화운동과 관련한 중요한 연락을 이들이 맡아서 했다. 특히 김한림 선생이나 정금성 여사는 사람과 사람은 물론 교회와 교회, 지방과 지방을 연결하는 등 대단히 힘들고 위험한 일도 마다하지 않았다. 정금성 여사는 가족들 사이에서 '큰언니'라는 암호명으로 통했다.

지방에 집을 두고 서울에 온 구속자 가족들은 미아리 유인태네 집을 내 집처럼 드나들었다. 그곳은 구속자 가족들의 모임터이자 숙소였다. 유인태 부모의 넉넉한 인품과 따뜻한 마음씨는 이들을 언제나 편안하게 해 주었다. 유인태의 매부가 된, 김효순의 형 김병순 또한 어머니들의 크고 작은 수발을 다 들었다. 어쨌든 그때는 박정희정권의 가혹한 탄압 속에서도 신났고, 구속자 가족들끼리 손발이 척척 맞았다. 민주화투쟁에서 이들이 한 역할은 그 크기를 헤아릴 수 없을 만큼 컸다.

1977년 4월 1일에 발표된 '양심범과 그 가족들의 모임선언'에는 가족들의 7가지 약속이 있다.

1) 권력의 부당한 박해를 두려워하지 않고 비굴한 태도를 취하지 않는다.

2) 어떠한 어려움이 있더라도 '양심범과 그 가족들의 모임'을 지킨다.

3) 개별적인 구제운동은 하지 않으며 회원 한 사람에 대한 박해를 전체의 모임에 대한 박해로 간주한다.

4) 결정된 합의사항에는 최선의 노력을 기울여 적극적으로 참여한다.

5) 모임의 비밀을 지킨다.

6) 전원이 한 가족의 정신으로 단결한다. 회원 상호 간에는 형제의 정으로 상부상조한다.

7) 정보·수사기관의 위협과 고문에 대하여 우리는 양심선언으로써 우리의 양심을 지킨다.

우리가 돌보지 않으면 누가 돌보랴

공덕귀의 행동반경은 1970년대 후반으로 오면서 더욱 확대된다. 구속자가족협의회 또는 3·1 민주구국선언 사건 대책협의회의 회장을 맡은 것은 그 자신이 당해 사건 관련 피고인의 아내였다는 점에서 어떻게 보면 당연한 일이었는지도 모른다. 그러나 이렇게 시작한 그는 교회 여성활동과 맞물려 더욱 적극적으로 활동하게 된다.

1974년 5월, 공덕귀는 뜻하지 않게 교회여성연합회의 초대 인권위원장을 맡는다. 아주 살벌했던 시절이라 전직 대통령 부인이 맡아야 한다고 해서 억지로 떠맡겨진 것이다. 그때는 개신교 NCC 내에도 이제 막 인권위원회가 설치되던 때였다. 인권위원장이 되면서 공덕귀는 정말 바쁘게 살았다. 거의 날마다 충정로에 있는 교회여성연합회 사무실로, 구속자 가족들이 모이는 종로5가 기독교회관 301호실로, 목요기도회가 열리는 기독교회관 대강당으로, 재판이 열리는 법정으로, 구속자 석방을 위한 기도회로, 구속자 가족들이 내몰리는 거리로, 농성장으로, 바자회장으로, 강연회장으로, 교도소로 쉼없이 찾아다녔다. 공덕귀는 일을 맡으면 적극적이었다. 그냥 감투만 쓰고 앉아 있는 성격이 아니었다. 지극정성을 다해야 직성이 풀렸다.

교회여성연합회에는 그때 수많은 여성 노동자들의 호소문이 쌓이기 시작했다. 그 사연들은 하나같이 눈물겨웠다. 조화순 목사 등 산업선교회에서 일하는 사람들의 이야기도 수없이 들었다. 공덕귀는 이런 이야기를 들으면서 "우리가 이들을 돌보지 않으면 누가 돌보랴" 하는 절절한 심정이었다. 공덕귀가 제일 먼저 깊이 관여한 사건은 방림방적 사건이었다. 1977년 2월, 여공들이 자신들이 당하고 있는 어려움을 조목조목 적어 개선을 요청하고 노동청에 진정을 하자 당국과 회사는 거꾸로 주동자와 가담자를 색출해 처벌하기에 이른다. 이에 맞서 9월에 재야 민주화단체 중심으로 대책위원회를 만들었다. 교수, 목사, 신부, 의사, 여성 지도자, 문인 등 100여 명이 참여했고, 공덕귀는 대책위원장을 맡았다. 이들은 체불임금 지급을 촉구하는 성명서도 내고, 서명도 받고, 기도회도 열고, 항의도 하는 등 열심히 뛰어다녔다.

1977년 5월에는 남영나일론 사건이 일어났다. 임금을 올려 달라고 요구하며 농성하던 노동자들이 엄청나게 폭행만 당하고 쫓겨난 사건이었다. 이 사건에는 불매운동으로 맞섰다. 그리고 해고당한 노동자들에게는 교회여성연합회에서 최소한의 생활비를 지급했다. 결국 사장이 해고 노동자를 복직시키기로 약속하고 사과하는 작은 승리로 끝났다. 1978년 2월에는 "똥을 먹고는 살 수 없다"고 외치는 동일방직 사건이 터졌다. 재야에서는 '동일방직 사건 긴급대책위원회'를 구성했다. 이 사건은 노동 문제에 대한 사회적 관심을 고조시켰다. 공청회도 열고, 여성 노동자를 초청해 그들이 겪은 처절한 사정을 보고하게 하기도 했다. 그러나 동일방직 사건은 끝내 해결을 보지 못한 채 1979년에는 해태제과 사건, YH 사건이 터져 나왔다.

이러저러한 인권 문제를 효과적으로, 힘을 합쳐 대처하기 위하여 1978년에는 '한국인권운동협의회'를 만들기에 이르렀다. 회장에 함석헌, 부회장에 문익환, 김승훈, 송건호, 공덕귀가 추대되었다. 이처럼 공덕귀의 활동의 지평은 넓어져 갔다. 1970년대에 공덕귀는 확실히 '재야 민주화운동의 큰어머니'였다. 그의 따뜻한 손길이 미치지 않는 곳이 없었다.

아내와 여성 지도자 사이에서

공덕귀는 1911년 4월 21일 통영에서 태어났다. 14살 때 대한제국의 군인이었던 아버지가 작고하고, 독실한 신앙생활을 하며 삯바느질로 생활을 꾸려 가는 어머니 밑에서 자랐다. 호주 선교사의 도움으로 그는 동래일신여학교에 입학하는데, 당시 동래일신여학교는 전국에서 가장 선구적인 학교였다. 그곳에서 그는 만능의 팔방미인이었으며, 졸업할 때는 전교 수석에 우등상, 도지사상, 4년 개근상 등 상이란 상은 모두 휩쓸었다.

그는 인도선교사가 되는 것이 꿈이었지만, 일본 요코하마신학교에서 4년을 공부하고 귀국했다. 얼마 뒤 동경여자신학교 4학년에 편입해 수학했고, 해방 후에는 조선신학교(현 한국신학대학교) 베다니 여자신학부의 교수가 되었다. 그는 미국 프린스턴 신학대학의 전액 장학생으로 수속을 밟다가 윤보선과 결혼하면서 유학의 꿈을 포기해야 했다. 당시 윤보선은 서울시장이었고, 결혼하고 얼마 뒤에는 상공부 장관이 되었다. 그는 프린스턴 대학에 유학하지 못한 것을 끝까지 못내 아쉬워했다.

그는 아기자기하고 얌전한 가정부인 타입은 아니었다. 정치인의 아내로서 내조하거나 희생하고 봉사하는 데도 익숙하지 않았다. 그는 살림이나 아내로서의 일에 집착을 보이지 않았다. 전통적인 아내로서의 역할은 서툴렀다. 처음 결혼했을 때, 시어머니가 눈치를 보지 않도록 배려해 주어서 며느리 노릇을 할 수 있었다. 시어머니의 이러한 사

해위 윤보선과 공덕귀.

랑과 인내가 아니었으면 그의 결혼생활은 난감했을 것이라고 그 자
신이 술회한 바 있다.

공덕귀는 여성으로서는 보기 드물게 자상한 어머니보다는 대범한
아버지의 풍모를 지녔었다. 아마 그가 윤보선과 결혼하지 않았더라면
여성 신학자 아니면 교회 여성 지도자가 되었을 것이다. 1970년대에
해위 윤보선이 가택에 연금되면서 그는 바깥과의 통로가 되었다. 그
것이 차츰 그의 행동반경을 넓혀 가는 계기가 되었으며, 1970년 말에
는 교회 여성 지도자로서 우뚝 섰다. 결혼생활로 잠재되었던 그의 리
더십이 진가를 발휘하기 시작한 것이다.

그의 걸음걸이는 언제나 힘찼으며, 그의 기도는 언제나 간절했다.
지난날 신학자다운 면모는 그가 입만 떼면 드러났다. 때와 장소에 따라 적절한 성경 구절이 막힘없이 흘러나왔다. 그가 드리는 기도에는 언제나 간곡함이 어려 있고, 감동을 일으키는 힘이 숨어 있었다. 그가 좋아했던 성경 구절은 "다시는 주의 이름을 입 밖에 내지 말자, 주의 이름으로 하던 말을 이제는 그만두자고 하여도 뼛속에 갇혀 있는 주의 말씀이 심장 속에서 불처럼 타올라 견디다 못해 저는 손을 들고 맙니다(에레미아 20장 9절)"였다.

해위 윤보선이 소천하자, 안동교회에서는 그를 기념해 그가 앉았던 맨 앞자리에 표지를 달아 놓았다. 해위의 사진과 그가 앉았던 자리임을 밝힌 간단한 표지를 붙인 것이다. 공덕귀는 그 자리에 주일마다 꽃을 갖다 놓기를 3년 동안이나 했다고 한다.

1970년대와 80년대에 밖의 소식이 궁금하면 해위는 나를 불렀다. 이발소를 통해 들어가거나 공 여사를 따라 들어가 밤을 새우고, 나올 때는 새벽기도 가는 공 여사를 따라 나와 사라졌다. 종로경찰서에서 뻔히 보이는 앞길이라 그때마다 조마조마했다. 공 여사는 그 모든 심부름을 하고 시중을 들었다. 1979년에는 해위가 써 준 우리 집 당호 '만춘당(滿春堂)'이라는 글씨를 표구해서 공 여사가 우리 집에 가져온 일도 있었다. 그때 나는 공 여사에게서 '늙는 것도 충분히 아름답다', '아름답게 늙을 수도 있구나' 하는 것을 깨달았다.

몸으로 일구어 낸 한살림

박재일

불모의 풍토에서 불가능할 것만 같던 한살림을 세우고 일구고 이끌어 온 박재일(1938~2010)은 언론인 임재경의 말대로 무실역행(務實力行) 의 사람이었다. 큰 목소리, 거대한 담론보다는 나직한 목소리, 인간에 대한 신뢰 하나만 믿고 자기 길을 묵묵히 걸어간 사람이었다. 따라서 살아 있었을 적에는 미처 그를 의식하지 못했던 사람도 그가 없어서 생긴 공백과 그 허전함을 새삼스럽게 느끼지 않을 수 없었을 것이다.

오늘(2012년)의 한살림은 35만 세대의 소비자조합원에, 2천여 세대 의 생산자가 참여하고 있는, 연 매출 2천5백 억 원의 생활협동조합으 로 성장했다. 한살림 생활협동조합은 "생산자는 소비자의 생명을 책 임지고, 소비자는 생산자의 생활을 책임진다"는 것을 목표로 하고 있다. 이렇게 한살림은 이 땅의 올바른 생명농업을 실현하고자 했던 농민들과 그 땀의 가치를 아는 도시 소비자들이 함께 어깨동무하면서 생명의 지평을 열어 가고 있다. 그 한가운데에 박재일이 있었다.

한살림은 1986년, 서울시 동대문구 제기2동에 20평짜리 쌀가게 '한살림농산'으로 출발했다. 그곳에는 쌀에서 돌을 골라내는 석발기 한 대, 그 옆에 쌓인 쌀 몇 포대와 어설프게 진열된 계란과 참기름병, 이것이 전부였다. 한살림은 이렇게 시작되었다. 일찍이 소설가 이문구는 벌레가 먹어 잎에 구멍이 숭숭 뚫린 채소라야 안전한 먹거리인데, 도시 여편네들은 농약 쳐서 잎이 반드르르한 것만 비싼 값으로 사먹는다고 비꼰 적이 있었다. 그것은 경기도 발안에서 손수 농사지었던 그의 경험담을 말한 것이었다.

바로 그 무렵, 한살림이 출발했다. 벌레 먹어 구멍 난 배추, 돌이 씹히기 일쑤인 쌀, 검은 점이 꺼멓게 박힌 귤을 사 주면서 품질이 좋아질 때까지 믿고 견뎌 주는 소비자 집단을 한살림이 만들어 낸 것이다. 과연 무(無)에서 유(有)를 창조하고, 그 시작은 참으로 보잘것없었으나 그 뒷날은 장대하게 성장했다.

오늘의 한살림은 박재일의 끈기, 그리고 박재일이 스스로 고백한 것처럼 "생명의 밥상을 차리려고 노력한 이 땅의 엄마들의 힘"이 일구어 냈다. 생활 속에서 누구나 공감하는 절실한 문제로부터 출발하자는 것이 박재일의 생각이었다.

"그게 밥 아닙니까? 어느 누구도 피하거나 외면할 수 없는 게 밥이

초기 사무실에서 직원들과 함께 식사하는 모습(뒷줄 맨 오른쪽이 박재일).

잖아요. 밥과 세상과 사람들의 관계로부터 시작한 거예요. 우리가 제
대로 된 생명의 밥상을 차리자. 그래서 가정의 밥상, 들판의 밥상, 도
시의 밥상, 사회의 밥상을 꾸리자고 말이죠. 그런데 의외로 좋은 생각
을 하는 사람들이 많이 있었어요."

그렇게 의외로 좋은 생각을 하는 많은 사람들이, 오늘날 한살림의
생산자요 소비자들이었다.

한살람의 '한'은 큰, 하나, 전체, 모든 생명을 뜻한다. '살림'은 국어
사전의 정의로는 "한 집안을 이루어 살아가는 일 또는 살아가는 상태
나 형편"이라고 되어 있다. 그러나 여기서는 살려 낸다, 산다는 뜻을
담고 있다. 한살림선언에서는 한살림을 "생명에 대한 우주적 각성,"

"자연에 대한 생태적 각성," "사회에 대한 공동체적 각성," "새로운 인식, 가치, 양식을 지향하는 생활문화활동," "생명의 질서를 실현하는 사회실천운동," "자아실현을 위한 생활수양활동," "새로운 세상을 창조하는 생명의 통일활동"으로 다소 거창하게 규정하고 있다.

그러나 한살림에 대한 이러한 고답적인 정의보다는 박재일의 실천적, 경험적 정의가 훨씬 더 설득력이 있다. "함께 살자. 함께 이마를 맞대고 손 맞잡으면 모두가 다 가족이 되고 살길이 있다," "한 사람을 통해 이 세상에서 정말 좋은 사람들과 기분 좋게 만나고, 관계를 맺은 것이 이제껏 (나를) 잘 살게 해 준 힘이었다," "우리가 왜 이런 일들을 하는지 제대로 알려 내고, 교육하고, 투명하게 공개하기만 하면 사람들 사이에는 믿음이 생기죠. 협동은 그 믿음의 힘으로 커져 가는 거예요," "한살림은 끝없이 만들어 가는 거예요. 완성된 게 아니라, 생활하고 사람들이 하루하루 삶을 통해서 만드는 거지요."

그런 점에서 박재일이야말로 한살림의 사람이었다. 그의 죽음을 놓고 여류(如流) 이병철은 조시에서 박재일이 걸어온 길을 이렇게 표현했다.

"밥상살림의 한 길을 걸어 / 마침내 생명살림의 큰 산을 이룬 사람 / 아직 가보지 않았던 길 / 누군가 앞장 서 열어가야 할 그 길을 걸어 // 그가 걸어온 길 / 이제 큰 길이 되었다 / 한살림의 길 함께 살고 모두를 살리는 큰 살림의 길"

한살림이 있기까지

박재일은 경상북도 영덕군 남정면 사암리에서 태어났다. 당시로서는 상당한 오지였던 탓인지, 그는 남보다 한두 해 늦게 초등학교에 들어 갔다. 그와 내가 대학(서울 문리대)에서 친구로 만났을 때 그는 나보다 너댓 살이나 위였다. 이른바 6·3 사태로 나는 1964년에, 그리고 그는 1965년 2차 한일굴욕외교반대투쟁으로 구속되었다. 바로 그 얼마 전에 그는 고향에 내려가 결혼을 했는데, 그 결혼에 친구랍시고 서울서 내려간 여러 친구들이 애를 먹인 일이 두고두고 화제가 되곤 했다. 어쨌든 그 아내는 장가는 가고 시집은 아직 안 온 상태로 남편의 옥바라지를 했다. 졸업논문을 마무리하기 위해 서울에 간 남편이 감옥에 갇혀 있다는 소식을 듣고, 부인은 전혀 놀라지 않은 채 남편이 선택한 길과 삶은 언제나 옳다고 확신했으며, 이 신뢰는 남편이 세상을 떠나는 순간까지 한결같았다. 부인에게 남편은 오직 삶의 중심이고 모든 것이었다. 그는 옥중에서 첫딸 순원의 아버지가 된다.

1966년 출소한 박재일은 막막했다. 그 당시 시국사건으로 감옥까지 갔던 사람에게 취업의 문은 결코 쉽게 열리지 않았다. 그렇다고 그에게 신문기자 따위는 마음에도 없었다. 그때 그는 고향에 내려가 농사를 지으며 살까도 생각했다. 그러나 그것 역시 그렇게 쉽지 않았다. 그때 원주에서는 얼마 전 교구장으로 부임해 온 지학순 주교가 무엇인가 새롭고 보람 있는 일을 모색하고 있었다. 그러기 위해서는 능력 있고 참신한 인재가 필요했다. 매우 자연스럽게도 김지하의 제의

딸들과 함께한 박재일과 부인 이옥련.

로 박재일은 원주행을 택한다. 당시 원주의 신도회는 장일순이 이끌
고 있었는데, 이때 시차(時差)는 있지만 원주로 김영주, 박재일, 김헌
일 등 많은 사람들이 찾아오거나 모였고, 그리고 원주에 거주하던 이
창복, 이경국 등이 합류했다.

　박재일은 원주교구가 운영하는 진광중학교 영어교사에 부임하는
것으로 원주생활을 시작했다. 그러나 유신정변을 향해 치닫고 있던
박정희정권이 무소불위의 권력을 휘두르는 상황 속에서 원주에서의
생활은 처음부터 결코 평탄치 못했다. 1971년 10월, 한국 교회사상 일
찍이 없었던 충격적인 사건이 원주에서 일어났다. 주교가 앞장서서
부정부패 일소, 정의를 위한 데모를 일으킨 것이다. 이것은 교회 안에

서는 물론 사회적으로도 커다란 파장을 불러왔다. 천주교 원주교구가
세상에서 관심의 표적이 된 것이 이때부터다. 권력과 교회의 긴장관
계가 형성되면서, 교회와 관련된 사람들은 요시찰 대상이 될 수밖에
없었다. 그것은 1974년 지학순 주교가 구속되면서 절정에 이른다.

1972년 8월 19일, 강원지역에 집중폭우가 몰아쳤다. 병자년(1936)
홍수 이래 처음이라고 할 만큼의 천재지변이었고, 그에 따른 침수피
해도 엄청났다. 정선, 황지부터 영월, 평창 등지에 흩어져 있던 남한강
수계의 광산촌과 골짝골짝의 농촌이 거의 초토화됐다. 남한강 수계의
수해복구를 위해 지학순 주교가 발 벗고 나섰다. 지학순 주교는 전 세
계 가톨릭에 지원을 호소했다. 미세레올과 카리스타에서 한화로 약 3
억 6천만 원이 지원되었다. 1973년 연초에 원주교구가 주축이 된 재
해대책사업위원회(위원장 지학순 주교)가 구성되었고, 박재일은 이를
계기로 교사생활을 접고 농촌운동에 투신한다.

집행위원회는 김영주가 맡았고, 박재일은 농촌 부분을 맡았다. 재
해대책 가운데 가장 시급한 것은 식량자원이었다. 그다음은 유실되고
황폐화된 집과 농토의 복구였다. 그리고 더 욕심을 부린다면 이 기회
에 농민의 생산소득을 높일 수 있는 길을 찾는 일이었다. 이 과정에서
동일한 작목을 재배하는 생산협동체, 유통협동조직, 신용협동조합 등
의 움직임이 자연스럽게 나타났다. 물론 여기에는 결코 '밀가루 신자'
를 만들어 내는 구호활동이 아니라, 하늘은 스스로 돕는 자를 돕는다
는 바로 그 스스로 돕는 사람을 키우자는 재해대책사업의 기본방침
이 큰 역할을 했다.

이리하여 각 마을에는 서로 간에 신뢰가 생겼고, 신뢰가 쌓이니까 자금이 모였다. 버선목에 사장됐던 푼돈들이 햇볕을 보면서 목돈이 됐다. 사채, 고리채로 고생하는 사람들이 우선 그 혜택을 받았다. 자연스럽게 마을 연대가 이루어졌고, 몇 개의 신용협동조합이 모여 지역 단위의 신협이 결성되었다. 박재일에 따르면, 당시 농촌과 광산촌에 74개의 신협이 생겼다. 3개 도(道), 13개 시군(市郡), 47개 읍면(邑面), 129개 리(里)와 17개 광업소가 사회개발위원회(재해대책사업위원회 후신)에 참여했다. 생협, 신협의 경험이 축적되면서 소비자협동조합도 이루어졌다. 좀 더 넓은 단위의 지역협동운동도 일어났다.

협동운동의 가능성을 발견한 것은 큰 수확이었지만, 그 뒤부터 벌어진 광산의 급격한 폐쇄와 이농현상은 이들이 모처럼 발견한 희망을 허물어 뜨리고 있었다. 박재일의 말대로 농민운동을 해 보니까, 이제 민주화는 되는데 정작 마을이 다 깨졌다. 농촌에서 사람이 떠나고, 사람이 땅과 관계를 맺는 것이 아니라 기계가 농약도 다 뿌리고, 땅과 인간의 관계가 황폐화되었다.

전투적인 노동운동, 농민운동과 같은 종래의 방법으로는 안 되겠다고 생각하기 시작한 것은 장일순이었다. 장일순은 노동운동와 농민운동, 그리고 민주화운동까지 그 모두가 생명운동에 바탕을 두어야 한다고 생각했다. 그것이 1970년대 말 1980년대 초였다. 이때 착안한 새로운 운동방식은 바로 생활협동운동의 전망 아래 농촌과 도시를 잇는 도(道)·농(農) 직거래 운동이었다(『스무살 한살림, 세상을 껴안다』, 2006).

이러한 비판적 성찰과 고민 끝에 나온 것이 1989년의 '한살림선언'이었다. 5만자 안팎으로 된 선언은 12년의 모색, 1년 4개월의 준비, 11차례의 모임, 4차례의 토론 끝에, 장일순, 김지하, 박재일, 최혜성 등이 정리하고, 최혜성이 대표집필, 1박 2일의 합숙연수를 통해 채택되어 1989년 10월 29일, 대전의 신협 연수원에서 열린 '한살림 모임' 창립총회에서 발표되었다. 이 선언의 핵심 주제는 "인간과 자연의 생명을 소외, 분열시키고 억압, 파괴하는 '죽음의 질서'인 산업문명 전반에 대항해서 생명을 총체적으로 살리는 사회운동, 즉 인간과 자아, 인간과 자연, 인간과 사회의 전면적 변화를 지향하는 생명운동"이었다.

한살림선언은 "1. 산업문명의 위기, 2. 기계론적 모형의 이데올로기, 3. 전일적 생명의 창조적 진화, 4. 인간 안에 모셔진 우주생명, 5. 한살림" 등 다섯 개 장으로 되어 있다. 이 한살림선언문에는 동학의 시천(侍天), 장일순의 나락 한 알 속의 우주, 김지하의 생명사상이 두루 삼투되어 있다. 이 선언의 시작과 끝은 이렇다.

"인류가 자유, 평등, 진보의 깃발 아래 피와 땀을 흘리면서 이룩해 온 오늘날의 문명세계는 물질적 풍요를 가져다준 반면 인간을 억압하고 소외시키고, 나아가서 인류의 생존기반이 되는 지구의 생태적 질서를 훼손시키고 파괴하고 있다."

"새로운 세계를 바라보고 이를 준비하고 있는 각성되고 해방된 인간의 정신은 '자기 안에 있는 우주 안에 자기가 있음'을 깨닫고 있다.

진화의 분기점에서 방황하고 있는 이 시대는 '우주 속의 인간', '인간 안의 우주'라는 자기 이미지를 지닌 새로운 이념이 나와야 할 때이다. 그러기에 우리는 바로 지금 여기에서 새로운 생명의 이념과 활동인 한살림을 펼친다.

　　무궁한 그 이치를 무궁히 살펴내면

　　무궁한 이 울 속에 무궁한 내 아닌가(水雲)."

　한살림 모임은 생명사상을 전파하고, 생활협동운동을 확산시키기 위해 '한살림 강좌'를 개설하고, 무가지 《한살림》을 발행했다. 그러나 한살림 모임을 주도했던 면면이 죽거나 뿔뿔이 흩어지면서, 1993년 이 모임은 문을 닫는다. 그리하여 결국 한살림운동은 박재일이 담당한 생활협동운동체로만 남게 된다. 그리고 그 한살림이 1994년 6월에 사단법인화해 생명문화운동의 기능을 흡수한다. 이 기능은 다시 2002년 한살림 산하에 설립된 '모심과 살림 연구소'가 이어받는다.

그가 걸어온 길

박재일은 이론이 아니라 말없이 발로 뛰는 노력으로 사실상 한살림운동을 실천해 왔다. 그는 연 1,500여 명의 농민들이 농약중독으로 쓰러져 목숨을 잃고, 농약과 비료 사용으로 농업의 자연순환 전통이 깨지는 것을 보면서, 농업생산방식을 근본적으로 바꾸지 않으면 안 된다는 것을 깨달았다. 생명의 뿌리인 땅을 되살리기 위한 첫걸음으로 비료와 농약을 사용하지 않고 농사를 짓는 유기농법에 주목한다. 유기농법으로 농사를 지으면 생산소출이 적을 수밖에 없고, 그러다 보면 생산가격이 또 비쌀 수밖에 없다. 시장경제 원리로 볼 때 사 줄 사람이 없다는 것이다. 이런 문제를 해결하는 방안 가운데 하나가 도·농 직거래였다.

이러한 도·농 직거래를 시작한 것은 1984년 6월 24일, 원주소비자협동조합을 설립하면서부터였다. 박재일이 이사장으로 이 일에 앞장을 서기 시작했고, 이것이 서울 제기동의 한살림농산으로 이어졌다. 이때도 독일 쪽 교회의 도움을 받았다. 한살림이 초기에 공급한 품목은 충북 음성 성미마을의 쌀, 강원 횡성 공근마을의 유정란과 원주의 참기름, 들기름 정도였다. 원주소협과 한살림농산의 성과가 1988년 4월 21일 창립된 한살림공동체 소비자협동조합(초대 이사장 이순로)으로, 그리고 같은 해 11월 20일에는 한살림에 물품을 공급하던 생산자들의 모임인 한살림 공동체 생산자협의회(초대 회장 김영원)의 발족으로 이어졌다. 물론 이 시기에도 '무공해'를 표방하면서 직거래로 농산물을 취급하는 업체나 단체가 적지 않았다. 그러나 사업과 운동이라는 측면에서 나름대로 꾸준히 성장을 계속하고 있는 것으로는 한살림을 들 수 있다.

박재일의 한살림은 두 개의 지향을 가지고 있다. 하나는 생명을 중시하는 삶을 직접 실천하는 '생활실천사업'이고, 다른 하나는 생명의 가치와 이념을 전파하는 '생활문화운동'이다. 그러나 이 둘은 서로 보완관계이면서도 서로 상충하는 측면이 있다. 그런 점에서 이 둘의 통합과 조화 그리고 발전은 영원한 숙제라 할 수 있다. 한살림운동의 현장 활동가로는 소협과 생협의 주축인 이순로, 김영원 외에 이상국, 조희부 등이 있다. 나는 박재일의 장례식 때 그들이 보여 준 사랑과 헌신을 보면서 깊은 감명을 받았다. 이상국은 모든 걸 접고 귀농하려다 박재일의 강권으로 한살림에 참여해 대구가 직장인 부인과 딴살림을 하면서까지 한살림운동에 헌신하고 있으며, 조희부는 서울대 법대를 졸업하고 YMCA 농촌부 간사를 하다가 귀농해 농민운동에 투신했다. 장기표의 말에 따르면, 조희부야말로 전태일의 죽음 이래 그 앞에 서면 일찍부터 자신을 꼼짝 못 하게 하는 이상한 열정의 힘을 가진 사람이라고 한다.

박재일은 1973년에 가톨릭농민회 활동에 참여하기 시작해서 1982년부터 84년까지는 가톨릭농민회 전국회장을 역임했다. 이러한 그의 활동과 생각이 축적되어, 그의 한살림운동을 추동케 하는 힘이 되었다. 결과적으로 박재일은 친환경농산물의 도·농 직거래를 통해 우리 사회 일반에 유기농업에 대한 저변과 이해를 확산시켰고, 도시와 농촌이 함께 어울려 서로 돕는 공동체 문화를 형성시켰다. 한살림이 우리나라에서 가장 오래되고 가장 많은 조합원이 참여하고 있는 최대의 생활협동조합으로 자라오는 동안 다른 생활협동조합의 설립과 운영에 많은 영향을 주었다.

박재일은 1991년에 시작된 '우리 밀 살리기 운동'에 공동대표로 앞장섰으며, 1994년부터 2002년까지는 사단법인 환경농업단체연합회

한국가톨릭농민회 강원지구연합회 창립총회에서.

회장을 역임했다. 박재일이 한살림운동을 통해 우리 사회에 던진 생명농업이라는 화두는 결국 1990년대에 친환경 농업 지원에 관한 특별법이 제정되고, 농림부에 친환경 농업 관련 부서가 신설되게 하는 등 친환경 농업에 대한 법과 제도가 마련되는 데 큰 영향을 미치기도 했다. 그러나 친환경 농업을 향해 할 일은 많고 갈 길은 멀다. 아직은 첫걸음을 내디뎠을 뿐이다. 박재일은 이러한 노력으로 생전에 철탑산업훈장, 서울환경상 대상, 친환경 농업 대상, 정일형·이태영 자유민주상, 일가상 등을 받았다.

조용히 변화를 이끌어 내는 시민운동의 선구자

이렇게 한살림을 세우고, 일구고, 이끌어 온 박재일이지만 그는 항상 그 공을 남에게 돌린다. 밥상의 가치를 아는 소비자, 생명의 가치를 아는 생산자, 그 가치의 중요성을 전파한 운동가, 이러한 가치를 지켜 조직을 운영해 온 실무자, 그리고 그들을 믿고 따르고 지지해 준 그들 가족들 때문에 한살림의 오늘이 있었다고 말해 왔다. 조직을 이끌어 가는 방식도 쳐서 내치기보다는 끌어안으면서 함께 시정해 가려고 노력했다.

그 어려운 외중에서도 그는 가정에 충실했다. 가족이 힘들어할 때 그는 그의 아내에게 "여보, 미안해. 다 내 잘못이야. 내가 당신을 힘들게 해서 그래요"라고 용서를 빌었다. 2년에 걸친 투병생활 속에서 그는 장일순의 가르침대로 "병은 싸워서 이기는 것이 아니라 친구처럼 내 몸에 잘 모시고 가야 하는 것"이라며, 병과 함께 지냈다. 그가 병상에서 아내에게 남긴 마지막 말은 "나를 만나서 고생 많이 했소. 미안하오. 꼭 일어나겠소"였다고 한다.

그는 다섯 딸들에게도 따뜻한 아버지였다. 묘소에서 마지막 작별을 하면서 5명의 딸들이 아버지에 대한 따뜻한 그리움의 조각들을 하나씩 맞추어 갈 때 인간 박재일의 모습이 많은 사람들에게 선명하게 각인됐다고 한다. 술 마시고 늦게 귀가하는 날도, 그는 꼭 어린 딸들을 깨워 인사를 했다. 딸이 비싼 온열기 의자를 사 준 것에 버럭 화를 냈지만, 그 말에 딸이 맘을 상했을까 봐 바로 전화해서 "사용해 봤더니 좋더라"며 자식에게 미안한 말을 건네는 아버지였다.

과연 그는 누가 말한 것처럼 참으로 조용한 조직운동가였다. 한 시대 세상을 아주 조용히, 그러나 기어이 변화를 이끌어 낸 대안 있는 시민운동의 선구자였다. 친환경 급식, 유기농, 도·농 간 호혜협력이 오늘의 대안이 될 수 있었던 데는 박재일의 무실역행이 밑바탕이 됐다.

'있을 때 잘해!'라는 말이 있지만, 그러나 참으로 있을 때 잘하기는 어려운 것인가 보다. 나는 그가 위암 발발 사실을 알려 주면서, 병원을 물색할 때 그의 전화를 받았다. 그 얼마 뒤 수술 받을 병원을 정했다는 이야기를 들은 것이 내가 들은 그의 마지막 육성이었다. 부끄러운 고백이지만, 그의 투병 기간 내내 차일피일하다가 그가 의식이 있을 때 그를 만나 보지 못했다. 그것이 한으로 남고, 씻을 수 없는 죄의식으로 남아 있다.

사람은 죽어야 그 사람의 진면목을 안다고 한다. 과연 박재일은 작고하고 나서야 그의 참모습이 드러났다. 그는 선후배 동료들에게 신의, 공정, 겸손, 연대의 표본이었다. 그가 타계했을 때 친지들의 안내로 언론에 보도되었던 박재일에 대한 내「추모의 글」로 이 글을 끝맺는다.

인농(仁農) 박재일 형!

얼마 전 대구의 천규석 형과 함께 병원으로 찾아갔을 때, 통증으로 고생하시는 걸 보고, 왜 형한테 이런 시련과 고통을 주시는지 정말 하늘이 원망스러웠습니다. 그러나 현숙한 어머니 밑에서 훌륭하게 자란 다섯 딸들의 지극 정성이 담긴 눈물겨운 간호를 보면서 어쩌면 기적같이 형이 살아 돌아올지 모르겠다고 일말의 기대를 가졌었는데, 형은 끝내 일어나지 못하셨습니다.

돌이켜 보면, 형은 일생을 오직 일 속에 파묻혀, 일만 하다가 가셨습니다. 많은 사람들이 형을 '무던한 사람', '일만 하다가 간 사람'으로 기억할 것입니다. 사람들은 모두 다 서울로 다투어 몰려오는데 유독 형만이 보따리 짐 싸 들고 원주로 내려갈 때부터가 그랬습니다. 원래 일복을 타고 태어난 탓도 있겠습니다만, 형 스스로 일을 찾아 나선 것이 그 몇 번이었습니까.

원주교구에서의 재해대책본부 활동으로부터 시작된 저 끊임없이 이어지던 일, 해도 해도 끝이 없던 일이 얼마나 많았습니까. 신용협동조합 활동, 가톨릭농민회 활동, 그리고 만년의 한살림운동에 이르기까지 형은 일에 파묻혀 살았습니다. 형은 한 번도 그 일을 마다하지 않았습니다. 그것이 내가 져야 할 짐이라면, 저 짐에 눌려 신음하는 사람들에게 한 줌 보탬이 되는 일이라면, 형은 언제나 그 짐을 기꺼이 맡아 지셨습니다. 형은 또 불의에 짓밟히면서도 호소할 데 없는 사람, 가난이 제 탓만 아닌 사람들을 위해서도 언제나 솔선해서 그들의 짐을 맡아 지셨습니다.

또 형은 고생으로 점철된 삶을 사셨습니다. 만학으로 대학에 들어와 한일협정비준반대투쟁으로 구속되면서부터 형의 고생은 시작되었습니다. 장가는 갔으되 아직 시집은 안 온 상태에서 부인께서는 당

박재일.

신의 옥바라지를 했습니다. 금호동 언덕배기에서의 신혼살림은 또 얼마나 간고했습니까? 그 이후 농민운동을 하면서 1970년대, 80년대에 몸과 마음으로 겪은 고생은 얼마나 컸습니까.

형은 건강한 먹을거리 운동, 우리 밀 살리기 운동, 유기농운동, 농촌 살리기 운동, 한살림운동을 뼈 빠지게 자신의 몸으로 시작했습니다. 비료와 농약을 안 주거나 덜 준 고추 부대를 들고 동분서주하던 때가 어제 같습니다만, 지금 한살림운동은 전국 방방곡곡에 튼튼히 뿌리내리고 있습니다. 이 모두가 형이 몸으로 일구어 낸 성과라고 저는 믿습니다.

고생 고생 끝에 여기까지 왔는데, 이제 좀 편하게 쉬었다 갈 만하게 되었는데, 형은 덧없이 이렇게 가시고 말았습니다. 일만 하시다, 실컷 고생만 하시다, 풍성한 추수로 영화도 보지 못하고 이렇게 가셨습니다. 이는 필경 형이 몸을 너무나 혹사한 탓임에 틀림없습니다. 그것이 우리를 더욱 가슴 아프게 합니다. 일도, 고생도, 고통도 없는 저세상에서나 이제는 제발 편히 쉬십시오. 삼가 명복을 빕니다.

25

한국으로부터의 통신

송영순

"정의와 진리를 사랑하는 모든 이들에게 이 글을 보낸다. 참으로 어처구니없는 모략이 지금 나에게 들씌워지고 있다. 박 정권의 억압자들은 나를 가톨릭에 침투한 마르크스 레닌주의자로, 민주주의자를 위장한 공산주의 음모가로 몰아 투옥하였다. 이제 곧 나를 교활 음험한 공산주의자로 영원히, 그리고 '합법적'으로 낙인찍기 위한 재판 놀음이 벌어질 것이며, 그 결과 나는 이 땅에서 만들어져 온 숱한 관제 공산주의자의 대열에 끼게 될 것이다.……

그러나 사건이 나 자신의 근본적인 사상과 사회적 근거를 왜곡·파괴하고, 나아가 민주역량 전체와 내 소속 교회 그리고 후배 학생들에 대한 막심한 피해로 확대될 수 있는 이 시점에서 양심에 따라 나의 사

상과 진실을 명백히 밝히는 것이 역사와 민중에 대한 나의 의무라고
생각한다.…… 이 시대에 가장 필요한 것은 진실, 그리고 그것을 사랑
하기 때문에 당해야 하는 수난에 대한 정열이다. 인간의 자유와 해방
을 위하여 온 민중이 애타게 기다리는 민주주의의 승리를 위하여 우
리의 모든 것을 던지자고 말하고 싶다. 우리 모두의 건투를 위하여 나
는 오늘도 기도하고 있다."

이 글은 1975년 5월, 서울 현저동 101번지 서대문 감옥에서 씌어지
고, 그해 8월 4일 일본 가톨릭 정의평화협의회가 영문과 일문으로 동
시에 발표한 김지하의 양심선언 우리말 원문 가운데 맨 앞과 맨 뒤의
구절이다. 이 양심선언을 영문과 일문으로 번역하고, 기자회견을 통해
온 세계에 발표한 이가 바로 송영순 바오로 선생(1930~2004)이었다.
사실 이 양심선언이야말로 김지하를 "저 불길하고 잿빛뿐인" 죽음의
공포로부터 해방시켜 준 문건이었다. 양심선언의 작성과 운반, 그리고
발표에 이르기까지의 우여와 곡절에 대해서는 언젠가 자세히 밝힐 날
이 있을 것이다. 어쨌든 철저히 비밀을 유지하는 가운데, 한여름 일본
도쿄에서 양심선언이 발표되고, 그때부터 김지하에 대한 범세계적인
구명운동이 전개되기 시작했다. 김지하의 양심선언을 세계의 석학과
지식인에게 발송하고 그들의 구명운동을 취합, 정리해서 조국의 법정
에 보내준 것도 송영순 바오로 선생이었다. 그러나 송 선생의 살아생
전에 그 사실을 알고 있는 사람은 많지 않았다.

지학순 주교와 운명적으로 만나다

송영순은 해방된 다음 해인 1946년, 일본에 유학 중이던 형을 찾아 일본으로 건너갔다. 그러나 형은 학병으로 끌려가 오키나와에 출병한 뒤 돌아오지 않았다. 그곳에서 전사했던 것이다. 송영순은 고학으로 리츠메이칸(立命館) 대학과 메이지(明治) 대학 대학원을 마치는데, 전공은 전기공학이었다. 그는 본시 공학도였고 기술자였다. 기술로 조국에 기여해 보겠다는 일념으로 그는 1960년, 재일한국산업기술연구회를 만들어 부회장이 되었다. 그 연장선 위에서 그는 한·일 국교 정상화가 이루어지자 1967년 '신한애자주식회사'를 만들어 한국에서 사업을 벌였다. 그러나 일본 기업의 방해와 한·일 간의 정경유착으로 기술자 출신인 그의 사업 입지는 점점 좁아져 갔다. 자신의 의지와는 전혀 상관없이 사업은 남의 손으로 넘어갔고, 그에게는 회사에 조달한 주변의 빚만 남겨졌다.

학업을 마칠 무렵, 그는 김수환 추기경의 조카딸과 혼담이 이루어졌는데, 그때 결혼 조건은 가톨릭 세례를 받는 것이었다고 한다. 그리하여 일찍부터 그는 가톨릭 신자가 되었고, 한국 교회의 소식도 어느 정도는 알고 있었다. 1971년 10월 5일에 있었던 천주교 원주교구의 '부정부패추방운동'에 대한 소식도 들었다. 해외 출장 때 일본에 들르는 지학순 주교를 가까이서 모시게 된 것도 이 무렵부터였다.

1974년 7월, 일본을 거쳐 귀국하던 지학순 주교가 김포공항에서 연행되어 끝내 구속된 것은 그의 일생의 삶을 바꿔 놓았다. 그는 평소

송영순(왼쪽)과 김정남.

존경하던 지학순 주교의 구명운동에 당연히 뛰어들었고, 시라야나기(白柳) 대주교의 당부로, 일본 가톨릭 정의평화협의회에서 한국 천주교회와 일본 가톨릭 사이의 가교(架橋) 역할을 맡게 된다. 이로부터 그는 한·일 천주교회 간의 교류와 협력은 물론, 그것을 더 뛰어넘어 한국 민주화운동에도 깊은 관심을 갖고 관여하기에 이른다.

　　1975년 2월, 지학순 주교가 석방된 뒤에 그해 3월에 터진 사건이 김지하 반공법 위반 사건이었다. 이어 인혁당 관계자 처형 사건, 시노트 신부의 추방 사건, 3·1 민주구국선언 사건, 동일방직 사건, 7·7 사태, 오원춘 사건, YH 사건, 10·26 김재규에 의한 박정희 살해 사건, 5·18 광주민주항쟁, 1982년 부산 미문화원 방화 사건, 김영삼 단식

투쟁(1983), 5·3 인천사태에서 6월항쟁의 전 과정에 이르기까지 '한국으로부터의 소식'을 취합해 일본의 교회와 사회는 물론 전 세계로 '한국으로부터의 민주화운동 소식'을 발신하는 역할을 스스로 떠맡았다. 언젠가 송영순은 지학순 주교의 구명운동에 투신했던 당시의 심정을 "인권이 회복되고 민주화 정권이 출현하는 그날까지 가톨릭 신앙을 증거하는 생활을 끝까지 해 나가자는 결의를 하기에 이르렀다"라고 썼는데, 이후 그 자신이 전개한 활동들은 그런 결의의 표현이었다.

김지하 구명운동에서 6월항쟁까지

1975년 8월 김지하의 양심선언을 발표한 뒤, 일본 도쿄 대교구장 시라야나기 대주교는 "김지하는 우리들 자신의 분신이며, 우리들 속에 내재하는 정의와 양심을 최전선에서 지키고 있다"면서 '김지하를 믿는 선언'의 서명운동을 전개했다. 그 실무는 물론 송영순이 맡았다. 세계적인 신학자와 성직자, 그리고 지식인 들이 서명에 동참했다. 이는 뒷날 김지하 재판부에 전달되었는데, 유럽의 저명한 신학자 불트만은 "서구의 공산주의자들은 김지하를 공산주의자라고 보지 않는다"라는 글을 보내왔다. 프랑스가 낳은 세기의 석학 사르트르는 병상에 누운 몸으로 보이지 않는 시력을 무릅쓰고, "우리들은 우리들의 잡지에 당신의 많은 시를 발표했습니다. 우리들은 당신이 하는 행동에 경의를 표합니다. 우리들은 당신이 하루속히 감옥에서 풀려나오길 바라고 있습니다. 그리고 우리들은 당신의 석방을 위해 모든 노력을 경주할 용의가 있습니다"라는 내용의 편지를 한 글자 한 글자 써서 김지하 앞으로 보내왔다. 1975년 6월, 아시아·아프리카 작가회의는 제3세계의 노벨상이라고 하는 로터스상(賞) 특별상을 김지하에게 수여하면서 "한 사람의 시인으로서, 가톨릭 신자로서, 그리고 당신의 시를 통해 민주주의와 자유와 인간의 존엄을 구하려는 당신의 투쟁에 강한 지지를 보낸다"라고 했다.

송영순은 일본 가톨릭 정의평화협의회의 이름으로 우리말로 된 김지하의 작품집 『불귀(不歸)』와 김지하의 재판 기록 『김지하는 누구인가』라는 책을 펴냈다. 이것이 김지하 구명운동을 위해 전 세계에 널리 퍼졌다. 김지하 구명운동은 일본 지식인 사회와 연대해서 더욱 활발하게 전개되었다. 그 과정에서 송영순은 와다 하루키 교수 등 일본의 지식인들과 더욱 가까워진다. 1970, 80년대 민주화운동과 관련해 일본 시민사회 내지 지식인 사회와 한국 민주화운동 진영 간에 친밀한 유대가 형성된 데는 송영순의 역할이 컸다. 와다 하루키 교수는 한국으로부터 전달된 자료를 번역하는 일을 도와줬고, 대내외 기자회견에 함께 서 주었다. 2004년 8월 16일, 일본 도쿄의 고엔지(高円寺)성당에서 있었던 송 선생의 추모미사 때, 와다 하루키 교수는 조사 말미에 우리말로 "형님 안녕히 가십시오"라고 말하며 흐느껴 많은 사람들로 하여금 눈시울을 적시게 했다고 한다. 민주화운동과 관련해서 한·일 간의 협력과 연대의 새로운 장면을 우리는 두 사람 관계에서 엿볼 수 있다.

'한국으로부터 온 소식'은 일본어로 번역되어 어떤 것은《세카이(世界)》「한국으로부터의 통신」에 보내지고 어떤 것은 기자회견을 통해 세상에 알려졌다. 더욱 중요하다고 생각되는 것은 일본 가톨릭 정의평화협의회 이름으로 팸플릿으로 만들어졌다. 오원춘 사건, 동일방직 사건, 광주민주항쟁, 부산 미문화원 방화 사건 같은 것이 그렇게 제작·배포되었다. 송영순은 세계 각국의 배포지를 면밀히 작성했고, 이러한 자료들은 그때그때 우편이나 인편으로 송부했다.

나는 1978년에 수배 중인 조영래로부터 『전태일 평전』 원고를 받아 송 선생에게 출판을 부탁했다. 그렇게 해서 나온 것이 다이마쓰사에서 나온 『불꽃이여, 나를 태워라』라는 책이다. 이는 세상에 나온 첫 전태일 평전이었다. 이 책은 일본의 지식인 사회와 노동계에도 상당한 반향을 불러일으켜 이때 일본에서 영화화되었다. 그 영화 필름을 송 선생 생전에 확보하지 못한 것이 그렇게 후회스러울 수가 없었다. 뒤에 그 영화 필름은 전태일기념관에 전달되었다.

송영순이 만든 최대의 역작은(이 또한 세상에 거의 알려지지 않았다), 『양심선언 — 한국 가톨릭교회와 인권』이라는 제목의 영문자료집이다. 이는 송영순에 의하여 영문으로 세계에 배포된 자료를 모아 놓은 것으로 전5권에 달한다. 이 역시 일본 가톨릭 정의평화협의회가 편찬했는데, 협의회의 소마 노부오(相馬信夫) 주교가 서문을 쓰고, 송영순도 편집자로서 머리말을 썼다. 민주화운동이 있었던 그때그때 바로 영문으로 번역되어 세계에 배포되었던 것으로, 사료로서 가치가 매우 높은 책이다. 그리고 이 자료집에 수록된 내용은 천주교회의 활동에 국한되지 않았다. 당시 한국 전체 민주화운동을 총망라한, 아마도 유일무이한 영문판 민주화 기록일 것이다.

그는 당시 한국으로는 돌아올 수 없었던 시노트 신부를 일본에 초청해 강연회를 열기도 했다. 또 한국 천주교 200주년 및 교구설정 150주년 행사에도 적극 협력하고, 《평화신문》이 창간되었을 때는 《평화신문》 일본지사장을 자청해서 맡았다. 최근에는 김재규기념사업회에도 간여했고, 안중근 의사의 유골이 여순의 형무소 묘지에 묻혀 있는 것을 발굴해 한국으로 모셔 오기 위해 일본과 한국을 오가며 자료를 수집하고 관계자를 만나는 등 열정을 불태웠다. 중국 현지에도 함세웅 신부와 함께 다녀왔다. 그가 타계한 뒤 그의 집에 가 보니 안중근 의사와 관계된 책과 자료가 상당한 분량 쌓여져 있었다.

우리는 당신에게 너무 많은 빚을 졌습니다

송영순은 1970, 80년대 그가 일본에서 전개한 한국 민주화운동 때문에 1970년대는 물론 1980년대 중반까지도 한국에 올 수 없었다. 만약 그가 입국을 시도했다면 그는 공항에서 바로 감옥으로 직행했을 것이다.

그가 한국에 올 수 있었던 것은 6·29 선언이 이루어진 뒤의 일이었다. 그는 1973년의 이른바 8·3 조치 때, 그와 그의 가족이 회사에 빌려준 돈 2억 원 가까이를 신고했다. 10년 동안 이자를 동결하고 10

6·29 선언으로 수배가 풀린 김정남(왼쪽에서 두 번째)을 축하하는 자리에서. 왼쪽부터 함세웅, 김수환, 신홍범, 고영구, 송영순.

년 뒤 원금을 반환케 하는 것이 8·3 조치의 내용이었다. 그러나 그는 1982년에 돌아올 수 없었다. 그때는 전두환 군부독재가 기승을 부릴 때였다. 광주민주항쟁에 관한 사진들과 자료들을 모아 재빨리 한 권의 책으로 만들어 온 세계에 돌린 것을 저들 또한 모를 리 없었다. 그렇게 해서 그는, 일본에서 민주화운동을 한 것 때문에 1970년대 돈으로 2억 원을 고스란히 떼여야 했다. 민주화운동 때문에 2억 원의 재산 피해를 입은 것이다. 그때 그가 한국에 와서 그 돈을 찾는 문제가 제기되자 그의 귀국을 김수환 추기경도, 지학순 주교도 한사코 안 된다고 말렸다.

편지로만 주고받고, 자료만 서로 교환했던 내가 송 선생을 처음 만나던 날의 감회를 나는 지금도 잊을 수가 없다. 가톨릭여학생관(전진상교육관)이었을 것이다. 오는 편지, 가는 편지의 수발을 맡았던 콜레트 수녀, 김수환 추기경, 그리고 왜관의 분도수도원장이었던 오도 아빠스와 함께였던 것으로 기억한다. 우리들의 연락은 애환도 많았고, 그때마다 조마조마했다. 끝내는 국제친선회 아피(AFI) 몇 분이 군사정권 당국에 연행되어 조사를 받은 일도 있었다.

송 선생이 1970, 80년대에 한국의 민주화를 위해 일본에서 헌신했던 일을 알고 있는 이는 그렇게 많지 않다. 물론 그 자신이 스스로 그것을 내세우지도 않았다. 그러나 한국 천주교회와 한국의 민주화운동은 너무도 크고 많은 빚을 그에게 졌다. 공식이든 비공식이든 제대로 그에게 감사의 뜻을 표한 일도 없었다. 있다면 2002년, 민주화운동기념사업회에서 해외 민주인사 초청을 할 때 한 번 초청되었을 뿐이다.

송 선생은 아주 꼼꼼하고 치밀했다. 내가 일본에 보낸 자료를 일본에서 발표하고 나서는 하나하나 차곡차곡 정리·보관했고, 일본에서 수집한 한국 민주화운동 관련 기사도 그때그때 모아 두었다. 그분이 돌아가신 뒤, 그 아들 정빈(正彬)이 보내오는 자료는, 마치 한국에서는 보관할 수 없어 해외에 위탁·보관시켰다가 되찾아 오는 것 같은 감회를 안겨 주었다. 그는 또 만날 때마다 사진을 찍어 주었는데, 그렇게 모아진 사진자료 역시 귀중한 역사적 자료가 될 것이라 믿는다.

송 선생은 2004년 7월 29일에서 31일 사이, 평창동 그의 원룸에서 평화로운 모습으로 세상을 떠났다. 돌아가신 것을 세상이 안 것은 8월 2일이었다.

8월 4일, 김수환 추기경의 집전으로 장례미사를 치렀고, 열흘 뒤인

8월 14일 일본에서 시라야나기 추기경 집전으로 추모미사를 봉헌했다. 살아서는 그분이 이 땅에서 하신 만큼 대접을 받지는 못했으나 가시는 길은 그래도 축복이었다.

옳은 일에 주리고 목마른 사람은 행복하다.
그들은 만족할 것이다.
자비를 베푸는 사람은 행복하다.
그들은 자비를 입을 것이다.
마음이 깨끗한 사람은 행복하다.
그들은 하느님을 뵙게 될 것이다.
옳은 일을 하다가 박해를 받는 사람은 행복하다.
그들은 하느님의 아들이 될 것이다.
옳은 일을 하다가 박해를 받는 사람은 행복하다.
하늘나라가 그들의 것이다.
(마태오 5, 6~10)

다음은 2004년 8월 14일, 일본 도쿄의 고엔지성당에서 시라야나기 추기경 집전으로 거행된 추모미사에서 일본 도쿄 대학의 명예교수 와다 하루키 교수가 바친 조사이다.

형님, 안녕히 가십시오
송영순 선생이 돌아가셨다는 말씀을 듣고, 너무나 생각지 못한 일이라, 망연해지고 말았습니다. 6월 말에 뵈었을 때 언제나처럼 건강하게 다시 만날 것을 약속하고 헤어진 참이었습니다. 실은 그 뒤, 한국에 가시기 전에 저에게 비디오 사본을 보내 주셨습니다. 그것이 송 선생님이 저를 위해 해 주신 마지막 행동이 되었습니다.

그 비디오에 대해서, 박 대통령을 저격한 KCIA 부장 김재규의 명예회복에 강한 관심을 가지고 계셨던 송 선생님으로서는 그 명예회복을 위해 중요한 자료가 될 거라고 씌어 있었습니다. 저는 송 선생님이 돌아가셨다고 듣고 나서, 그 비디오를 봤습니다. 한국의 민주화운동에 나선 분들을 민청학련 사건 때부터 변호하며 싸운 인권변호사 황인철 씨의 생애와 활동을 다룬 KBS의 '인물현대사' 한 편이었습니다. 거기엔 서울에서 송 선생님이 소개해 주신 이돈명 변호사와 김정남 씨가 등장해서 황인철 변호사에 대해 말하고 있었습니다. 두 분의 얼굴을 보면서 저는 어쩐지 이것이 송 선생님의 생애와 활동에 대한 것이 아닐까라는 기분이 들었습니다.

진실로, 1974년 이후 한국의 여러 사람들은 민주주의를 위해 훌륭하게 싸웠습니다. 그 투쟁을 일본 안에서, 세계의 언론에 전하기 위해 혼신의 노력을 기울인 송영순 선생도 과연 '인물현대사'의 주역의 한 사람이었습니다. 송 선생님이 마지막에 보내 준 비디오에 저는 깊은 의미를 느꼈습니다.

재일 한국인으로서 일본 땅에서 성장하고 리츠메이칸(立命館) 대학을 거쳐 메이지(明治) 대학 대학원에 들어가 전기공학을 연구한 기술자였던 송 선생이 조국 한국의 발전에 공헌하려고 재일한국산업기술연구회를 만들어, 그 부회장이 된 것은 1960년의 일이었습니다. 그 연장선에서 1967년 한국의 전력개발에 필요한 고압애자(高壓碍子)를 생산하는 신한애자주식회사(新韓碍子株式會社)의 사장이 된 것입니다. 그 사업이 1970년에는 일본 기업의 방해와 한국의 정치부패 때문에 파탄에 이르렀습니다. 그때 송 선생은 가톨릭 신자로서 시라야나기 대주교와 한국의 김수환 추기경, 그리고 일본의 가톨릭교회와 한국의 가톨릭교회를 연결, 교류하는 역할을 스스로 떠맡았습니다. 구체적으로는 1971년 5월 한국 가톨릭 원주교구 지학순 주교를 공항에 마중가고 일본 체류 중에 보살피는 일이었습니다. 송 선생은 지학순 주교에게서 강한 영향을 받았습니다. 지학순 주교가 한국 가톨릭의 선두에 서서 유신독재정권에 저항하는 길을 따라, 기술자, 사업가인 송 선생도 그 뒤에 함께하고 싶어 했습니다. '인권회복과 민주화 정권이 출현하는 날까지, 가톨릭 신앙을 증거하는 생활을 계속할 것을 결의하기에 이르렀다'고 송 선생은 쓰고 있습니다.

1974년 7월 체포되어 재판에 나가게 된 지학순 주교의 양심선언이 발표되면서부터 일본의 가톨릭 정의평화협의회의 한국 지하(地下)문서가 발표되기 시작합니다. 그 자료의 수취, 일본어로의 번역, 영역의 수배와 미국으로의 송부는 처음부터 송 선생 혼자의 일이었습니다. 이것이 1980년대 중반까지 계속됩니다. 특히 1980년의 광주사건 후에는 광주의 사태 전개를 전하는 데 가톨릭 광주대교구의 활동이 컸고 그에 따라 송 선생의 활동도 컸습니다. 송 선생의 활동은 1983년 미국에서 출판된 세 권짜리 영문자료집 『양심선언 ― 한국 가톨릭교

뒷줄 왼쪽부터 김정남, 홍성우, 송영순.

회와 인권』에 정리되어 있습니다. 이것은 일본 가톨릭 정의평화협의
회 편(編)으로, 소마(相馬) 주교가 서문을 쓰시고, 송 선생도 편자(編
者)로서 발문을 쓰셨습니다. 일본을 거쳐서 영문으로 세계에 발신된
문장의 총정리입니다. 정말 대단하시다고 생각합니다.

　제가 언제 송 선생과 알게 되었는지, 확실히 생각나지 않습니다. 송
선생에게 활동의 기록을 남기도록 권해야 했는데, 아직 시간이 있다
고 생각했던 것이 후회스럽습니다. 아마도 1970년대 중반 김지하 등
을 돕는 모임의 멤버로서 미야다 마리에(官田毬榮) 씨를 도울 때, 한
국에서 들어온 김지하의 자료 일로 송 선생과 만났다고 생각합니다.
1980년대 이후, 저는 송 선생의 번역을 돕는 일을 요청받아 송 선생의
비밀스러운 협력자가 되었습니다.

　민주화가 현실이 된 뒤, 송 선생은 서울에서 회사를 운영했습니다

만, 한국의 상황, 일한관계에 대해서 강한 관심을 계속 가지고 나에게 도 이런저런 도움을 주셨습니다. 내가 1995년 이후 한국을 자유롭게 방문할 수 있게 되자, 송 선생은 언제나 내가 체류하는 동안 보살펴 주었습니다. 김수환 추기경과 만나게 해 준 것도 송 선생이었습니다. 한국의 주목할 만한 책이나 기사를 알려 주고 일본 측의 의견을 한국 의 사람들과 단체에 전해 주었습니다. 그런 의미로 송 선생은 1970년 대와 80년대의 현실감각을 계속 가지고 있었습니다.

송 선생은 또 아이디어가 많은 사람이었습니다. 안중근의 유골이 여순의 형무소 부지에 묻혀 있는 것을 발굴해 한국으로 송환한다는 기획도 세웠습니다. 마지막으로 뵈었을 때 제주도에 일본과 한국의 청소년이 만나는 장을 만들고 싶다는 꿈을 말씀하셨습니다.

송 선생은 갑자기 돌아가셨습니다. 마치 함께 포복전진하고 있다 가 어느샌가 옆의 전우가 총탄을 맞고 전사한 것과 같은 느낌입니다. 사모님과 자녀분들도 일본에 남겨 놓고 홀로 서울에서 무언가를 만들 어 내고자 애쓰시다가 송 선생은 쓰러졌습니다. 저는 깊이 머리 숙여 송 선생님을 보내드리고 싶다고 생각합니다. 그러나 서울은 쓸쓸해졌 습니다. (한국어로) 안녕히, 송 선생님. 형님 안녕히 가십시오.

2004년 8월 14일
와다 하루키

26

민족경제론

박현채

내가 박현채(1934~95)를 처음 만난 것은 1964년 여름, 서대문구 현저동 101번지, 그 유명한 서대문형무소에서였다. 그때 박현채는 이른바 1차 인혁당 사건으로, 그리고 나는 6·3 사태를 배후조종한 혐의로 감옥에 갇힌 처지였다. 처음에 나는 중구 초동에 있던 치안본부대공분실 안가(安家) 삼일사(三一社)라는 데서 조사를 받았는데, 그때 이미 그곳에는 물고문, 전기고문 등의 시설이 갖추어져 있었다. 신병이 서대문형무소로 옮겨지면서부터는 중앙정보부에 불려 나가 조사를 받게 되었다. 박현채 등 인혁당 관계자들과는 앞서거니 뒤서거니 지프차에 실려 끌려 나갔다가는 녹초가 돼서 돌아오곤 했다. 정보부원들이 보는 앞에서는 결코 알은체를 하지 않았지만, 그들이 없을 때는 긴급하고도 중요한 이야기를 아주 번개처럼 짧게 나눠야 했다.

그때 중앙정보부는 5·16 군사쿠데타로 집권한 박정희정권이 정권 안보를 위해 이제 막 만들어 낸 친위권부였다. 군부 내 권력투쟁의 산물로 '박림항 사건' 등 몇 개의 반혁명 사건(그들 말로)을 빼고는 1차 인혁당 조작 사건이 중앙정보부 최초의 작품(?)이었다. 박정희정권은 당시 전국의 대학가에서 요원의 불길처럼 번져 나가던 한일굴욕외교 반대투쟁을 북한과 연계되어 있는 인혁당이 배후에서 조종하고 있다는 각본을 만들어 자신들의 정치적 위기를 넘기려 하고 있었다. 이것이 이른바 1차 인혁당 사건인데, 1974년에 민청학련 사건의 배후로 조작되어 8명이 사법살인을 당한 2차 인혁당 사건은 흔히 인혁당 재건위 사건이라 불린다.

이러한 정치공작의 이면에는 당연히 엄청난 고문과 협박이 뒤따르게 마련이다. 인혁당을 반국가 조직단체로 만들기 위해서는 조작 각본을 짜고 거기에 사람을 꿰어 맞추어야 하기 때문에 처음부터 폭력과 구타, 물고문, 전기고문으로 이어지는 것이 일반적인 수사의 과정이었다. 인혁당 관계자들은 한번 나가면 초주검이 되어 형무소로 기어 들어와야 했다. 동대문 옆, 지금은 거대한 의류 상가가 들어서 있는 곳에 퀀셋 가건물로 지어진 당시의 중앙정보부에서는 옆방에서 고문당하는 소리, 신음하는 소리가 선명하게 들렸다. 인혁당 관계자들은 잘들 버텼다.

조직과 동지들을 보호하기 위해, 그 엄청난 고문을 이를 악물고 이겨 내고 있었던 것이다. 거기에는 연세 든 강무갑 씨 같은 분도 있었

지리산에서.

는데, 그는 이 모든 조작을 몸으로 버텨 냈다. 그때 나는 산전수전을 다 겪고 나온 사람이 보여 주는 그 끈질기고도 강인한 인간의 힘을 볼 수 있었다. "아, 강하다는 것이 저런 것이구나"라는 것을 느꼈다.

　중앙정보부가 조작한 이 사건에서 검찰은 이들에게 국가보안법상의 반국가단체 조직구성의 죄를 덮어씌울 수는 없다고 이른바 항명 사건을 일으켰다. 하지만 이는 검찰이 양심적이었다기보다는 이들 인혁당 사건 관계자들의 강인한 투쟁의 결과였다고 보는 것이 옳을 것이다. 결국 타협안으로 인혁당 사건은 개별 피고인들의 반공법 위반 사건으로 봉합 처리되어 박현채는 2년형을 선고받고 복역하게 된다.

　우리는 중앙정보부에 조사 받으러 나가고 들어올 때는 물론 감옥 안에서도 독방에 갇힌 흉악한 국사범으로 살벌하기 짝이 없는 감시를 받아야 했다. 아마도 내가 가장 나이 어린 독거수(獨居囚)였을 것이다. 나는 3사상 24방, 박현채는 당시 소년수 사동이었던 2사상의 22방에 수용되어 있었다. 나는 앞쪽을 향해, 그는 변기통이 있는 뒤쪽으로 나와서, 창문을 사이에 둔 채 마주보는 자세로 우리는 통방을 했다.

통방이래야 말로 할 수는 없었고, 몇 겹의 유리창이 가로막고 있는지라 어설픈 손짓과 손글씨로 최소한의 의사를 전달하고 받았다. 대개 내가 그한테서 인생을 살아가는 데 필요한 조언을 듣는 편이었다. 그러나 그것도 오래가지 않았다. 건너편 2사상에 북한에서 넘어온 간첩 한 사람이 들어와서 그와 통방을 하다가 교도관들에게 적발되었기 때문이다. 결국 내가 1관구로 전방을 가게 되었는데, 그동안 쌓인 정이 깊어서 떠나가는 마음은 꽤나 서운했다.

출정 때, 법원 안의 구치감에서 호송차를 타고 내릴 때면, 저 멀리 박현채의 부인 김희숙의 모습이 보였다. 그 모습은 지금도 여전히 곱지만, 그때는 눈에 확 띌 만큼 젊고 얼굴이 아름다웠다. 젊은 아내의 옥바라지는 부러움을 사기보다는 애처롭게 비쳐져서, 내가 아직 결혼하지 않은 것이 무척 다행스럽게 느껴졌다. 그때 박현채의 나이는 30대 초반에 불과했지만, 당시 인혁당 사건 관련 피고인 가운데는 도예종 바로 밑의 서열로 매겨져 있을 만큼 거물 또는 중요 인물로 취급되었다. 뒤에 들은 이야기지만, 검찰 조사 때 하도 당당해서 담당검사가 "뒷날 만약 당신네들이 정권을 잡는다면 아마도 박현채가 수상이 될 것이다"라고 했다고 한다.

전방 가기 전까지 내가 있었던 3사상에는 경주호 사건으로 사형선고를 받은 박석운이 있었다. 그는 사형수였기 때문에 밥 먹을 때를 빼고는 하루 종일 수갑을 차고 있었다. 그러나 그의 얼굴은 언제나 밝고 편안했다. 그의 방 안에는 그때 감옥 안에 유일하게 들어올 수 있었던 월간지《현대문학》이 차곡차곡 높다랗게 쌓여 있었다. 나 같은 신참내기한테는 감옥 안에서 살아가는 방법을 자세히 일러 주었다. 그때 들은 이야기 가운데 기억나는 것은 "감옥 안에서는 건강이 제일이요, 법정에서는 부인(否認)이 제일"이라는 말이다. 나는 훨씬 뒤에 그가 시인 양성우의 고등학교 때 은사였다는 사실을 알았다. 그는 1965년 1월에 형장의 이슬로 사라졌는데, 그들 일행이 차례차례 사형장으로 끌려가는 모습을 나는 8사상 27방에서 내려다보고 있었다. 그 박석운이 바로 박현채의 초등학교 동창이었다.

『민족경제론』이 나오기까지

1차 인혁당 사건으로 박현채는 2년의 징역형을 살고 나왔다. 그가 밖으로 나왔을 때 그에게는 대학의 전임강사 자리는 멀리 떠내려가 버렸고 강사 자리마저 여의치 않았다. 그는 중부경찰서 앞에 있던 국민경제연구소에 나가서 책을 읽고 글을 썼다. 물론 청탁도 받았지만 대필도 적지 않았다. 아마도 생계 때문이었을 것이다. 그는 닥치는 대로 마다 않고 글을 썼다. 무슨 주제의 글을 요구해도 거절하지 않았고 또 어김없이 기일을 지켰다. 그런 점에서 보면 그는 더할 나위 없는 만능

필자였다. 그러나 그의 괄괄한 성격이나 활달한 언변에 비해서 그의 글씨는 알아보기 힘들 만큼 깨알같이 작고, 그만의 필체가 있어 남이 알아보기 힘들었다. 문체는 이리 돌리고 저리 돌리고, 게다가 일본 좌익의 문투까지 겹쳐, 그 글에 익숙해지기까지는 꽤 많은 시간이 걸려야 했다. 그래서 처음에는, 지금은 경당을 운영하는 임동규가 정서를 해서 보냈다. 당당하게 그의 이름으로 발표되기 시작한 것은 1970년대 이후의 일이 아닌가 싶다. 1960년대에는 친한 교수의 이름을 빌리거나, 가명으로 발표된 것도 적지 않았다. 나도 한때 잡지사 일을 한 적이 있는데, 원고가 급해서 박현채한테 부탁하면 무슨 내용이든지 제때에 척척 써 왔다. 경제정책이든 예산, 재정, 경제이론이든 무소불위에 무불통지였다. 그때 그는 참으로 많은 원고를 생산했다. 당시는 활판인쇄가 주류였는데, 그의 까다로운 글씨체를 주요 인쇄소의 활판인쇄공들이 알아볼 정도였다.

그때만 해도 경제평론이나 경제 관련 원고는 아직 일반적이지 못했다. 따라서 그 계통의 원고를 쓰는 사람도 많지 않았다. 지금 기억되는 사람으로는 서울상대의 임종철, 고려대의 조동필,《조선일보》의 김성두 등이 있다. 박정희정권의 경제개발정책에 직·간접으로 참여하거나 그에 동조하는 미국 유학 출신의 경제학자, 관변 에코노미스트, 평가 교수단 등이 한 축이었다면, 유인호, 박현채를 비롯한 재야 경제학자들은 외국 자본에 의한 경제개발에 비판적인 입장을 견지하는 또 다른 한 축이었다.

앞선 이들이 선진국이 겪었던 노력과 과정을 똑같이 겪으면 우리도 마침내 그들이 경과했던 그 근대화라는 동일한 지점을 통과할 수 있다고 믿었다면, 뒤의 사람들은 우리처럼 선진국들의 식민지 지배를 받았던 후진국은 매판성을 강화시키는 외연적 성장을 추구할 것이 아니라 내포적 공업화를 지향해야 한다는 입장이었다. 전자가 경제개발을 위해서는 노동자와 농민의 희생이 불가피한 불균형성장론을 편 반면, 후자는 노동자와 농민의 생존권은 어떠한 경우에도 보장되어야 한다고 주장했다. 후자 진영의 중심에 박현채가 있었다. 그는 자신에게 들어오는 원고청탁이 넘치면 유인호, 박승, 조용범 등에게도 그 청탁을 넘겼다. 박현채는 이렇게 민족경제학파의 중심이요 야전군 사령관이었다. 경제학이라는 이름으로 민족을 지켜 내고 있었다.

박현채와 한 축을 이루었던 사람으로는 유인호, 조용범, 김병태, 김성두 등이 있었다. 그리고 서울상대 후배그룹으로 전철환, 정윤형, 안병직, 박승, 이경의, 이대근, 문학모, 하진오 등이 이러한 주장을 밑받침했다. 그러나 이들 가운데 일부분은 뒤에 한국자본주의 출발 논쟁 및 사회구성체론 등에서 박현채와 견해를 달리했다. 그러나 선후배 간의 관계나 그 존경심 면에서는 대체로 변함이 없었다.

박현채는 1978년 4월, 한길사에서 『민족경제론』을 출간했다. 그 책이 그해 7월, 유신독재권력에 의해 판매금지되는 시련을 겪으면서 드디어 한국현대사의 명저(名著)로 자리 잡는다. 문제작 또는 명저란 저절로 탄생되는 것이 아니라 시대와 더불어 그 시대상황이 만들어 낸다는 사실을 『민족경제론』이 증명해 보인 것이다. 그는 책의 서문에서 "혼신의 힘으로 쓰고 혼신의 힘으로 역사의 편에 서서 글을 썼다"

고 고백하면서 "자립적 민족경제의 확립을 위한 길은 생활하는 민중의 소망에 쫓아 국민경제의 내용을 정립하는 것"이라고 했다.

박현채는 1986년 3월 13일, 한길사에서 주관하는 제2회 단재상(丹齋賞) 수상연설에서 "나의 경제학 연구의 성과는 역사 앞에 충실한 삶을 다짐하면서 역사적 요구가 있는 곳에 참여한다는 원칙 위에 선 소산"이라면서 민족경제론을 다음과 같이 압축했다.

"민족경제론이라 불리는 이론적 체계는 처음부터 의도된 것은 아닙니다. 그것은 다양한 현상의 사회적 실천상의 요구에 따른 보다 정확한 인식을 위한 계속적인 노력의 일환으로 제기된 것입니다. 곧 민족경제론은 식민지 종속에서 비롯된 한국자본주의의 지난날의 식민지적 상황과 오늘에 있어서 반식민지적 상황을 한국 민족주의의 역사적 과제의 실현이라는 사회적 실천상의 요구 위에서 설명하고, 그것에 답하기 위한 노력에서 제기되었습니다. 민족경제론은 민족적 생존권의 확보와 발전이라는 민족주의적 요구 위에 서서 국민경제 안팎에서 이루어지는 민족경제의 주체적 발전과 그것에 따른 외국 자본 그리고 매판자본과의 상호관계를 밝히기 위한 것입니다."

『민족경제론』은 리영희의 『전환시대의 논리』, 『우상과 이성』과 함께 억압의 시대에 젊은이들이 진실에 눈뜨게 하는 필독서가 되었다. 그러나 그의 『민족경제론』에는 '민족경제론'이라는 용어 자체가 없다. 출판사에서 박현채 경제평론선을 마무리하면서 책 제목을 『민족경제론』으로 붙인 것이다. 그러나 그 책에 실린 그의 글은 그 모두가 민족 경제론이라는 큰 테두리 안에서 쓰인 것임에는 틀림없다. 어쨌든 이 책으로 박현채의 존재는 대한민국 지성사에 우뚝 섰다.

백아산 빨치산 문화부 중대장으로

사실 박현채가 빨치산 출신이라는 것은 알 만한 사람은 다 알고 있는 공개된 비밀이었다. 그러나 박현채의 빨치산 활동을 제대로 듣거나 아는 사람은 많지 않았다. 누구도 굳이 물으려 하지 않았고, 그도 그 걸 쉽게 이야기하지 않았다. 다만 등산 가서 밥을 해 먹던 시절, 어떠 어떠한 나무는 탈 때 연기가 나지 않는다는 등의 이야기는 어렵지 않 게 들을 수 있었다. 아마도 박현채가 자신의 이야기는 물론 빨치산에 대해서 입을 열기 시작한 것은 1988년 이태의 『남부군』이 나오고 나 서부터가 아닌가 싶다.

또 그가 소설 『태백산맥』에 조원제라는 이름의 모델로 등장하면서, "박현채가 조원제로 나온다" "아니다"라는 논쟁이 가까운 사람들 사이 에서 붙었다. 조정래는 소년 조원제를 처음 등장시키면서 "총기가 서 리고 날카롭다"라고 묘사하고 있다. 조정래는 박현채를 통해 그의 『태 백산맥』을 더욱 사실적으로 그릴 수 있었고, 박현채를 통해 조원제 를 창조했다. 박현채의 파란만장한 일대기는 해방공간에서부터 시작 된다. 1946년, 그가 광주 수창초등학교 6학년 때 그는 학교 자치위원회의 위원장이었으며, 이미 독서회에 가입해 에드거 스노의 『중국의 붉은 별』 등의 서적을 탐독했다. 해방공간은 곧 정치의 계절이었다. 1947년 광주 서중학교 1학년 때는 민애청(민주애국청년동맹)의 1학년 조직책으로 반군정, 반미 시위, 횃불투쟁에 참가했다.

1950년 한국전쟁 당시에는 광주 서중학교 4학년(고등학교1학년) 학생동맹총책으로 활약했으며, 9·28 이후 그는 빨치산으로 입산했다. 그가 2년 동안이나 빨치산으로 활동했던 곳은 화순군 백아산이었다. 당시 백아산은 장흥 유치 지구, 무등산 지구, 백운산 지구, 노고단 지구와 함께 전남의 빨치산 5개 지구 가운데 한 곳이었다. 중학교 시절, 이론적이어서 걸핏하면 "고(故)로"라는 말을 자주 쓰는 박현채에게 친구들은 '이 고로, 저 고로, 박 고로'라는 별명을 붙여 줬다고 최장학은 회고하고 있다.

그가 입산했을 때 나이가 너무 어려 현지 사령관은 처음에 그를 받아들이는 데 망설였다고 한다. 그러나 그가 이론에 밝고 똑똑한 것을 알자 항상 곁에 두었고, 1년 뒤에는 백아산 지구 문화부 중대장에 임명했다. 박현채에 의하면 문화부 중대장은 선전이 기본임무지만 사상을 검증하고 감사하는 임무까지 맡았다고 한다. 그러나 중대라고는 하지만 전체 인력이 모자라 대원은 모두 합해 8명이었다고 한다. 그가 뒷날 몇 사람 앞에서 빨치산 시절을 회상한 대목 가운데 몇 가지만 예로 들어 본다.

한번은 총을 맞았는데, 용케 부상을 당하지 않았다. 총알이 호주머니에 넣어둔 지폐뭉치에 맞았기 때문이다. 실탄은 돈을 뚫고 나가다가 마지막 장에 멈춰 있었다. 그 돈은 집을 나올 때 어머니가 주신 것이었고, 박현채는 그걸 비상금으로 늘 지니고 다녔다고 한다.

또 한번은 문화부 중대 8명이 보급투쟁을 나갔다. 용케 경찰 경계망을 뚫고 동네로 들어갔다. 작은 동네에는 사람 하나 없고 아무리 뒤져도 곡식 한 톨 찾을 수가 없었다. 동네 사람들이 밤에는 이웃동네가서 자는 것 같았다. 마침 송아지 한 마리가 있어 그 송아지를 잡아날것으로 먹었는데 뒤에 그 일이 사령부에 들통나고 말았다. 그때 빨치산들의 행동수칙이 매우 엄격해 민폐를 끼치는 것은 금기로 되어있었다. 송아지를 잡아먹은 것은 영락없이 사형감이었다. 징계위원회가 소집되고, 일단 출당 처분 뒤에 사형이 집행되는 것이 예정된 수순이었다. 박현채는 자신이 사형당할 것을 알고 대원들과 작별인사까지했다.

박현채는 각 지구 사령관들로 구성된 징계위원회에 들어갔다. 그가 들어가자 사령관들의 얼굴이 얼음장처럼 굳어 있었다. 사실 확인과 논고가 끝나고 최후진술의 차례가 됐다. 그때 퍼뜩 박현채에게는 섬광처럼 당규 한 대목이 떠올랐다.

"저는 당규를 어겼습니다. 어떤 처분도 달게 받겠습니다. 그러나한 가지 드릴 말씀이 있습니다. 우리 당규에는 가르치지 않고는 처벌하지 않는다는 조항이 있습니다. 맹자도 가르치지 않고 벌하는 것은세 가지 악한 일 가운데 하나라고 했습니다. 그동안 누가 그런 것을제게 가르쳤습니까?"

조정래(왼쪽에서 두 번째), 송기숙(오른쪽에서 두 번째) 등과 함께한 박현채(맨 왼쪽).

억지인지 알면서도 당당하게 말했다. 순간 사령관들의 얼굴이 환하게 펴졌다. 그의 표현으로는 아침햇살을 받은 작약꽃이 대번에 환하게 벌어지는 것 같았다고 한다. 토끼가 용궁에 다녀오듯이 가까스로 죽음을 벗어난 것이다. 그때가 그의 나이 17살 때였다. 그는 입산한 지 2년 만에 비트에 은신해 있다가 포로가 되었다. 공직에 있던 아버지가 화순과 광주의 경찰서에 이러이러한 사람이 잡히면 자기에게 알려 달라고 여러 군데에 돈을 뿌려 놓고 있었다. 그는 고향에는 가지 못하고 아버지가 준 돈을 가지고 얼마간 외지에 나가 있어야 했다. 그 뒤 전주로 가서 전주고등학교 3학년에 편입했다. 그리고 이듬해 서울 상대 경제학과에 입학했다.

나는 그가 빨치산 출신이라 몸이 날래고 산을 잘 탈 줄 알았다. 그러나 그와 함께 '거시기 산우회'에서 산행을 해 보면 생각과는 영 딴판이었다. 그는 안짱다리에다가, 가다 말고 그만 가자고 투정을 부리기 일쑤였다. 멀리 가자고 하는 사람한테 눈을 부라리기도 곧잘 했다. 그리고 옷은 등산복은 고사하고 집에서 입던 점퍼나 작업복 등 닥치는 대로 입고 나왔다. 그것은 배낭도 마찬가지였다. 빨치산과 등산의 차이인지는 몰라도 등산을 그는 영 우습게 알았다.

그가 빨치산 출신인 탓에 지리산과 관련해서는 의미 있는 여행도 많이 이끌었고 나름대로 관견(管見)을 피력하기도 했다. 지리산에 관한 그의 어록 몇 개를 들어 보자.

"산으로서의 지리산은 우리 밖에 있지 않고, 우리 속에 우리들 그 자체로 있다고 말할 수 있으리라 생각된다. 지리산은 우리의 역사에서 민족 그 자체로 된다."

"산은 사회적 상황에서 자기를 실현시킨다. 산은 소극적으로는 사회적 관계에서 벗어나는 곳이지만, 적극적으로는 저항의 거점이다. 목숨을 내걸고 자기가 추구하는 사회를 실현시키기 위해 싸우는 거점이 바로 산이다. 산 중에서도 지리산만큼 역사를 변혁시키려는 젊은 이들의 피와 살을 많이 안고 있는 산도 없다."

김대중의 대중경제 100문 100답

박현채가 1971년 3월 발간된 『김대중 씨의 대중경제 100문 100답』의 주요 저자 중 한 사람이라는 사실을 알고 있는 이는 많지 않다. 너무 오래전의 일인 데다 관계자들도 타계했기 때문이다. 이 책은 사실상 신민당 대통령후보 김대중의 경제정책 내지 경제공약집이라 할수 있다. 이 일을 행정적으로 주도한 사람은 당시 상공회의소 자료실장을 지낸 김경광이었고, 그 내용을 총괄 조정·주도한 사람이 박현채였다. 박현채는 머리말과 총론격인 제1장을 썼다. 필자로는 박현채, 김병태, 정윤형, 조용범 등 꽤 많은 사람들이 참여했지만, 그 작업이 은밀해야 했기 때문에 최종 조율·정리한 사람은 박현채, 정윤형, 정홍대, 임동규 등이었다. 김경광이 대중경제연구소 책임자로 모든 수발과 출판업무 등을 도맡았다.

박현채는 머리말에서 "한마디로 말하여 대중경제체제는 대중에 의한, 대중을 위한, 대중의 경제체제"라고 했다. "대중에 의한"이란 말은 지식인, 민족자본가, 노동자, 농민 할 것 없이 사회의 각계각층이 경제건설에 직접적으로 참여한다는 것을 의미한다. "대중의" 경제건설 참여는 경제 주체로서 기업을 대중화함으로써 비로소 가능하다. 소수의 특정인에게 내자(內資) 및 외자(外資)의 특혜를 제공해서 경제를 건설하느냐, 그렇지 않으면 대중의 자본에 의존하느냐에 특권경제와 대중경제의 구별점이 있다. 그리고 "대중을 위한"이란 말은 생산의 과실이 대중의 생활향상을 위해 공정하게 분배된다는 것을 의미한다. 우리가

『김대중 씨의 대중경제 100문 100답』의 표지.

한국에서 대중경제의 이념을 꼭 실현해야만 하는 가장 큰 이유는 한국이 갖고 있는 환경에 있다. 우리가 당면한 최고의 국가 목적은 조국 통일에 있다. 대략 이상의 내용이 대중경제의 핵심이었다.

이 일로 김경광은 중앙정보부에 끌려가 모진 매를 맞았다. 책이 나오자마자 붙들려 가서 쓴 사람들을 모두 대라고 닦달을 받았지만 그는 끝까지 자신 혼자서 다 썼다고 버텼다. 좌우 턱뼈가 부러지고, 위아래 어금니가 다 빠지고 몽둥이질, 발길질로 갈비뼈가 나갔다. 그는 대단히 열정적인 사람이었는데, 주변에는 효자로도 소문이 나 있었다. 김경광은 상당히 오랜 기간 고문 후유증을 앓았다. 김경광이 1994년에, 박현채가 1995년에 타계했으니, 그들이 만약 김대중의 집권 때 생존해 있었다면 어떠한 형태로든 정권 또는 정책에 기여했을 것이다.

그 책을 지금 와서 보면 여러 사람의 글을 짜깁기한 것이어서, 짜임새도 없고 글과 글 사이의 통일성도 많이 결여되어 있다. 그것은 이 작업이 비밀리에 이루어져야 했기 때문에 개개인의 견해가 다듬어지고 상호연관성과 통일성을 보완할 수 있는 상호토론이 없었던 탓이 크다할 것이다. 논리 전개의 비약, 생경한 용어 구사, 이론 전개의 독단 같은 것이 눈에 띄지만, 박현채 등을 비롯한 젊은 학자들의 겨레 사랑, 나라 사랑에 대한 열정이 그것에 담겨 있다. 30대 말 내지 40대 초반의 젊은 소장학자들이 해낸 값진 작업의 편린을 우리는 그 책에서 볼 수 있다. 그것들은 탁상공론으로 씌어진 것이 아니라, 한 시대를 이끌어 갈 정책자료집으로 씌어졌기 때문이다.

인간 박현채의 그후

박현채는 그 자신이 빨치산 출신이라는 전력과, 1964년의 인혁당 사건 관련자였던 점 등을 의식해서 그 자신의 사회적 참여와 처신에 아주 신중했다. 오직 글만 열심히 썼다. 그가 경제 관련 필자로서 그와 같은 관록을 쌓아 놓지 않았더라면 그는 1974년 인혁당 재건위 사건에 반드시 연루되었을 것이다. 그것도 거의 최고위 서열로 지목되어 어쩌면 생사의 유명을 달리했을지도 모른다. 그의 신중한 처신과 『민족경제론』 필자로서 쌓은 높은 지명도와 사회적 관련이 그를 인혁당 사건으로부터 비켜설 수 있게 했다.

그러나 1979년 3월, 임동규가 통혁당 재건 혐의로 구속되면서 박현채에게도 작은 시련이 닥쳐 왔다. 그때 마음씨 좋은 임동규는 이러저러한 여러 조직 사건에 연루되어 있었는데, 전혀 엉뚱한 사건으로 박현채가 구속되었다. 그는 수사기관의 관심을 다른 데로 돌리기 위해 노력했지만, 그것이 오히려 빌미가 되어 구속되었던 것이다. 당시 임동규는 박현채한테서 『독일의 농민전쟁』이라는 책을 빌려 갖고 있었는데, 이 책이 결국 문제가 되었다. 당시 유신정권의 입장에서 보면 박현채를 집어넣어야 하는데 잡을 묘안이 없었던 판에, 아주 우스운 계기로 박현채가 걸려든 것이다. 그러나 박현채의 처지에서 보면 그만한 것이 다행이었다. 박현채는 10개월 가까이 고생을 하고, 2심에서 집행유예로 석방되었다.

박현채를 변론한 사람은 이돈명 변호사였다. 이 사건을 계기로 박현채는 '거시기 산우회'에 나오게 되었다. 사실 1970년대와 80년대 중요한 시국사건에서 변호사의 역할이란 밖의 소식을 전하고, 구속된 피고인을 위로해 주는 게 고작이었지, 피고인의 유무죄나 형량의 감경에는 아무런 영향을 미치지 못했다. 공안 당국의 각본대로 구형과 판결이 이루어졌다. 그것을 빗대서 박현채는 "인권변호사가 변론하면 유죄가 된다"고 이돈명 변호사를 약 올렸다. '유죄 만드는 변호사'가 인권변호사라는 것이다. 박현채는 1980년 여름, 서울대 해직교수 변형윤을 거시기 산우회에 입회시켰다.

1970년대와 80년대에 박현채와 같은 1934년생 개띠들은 자주 모였다. 김중배, 문병란, 이해동, 조화순, 한승헌 등이 그들이었다. 이들은 가끔 모여 저녁을 먹거나 한담을 나누었다. 이걸 개파티라고 했는데, 개한테 무슨 파티냐 개판이라 하자고 해서 그때부터는 자주 '개판'이 벌어졌다. 거시기 산우회 안에도 위로 이돈명 변호사를 비롯해 12살 아래로 박중기, 정수일, 정기용, 박현채 등이 개띠였다. 띠동갑이라고 해서 서로 통하는 것이 있었는지 이들은 서로를 끔찍하게 여겼다.

6월항쟁의 결과로 민주화가 한발 한발 나아가면서 1989년 이돈명 변호사가 조선대학교 총장이 됐다. 서강대학교의 김홍명이 이 변호사를 모시고 광주로 내려갔고, 해직되었던 문병란은 복직이 되었으며, 만년 시간강사 박현채는 난생처음으로 전임교수가 됐다. 그때 광주는 새로운 활력으로 넘쳤다. 성래운이 학장으로 내려간 광주대학에는 조태일, 이종수, 박지동이 내려가 둥지를 틀었다. 박현채는 조선대학교에서 그의 생애 첫 월급을 받았고, 자신의 이름이 적힌 의료보험증도 받았다. 그걸 받고 그렇게 좋아했다. "야, 나도 이제 의료보험증을 가졌어야!"

그가 조선대학교로 내려갈 때 주변에서는 말리는 사람도 있었다. 세계 최장수 강사 기록을 계속 가지고 있는 것이 어떠냐는 주장도 나왔다. 이때까지 박현채의 직업을 굳이 말하라고 한다면 강사업(講師業)이라고 할 수 있다. 그런 박현채가 당당히 대학교수가 된 것이다. 그리고 이때 처음으로 여권이 나왔다. 그가 그 여권을 갖고 처음이자 마지막으로 해외여행을 한 곳은 중국이었다. "짜식들이 복수여권은 안 된다고, 단수만 주었지만." 이렇게 박현채에게도 '좋은 날'이 왔는데, 그의 건강이 그걸 오래도록 허용하지 않았다. 언젠가 이돈명 변호사가

"내가 죽으면 현채 니가 호상을 해야 하는디 니가 어떻게 하는지 죽어서도 내 영안(靈眼)으로 볼 거다" 했다. 그런 박현채가 1995년에 가고 이돈명 변호사는 2011년 1월 11일에 갔다. 지금쯤 두 사람은 이승에서처럼 서로 그렇게 좋아하면서도 만나면 우기면서 싸우고 있을까.

박현채는 그 어느 곳에서도 기죽지 않았다. 1964년 인혁당 사건 때도 당당했다. 검찰조사를 받으면서도 검사한테 "담배도 음식인데, 피의자들에게 음식을 굶겨서는 안 될 일이니 하루에 담배 한 갑씩은 꼭 제공해 달라"고 주장해 관련자 모두가 적어도 담배에 관한 한 굶지 않았다. 박현채는 상당한 원칙론자였다. 그는 빨치산은 밤에 능선을 타서는 안 되고, 산에서는 상대편의 시야 안에서는 불을 피워서는 안 된다는 원칙을 끝까지 지켰다. 이에 반해 그의 연대장은 대원들 배 곯리지 않고 추위에 떨지 않게 하는 것이 원칙이 아니겠냐고 생각했고, 실제로 그렇게 행동했다고 한다. 세월이 훨씬 지나고 난 뒤에 보니 과연 어떻게 하는 것이 옳은 일인지 모르겠다고 그는 술회했다. 5·16 군사 쿠데타 직후, 박정희의 과거 경력에 비추어 그 성향에 대한 논란이 있었다. 이때 박현채는 한마디로 잘랐다. "한 번 변절한 사람은 결코 믿어서는 안 된다."

어떻게 보면 그는 경제학자라기보다는 경세가라고 보는 것이 옳을지 모르겠다. 『민족경제론』과 관련한 그의 발언이 그렇고, 그가 일찍이 『김대중 씨의 대중경제 100문 100답』을 쓴 것이 또한 그렇다. 1983년, 실천문학에서 낸 《무크(Mook)》 제4권에 박현채는 「문학과 경제」라는 제목으로 무려 100매가 넘는 글을 썼다. 이 글이 같은 시대 젊은 문인들에게 끼친 영향은 대단했다. 그는 이 글로 경제평론가에 국한되지 않는 그 자신의 모습을 확연히 드러냈다. 이 글에서 그는 또한 실천운동가 내지 사회변혁운동가의 면모를 보여 주었다. 그리고 그의 인문학적 소양과 능력도 드러냈다.

그는 그 자신이 참여 또는 주도했다고 할 수 있는 사회구성체 논쟁에 대해, 1992년 6월, 4월혁명연구소 월례발표회 발제논문에서 이렇게 주장했다.

"PD와 NL의 대립은 현실적으로 이론적인 타당성을 갖지 못한다고 얘기할 수 있습니다. NL은 PD를 위한 것이어야 하며, PD는 오늘의 상황에서 민족 해방을 선행적인 요구로 제기하지 않을 수 없습니다. 그런 의미에서 PD, NL은 대립이 아니라 하나로 통일되어야 할 것들입니다. 오늘 우리 사회의 NL, PD 분립은 잘못된 일입니다. PD 측 입장에 서지 않은 NL의 비계급성, PD 입장을 저버린 또는 그것과 대립되는 NL론은 허구입니다. 전위적인 역사적 변동은 기본적으로 계급해방의 입장을 일차적으로 견지하지 않을 수 없다는 얘기입니다."

박현채는 겉으로는 괄괄해 보이지만 속으로는 따뜻하고 품이 넉넉한 사람이었다. 그의 주변에는 그에게 길을 물으러 오는 사람이 많았고, 갈 곳 없어 찾아오는 사람도 많았다. 그는 언제나 그들을 따뜻하게 품어 안았다. 그렇기 때문에 그에게는 친구도 많았고 선후배도 많았다. 박현채는 또 눈물이 많은 사람이었다. 박현채의 노래는 평소 그의 목소리와는 달리 언제나 청아하다. 고음이 되면 그의 목소리는 떨려 나오는데, 나는 그의 영혼이 맑고 깨끗하기 때문에 그런 소리가 나올 수 있다고 생각한다. 그가 즐겨 불렀던 노래는 〈보리밭〉, 〈모닥불 피워 놓고〉, 〈비목〉 같은 것이었는데, 노래가 이어질수록 목소리는 더욱 맑아지고, 더욱 떨리며, 태도는 너무 진지해져서 듣는 사람들을 언제나 숙연하게 했다.

그의 동료와 후배들이 그의 글을 모아 2006년 『박현채 전집』을 간행했다. 그것은 오로지 자발적인 것이었고, 그렇기 때문에 그야말로 헌신적이었다. 제1권을 1993년과 1989년 사이에 쓴 것으로 해서 역순(逆順)으로 책을 엮어 7권으로 간행했다. 제7권 부록은 사진 및 자료집으로 구성되어 있다. 전집에 실린 모든 글들은 그 시대와 그 시대를 구성하고 있는 민중에 대한 사랑의 기록이라 할 수 있다. 그의 주장이 오늘의 변화된 세상과는 많이 동떨어져 있는 측면을 부인할 수 없지만, 그 글들은 그때그때 그의 모든 학문적 연구와 민중에 대한 애정을 집합해서 그의 말대로 혼신의 힘을 다해 쓴 것들이었다. 나는 출판기념회 때 다음과 같이 그를 기억했다.

"이른바 근대화 과정에서 의도적으로 소외되었던 노동자와 농민의 생존권, 최소한의 삶의 조건을 지켜 내기 위해, 재야 경제학계의 야전군 사령관으로 맨몸으로 막아선 사람이 박현채였다. 오늘날 노동자와 농민의 목소리가 있기까지에는 저 멀리 박현채가 그 뒤에 있었던 것이다. 오늘날 그들로 하여금 눈을 뜨고 깨어 있게 한 여명의 사람이 박현채였다. 그는 그때 경제학이라는 이름으로 반민족적인 것, 반민중적인 것에 맞섰고, 가난이 제 탓만이 아닌 사람들, 저 짐에 눌려 신음하는 사람들을 위해 붓을 들었다. 생존보다 절실한 것은 없고, 그 자신이 역사의 주인이 되고, 자기 운명의 주인공이 되는 것보다 거룩하고 정당한 것은 없다. 박현채를 생각하면 안도현의 시가 연상된다. 박현채는 자신을 밑에서 채워 남을 따뜻하게 해 주었던 사람이다.

연탄재 함부로 차지 마라
너는
누구에게 한 번이라도 뜨거운 사람이었느냐."

27

희생과 헌신으로 점철된 삶

박중기

늘 헌쇠처럼

매천 황현의 붓 끝에 완전한 사람이 없다는 말이 회자될 만큼, 그의 사람에 대한 평가는 엄격하고도 매서웠다고 한다. 그래서 생겨난 말이 '매천필하(梅泉筆下)에 무완인(無完人)'이다. 매천에 비유하기는 좀 외람되지만, 촌철살인(寸鐵殺人)하는 말로 세상과 사람을 평하는 것으로 정평이 나 있는 전병용(全炳鏞)이 세상에서 누구보다 존경하는 사람 가운데 하나가 박중기다.

내가《공동선》에 「그 사람」이라는 제목으로 글을 연재하려고 할 때도 꼭 써야 할 사람으로 박중기를 우선 떠올리지 않을 수 없었다. 그

27. 희생과 헌신으로 점철된 삶 — 박중기   561

는 1960년대 이래, 우리 시대가 짊어져야 할 무겁고 힘든 짐을 지고 묵묵히 자기 길을 걸었고, 그러면서도 항상 웃는 얼굴, 따뜻한 목소리로 모든 사람들의 곁에 없는 듯 있었으며, 사람들이 힘들고 어려울 때마다 조용히 힘이 되어 주었다.

그의 아호는 '헌쇠'다. 범하(凡下) 이돈명 선생이 그가 고철장사를 하고 있을 때 지어 준 이름이다. 좋은 쇠를 얻기 위해서는 선철만 있어서는 안 되고 꼭 고철이 섞여야 하고, 무릇 철로 된 기구들이란 모두 그 속에 헌쇠가 섞여 있는 것이라야 제대로 된 것이라 할 수 있다며 지어 주었다. 박중기 역시 헌쇠라는 이름을 싫어하지 않는다. 과연 그는 헌쇠처럼 그를 필요로 하는 곳에 스스로 먼저 가 있어 그 동네, 그 공동체를 제대로 사람 사는 동네로 만들어 주는 사람이다.

박중기와 인혁당 사건

1964년 여름, 서울 서대문구 서울구치소에서 박중기를 처음 만났다. 그때 나는 전국에 걸쳐 들불처럼 번졌던 한일굴욕외교반대투쟁의 배후조종자로 몰려 투옥되었고, 박중기는 이른바 1차 인혁당 사건으로 구속되어 있었다. 우리는 그때 막 출범한 중앙정보부에 끌려다니며 조사를 받으면서 눈길을 주고받았다. 모두가 독방 수용이고, 또 한결같이 요시찰 대상이라 감옥 안에서 만날 수 있는 기회는 없었다. 다만 유난히도 추웠던 그해 겨울, 나는 박중기가 동상에 걸려 그 발이 썩어

박중기.

들어가고 있어 어쩌면 발을 잘라 내야 할지도 모른다는 이야기를 듣고 조마조마했던 기억이 있다.

그 이야기를 전해 준 것은 박림항 반혁명 사건으로 들어와 교도소 안에서 간병으로 일하던 권찬식이었다. 그는 공군 중령 출신으로, 당시 들리는 말에 의하면 비행기를 몰고 한강의 교각 사이로 빠져나올 수 있는 한국 제일의 전투기 조종사였다고 한다. 뒷날 그는 국회의원 장준하의 보좌관을 했다. 의사도 아닌 그가 박중기의 발을 마취도 없이 수술했고, 박중기는 다행히 발을 자르지 않고도 그 위험을 벗어날 수 있었다. 그러나 발을 자르게 되면 어쩌나 하며 꽤나 걱정했던 기억이 지금도 잊히지 않는다. 이때 만난 것이 나와 박중기의 첫 인연이다.

개띠, 1934년생인 박중기는 그가 태어나고 자란 시대 탓으로 일찍부터 세상에 눈뜨고 있었다. 초등학교 때 이미 일제의 마지막 발악과도 같은 전쟁에 동원되어 강제노역을 하거나 군사훈련을 받아야 했다. 일제가 물러간 뒤의 이념 대립과 분열, 그리고 우익들의 횡포를 두 눈으로 똑똑히 볼 수 있었다. 어릴 때부터 자신을 귀여워했던 아저씨가 대구 10·1 항쟁의 연장선 위에서 삼남지방에서 일어난 민중들의 저항운동이었던 2·7 사건 때 우익들에 끌려가 매를 맞고 거의 송장이 되어 돌아오는 일을 겪기도 했다. 이러한 일들을 겪거나 보면서 그는 가난한 사람은 왜 가난한가, 부자는 왜 부자인가, 이 나라는 어디로 가고 있는가, 어떻게 사는 것이 올바른 삶인가를 생각하게 되었다. 시대가 그를 '생각하는 백성'으로 만들었다. 그리고 이 시기에 겪었던 그의 경험이 그의 인생항로에 결정적인 영향을 미친다. 누가 가르쳐서가 아니라 자신의 내면으로부터 반봉건, 반외세, 민족·민주의 변혁운동에 대한 욕구가 싹트고 있었다.

한 아이를 낳는 것은 부모지만, 그 아이를 키우기 위해서는 한 마을 전체, 나아가서는 온 세상이 거들어야 한다는 말이 있다. 특히 한 사람이 성장하는 데는 교우관계가 매우 중요하다. 박중기는 고향인 밀양에서 중학교를 다니면서, 우연한 인연으로 김성환이라는 친구를 만났다. 그런데 공교롭게도 그는 김금수와 내외종간이었다. 세상일이란 참으로 묘한 것이어서, 이것이 끈이 되어 일생의 지기요 평생의 동지가 되는 김금수를 만난다. 김성환한테서 좋은 선배라는 이야기를 전해 들은 김금수가 부산으로 유학 온 박중기를 찾아온 것이다. 이어서 김금수의 이웃에 살면서 부산사범학교에 다니던 이수병을 만난 것 또

한 그의 일생에 중요한 전기가 된다. 이렇게 자연스럽게 만나기 시작한 친구들이 점차 늘어 갔다. 부산사범의 김종대, 박영섭, 유진곤, 김정위, 부산고의 이영호, 최종국 등이 바로 그들이었다. 그들은 그들이 보고 들은 것들을 함께 나눴고, 세상에 대해 그들이 품고 있는 의문과 고뇌를 교환했다. 이들은 자라온 환경에 따라 편차는 조금 있었지만, 어렴풋하게나마 나름의 사회의식을 형성하고 있었다. 이미 직접 한국전쟁을 체험한 뒤끝이라 나름대로 세상을 보는 소견도 갖고 있었다.

이렇게 시작된 이들의 교류는 1955년, 학습토론을 넓히고 사회과학적 활동영역의 확대를 지향하는 '암장(巖漿)'이라는 모임을 만들기에 이른다. 암장은 땅 속 깊은 곳에 녹아 있는 마그마란 뜻으로 화산처럼 변혁운동의 분출을 모색하고자 하는 그들의 뜻을 담고 있었다. 이들은 당시 부산 보수동 헌책방에서 구입한 사회과학 서적과 월북작가들의 소설, 김동석 평론집, 전석담의 『조선경제사』, 그리고 경향을 알기 위한 논설집 『세계사교정』 등 진보적인 저작을 열심히 읽어 나갔다. 또한 진보적인 인사들의 강연이나 민주당의 유세에도 열심히 쫓아다녔다. 가장 연장자요 선배라 할 박중기부터 이른 새벽에는 신문배달을 나갔다. 이수병, 성기섭, 황영한 등이 신문배달에 동참했다. 이들은 매주 그리고 달마다 공동과제를 내놓고 토의했다. 점차 그들의 의기는 부산 대중을 위해 목숨 바쳐 일하고, 생사고락을 같이하기로 결의하기에 이르렀다. 이들은 당시의 엄혹한 시대상황 속에서 자신들의 활동을 추진해 나가기 위해 다음과 같은 수칙을 정했다.

첫째, 약속시간은 철저히 지킨다. 둘째, 돌아서서 비난하지 않는다.

셋째, 비밀은 눈치로라도 남이 알게 해서는 안 된다. 넷째, 일은 내가 많이 하고 공(功)은 남에게 준다.

이렇게 성원들은 초보적인 사회과학적 학습을 하고, 활동가의 기본 자세를 갖추어 나갔다. 아마도 박중기는 일은 내가 많이 하고 공은 남에게 준다는 수칙을 누구보다 철저히, 그리고 끝까지 견지한 사람 가운데 하나였을 것이다. 그 이후의 그의 삶이 그것을 말해 준다.

암장 회원들은 대학에 진학해 서울에서 활동하면서도 모임은 계속 이어 나갔다. 이문동 이수병의 자취방은 서울로 올라온 암장 동지들의 아지트였다. 군대에 가 있다 휴가 때 나오면 박중기도 어김없이 이들과 합류했다. 방학 때는 부산에 내려가 이른바 '점등작업'이란 걸 했다. 통일문제, 문화운동 등의 주제를 걸고 발표회와 강연회를 여는 것이다. 광복동 미화당백화점에 공간을 얻어 '문학의 밤', '시의 밤'을 개최하기도 했다.

그러던 중 4·19 혁명이 일어났다. 이승만 독재정권의 타도에는 성공했으나 그 이후의 혁명과업을 수행할 주체적 힘은 아직 형성되지 못한 상태였다. 개헌과 7·29 총선에서 학생은 들러리에 불과했다. 혁신세력은 여러 가지 형태로 참여했지만, 별다른 성과를 올리지 못한데다 선거 후에는 이념적 분화가 심화되어 여러 정당으로 갈라졌다.

이런 상황 속에서 시대는 명망이나 명분보다는 사회변혁을 주도할 힘을 요구하고 있었다. 이에 부응해서 부산에서는 민족민주청년동맹(민민청)이, 서울에서는 통일민주청년동맹(통민청)이 결성되었다. 민민청은 부산대학교 교수 이종률의 영향을 받은 김상찬, 이영석, 한상련, 최종근, 배다지, 조현종 등이 주도했고, 통민청에는 서울대 신진회 출신의 이규영, 양춘우, 부산 성민학회를 이끌던 김배영, 김한덕과 서울의 김영옥, 김영광, 우홍선(일명 우동읍), 대구에서 이재문과 최일, 광주에서 김시현 등이 참여했다. 통민청은 지난날 혁신정당에 관여했던 사람들이 중심을 이루고 있었다.

암장 성원들은 두 단체의 강령과 주도하고 있는 면면들을 검토한 끝에 개인 자격으로 민민청에 참여하기로 결정했다. 이에 따라 김금수는 서울맹부 간사장, 박중기는 투쟁국장, 박영섭은 조직국장으로 활동하게 된다. 이들은 처음에는 민민청 조직을 확대하는 데 진력하지만, 뒤에는 민민청이 통민청과 함께 민족자주통일협의회(민자통)를 추동하는 데 힘을 모은다. 민자통은 1960년 후반에 여러 세력이 합류하면서, 단순한 협의체에서 범국민적인 통일운동전선체로 발전했다.

1961년에 5·16 군사쿠데타가 일어났다. 민민청과 민자통에 관계했던 사람들은 뿔뿔이 흩어져야 했다. 군부정권이 혁신계를 혹심하게 탄압했기 때문이었다. 이수병은 체포되고, 김금수는 군에 입대했으며, 대부분은 도피했다. 혁신계에 일대 수난이 닥쳐 왔다. 혁신계의 일부는 박정희 군사정권이 창당한 민주공화당에 참여했지만, 대다수는 지하로 숨어들 수밖에 없었다. 이러한 상태는 장기간 계속되었고, 이 땅의 변혁운동 세력은 상당한 잠복기를 거쳐 어떠한 형태로든 재기를 모색하는 상황 속에서 1차 인혁당 사건이 터졌다.

1차 인혁당 사건은 그 10년 뒤에 있었던 인혁당 재건위 사건과 그 전개과정이 비슷했다. 1964년 3월 24일, 서울대학교 문리과대학에서

'민족적 민주주의 장례식'의 형식을 빌려 한일굴욕외교반대투쟁에 불을 붙이자, 시위는 삽시간에 전국으로 확산되었다. 이는 박정희 군사정권이 맞은 최초의 정치 위기로, 그들은 학생들의 시위가 공산혁명을 획책하는 혁신세력의 조종으로 일어났다는 상징조작으로 이를 극복하려 했다. 6월 3일, 전국에 선포한 계엄령을 합리화하기 위해 사건을 조작한 것이다. 그러나 1차 인혁당 사건은 실패로 끝났다. 불의에 굴복하지 않는 젊은 검사들의 항명 때문이었다. 그들은 도저히 반국가단체 구성, 국가변란죄가 성립될 수 없다고 검사직을 걸고 항변했다. 아직도 정의를 수호하고 불의를 배격하는 양심적인 검사들이 그때는 남아 있었다. 박정희정권은 내란죄를 적용할 수 없게 되자 구차하게도 반공법의 올가미를 씌워 1년에서 3년까지의 실형을 살게 했다. 박중기도 이때 1심에서 집행유예를, 2심에서 1년의 실형을 선고받아 복역했다. 여기까지가 박중기가 1차 인혁당 사건에 연루되기까지의 과정이요 내가 박중기를 만나게 되기까지의 역사다. 그러나 박중기의 삶이 빛나는 것은 그의 투쟁경력이 아니라 그 이후 그가 살아온 삶의 궤적의 따뜻함에 있다.

삼륜청정(三輪淸淨)을 실천한 박중기

감옥에서 나온 박중기는 이제 생활인의 길을 걸어야 했다. 그것은 누구도 회피할 수 없는 현안이었다. 그래서 박중기가 지난날의 동지들과 더불어 처음 시작한 일이 목재장사였다. 합판을 깎고 남은, 물러서 못 쓰는 속대를 쓸 만한 부분만을 제재해서 파는 일이었다. 그런저런 일을 계속하다가 이수병이 자신이 운영하는 삼락일어학원을 도와 달라는 부탁을 받고 일단 사업에서 손을 뗀다. 이때 박중기는 전혀 생각지도 않았던 뜻밖의 사건에 연루된다. 혁신계 인사로 5·16 직후 2년의 형을 산 적이 있는 김정태가 주범으로 된 내란음모 사건에 휘말리게 된 것이다. 박중기로서는 참으로 어처구니없는 일이었다. 결혼식 날 친지들끼리 몇 장 나누어 본 유인물과 북한에서 나온 철학사전을 쪼개 가졌다는 것이 죄상의 전부인데도, 공안 당국은 김정태의 발목에 권총까지 쏘아 대며 그를 체포했고 거창하게 내란음모죄를 덮어씌웠다. 박중기는 이 사건으로 재판을 받고 6개월 만에 출소한다. 이 사건을 통해 그에게 보람이 있었다면, 감옥에서 전병용을 만난 것이었다.

그러나 이 사건은 결과적으로 박중기의 생명을 건져 주었다. 그가 석방될 무렵, 이른바 2차 인혁당 사건(인혁당 재건위 사건)이 터진 것이다. 1차 인혁당 사건이 있은 지 꼭 10년이 되는 해였다. 인혁당 재건위 사건은 10년 전 1차 인혁당 사건 조작의 실패에 대한 보복의 성격도 있었다. 당시 중앙정보부장이었던 신직수는 1차 인혁당 사건 당시 검찰총장으로 있으면서 이 사건과 관련해 소장 검사들로부터 항명이라는 수모를 겪은 바 있었고, 재건위 사건을 주도한 이용택 정보부 6국장도 당시 5국의 대공과장으로 있으면서 1차 인혁당 사건에 주도적으로 관여했던 인물이었다.

박중기는 물론 김정태 내란음모 사건에 연루되었다 6개월 만에 석방된 며칠 뒤 중앙정보부에 연행돼 조사를 받는다. 그러나 중앙정보부도 바로 며칠 전까지 감옥에 있었던 박중기를 인혁당 재건위 사건으로 엮어 넣을 수가 없었다. 만약 그가 그 시기에 감옥이 아닌 밖에 있었더라면 이수병 등과 맺은 오랜 관계에 비추어 중앙정보부는 어떻게든 그를 재건위 사건에 연루시켰을 것이다. 이렇게 그는 살아남았다. 하지만 살아남았다는 사실 자체가 그에게는 부담이고 고역이었다. 그는 김용원이 자기 대신 죽었다고 믿었다. 삶과 죽음의 갈림길에서 그와 김용원이 자리바꿈을 했다는 것이다. 아마도 그것은 사실일 것이다. 그렇기 때문에 그의 삶은 먼저 간 사람들에 대한 죄의식으로 가득 찼다. 그게 아니더라도 그는 인혁당 사건 피해자 가족들을 보살피는 데 최선을 다했겠지만, 생사가 엇갈린 죄의식 때문에 이들을 생각하고 돌보는 그의 정성은 더욱 눈물겨웠다.

대산목재 뒤 방 한 칸에 부엌이 딸린 블록 구멍가게로 시작한 그의 사업은 1977년 고물장사로 이어졌고, 이것이 다시 고철수집상으로 그런대로 번성했다. 사업이 조금씩 펴지는 것과 비례해서 그의 집을 드나들면서 도움을 받는 이들도 늘어났다. 어려울 때라 찾아오는 사람이 많았다. 사업에서 생긴 수입은 찾아오는 동지, 후배들, 그리고 무엇보다 이수병, 김용원을 비롯한 가족들의 생활비로 쓰였다. 그러나 그들을 돕는 것조차 마음대로 할 수 없었다. 1964년 사회안전법이 제정·발효되면서 그의 일거수일투족은 신고되거나 감시받아야 했다. 처음 2~3개월은 신고하지 않고 버틸 수 있었지만 집요한 그들의 사

2005년, 인혁당 희생자 30주기 추모제에서.

찰을 피해서 활동할 수는 없었다.

그 가족들이 몰려다니며 남편의 억울함을 호소하거나 청원할 때도 그는 그 옆에 갈 수가 없었다. 가족들이 중앙정보부에 연행되어 갖은 수모를 당할 때도 그가 할 수 있는 일은 아무것도 없었다. 가족들을 직접 만나지 못하고 항상 간접으로만 그들을 만날 수 있었다. 다행히 그 자신은 빠졌지만 인혁당 사건은 그에게는 천형과도 같은 것이었다. 인혁당 사건의 진상이 밝혀지기까지에는 그의 보이지 않는 노력이 있었다. 지금도 그는 인혁당 사건의 아름다운 마무리를 위해 고민하고 있다. 그의 헌신과 희생은 성스럽기까지 하다. 그의 도움을 필요로 하는 사람은 그 외에도 많았다. 단순한 도움뿐만 아니라 자식을 키우기 위해서 자립하겠다면서 보증을 서 달라고 요구하기도 했다. 그

렇게 서 준 보증 때문에 그는 신용불량자, 나아가서는 불량채무자가
되었다. 갚아도 갚아도 빚은 또 생겼고, 은행은 그를 상대조차 해 주
지 않았다.

그는 사업을 하면서도 어음거래는 결코 하지 않았다. 어음은 발행
하지 않았고, 대금으로 받은 어음은 반드시 은행에서 할인해 썼다. 그
러나 신용불량자, 불량채무자가 되고 나서부터는 은행에서 어음을 바
꾸는 일조차 쉽지 않았다. 설상가상으로 부천공장에서는 사고가 났
고, 천안에 땅 6천 평을 사서 공협상사를 키워 보려는 그의 꿈은 한신
부도사태로 된서리를 맞았다. 갑자기 거래하자고 나선 한보철강에 납
품한 3억 7천만 원이 부도를 맞은 것이다. 우여곡절 끝에 모든 것을
포기하고 나니 빈털터리 빚쟁이가 되고 말았다. 가족이 살 수 있는 집
조차 막연한 처지가 됐다. 그런데도 빚 뒤치다꺼리를 하느라고 또 몇
년을 보내야 했다.

이제 그가 사업을 해서 그에게 남겨진 것이라곤 아무것도 없다. 있
다면, 그가 이제까지 남에게 베푼 행업만이 남아 있을 뿐이다. 불가
(佛家)에서는 아무 조건도 없이, 바라는 것도 없이 베푸는 보시를 무
주상(無住相) 보시라 한다던가. 과연 그는 일생을 베풀면서도 누구를
돕는다는 생각이 없었고, 베푼 데 대한 일체의 생각에서 벗어난 보시
를 했다. 마치 바람이 나뭇가지를 스쳐 지나가듯이……. 과연 그는 삼
륜청정(三輪淸淨)의 사람이었다.

그가 있어 행복했다

2004년, 그는 난생처음으로 공직이라면 공직이라고 할 '민족·민주열사 희생자 추모단체 연대회의(추모연대)' 의장직을 맡는다. "나이 칠십에 능참봉"이라고 그 자신이 말하듯이 제사 지내 주는 일을 맡은 것이다. 어떻게 보면 그에게 어울리는 직함일지도 모른다. 돌이켜 보면 격동의 한국 현대사에서 묻혀지고 잊혀진 죽음이 얼마나 많은가. 그 모든 뒤치다꺼리를 도맡아서 하고 있다. 그래서 그는 언제나 바쁘다. 그러나 신역만 고되고 빛은 나지 않는 일이다. 그가 제사 지내는 사람들은 이 땅에 사는 사람들을 위해서 어떻게 사는 것이 올바른 삶인가를 고민했던 사람들이다. 고민 끝에 이 한 몸을 던지거나 바친 사람들이다. 죽은 사람들에게서 높은 인격을 발견하고 그들에게서 보이지 않는 메시지를 전해 받는 것을 보람으로 여기며 그는 경향 각지를 누비고 있다.

그가 거시기 산우회의 멤버가 된 것은 유신체제하에서 박현채가 구속되었다 석방될 무렵이었으니까 1978년경이 아니었나 싶다. 그 이후 그는 산우회에서 없어서는 안 될 사람이 되었다. 산에서 취사를 할 때는, 콩나물국을 비린내 나지 않게 끓여 산우(山友)들을 대접하곤 했다. 그의 해학은 우리들의 우울했던 1970년대와 80년대의 고난을 한때나마 잊게 했다. 그는 산우회의 좌장 격인 이돈명 변호사를 누구보다 극진히 모셨다. 그는 산우회 내에서도 모든 궂은일과 험한 일을 도맡았다. 산행이 끝났을 때 벌이는 회식이나 망년회에서 그가 부르는 〈일출봉〉이나 〈만포진〉은 언제나 우리의 가슴을 적신다. 우리는 그가 있어 조금은 슬픔과 고난을 덜 수 있었고, 그가 있어서 위로받았으며, 그가 있어 행복했다

변혁운동의 좌절인가?

이수병

짓눌린 지초(地草)처럼

치솟는 해일(海溢)처럼

그렇게 강인하고

그렇게 감격스런

새해를 또 맞으시기 바랍니다

—1974년 새해 아침, 이수병

이수병(1937~75)이 1974년 새해를 맞이하면서 친지들에게 보낸 연하(年賀) 편지글은 이렇게 힘차고 당당했다. 그러나 이수병은 이 글을 쓴 4개월 뒤, 박정희 유신정권에 끌려가서는 끝내 돌아오지 못했다.

4월 18일, 김용원, 김종대와 점심을 먹고 나온 이수병은 김용원과 헤어져 김종대와 함께 자신이 강사로 일하는 삼락일어학원으로 돌아왔다. 사무실에 앉아 시국 상황을 논의하고 있는데, 술에 취한 듯한 삼십대의 남자가 사무실 문을 열고 들어왔다. "여기 이수병 씨가 누굽니까?" 김종대가 자리에서 일어나며 물었다. "어떻게 오셨습니까?" "아, 경기여고에서 왔습니다. 김용원 씨가 전해 달라는 얘기가 있어서요." "제가 이수병입니다만 무슨 이야깁니까?" "중요한 이야기니 아래로 좀 내려가실까요?" 그를 따라 내려간 지하층에는 중앙정보부 요원들이 여럿이나 있었다. 그들은 다짜고짜 이수병에게 수갑을 채우고 세단차에 태웠다. 이렇게 이수병은 체포되어 유신정권의 포로가 되었다.

1974년 2월, 이수병은 우홍선에게서 중앙정보부가 학생 데모를 구실로 10년 전 인혁당 사건 때 뿌리 뽑지 못한 혁신세력을 제거하려 한다는 정보를 들었다. 그리고 1973년 12월 말부터 삼락일어학원에 여익환이라는 이름으로 등록한 경북대 학생회장 출신 여정남이 4월 16일 체포되었다는 소식을 들었다. 여정남의 체포로 어떤 상황이 전개될 것인지 예측할 수 없었다. 그러나 여정남과 자신이 주도하고 있는 조직을 믿는 마음이 조금만 더 관망해 보자는 쪽으로 그를 기울게 했다. 그것은 참으로 안타까운 실책이었다. 당시에는 이미 긴급조치 4호가 발동되어 있는 상태였다. 긴급조치 4호는 오직 민청학련이라는 가공의 단체를 겨냥한 것으로, 처음부터 조작 사건이라는 것이 감지되고 있었다.

이수병(왼쪽)과 김용원.

"민청학련과 관계되는 제 단체를 조직하거나 가입, 고무, 찬양하는 일체의 행위, 정당한 이유 없이 출석과 수업의 거부, 그리고 집회, 시위, 성토, 농성 등 일체의 개별 또는 집단 행위를 금하며, 이 조치를 비방하는 자는 5년 이상의 유기징역에서 최고 사형까지 처할 수 있다."

아직 있지도 않은 민청학련을 반국가단체로 규정함은 물론 이를 돕거나 동조하는 행위까지 사형에 처하며, 이를 위반할 때는 최고 사형, 폐교, 병력 출동도 불사하겠다고 한다.

이수병이 체포된 시간에 경기여고 교사 김용원도 중앙정보부로 연행되었다. 대구에서 도예종, 서도원, 하재완도 끌려와 조사를 받고 있었다. 중앙정보부에 끌려간 이들은 온갖 고문과 협박을 받으면서도 비교적 굳건히 버텨 나갔다. 그러나 4월 24일, 수배되었던 이철이 체포되자 4월 25일, 중앙정보부장 신직수는 각본에 따라 조작한 민청학련 사건의 내용을 언론에 발표했다.

"민청학련은 1974년 4월 3일을 기해 현 정부를 전복하려고 한 불순반정부세력으로, 이들은 북괴의 통일전선 공작과 동일한 4단계 혁명을 통해 노동자, 농민에 의한 정권 수립을 목표로 하고, 과도적 정치기구로 민족지도부의 결성을 획책했다. 이 민청학련 지도부에는 과거 공산계 불법단체인 인혁당 조직과 재일 조총련계, 일본 공산당, 국내 좌파혁신계가 복합적으로 관련, 학생을 포함한 1,024명이 조사를 받고 이 중 253명을 군법회의에 송치하여 1차로 54명이 기소되었다."

인혁당 재건위 사건이 만들어지기까지

1차 발표 후, 중앙정보부는 이 발표에 맞추어 본격적으로 혁신계 말살음모를 진행하기 시작한다. 4월 28일에 대구의 송상진을, 5월 1일부터 김종대, 전창일, 우홍선을 각각 집이나 직장에서 체포했다. 뒤이어 이창복, 김한덕, 황현승, 이성재 등이 검거되고 이재문은 수배되었다. 중앙정보부는 혁신계 또는 과거 인혁당 사건 관계자 가운데 사회적 지명도가 낮거나, 언론계, 학계, 종교계 등과 관련이 적은 사람을 골랐다. 그리고 대구 쪽 사람들을 집중적으로 공략했다. 대구 쪽 혁신계 사정을 잘 아는 경찰, 정보 관계자 들이 중앙정보부 수사요원으로 대구에서 서울로 긴급 차출되었다. 이때 그들의 마수에 걸리느냐, 걸리지 않느냐는 오직 중앙정보부의 선택에 따라 결정되었다. 그것은 곧 삶과 죽음의 갈림길이었다. 박중기 같은 이는 그때 마침 다른 사건으로 투옥되어 있었기에 살아남을 수 있었다.

이렇게 해서 중앙정보부는 5월 17일부터 '인혁당 재건위'라는 이름의 가공의 단체를 조작해 새로운 조서를 작성하기 시작한다. 민청학련 사건과 그 위의 그림표를 다시 만들고, 그 조작된 그림표 위에 사람들의 이름을 얹어 놓아 사건을 부풀려 나갔다. 1974년은 1차 인혁당 사건이 있은 지 꼭 10년이 되는 해였다. 중앙정보부는 10년 전 자신들이 실패했던 인혁당 사건을 다시 만들어, 이 땅의 혁신세력을 말살하려 했다.

따라서 인혁당 재건위 사건의 조작은 10년 전 인혁당 사건 조작의 실패를 보복하려는 성격이 강했다. 당시 정보부장이었던 신직수는 1차 인혁당 사건 당시 검찰총장으로 있으면서, 이 사건과 관련해 소장 검사들에게 항명의 수모를 겪은 바 있었고, 인혁당 재건위 사건을 주도한 이용택 정보부 6국장도 당시 5국의 대공과장으로 있으면서 악명을 떨친 인물이었다. 재건위 사건을 맡은 수사관들은 그 대부분이 1차 인혁당 사건 때도 관여했으며, 이용택이 대구에서 차출한 수사관들과 함께, 이 사건 조작에도 중요한 일익을 담당하고 있었다. 김형욱의 회고록에도 인혁당 재건위 사건을 "박정희와 이후락의 지령을 받은 신직수 그리고 신직수의 심복 이용택은 10년 전에 문제 되었다가 증거가 없어서 석방한 사람들을 다시 정부전복음모 혐의로 잡아넣었다"라고 적혀 있다.

따라서 사건을 조작하기 위해 이들은 관계자들을 무자비하게 고문
했다. 증거가 없으므로 그들이 사건을 조작할 수 있는 길은 오로지 고
문과 협박뿐이었다. 중앙정보부 남산 지하실은 '인혁당 재건위' 각본
을 만들어 내는 지하공장이었다. 이수병은 물고문과 전기고문, 그리
고 끊임없는 구타와 협박에 온몸이 만신창이가 되었다. 합리적 대응
이 불가능한 일방적 폭력에 인간이 가진 주체성은 파괴되고 인격은
무너져 갔다. 무자비한 고문 앞에서 이수병은 매 순간 생사의 경계를
넘나들었다. 그것은 다른 사람들도 마찬가지였다.

"우리는 삼엄한 긴급조치하에서 인권보호를 위해 형사소송법이
규정하고 있는 여러 가지 기본권을 완전히 박탈당한 채 편리에 따라
연장되는 그 악몽 같은 조사 기간 동안에 사경을 헤매야 하는 몸서리
치는 고문과 협박 속에서 수사관과 검찰관이 동일 장소에서 행하는
조서작성 등의 처사에 완전히 정신을 잃었습니다. 그것이 장차 어떠
한 결과를 초래하든 간에 자신의 나약함을 통감하면서 당장에는 요구
하는 대로 횡설수설치 않을 수 없었고, 사실과도 전혀 다르게 조작된
줄을 뻔히 알면서도 자신의 비굴을 자학하면서 바보처럼 제 손으로
무인(拇印)을 찍어야만 하는 처절한 극한 상황 앞에서 우리는 인권이
니 양심이니 하는 따위의 사치스런 개념을 논하기 이전에 결코 더는
버텨 나갈 수 없는 체력적 한계에 부닥치고 말았던 것입니다."

이수병의 상고이유서는 이처럼 처절하다. 그만큼 고문은 가혹하게 오랫동안 계속됐다. 정치범이나 사상범으로 감옥을 드나드는 사람들에게 속담이 하나 있다. "매에는 장사 없다." 다른 동지들도 살인적 고문으로 죽음의 문턱을 넘나들었다. 가장 나이가 많은 도예종은 혹독한 고문으로 수십 차례나 심장병인 협심증을 일으켜 졸도를 거듭했고, 서도원도 다리에 고문 자국이 남도록 고문을 당했다. 우홍선도 4일 만에 고문으로 하반신을 쓸 수 없어 교도소 안에서 누워 지내도 좋다는 와허증(臥許證)을 받았으며, 술에 취한 수사관의 고문으로 '3층에서 떨어져 죽고 싶을 만큼' 심장이 파열되는 고통을 겪었다.

하재완은 전기고문으로 탈장과 폐종양이 생겨 기침할 때마다 피가 묻어 나오는 등 생명의 위협을 받는 상태에서 진술서를 보지도 못한 채 강제로 무인을 찍어야 했다. 고문의 고통을 견디지 못한 송상진은 동맥을 끊어 자살을 기도했다. 여정남도 심한 전기고문과 구타로 다리를 절어야 했다. 이러한 잔인한 고문으로 장석구는 수형생활을 하다가 1975년 10월 15일 고혈압으로 옥사했으며, 유진곤은 출옥 후 고문 후유증으로 병사했다. 김지하는 감옥에서 이들과 만난 이야기를 《동아일보》에 이렇게 썼다.

"고문을 많이 당했습니까?" 하고 나는 (통방 때) 물었죠. "말마이소. 창자가 다 빠져나와 버리고 부서져 버리고 엉망진창입니더…… 저그들도 나보고 정치 문제니께로 쬐금만 참아 달라고 합니더."…… 그 뒤 잠깐 만난 실물 하재완 씨는 내 어깨를 꽉 끌어안고, 그러나 내 귀에는 마치 한이 맺힌 귀곡성(鬼哭聲)처럼 무시무시하게 들리는 그 가래 끓는 숨소리와 함께 열심히 열심히(내게 고문당한 얘기를 하는 것이었다).

……"나 이수병이요" "아하, 그 「만적론」을 쓰신 이수병 씨요?" "정말 창피하군요, 이거 아무 일도 나라 위해 해 보지도 못한 채 이리 끌려 들어와서 슬기로운 학생운동 똥칠하는 데에 어거지 부역이나 하고 있으니…… 정말 미안합니다."

당사자들뿐만이 아니었다. 이수병의 옥바라지를 했거나 경제적 후원을 했던 사람들도 중앙정보부에 끌려와 가혹한 고문을 받은 사람들이 많았다. 어떤 사람은 그 고문후유증으로 병사했고, 또 어떤 사람은 식물인간으로 지내야 했다. 5월 27일 기소와 함께 박정희정권은 2차로 민청학련 사건의 전모를 발표하는데, 이때 1차 발표 때와는 달리, 민청학련의 배후로 '인혁당'이 아닌 '인혁당 재건위'를 등장시킨다. 이는 인혁당 재건위 사건이 조작되었음을 스스로 인정하는 꼴이다.

사법살인을 당하다

긴급조치 1·4호 위반 이외에도 국가보안법, 반공법, 내란예비음모 등의 죄목으로 기소된 인혁당 재건위 사건 관련자 22명의 재판은 비상보통군법회의와 비상고등군법회의에서 일사천리로 진행되었다. 재판에는 피고인 한 명당 한 사람의 가족만 방청이 허용되었지만 그나마 잘 지켜지지 않았다. 구속 기간에 가족 면회는 일체 금지되었다. 고립무원의 상태에서 재판이 진행되었다. 게다가 6월 15일에 열린 인혁당 재건위 사건 재판은 비공개였다. 증인 채택도 받아들여지지 않았다. 국방부 출입기자 2명만이 취재하는 사실상의 비밀재판이었다. 군 검찰은 피고인들에게 사형, 무기징역, 징역 15년을 구형했다.

7월 11일, 인혁당 재건위 사건 관련자 22명의 선고공판에서, 이수병 등 7명에게는 사형이, 유진곤 등 7명에게는 무기징역이, 김종대 등 8명에게는 20년형이 선고되었다. 7월 13일에는 민청학련 지도부 7명 역시 사형선고를 받았으나 7월 20일, 국방부장관 확인 과정에서 여정남을 제외한 5명이, 2심 확인 과정에서는 이현배가 무기징역으로 감형되었다. 그러나 인혁당 재건위 사건과 관련해서는 끝까지 감형이 없었다. 고등군법회의는 단지 두 번만의 날치기 재판 끝에, 9월 7일, 7명에게 사형, 7명에게 무기징역, 4명에게 20년 징역형, 4명에게 15년 징역형을 선고한다. 이것은 사실상 확정판결이나 다름없었다.

피고인들이 법정에서 고문 사실을 폭로하면 검찰은 위협적인 말로 진술을 봉쇄했으며, 법정에서 혐의사실을 부정하면 다시 끌고 가 고문과 집단구타를 가했다. 법정의 진술조서 자체가 허위로 작성되었다. 이수병을 비롯해 모든 사람이 한결같이 인혁당 재건위의 존재 자체와 그 혐의사실을 부인했음에도 공판기록상에는 시인한 것으로 기록되었다. 재판기록조차 조작되었다. 이들이 있는 힘을 다해 쓴 항소이유서와 상고이유서도 아무런 의미가 없었다.

이수병.

1975년 4월 8일에 인혁당 재건위 사건의 상고심이 열렸다. 대법원
장 민복기와 재판관 12명이 들어섰다. 그러나 재판관들은 일체의 심
리를 허락하지 않았으며, 피고인 출정이나 변호사의 출석도 없이 특
별허가증을 받고 법정에 들어온 70여 명의 가족들과 기자들 앞에서
준비한 판결문을 읽어 나갔다. 판결문 낭독은 10분 만에 끝났다. 재판
관들은 판결문 낭독 후 허겁지겁 자리를 떴다. 그것이 인혁당 재건위
사건 재판의 마지막 장면이었다. 가족들은 울부짖다가 실신했다.

　다음 날 새벽 4시 반, 이수병은 감방에서 형장으로 끌려 나왔다. 사
형장에 들어서자 종이와 펜을 주었다. 이수병은 잠시 생각을 하고 나
서 천천히 펜을 들었다.

　"내가 죽는 이유는 오직 하나, 조국을 위하여 민족민주운동을 한

것뿐이다. 가족들이 보고 싶다. 가족들의 생활대책을 세워 달라."

　가족들은 새벽에 사형이 집행되었다는 소식을 라디오 뉴스로 듣고
서야 알았다. 사형이 확정된 후 첫 면회를 하리라고 작정했던 바로 그
날 새벽에 이들이 처형되었다는 소식을 들은 것이다. 가족들은 함세
웅 신부가 있던 응암동성당에 시신들을 모시고 장례미사라도 올리려
고 했으나 유신정권은 그것마저 거부했다. 경찰차를 붙여서 개별적으
로 교도소 밖으로 내보냈으며, 고문 흔적이 유난히 심한 송상진과 여
정남의 시신을 한사코 가족들에게 내주지 않으려 했다. 응암동 삼거
리에서 빼앗고 빼앗기지 않으려는 싸움이 벌어졌고, 시신을 태운 버
스는 크레인에 견인되어 벽제화장터에서 강제로 화장당했다. 이 과정
에서 문정현 신부는 버스 바퀴 밑에서 저항하다가 끝내 다리 부상을
당했다.

　그날 오후 6시 30분쯤 이수병의 시신은 집에 안치되었다. 함세웅
신부 등과 함께 살펴본 시신은 너무나 참혹했다. 손톱과 발톱은 물론
이고, 발뒤꿈치 부위와 등허리도 새까맣게 타 있었다. 캐나다 출신 의
사는 달려와 시신의 사진을 찍었다. 다음 날, 시신은 고향으로 가 묻
혔다. 그의 묘 앞에는 "민주주의와 민족통일의 선구자, 이수병 선생"
이라는 묘비가 서 있다. 4월 9일의 사법살인에 대해 스위스 제네바에
본부를 둔 국제법학자협회는 그날을 '사법사상 암흑의 날'로 정해 선
포했다.

구명운동과 가족들의 수난

고립무원의 사람들은 옥중의 인혁당 재건위 사람들만이 아니었다. 이들의 가족들도 밖에서 고립무원의 구명운동을 해야만 했다. 긴급조치 위반 가족들도 이들을 외면했다. 이들은 공산주의자들이 배후에서 민청학련 사건을 조종했다는 당국의 발표에 현혹되기도 했지만, 그보다 이들 가족과 함께하는 것이 자식이나 남편의 석방에 결코 도움이 되지 않는다고 보고 가급적 멀리하려 했다. 천주교정의구현전국사제단 신부들과 목사 몇 사람, 그리고 외국인 성직자들을 제외하고는 이들 가족의 목소리에 귀를 기울이려 하지 않았다. 구속자가족협의회의 김한림 선생, 김지하와 유인태의 어머니들이 이들의 처지에 안타까워하면서 이들과 구명운동을 함께하며 도왔을 뿐이었다.

개신교의 오글 목사와 천주교회의 시노트 신부, 즈베버 신부, 그리고 천주교정의구현전국사제단의 신부들이 구명운동에 적극 나섰다. 오글 목사는 1974년 10월 10일, 기독교회관 목요기도회에서 행한 설교를 통해, 인혁당 재건위 사건 관계자들이 아무런 증거도 없이 사형, 무기징역 등 중형을 선고받았지만 아무도 그들을 구출하려 하지 않는다고 지적하면서 이들을 위해 기도해 줄 것을 호소했다. 이 설교 때문에 오글 목사는 다음 날 중앙정보부에 연행되어 20여 시간 동안 조사를 받았는데, 연행에서 귀가에 이르기까지의 전 과정을 「중앙정보부 연행기」로 작성했다. 이 기록에는 이용택 수사국장으로부터 협박받은 내용도 포함되어 있다. 이 국장은 이때 이미 더 이상 언급하면

추방할 수 있다는 의중을 드러냈는데, 두 달 뒤인 12월, 오글 신부는 마침내 강제출국당하고 만다.

이 무렵 시노트 신부도 경고 조치를 받고 있었다. 시노트 신부는 1975년 2월 24일에 있었던 천주교정의구현전국사제단의 인혁당 재건위 사건 진상조사 결과 발표 및 이 사건의 공동조사를 제의하는 기자회견에 앞장서 참석했으며, 최분도(즈베버) 신부와 함께 인혁당 가족들을 돕는 일에 적극적으로 나섰다. 4월 9일, 이수병 등 8명에 대한 전격적인 처형이 있은 후에는 그들의 장례식 사진을 찍어 세계에 공개했다. 그러나 시노트 신부 역시 1975년 4월 17일, 대한항공편으로 대한민국을 떠나야 했다. 인혁당 사건은 유신정권의 아킬레스건이었다.

천주교정의구현전국사제단은 1975년 2월 24일, 그동안의 증언과 기록을 통한 진상조사 결과를 발표하면서 공개재판을 요구하고 당국과 함께 사건에 대한 공동조사를 제의하는 기자회견을 가졌다. 그때 '진상조사 결과'는 내가 작성했는데, 여기서 나는 공판조서가 사실과 다르게 변조되어 있는 점을 폭로했다. 법정에서는 분명히 "피고인 등이 모여 어떠한 조직과 결의를 하였는가"라는 질문에 "그런 사실이 없다"라고 답변했는데, 공판기록에는 "네, 혁신계 동지를 규합, 통일적 조직을 구성, 대정부 투쟁에 합의하고, 4인 지도부를 조직하여 활동 상황을 조정하기로 합의하였습니다"라고 대답한 것으로 기록되어 있었다. 이 사건에 변호인으로 처음 인권변론에 참여했던 함정호 변호사조차 법정에서 "증인 채택도 기각시키고, 증거물도 압수해 간 이런 재판정에서 내가 무슨 말을 할 것인가. 변호사로서 이 자리에 서게 된

것이 피고인 보기에 부끄러울 따름이다"라고 고백했다. "이와 같은 제
반의 사정을 살펴본다면, 인혁당 사건은 조작된 것이며, 어떤 정치적
목적에 의하여 날조된 것이라는 결론에 도달하게 된다"는 것이 '진상
조사 결과' 보고서의 결론이었다.

중앙정보부는 구명운동하는 가족들을 연행해 구속자들의 죄를 가
족들에게 시인하라고 닦달하는가 하면, "다시는 구명운동을 하지 않
겠다," "성당 기도회나 목요기도회에 가지 않겠다"는 각서와 "남편들이
이러이러한 죄가 있다"는 진술을 쓸 것을 강요당했다. 심지어는 부인
들에게 최음제를 먹여 놓고 흥분 상태에 빠지는 것을 웃으며 지켜보
는 등, 차마 인간으로서는 할 수 없는 만행조차 서슴없이 저질렀다. 정
보부 안에서 당한 일이 부끄러워 자살을 기도하는 가족조차 있었다.

이들 가족들의 고통은 끌려가서만 당한 것이 아니었다. 하재완의
아들은 동네 애들이 끌어다가 목에 새끼줄을 매어 나무에 묶어 놓고
빨갱이 자식이니 총살한다고 하면서 조롱했다. 초등학교 다니는 아
들이 소풍을 가서 점심을 먹을 때도 다른 급우들이 돌을 던져서, 나무
뒤에 숨어서 먹어야 했던 일도 있었다. 친척까지 왕래를 끊었다. 제삿
날, 시동생이 안 와서 왜 안 오느냐고 물으면 "형수님, 우선 내가 살아
야 안 합니까"라는 답변이 돌아왔다.

그때의 법무장관이 저 유명한 형법학자 황산덕이었다. 그는 국회
에서 인혁당 재건위 사건에 "논리적 심증이 간다"고 증언하는가 하면,
사제단의 진상조사가 발표되자 "더 이상 이를 문제 삼으면 반공법 위
반으로 의법 처단하겠다"고 협박했다. 1975년 2월 15일과 17일, 민청

학련 관련자 대부분이 석방되었지만, 인혁당 재건위 사건 관련자들은 철저하게 제외되었다.

가족들은 어쩌면 남편들이 불행한 일을 당할지 모른다는 불안한 예감을 안고 있었다. 1974년 11월 8일, 관계기관에 구명탄원서를, 12월 9일에는 대통령과 대법원장에게 보내는 탄원서를 제출했다. 여기에는 김수환 추기경 등 재야 인사 15명의 서명이 첨부되었는데, 가족들은 "남편들을 제발 죽이지 말고, 공명정대하게 재판해 줄 것, 양심과 법에 입각해 바른 판단을 내려 줄 것" 등을 호소했다. 1975년 1월 6일에는 외국인 선교사 60여 명이 연명으로 탄원서를 제출했다. 그러나 이러한 모든 노력은 끝내 수포로 돌아가고 말았다.

변혁운동의 꿈

한 사람이 나고 자라는 데에는 지리와도 깊은 관련이 있게 마련이다. 이수병이 1937년에 태어난 의령군 부림면 손오리는 임진왜란 때 곽재우 장군이 나무에 북을 달아 의병을 모아 훈련시켰다는 현고수(懸鼓樹)가 자리 잡고 있는 곳에서 멀지 않다. 일제시대 부산에서 백산(白山)상회를 열어 임시정부 독립자금을 댄 백산 안희제의 생가는 그의 집에서 지척이었고, 백산의 아들 안상록과는 어려서부터 죽는 날까지 깊은 인연을 맺는다.

이수병은 1946년, 의령군 8개 면에서 일어난 농민항쟁을 목격한다.

그해 가을 대구에서 일어난 10월항쟁의 연장선에서 미군정에 대한 민중들의 저항이었다. 이수병과 친구들은 학교에서 집으로 가는 길에 농민들의 항쟁을 목격한다. 경찰의 발포로 마을 청년이 숨지는 일까지 있었다. 아마 이때부터 이수병의 마음속에는 반봉건·반외세, 민족·민주의 변혁운동에 대한 욕구가 생겨났을지 모른다.

1950년, 초등학교를 우등과 개근으로 졸업한 이수병은 인근 신반중학교에 들어갔다. 신반은 경남 오광대(五廣大)놀이 발상지의 하나로 장터는 늘 활기찼고, 닥나무를 이용해 만드는 전통 한지의 생산지로 널리 알려진 곳이었다. 신반중학교는 지역에서 훌륭한 인품과 덕망으로 존경 받던 권태훈 교장이 해방을 맞아 부림면에 세운 최초의 사립학교였다. 이수병이 중학교에 들어가던 그해 한국전쟁이 일어났다. 그는 가족과 부산으로 가는 피란길에 오른다. 사회의식에 어렴풋이 눈떠 있었던 그에게 민족상잔의 비극은 많은 것을 보여 주고 또 생각하게 해 주었다. 피란에서 돌아온 그는 3학년이 되자 학생회장을 맡아 지도력을 발휘하기 시작했다. 중학 시절, 남달리 뛰어났던 초보적인 사회과학적 인식은 안상록에게 영향을 받은 바가 컸다.

고향에서 중학 3년 과정을 마친 이수병은 휴전을 앞둔 1953년 4월, 부산사범학교에 입학한다. 이수병은 급우와 함께 자취하면서 새벽 신문배달로 하루를 시작해 저녁엔 시간제 가정교사로 아이들을 가르쳤다. 틈틈이 보수동 헌책방에 들러 구하기 힘든 사회과학 서적들을 사서 탐독했다. 전석담의 『조선경제사』나 가와카미 하지메의 『가난 이야기』, 『자본론 입문』 등을 읽기 시작한 것도 이 무렵이었다. 이때 그

이수병의 초등학교(당시 국민학교) 졸업 기념사진.

는 교지(校誌)에 글을 몇 편 기고했는데, 그 가운데 「고교생의 피」라는 글에서는 당시의 사회구조적인 모순을 매혈(賣血)에 비유하며, 어렵게 살아가는 고학생의 현실을 돌아보게 했고, 「지속산업」이라는 글에서는 미군이 주둔해 있는 부산의 현실을 묘사하면서 매춘의 사회적 배경을 날카롭게 지적했다. 이때 이미 그의 사회의식은 상당히 성숙해 있었던 것으로 보인다.

이수병은 2학년 때 '노작회(勞作會)'라는 학내 서클에 가입해 독서토론을 주도한다. 노작회는 원래 근로봉사를 목적으로 하는 모임이었지만 이수병의 활동으로 그 성격을 달리하게 되었다. 2학기 말에는 학습토론을 넓히고 사회과학적 활동영역을 지향하는 '암장(岩漿)'이라는 모임을 만든다. 이때 모인 사람들은 이수병과 같은 학교 동기생들인 김종대, 김정위, 박영섭, 유진곤 등과 부산고등학교에 다니는 김금수, 이영호, 최종국 그리고 경남공고의 선배 박중기 등이었다.

1956년 사범학교를 마친 이수병은 교사로 가는 길을 잠시 멈추고 동일 계열학과 입학이 가능했던 부산대학교 교육학과에 들어갔다. 여기서 그는 일제시대 항일운동을 했던 혁신계 인사로 정치학과 교수로 재직하고 있던 이종률을 만나 안목을 넓힌다. 당시 부산에는 1954년 무렵 발족한 민족문화협회가 이종률, 김정한, 이주홍 등을 중심으로 활동하고 있었고, 진보당 부위원장을 지낸 박기출을 중심으로 김배영, 김한덕 등 진보적 의식을 가진 청년모임인 성민학회(醒民學會) 등의 조직이 있었다. 이수병은 1957년 봄, 의령군 가례면에 있는 갑을초등학교 교사로 부임해서 잠시 교사의 길을 걷는다. 그러나 1959년에 이수병은 신흥대학교(현 경희대학교) 경제학과에 입학한다. 더 많이, 더 넓게 배우고 싶은 욕망이 서울로 오게 했고, 신흥대학교에 입학한 것은 아마도 장학금 혜택을 받을 수 있기 때문이었을 것이다.

이문동 이수병의 자취방은 서울로 올라온 '암장' 동지들의 근거지였다. 함께 자취하는 이영호를 비롯해 박영섭, 김용원, 김금수, 김정위가 수시로 드나들었고, 군대 제대를 앞둔 박중기도 휴가 때면 들러서 자리를 함께했다. 이수병을 비롯한 암장 회원들은 한편으로는 독서 등 학습에 열을 올리면서 다른 한편으로는 그들이 이른바 '점등작업(點燈作業)'이라 이름 붙인 그들의 강연회 행사를 적극적으로 펴 나갔다. 이들은 1950년대 중반부터 활발히 전개된 베트남, 알제리, 쿠바 등에서 일어난 민족해방전선의 저항운동에 깊은 관심을 가지고 있었다. 1959년 1월, 카스트로가 이끄는 쿠바혁명의 성공은 남한의 변혁운동을 추구하는 청년들에게 커다란 영향을 주었다.

그러던 1960년, 4·19가 터졌다. 4·19 학생혁명은 4월 25일의 교수단 시위로 이어지더니 26일 30여 만 시민이 참여하는 민중봉기로 발전했다. 이승만정권이 마침내 백기를 들고 항복했다. 승리에 만족하는 순수한 정의감만으로는 항쟁을 올바로 승화시켜 나갈 수 없다고 본 이수병은 이제 한국전쟁 이후 거의 사그라진 진보적 역량의 복구와 조직 건설이 무엇보다도 시급하다고 보았다.

7·29 총선 후 혁신정당은 이념적 분화를 거쳐 여러 정당으로 갈라졌다. 명망이나 명분보다는 사회변혁을 주도할 세력의 등장이 요구되고 있는 상황이었다. 가장 먼저 1960년 6월 12일, 부산에서는 진보적 청년들이 민족민주청년동맹(민민청)을 결성했다. 민민청은 초대 중앙간사장 김상찬과 이영석, 하상련, 최종근, 배다지, 조현종 등 주로 부산대학교 이종률의 영향을 받은 제자들이 주도했다.

서울에서는 여러 청년 조직이 모여 통일민주청년동맹(통민청)을 결성했다. 서울대 신진회(新進會) 출신의 이규영, 양춘우와 부산의 성민학회를 이끌던 김배영, 김한덕과 서울의 김영옥, 김영광, 우홍선(일명 우동읍), 대구에서 이재문과 최일, 광주에서 김시현 등이 여기에 참여한다.

새로운 청년조직의 양대산맥인 민민청과 통민청은 통합논의를 활발히 전개하면서 민족자주통일협의회(민자통)에 들어가 통일민족운동의 선도적 역할을 하며 1960년대 이후 남한 변혁운동의 핵심으로 자리 잡는다. 대구·경북 지역에서는 도예종의 주도로 1960년 말 민민청 경북맹부가 결성되었다. 초대위원장은 서도원, 간사장 도예종, 조직국장 권달성, 선전국장 송상진 등이었다. 암장 성원들은 민민청의 강령 등을 세밀히 검토한 끝에 개인적으로 민민청에 참여하기로 했다. 이 결정에 따라 서울 맹부 간사장 김금수, 투쟁국장 박중기, 조직국장 박영섭이 핵심으로 활동한다. 이들은 서울에 민민청 조직 확대뿐만 아니라 민자통을 추동하고, 학생들의 민족통일연맹을 지원하는 일에 집중한다. 이수병은 학생 신분으로 1960년 11월 6일, 경희대 동급생들인 전기호, 유양상, 임병권, 우기택, 박용직 등과 함께 경희대 민족통일연구회를 결성한다. 이수병이 회장을, 전기호가 대의원 의장을 맡았다.

민자통은 초기에는 민족건양회(民族建陽會)를 중심으로 독립운동가, 혁신정당 관계자, 학자, 종교계 인사가 모여 통일 문제를 토론하는 단체였다. 하지만 1960년 후반에 여러 세력이 합류하면서 단순한 협의체에서 범국민적인 통일운동전선체로 발전했다. 마침내 이들은 1961년 2월 25일, 천도교 대강당에서 전국에서 모인 1,000여 명의 대의원이 참석한 가운데 결성대회를 갖는다. 여기서 민족해방운동의 사회변혁 성격을 뚜렷이 한 '민족 자주' 강령을 채택, 발표했다. 단상의 양쪽에는 '뭉치자 민족주체세력, 배척하자 외세의존세력'이라는 커다란 현수막이 걸려 있었다.

민통련의 주요 지도자 중 한 사람이었던 이수병은 민자통 결성 후 2월 28일 진명여고 삼일당에서 열린 '3·1 운동 강연회'에 학생 대표

연사로 참여해 내외 인사들로부터 주목을 받기 시작한다. 이때 민자통에는 박중기가 조직위원회 청년부장, 박영섭이 학생부장을 맡고 있었다. 이수병은 이들 혁신계와 학생운동 간의 견해 차이를 조율해 나갔다. 이런 와중에도 그는 그 무렵 창간된 《민족일보》 공채시험에 응시해 수석으로 합격한다.

5월 3일, 서울대 민통련에서 남북학생회담을 제의했다. 5월 5일에는 서울대 문리대 구내다방에서 전국 18개 대학 민통련 대표들이 모여 '민족통일 전국학생연맹 준비대회'를 가졌다. 이 자리에서 이수병이 위원장으로 추천되었지만 서울대 측에 양보했다. 그는 학생 세력과 혁신 세력의 자유로운 접촉과 조율을 내심 염두에 두고 있었다. 5월 6일 장충단공원에서 열린 학생회담 지원을 위한 실무회담에 학생 대표로 참석했는데, 5월 13일 민자통 주최로 서울운동장(동대문운동장의 전 이름)에서 '남북학생회담 환영 및 민족자주통일 촉진 궐기대회'를 열기로 한다.

5월 13일, 궐기대회는 국민적 관심을 불러일으켰다. 학생 대표 연사로 이수병이 내정되고, 대회를 알리는 전단이 곳곳에 뿌려졌다. 시민들의 열렬한 환호를 받으며 단상에 올라선 이수병은 그 어느 때보다도 자신에 찬 목소리로 외쳤다. 이수병은 4월혁명을 이끈 학생들이 먼저 통일의 돌파구를 열어 나갈 것이며, 어느 외세도, 정부도, 남북회담의 길을 막지 못한다고 주장했다. 연설 끝에 이수병은 혼신의 힘을 다해 구호를 선창했다.

"가자 북으로! 오라 남으로! 만나자 판문점에서!

이 땅이 뉘 땅인데 오도 가도 못 하느냐?

배고파서 못 살겠다, 통일만이 살길이다."

이들은 순회강연에 나섰다. 그러나 5월 16일, 박정희의 군사쿠데타가 일어났다. 이수병은 장기 피신을 예감했다. 하지만 피신에 앞서 고향에 아버지를 뵈러 갔다가, 고향집을 바로 눈앞에 둔 다릿재 고개에서 경찰에게 체포된다. 혁명재판소에서 이수병은 유근일과 함께 학생운동 지도자로는 최고형인 15년형을 선고받는다. 1962년 4·19 2주년 기념특사로 학생들은 대부분 석방되지만 두 사람은 제외되었다.

학습과 사색으로 이수병의 감옥생활 7년은 나름대로 보람이 있었다. 저녁에는 각 분야별로 뛰어난 사람들을 뽑아 강사진을 만들어 강의를 들었다. 윤길중은 서예와 한시(漢詩)를, 안민생은 중국어를, 그리고 이수병은 우리말과 글을 가르쳤다. 옥중에서 이수병은 전혀 못 두던 바둑을 광주 민자통의 기세충에게 배워 짧은 시간에 1급 실력에 올랐으며, 인민군으로 참전했던 무기수 이창문한테서는 묵화를 배웠다. 그의 한문 실력은 누이동생 금자에게 〈월야사매(月夜思妹)〉라는 한시까지 적어 보낼 정도가 되었다.

이수병은 또 스스로도 고백하듯이 자학에 가까울 만큼의 인내를 가지고 쉬지 않고 책갈피를 넘겼다. 책 바라지는 암장 동지들과 고향 친구들이 했다. 이러한 학습을 바탕으로 민족에 대한 애정과 역사 발전의 필연성을 기초로 해서 장편의 대화체 소설 「수경선생(水鏡先生)」

을 집필했다. 그러나 이 소설은 1974년 체포당할 때 압수된 후 유실되었다. 세상에 이수병이 쓴 것으로 알려진 「만적론」은 사실은 사범학교 동창 유진곤이 이수병에게 보낸 논문이었다. 유진곤이 《민족일보》에 실을 수 있는지 검토해 달라는 요청과 함께 보낸 글이었다. 이수병은 유진곤마저 고초를 겪게 할 수 없다고 생각해 이 글을 자신이 썼다고 했다.

이수병은 1968년 4월 출소해, 1969년 봄까지 1년 가까이를 고향에서 머물렀다. 아마 이수병이 수형생활을 하지 않았더라면 1964년에 있었던 인혁당 사건에 연루되었을 것이다. 서울에 온 이수병은 암장 동지들을 규합하는 한편으로, 생활 근거를 마련하려고 녹번동 시장에 작은 지물포를 차렸다. 지물포는 의령의 특산품인 한지 등 다양한 지물을 취급하는 작은 점포였다. 이때 이수병은 암장 동지들이 운영하는 대산목재에 근무하는 이정숙을 맞아들여 부부의 인연을 맺는다. 1970년에는 큰아들 동우가, 71년에는 동주가 태어났다. 73년에는 딸 은아가 태어났다.

이수병은 결혼 후 안정된 생활을 기반으로 핵심조직을 건설하는데 집중한다. 이수병은 월남의 민족해방전선의 투쟁을 보면서 "월남에는 정글이 있지만, 우리에게는 그런 정글이 없다. 우리는 인(人)의 정글을 만들어야 한다"고 주장했다. 1971년 9월, 종로1가 청진여관에는 이수병을 비롯한 전국의 조직활동가 다섯 사람이 모였다. 대구의 서도원, 부산의 이영석, 광주의 김세원, 서울의 우홍선, 이수병 등이었다. 이 회의에서 서도원을 좌장으로 뽑고, 회사(모임)의 명칭을 경락연구회(經絡研究會)로 부르기로 했다.

경락은 신체의 신경조직을 말하는 것으로 온몸을 조정하는 역할을 할 뿐만 아니라 이를 타고 흐르는 기(氣)는 눈으로는 관찰되지 않는다. 경락연구회는 형식도, 물증도 남기지 않는 점조직으로서 폭압적 정치상황에서 조직을 보위하는 적절한 방식이었다. 더구나 한방의학을 방편으로 합법적인 모임을 가장할 수 있었다. 5인 모임의 전원회의는 연 2회로 하고 서로 다른 지역 사이의 모임인 3인회는 3개월에 1회, 2인이 만나는 것은 월 1회로 정했다.

경락연구회는 각 지역 회원 아래에 민자연(민족전통의학 자연건강연구회—민족자주통일운동연합)을 구성해 비밀리에 운영했다. 민자연은 철저한 삼불원칙—문서로 남기지 않는다(不文), 조직에 관한 불필요한 말을 하지 않는다(不言), 기구나 개인 명칭을 쓰지 않는다(不名)—에 의해 운영키로 했다. 1972년 3월 초순 암장 동지 김종대가 종로구 청진동에 삼락일어연구소를 열자, 이수병은 일어학원의 강사로 일한다. 이수병과 김종대는 또 학원에 다니는 대학생을 상대로 독서회 서클을 조직해 지도했다.

이수병은 학원, 문화사업 이외에도 우홍선과 함께 서울지역 모임에도 참여한다. 서울지역의 핵심인 우홍선은 이성재, 전창일과 함께 서울지역 조직과 이수병의 사업을 지원했다. 한편 우홍선과 교대로 다니는 지역 점검은 주요한 활동이었다. 유신체제로 접어든 1973년 가을, 서울지역 모임에서는 근거지 하나를 마련한다. 자금을 출자해 경락회의 근거지로 서울 충무로에 지압시술소를 개설하고, 운영은 지압

이수병의 가족사진.

기술을 가진 이성재가 맡았다.

　1973년 말, 서도원과 하재완은 경북대학교 학생회장 출신 여정남을 앞으로 민족민주운동의 활로를 열어 나갈 학생운동의 핵심으로 세우고, 이수병이 있는 삼락일어학원으로 보내 서울에서 활동할 수 있게 배려했다. 여정남은 삼락일어학원에 가명으로 등록했다.

　감시는 항상 주변을 맴돌고 있었지만 강도가 달랐고, 2월에는 우홍선이 혁신계 말살음모 정보를 입수했다. 그럼에도 이들은 각자 맡은 분야와 소임에 대해서는 회원들 스스로 대응한다는 차원에서 소극적으로 대처했다. 사태를 낙관했던 것이 아닌가 싶다.

인혁당 재건위의 성격

이른바 인혁당 재건위 사건을 보는 시각은 두 가지다. 먼저, 사건 관련자들을 박정희 유신독재권력에 의한 용공조작 희생자로 보는 시각이다. 사건 당시의 구명운동이나 최근에 있었던 신원운동들은 이러한 인식을 바탕으로 진행되었다. 최근의 재심청구나 복권운동의 논리는 폭압적 국가권력에 희생된 무고한 시민이라는 측면을 부각시켰다.

그러나 최근 조직 관계자들 사이에서는, 사건의 성격을 그렇게 보는 것은 올바른 시각이 아니라는 지적이 나오고 있다. 결코 돌발적인 사건이 아니며, 공안 사건의 희생자라는 협애한 이해야말로 이들의 죽음이 가지는 의미를 왜곡, 축소시키는 것이라고 주장한다. 그 근거로 고등학교 시절의 '암장'부터 계속되어 온 이수병의 조직활동과 변혁운동, 그리고 이 땅에 연면히 이어 온 변혁운동의 계속성을 무시해선 안 된다고 강조한다. 말하자면 조직 사건이요 정치 사건이라는 주장이다.

나는 두 가지 설이 다 일리가 있고, 사건 자체에도 두 가지 성격이 모두 다 내재하고 있다고 믿고 싶다. 이들이 지하에서 끊임없이 변혁운동을 조직적으로 모색해 온 것은 사실이다. 그렇다 하더라도, 이들이 유신독재권력의 자기존립을 위한 용공조작 사건의 희생자라는 측면 또한 부인할 수 없기 때문이다. 또 유신권력이 이들을 희생양으로 삼은 데는 그만한 합목적적인 계산이 있었다. 즉, 변혁운동 세력에게도 치명적인 타격을 가하면서, 동시에 이들을 희생양으로 해서 정권의 위기를 돌파하자는 계략이었다.

인혁당 재건위 사건은 몇 가지 특징이 있다. 앞서도 이야기했지만, 대사회적 관련이나 지명도가 없는 인물, 학계·언론계·종교계 등과 특별한 인연이 없는 사람들, 그리고 대구 지역 사람들이 집중적으로 피해를 입었다는 점 등이다. 특히 중앙정보부 부장 신직수와 6국장 이용택이 이 사건을 주도하고 박정희도 이 사건에 상당한 관심을 가졌다는 점 등에 주목할 필요가 있다. 이것은 정권 차원에서 이 사건이 만들어졌다는 것을 의미한다.

월남 패망을 목전에 둔 시점에서 박정희는 어떻게든 반유신투쟁의 고비를 넘겨야 했다. 그것이 긴급조치 발동으로 나타났고, 학생들에게는 겁을 주고, 국민들에게 민중봉기가 아니라 공산주의자에 의해 조종되는 반정부투쟁처럼 선전하기 위해서는 그에 값하는 희생양이 필요했다. 인혁당 재건위가 그 희생양이었다. 천주교인권위원회 자료에 의하면, 이용택이 "박정희 대통령도 인혁당 사건에 상당한 관심을 갖고 있어서, 한창 수사가 진행 중일 때에는 신직수 부장과 내가 일주일에 두 번 꼴로 청와대에 들어가 보고를 드렸다"고 한다. 정권의 존립과 관계된 만큼, 박정희가 관심을 가질 수밖에 없었고, 국민을 속이기 위해서는 사건을 조작하고 확대해야 했다. 게다가 대구 지역의 혁신계 운동의 움직임과 사람들의 면면을 이용택과 그 휘하들은 누구보다 잘 알고 있었다.

따라서 이들은 사건의 조작 사실이 세상에 밝혀지는 것을 극도로 경계했다.《동아일보》에 기고한 김지하의 글을 보고서 그들은 서둘러

인혁당 재건위 사건은 32년 만인 2007년 법원으로부터 무죄판결을 받았다.

김지하를 2·15 조치로 석방한 지 23일 만에 재투옥했다. 또한 인혁
당 재건위 사건을 들먹이는 선교사들을 지체 없이 추방했다. 인혁당
사건을 거론하는 것이 그들에게는 이처럼 아킬레스건이었다. 그들이
그 이전에 저지른 만행과 사건의 조작은 이 나라 역사에 전무후무한
일이었다. 그들은 재판에서 형식적인 절차조차도 지키지 않고, 공판
조서까지도 변조했다. 그들은 대법원 판결이 있은 다음 날 새벽, 전격
적으로 8명의 사형집행을 완료했다. 박정희정권은 이렇게 조작한 사
건을 영원히 땅속에 묻으려 안간힘을 다했다.

　　매우 유감스럽게도 나는 이수병을 생전에 한 번도 만나 보지 못했
다. 그 주변의 사람들은 일찍부터 나와 가까웠는데도 정작 이수병은

한 번도 만나지 못했다. 나도 김지하처럼 그가 「만적론」을 쓴 사람인 줄 알았다. 많은 사람들에게 이수병은 전설적인 인물로 각인되어 있고, 나도 그렇게 보고 있다. 대학 시절 나는 그의 가까운 친구요 동지였던 김용원과 이영호를 자주 만났다. 대단한 학구파들이었고, 특히 김용원은 물리학도로 옥중의 이수병을 뒷바라지했다. 대학을 졸업한 뒤에도 이수병의 친구 최종국 등과 어울려 다니면서 이수병의 이야기를 많이 들었다. 그리고 1964년부터 지금까지도 가까이서 많은 가르침을 받고 있는 박중기로부터도 간헐적으로 그의 이야기를 들었다.

1964년 1차 인혁당 사건 때는 나도 그들 관련자들과 함께 그때 막 출범한 중앙정보부에서 수사를 받았고, 감옥생활도 같이했다. 1974년 인혁당 재건위 사건 때 이러저러한 인연으로 나는 인혁당 재건위 사건 관련 가족들과 자주 만났고, 그들의 구명운동을 뒤에서 도왔다. 천주교정의구현전국사제단이 발표한 '인혁당 사건 진상조사 결과'는 그 당시의 엄혹한 상황 속에서, 참으로 어렵게 조사·작성되었다. 내가 작성한 그 문건이 인혁당 재건위 사건 관련자에 대한 최초의 공식적인 구명운동 문건이 되었다. 그러나 어설픈 구명운동이 혹시라도 그들을 앞당겨 죽음으로 몰아넣은 것은 아닌가 하는 죄책감 때문에 지금도 희생자들에게 죄송한 마음을 거둘 수가 없다.

1960년   3월 15일   정부통령 선거(3·15 부정선거)

                   4월 19일   4·19 혁명

                   4월 26일   이승만 대통령 하야

                   8월 12일   윤보선 대통령 선출

1961년   5월 16일   5·16 쿠데타

                   5월 19일   《민족일보》폐간

                   7월 4일   반공법 공포

                   10월 20일   제6차 한일회담 시작

1962년   3월 22일   윤보선 대통령 하야

                   3월 24일   박정희, 대통령 권한대행 됨

                   11월 12일   김종필·오히라 메모

                   12월 17일   개헌안에 대한 국민투표

1963년   2월 27일   박정희, 민정 불참 선서

                   3월 16일   박정희, 군정 4년 연장 제의

                   10월 15일   박정희, 제5대 대통령 당선

1964년   6월 3일   6·3 시위(한일회담반대시위), 비상계엄 선포

                   7월 29일   비상계엄 해제

	8월 14일	인민혁명당 사건(1차 인혁당 사건)
	11월 21일	리영희 《조선일보》 필화 사건
	12월 3일	제7차 한일회담 시작

1965년 2월 15일 한일기본조약 합의
6월 22일 한일협정 정식 조인
6월 23일 한일협정비준반대투쟁(~8월 13일)
8월 14일 한일협정비준동의안 국회 통과
8월 26일 위수령 선포

1966년 1월 18일 《창작과비평》 창간

1967년 5월 3일 박정희, 제6대 대통령 당선
6월 8일 제7대 국회의원 선거(6·8 부정선거)
7월 8일 동백림 사건(동베를린 사건)

1968년 1월 21일 김신조 등 무장공비 침투 사건(1·21 사태)
8월 24일 통혁당 지하 간첩단 사건
12월 3일 《신동아》 필화 사건

1969년 1월 8일 공화당, 3선개헌 공식 검토 발표
9월 14일 3선개헌안 및 국민투표법 국회 날치기 통과
10월 17일 3선개헌안 국민투표

1970년 4월 19일 《씨알의 소리》 창간
5월 28일 《씨알의 소리》 등록 취소
6월 2일 김지하 「오적」 사건
9월 29일 《사상계》 등록 취소
11월 13일 전태일 분신

1971년	4월 15일	《동아일보》언론자유수호선언 발표
	4월 19일	민주수호국민협의회 발족
	4월 27일	박정희, 제8대 대통령 당선
	5월 25일	제8대 국회의원 선거
	7월 17일	광주대단지 사건
	10월 5일	천주교 원주교구 부정부패규탄시위
	10월 15일	서울시에 위수령 발포
	11월 12일	서울대생 내란음모 사건
	12월 6일	국가비상사태 선포
	12월 27일	국가안보에 관한 특별조치법(국가보위특별법) 국회 통과
1972년	4월 12일	김지하「비어」사건
	7월 4일	7·4 남북공동성명 발표
	8월 3일	8·3 조치
	10월 17일	박정희, 유신 및 비상계엄령 선포
	11월 21일	개헌안 찬반 국민투표
	12월 13일	비상계엄령 해제
	12월 23일	통일주체국민회의, 제8대 대통령 선출(박정희)
1973년	2월 27일	제9대 국회의원 선거
	3월 30일	전남대《함성》지 사건
	4월 22일	남산 야외음악당 부활절예배 사건
	8월 8일	김대중 납치 사건
	10월 19일	최종길 교수 치사 사건
	10월 25일	유럽 거점 대규모 간첩단 사건
	12월 24일	개헌청원 1백만인 서명운동 시작
1974년	1월 8일	긴급조치 1호와 2호 선포
	1월 14일	긴급조치 3호 선포

4월 3일	긴급조치 4호 선포
4월 25일	민청학련 사건
5월 27일	인혁당 재건위 사건(2차 인혁당 사건)
7월 23일	지학순 주교, 양심선언 발표
8월 23일	긴급조치 5호 선포, 긴급조치 1호와 4호 해제
9월 26일	천주교정의구현전국사제단 창립
10월 24일	《동아일보》자유언론실천선언 발표

1975년

2월 12일	유신체제 신임 묻는 국민투표
2월 15일	긴급조치 1·4호 위반자 중 형 확정자(56명) 석방, 김지하 석방
3월 13일	김지하, 반공법 위반 구속
4월 3일	수도권 특수지역 선교자금 사건
4월 8일	긴급조치 7호 선포
4월 9일	2차 인혁당 사건 피고인 7명과 민청학련 관련자 여정남 처형
4월 11일	서울대생 김상진, 양심선언 발표 후 할복 자살
5월 13일	긴급조치 8·9호 선포, 긴급조치 7호 해제
5월 22일	5·22 시위(김상진 추모집회)
7월 16일	사회안전법 통과
8월 14일	장준하, 북한산 등반 중 의문사

1976년

1월 23일	원주선언
3월 1일	3·1 민주구국선언 사건

1977년

6월 13일	양성우 〈노예수첩〉 필화 사건
11월 23일	리영희 필화 사건

1978년

2월 21일	동일방직노조 사건
6월 27일	전남대 교수 「우리의 교육지표」 사건

| 7월 6일 | 통일주체국민회의, 제9대 대통령 선출(박정희) |
| 12월 12일 | 제10대 국회의원 선거 |

1979년

3월 9일	크리스챤아카데미 사건
4월 20일	통혁당 재건기도 사건
5월 5일	오원춘 사건(안동농민회 사건)
8월 11일	YH 사건(김경숙 사망)
10월 4일	김영삼, 의원직 제명
10월 9일	남조선민족해방전선(남민전) 사건
10월 16일	부마항쟁 발발
10월 26일	10 · 26 정변
10월 27일	전국 비상계엄 선포(제주 제외)
11월 24일	YWCA 위장결혼 사건(YWCA 통대선거저지 국민대회)
12월 6일	통일주체국민회의, 제10대 대통령 선출(최규하)
12월 7일	긴급조치 9호 해제
12월 12일	12 · 12 군사쿠데타

1980년

5월 17일	5 · 17 쿠데타
5월 18일	5 · 18 광주민주항쟁
5월 31일	국가보위비상대책위원회(국보위) 발족
7월 4일	김대중 내란음모 사건
8월 16일	최규하 대통령 하야
8월 27일	통일주체국민회의, 제11대 대통령 선출(전두환)
10월 22일	헌법개정안 찬반 국민투표
11월 12일	정치규제 대상자 835명 발표
12월 9일	광주 미문화원 방화 사건

1981년

2월 25일	대통령선거인단, 제12대 대통령 선출(전두환)
3월 25일	제11대 국회의원 선거
7월 7일	부림 사건

	10월 13일	재일교포 유학생 간첩단 사건
1982년	3월 18일	부산 미문화원 방화 사건
	4월 1일	문부식 · 김은숙 자수
	4월 5일	최기식 신부 구속
1983년	8월 15일	김영삼 · 김대중, 8 · 15 공동선언 발표
	12월 21일	학원자율화 조치 발표
1984년	6월 9일	대우어패럴노동조합 탄압 사건
	9월 17일	서울대 학원프락치 사건
1985년	2월 12일	제12대 국회의원 선거
	5월 23일	서울 미문화원 점거 농성
	6월 24일	구로동맹파업
	6월 28일	민언협 월간지《말》창간호 압수
	7월 18일	삼민투위 사건
	9월 9일	구미유학생간첩단 사건
	12월 9일	《창작과비평》등록 취소
	12월 19일	김근태, 법정에서 고문 진상 폭로
1986년	1월 16일	전두환, 국정연설(개헌 논의 1989년까지 유보 입장)
	2월 12일	신민당과 민추협, 대통령 직선제 개헌 1,000만명 서명운동 시작
	3월 9일	김수환 추기경, 직선제 개헌 촉구
	5월 3일	5 · 3 인천사태
	6월 4일	부천서 권인숙 양 성고문 사건
	9월 6일	보도지침 사건
1987년	1월 14일	서울대생 박종철 고문치사

2월 7일	박종철 국민추도회
3월 3일	박종철 49재 및 고문추방민주화대행진
4월 13일	4·13 호헌조치
5월 18일	광주민주항쟁 7주기 기념미사, 천주교정의구현전 국사제단의 성명 「박종철 군의 고문치사 사건의 진상이 조작되었다」 발표
6월 9일	연세대생 이한열 시위 도중 부상(7월 5일 사망)
6월 10일	6·10 민주항쟁
6월 29일	6·29 선언
9월 29일	김대중·김영심 대통령 후보 단일화회담 결렬
12월 16일	노태우, 제13대 대통령 당선

지은이 **김정남**

서울대 문리대 정치학과를 나왔다. 1964년 6·3 한일회담반대투쟁의 배후 인물로 구속된 이래 30여 년 동안 민주화운동에 헌신했다. '민주회복국민회의'의 결성을 주도하고, '민주주의와 민족통일을 위한 국민연합'의 활동도 지원했다. 각종 성명서 작성, 구속 인사에 대한 변론자료 준비와 구명운동, 구속자 가족들에 대한 지원, 한국 민주화운동 해외 지원세력과의 연대, 수배자들을 위한 은신처 마련과 수발 등으로 민주화운동을 막후에서 뒷받침하고 도왔다.

양심선언운동의 제창, 최종길 교수 고문치사 사건과 인혁당 사건의 진상조사 및 폭로, 김지하 양심선언 발표, '민주구국헌장'의 작성과 발표, '보도지침' 폭로도 그의 주도와 지원 속에 이루어졌다. 그는 민주화와 인권을 요구하는 수많은 성명서를 막후에서 작성했는데, 그 가운데는 김영삼의 무기한 단식투쟁(1983) 때 발표한 「국민에게 드리는 글」과 「김대중, 김영삼 8·15 공동성명」도 들어 있다. 1987년에는 이부영과 함께 박종철 고문치사 사건이 조작되었다는 사실을 천주교정의구현전국사제단에 알리고, 이를 고발하는 사제단의 성명서를 작성해 6월항쟁이 폭발적으로 전개되는 데 기여했다.

1987년에는 《평화신문》의 창간에 적극 참여해 편집국장을 지냈으며, 김영삼정부 때 대통령 교육문화사회수석비서관을 지냈다. 김수환 추기경은 민주화운동에 대한 그의 헌신을 기리면서 "그의 발길이 미치지 않고 그의 손길이 닿지 않은 민주화운동이 없었다고 해도 과언이 아니다"라고 말했다. 그가 지은 책으로 『진실, 광장에 서다』(창비), 『이 사람을 보라 1·2』가 있다.

이 사람을 보라 1
인물로 보는 한국 민주화운동사

1판 1쇄 발행 2012년 12월 5일
개정판 1쇄 발행 2016년 1월 25일
개정판 2쇄 발행 2016년 3월 15일

지은이 김정남 | 펴낸이 조추자 | 펴낸곳 도서출판 두레
등록 1978년 8월 17일 제1-101호 | 주소 서울시 마포구 마포대로 14가길 4-11
이메일 dourei@chol.com | 전화 02)702-2119, 703-8781 | 팩스 02)715-9420

ⓒ 김정남, 2016

ISBN 978-89-7443-105-1 04910
ISBN 978-89-7443-107-5 (세트)

이 사람을 보라(전2권)

: 인물로 보는 한국 민주화운동사

김정남 지음

각권 22,000원(1권), 23,000원(2권)

이들의 삶은 왜 역사가 되었나?

✦ 이 땅의 민주화와 인권을 위해 헌신한 사람들의 이야기 ✦

우리 현대사에서 군사정권시대는 곧 암흑시대였다. 그런데 이 어둠에 굴하지 않고 빛을 밝힌 사람들이 있었다. 우리가 누리는 민주주의는 이들의 헌신에 힘입은 바가 크다. 이제 그들의 삶은 우리 역사의 일부가 되었다. 이 책은 이들의 이야기를 통해 어떻게 사는 것이 참으로 가치 있고 의미 있는 것인지를 우리에게 깨우쳐 준다.

▪ 1권

김수환, 지학순, 박형규, 법정, 장준하, 리영희, 김재규, 이소선과 전태일, 박종철, 김승훈, 이병린, 이돈명, 황인철, 조준희, 홍성우, 강신옥, 조영래, 황국자, 이효재, 콜레트 노정혜, 정금성, 김한림, 공덕귀, 박재일, 송영순, 박현채, 박중기, 이수병

▪ 2권

장일순, 홍남순, 김영삼, 윤한봉, 최종길, 최종선, 천관우, 박윤배, 신현봉, 최기식, 김남주, 장기표, 전병용, 여익구, 김도연, 홍성엽, 조태일, 강용주, 강은기, 정수일, 천주교정의구현전국사제단

"지난날의 치욕을 잊는 민족에게는 그 불행한 역사가 반복될 수 있다는 말이 있다. 오늘 우리가 처한 상황이 자칫 옛날을 반복하는 것이 아닌가 하는 우려를 지울 수 없게 하고 있다.…… 감추어진 진실을 빛 속에 드러내는 것, 그것이 내가 이 책을 쓰는 이유이기도 하다."   ─저자 서문(2권) 중에서

"잘 알려진 역사적 사실보다 몰랐던 비사들에 눈길이 가고, 이런 구절들을 읽으며 밑줄을 긋게 된다."   ─《한겨레》

"보이지 않게 민주화운동을 뒷받침한 사람들의 기록도 남겨져야 한다고 저자는 말했다. 그들이 모이고 모여 '우연'이 아닌 '우연'으로 민주화가 이루어진 셈이다."   ─《경향신문》